高等教育会计类专业创新与重构系列规划教材

Kingdee

BIG DATA INTELLIGENT RISK CONTROL

大数据
智能风控

程平／主编

东北财经大学出版社 | 大连
Dongbei University of Finance & Economics Press

图书在版编目（CIP）数据

大数据智能风控 / 程平主编 . —大连：东北财经大学出版社，2022.8
（2024.5重印）
（高等教育会计类专业创新与重构系列规划教材）
ISBN 978-7-5654-4541-5

Ⅰ . 大⋯ Ⅱ . 程⋯ Ⅲ . 数据处理-应用-企业管理-风险管理-研究
Ⅳ . F272.35-39

中国版本图书馆 CIP 数据核字（2022）第113104号

东北财经大学出版社出版

（大连市黑石礁尖山街217号 邮政编码 116025）

网 址：http://www.dufep.cn

读者信箱：dufep@dufe.edu.cn

大连图腾彩色印刷有限公司印刷 东北财经大学出版社发行

幅面尺寸：185mm×260mm 字数：474千字 印张：20.25

2022年8月第1版 2024年5月第2次印刷

责任编辑：李 栋 责任校对：何 莉 吴 茜 刘晓彤
封面设计：冀贵收 版式设计：原 皓

定价：46.00元

教学支持 售后服务 联系电话：（0411）84710309
版权所有 侵权必究 举报电话：（0411）84710523
如有印装质量问题，请联系营销部：（0411）84710711

数智时代的财务转型与大数据智能风控

随着云计算、大数据、人工智能、区块链等新兴技术的快速发展，越来越多的行业和领域正在发生颠覆性的变革。对财务领域而言，这种变革应该是从2017年智能财务机器人出现时，让业内众多的财会人员开始有了危机感。财会人员越老越吃香的日子一去不复返，现在很多大中型企业的基础财务核算工作都被智能财务机器人所替代。这使得越来越多的财会人员开始考虑自己未来的职业生涯发展，逐步向业务型财务、战略型财务转型。所谓业务型财务，要求财会人员不仅仅具备财会领域的专业知识和能力，还要求其非常熟悉企业的业务流程和业务管理模式，了解企业在业务经营过程中对预算、资金、成本、绩效、合规、风险等产生的影响。所谓战略型财务，是要求财会人员能将多年的财务领域专业经验与企业战略思维相结合，以咨询顾问的视角、高层的视角，去支撑企业的战略发展，辅助高层制定更为科学精准的战略决策，帮助企业更高效地利用内外部资源，持续创造价值。

令企业的财会人员颇有压力的是，新技术的发展步伐并不止于基础财务核算领域的替代，业务型财务领域、战略型财务领域也在逐渐被大数据、人工智能等新兴技术逐步渗透。这就要求财会人员不仅应对新兴技术的原理有一定的理解，更需要深入掌握新兴技术的应用能力，才能适应企业未来发展的能力要求。这一点可以从国有资产监督管理委员会2022年3月印发的《关于中央企业加快建设世界一流财务管理体系的指导意见》中得到印证，其中提到"技术赋能"，要求利用新兴技术加快推动财务管理由信息化向数字化、智能化转型。针对本书的主题"风控"，该文件也明确提出：应"健全风险防控体系，加强源头治理，强化穿透监测，实现经营、财务风险精准识别、及时预警、有效处置，为企业持续健康发展保驾护航"。大数据、人工智能等新兴技术的赋能，使得这些目标成为可能。企业也正在将传统的事后风险识别，转变为将合规风控管理嵌入到每一个业务流程、财务流程的每一个操作环节中，实时进行合规管理，防范风险。以采购为例，在采购应付业务进行的过程中就实时检查合同信息、价格信息，并对供应商可能存在的舞弊风险进行扫描。这种大数据智能技术驱动的嵌入式风控与分析可以快速优化用户决策过程，真正做到合规在日常，风险提前控。

从上面的变化趋势可以看出，作为企业的财会人员必须进行转型，"财务+业务+IT"三者相融合的能力已经成为财会人员的重要培养方向。众多高校也看到了这种发展趋势，正在积极进行变革，调整人才培养方案，并与企业进行深入合作，开发适应社会发展需求的课程。对处于企业界的我们而言，非常欣喜能看到这些积极的改变。重庆理工大学一直以来都是中国会计信息化领域的引领者之一，始终紧盯前沿发展趋势，在理论研究方面著述颇丰，在实践验证方面也有大量的成果。本次金蝶公司与重庆理工大学程平教授团队合作编写本书，也是希望能将重庆理工大学在会计信息化理论研究、教学方面的多年积累与金蝶帮助企业进行财务数字化、智能化转型的实践经验相结合，推出更适合高校学子能力培养的课程，搭建企业用人需求与高校人才培养的对接桥梁，为高校财会领域的教学改革贡献一份力量。

金蝶精一信息科技服务有限公司

傅仕伟　博士

2022年6月

不愿意写书，但又不得不写书。

写书很难，尤其是写一本要将技术与业务深度融合，同时，既要提出理论和方法体系，又要能够通过案例，浅显易懂地将它动情演绎出来的书会面临诸多困难。

写书是个脑力活，也是个体力活。这本书从2020年策划，然后开始进行系统性的理论研究、框架构建、案例研发、实操模拟，到开始设计书稿架构、梳理理论、撰写内容、不断迭代，直至最终定稿，历时2年有余。

作为一名计算机专业出身，并在IT企业工作多年后，再跨界进入高校会计圈的"互联网+会计"教育工作者，我对财会审学术研究与实践应用的"务实"和"创新"有着强烈的个人偏好和特有的"野蛮人"风格——既要顶天，还要立地；既要有想法，还要有办法。作为一名软件系统分析师，也许受专业背景和职业经历的影响，我对分析问题和解决问题从来不会在一个点上去纠结，必须从系统层面去思考问题链的求解和它的战略性价值。作为一名追求多元化人生体验的"强迫症患者"，做很多事情，我也经常都会情不自禁地被"卷"入一种对极致的追求，但越认真，越感觉到自己知识的贫乏。

《大数据智能风控》这本书不好写，它需要构建出一套理论和方法体系，但市面上几乎没有多少可以参考的类似著作；《大数据智能风控》这本书不好写，因为它需要设计一系列实践案例，而在企业实际工作中，大数据智能风控才刚刚起步，大数据智能风控教学也尚处萌芽阶段，又有谁能够给你提供合适的"靶子"呢？

幸运的是，本书的编写得到了金蝶精一信息科技服务有限公司和重庆迪数享腾科技有限公司的大力支持。作为一名曾经在企业工作十余年的职业经理人，我深谙企业经营之道；作为一名在高校工作十余年的"互联网+会计"教育工作者，我深谙校企合作之道。通过和两家企业建立卓有成效的新型产教融合模式，我和我的团队形成了良好的产学研协作分工机制，为本书的成功完成奠定了基础，并提供了质量保障。

为什么"野蛮人"敢写《大数据智能风控》一书呢？有以下3个理由：

第一，企业多年的项目管理和公司管理经历与经验，让我建立了一支以研究生为主，在大数据智能化领域里具有强大战斗力的云会计研究团队，即使面对这个复杂的大数据智能风控项目，也能够调动、整合和优化各种校内外资源，设计这个项目的整体解决方案，并最终付诸实施。第二，2017年我们重庆理工大学团队与西南财经大学团队合作，承担了中国石油集团"勘探与生产企业审计数据分析方法和工具研究"课题研究，为我们完成本书大数据风控部分内容提供了研究和写作思路。第三，"野蛮人"喜欢新鲜事物，喜欢做具有创新性和挑战性的工作。前人没有做过我辈才更有做的必要，抽丝剥茧般去分析问题，透过现象看本质地去解决问题，也许只有这样，才能感受到工作的气息和存在的价值。

这本书可视为"野蛮人"及其团队在"大数据智能化+财会审"领域的亮剑，代表了我们团队在大数据智能风控领域最新的研究成果和教育探索，希望本书能够为中国财会审数字化教育改革做出一点贡献，也希望本书能够为中国企业数字化转型提供一些参考。

一、大数据智能风控学习什么？

随着云计算、大数据、人工智能、RPA等新一代信息技术的普及，数字经济在中国的发展如火如荼。近年来，大数据智能风控作为大数据、人工智能等核心技术在风控业务中的应用，受到许多大中型企业的关注。大数据智能风控，说到底就三项，一是数据，二是大数据和人工智能技术，三是风控模型。大数据智能风控并非仅指风险评估环节，而是一套流程体系，涵盖从风险识别、风险评估指标体系设计到大数据风控、智能风控运用的全流程。目前，实务界还没有形成一套相对标准的大数据智能风控应用体系，教育界也还没有形成一套比较系统的大数据智能风控知识体系。

学习大数据智能风控，不仅要了解企业风险管理理论，熟悉大数据与人工智能技术的理论基础，理解大数据与人工智能在企业中的应用，还要熟练掌握企业典型风控场景的业务流程梳理、风险及因素分析、风险评估指标设计、智能风控模型设计与构建，并在此基础上实施大数据采集、大数据预处理、数据仓库构建、特征提取、智能风控模型应用，更重要的是能够完成风险评估、风险评估结果可视化、风险评估报告输出和智能风控模型结果分析，以此在财会审领域建立基于大数据和人工智能技术的风控咨询、应用与实施方面的核心竞争力。

本书既包含了企业风险管理、大数据、人工智能理论与技术基础，也包含了大数据与人工智能技术在采购、销售、固定资产管理与财务风险管理中的具体应用案例。大多数高校学生对于实际工作中的企业业务流程是陌生的，对企业的风险管理更是陌生的，所以在大数据风控实务篇的每个章节开篇，我们都会以有趣的故事场景和流程图的形式呈现各个业务板块整体的业务流程以及各个环节的风险分析，一方面帮助学生熟悉企业的常见业务流程，了解不同业务常见的风险与风险因素；另一方面培养其业务、风控与技术一体化与流程化思维。

二、如何讲授大数据智能风控课程？

根据我们的教学经验，大数据智能风控课程的教学实施建议学时为32课时或者48课时。教学方式包括课堂讲授、翻转课堂、情境教学、项目教学、物理沙盘模拟推演、软件操作实战等多种方式的融合应用。

基于本书开展教学，通过角色扮演模拟和重现企业在采购业务、销售业务、固定资产管理、财务管理等风控工作中的一些典型应用场景，让学生身临其境，通过理论讲解、沙盘模拟实训、案例研讨和平台实操来进行大数据智能风控的应用分析，由浅入深，层层递进，逐步引导学生建立起这门课程的思维模式，同时培养学生的创新思维和团队协作能力。

本书设置了9个大数据智能风控模拟实验。首先是"第二篇 大数据风控实务"，其中包括4个模拟实验，通过案例场景的铺垫，使学生置身于模拟的企业业务环境中，明确实验目的、制定实验要求、梳理实验内容与步骤，让学生熟悉大数据智能风控平台的使用，并学习大数据风控的实施逻辑。其次是"第三篇 智能风控实务"，包括5个模拟实验，通过模拟的智能风控实施环境，让学生不断将人工智能算法与企业风险管理结合，强化学生的逻辑思维能力与分析能力，解决智能风控在实施中可能出现的主要问题，为学生培养风险分析能力，并为日后从事风险管理工作打下基础。

三、内容架构

当前，我们正处在一个易变性、不确定性、复杂性、模糊性并存的变幻莫测的时代（VUCA 时代①），传统的风控模式已逐渐不能满足企业的风控需求。企业经过多年的信息化建设积累了大量的数据，大数据技术能够实现对多种类型、大量数据的智能化处理，这给构建数字经济时代下企业新型的大数据智能风控模式奠定了良好的基础。

本书分为三篇，共13章。

第一篇介绍了企业风险管理理论，其内容涵盖了企业风险管理相关理论、风险的概念和特征、企业风险管理的概念与框架、企业风险管理流程、数字经济下企业风险的转变、大数据智能对企业风险管理的影响、企业实施大数据智能风控的必要性和可行性、大数据智能风控技术框架以及典型应用场景、大数据智能风控实训平台与实验沙盘。

第二篇是大数据风控实务，其内容涵盖了采购业务、销售业务、固定资产管理与财务风险管理的重要应用场景，并通过大数据采集、大数据预处理、数据仓库构建、风险评估、风险评估结果可视化、风险评估报告输出等步骤展示了主要场景的实际应用。

第三篇是智能风控实务，其内容涵盖了采购业务、销售业务、固定资产管理与财务风险管理的重要应用场景，并从设计思路、特征提取、模型构建、模型应用、结果分析等步骤，详细展示了基于 K-means 算法的供应商智能评级、基于随机森林算法的智能销量预测、基于支持向量机算法的固定资产智能报废评估、基于岭回归算法的智能成本预测、基于逻辑回归算法的财务风险预警5个主要场景的具体应用。

四、本书特色

本书的最大特点是理论性强、知识点紧凑、应用案例丰富、实践指导性强，在目标定位、理论框架、情景设计、应用转化、模拟实训、沙盘推演方面具有显著特色。

1.目标定位。本书的内容分为企业风险管理理论篇、大数据风控实务篇和智能控风实务篇三个部分，内容结构完整、逻辑性强、重点突出，既有理论的讲解与总结，又有实务的分析与落地。本书的目标是帮助读者从理论、方法、案例、实操四个维度建立起系统性的大数据智能风控知识体系。它主要适用于会计学、财务管理、审计学等专业的专科生、本科生和研究生，以及从事风控工作的实务人员，使他们通过学习本书，能够理解大数据智能风控的运用原理，掌握大数据智能风控在企业中的具体应用方法。

2.理论框架。本书将大数据智能风控划分为大数据风控和智能风控两部分，提出了基于风险及风险因素分析、大数据风险评估指标设计、大数据采集、大数据预处理、数据仓库构建、风险评估、风险评估结果可视化、风险评估报告输出核心环节的大数据风控框架，以及基于设计思路、特征提取、模型构建、模型应用、结果分析核心环节的智能风控框架，读者只要跟着章节进行理论学习和案例操作，就可以循序渐进地、系统化地掌握大数据智能风控的工作原理和内在逻辑。

3.情景设计。本书的案例场景描述和智能风控方案设计全部基于"重庆蛮先进智能制

---

① 　VUCA 是 volatility（易变性），uncertainty（不确定性），complexity（复杂性），ambiguity（模糊性）的缩写。

造有限公司"（简称"蛮先进公司"）的风控工作场景模拟，寓学于乐，激发读者的阅读兴趣。结合大数据和人工智能技术，通过有目的地引入或创设具有一定情绪色彩的、以形象为主体的、生动具体的蛮先进公司风控工作"痛点"对话场景，引起读者的共鸣，从而帮助读者很好地理解运用大数据智能风控的动因，并使其学习到的理论知识得到更好的理解与运用。

4. 应用转化。本书在应用层面系统梳理了大数据、人工智能技术在企业风险管理中的典型应用，并聚焦企业在生产经营活动中采购业务、销售业务、固定资产管理、财务管理典型应用场景，进行了大数据风控和智能风控的深度剖析，并基于金蝶大数据智能风控平台给出了具体实现步骤。读者学习这部分内容，就可以直接对标企业风险管理需求，搭建起企业自身的大数据智能风控应用框架体系，并快速落地实施，应用于实际工作中。

5. 模拟实训。本书共设计了9个大数据智能风控实验，包括"第二篇 大数据风控实务"中的采购业务、销售业务、固定资产管理和财务风险管理4个大数据风控实验，以及"第三篇 智能风控实务"中的基于K-means聚类算法的供应商智能评级、基于随机森林算法的智能销量预测、基于支持向量机算法的固定资产智能报废评估、基于岭回归算法的智能成本预测、基于逻辑回归算法的财务风险预警5个智能风控实验，具有较强的体验性、实战性、综合性和有效性，读者根据本书提供的案例准备文件、数据资源和操作步骤，在金蝶大数据智能风控平台上可以一步一步完成实训。

6. 沙盘推演。大数据智能风控物理教学沙盘是针对高校基于本书开设课程时配套使用的，与本书中的大数据智能风控案例内容无缝衔接，分为大数据风控和智能风控两个部分，分别设计了不同的实验内容，学生需在实验中完成对应的推演任务，以此培养基于场景驱动的风控业务分析、指标及模型设计、大数据智能技术运用的一体化综合能力。大数据智能风控物理教学沙盘用于可视化地指导并帮助学生完成业务场景及业务流程梳理，以及对业务流程中各环节的风险点及因素分析，风险评估指标设计，数据采集、处理及数据仓库模型设计，风险评估结果可视化展示，制定风控措施及制作风控报告等实验任务。沙盘以大数据智能风控的实施流程为导向，环环相扣，使学生能够更直观、系统性地理解其原理与流程，把整个过程形成可视化思维导图，深刻地理解大数据智能技术在企业风控中的具体应用，旨在培养学生创新思维和分析、解决问题的能力，以及团队合作、沟通交流能力。

五、配套资源

本书可提供的配套资源如下：

1. 与金蝶大数据智能风控实训平台配套，可随平台提供与案例配套的准备文件、数据和辅助程序等相关资源。

2. 可为基于本书开设课程的高校提供配套的教学大纲、教学日历、教学课件，以及与本书配套的软件平台、物理沙盘教学方案建议等教学资源。

3. "云会计数智化前沿"微信公众号中的"课程学习与能力认证平台"为读者提供了部分学习视频，另外读者可以通过平台参加课程认证和能力认证考试获取相应的证书。

六、适用读者和课程

本书可以作为（但不限于）：

1. 普通高校本科和高职高专的会计学、财务管理、审计学等专业的内部控制与风险管理等相关课程的教材。

2.普通高校的会计学硕士、会计专硕、审计专硕等研究生的内部控制与风险管理等相关课程的教材。

3.企业内部控制人员、内部审计人员的学习用书。

4.欲通过学习提高核心竞争力，考取大数据智能风控能力等级的人员的学习用书。

七、致谢

感谢金蝶精一信息科技服务有限公司（金蝶精一）和重庆迪数享腾科技有限公司（迪数享腾）参与本书的策划，金蝶精一配套研发了大数据智能风控实训平台，迪数享腾配套研发了大数据智能风控物理教学沙盘。金蝶精一的傅仕伟、胡玉姣、邹於峰等为本书的编写提供了指导和帮助。

感谢我指导的2020级研究生万梦竹和2019级研究生聂琦、胡赛楠、黄鑫、钱涂、陈奕竹、赵新星、詹凯棋、徐涵璐，以及迪数享腾的姜亭杉、章聂琳，他们参与了本书内容的编写，万梦竹、聂琦在组织管理和任务分解协同方面做出了重要贡献。

感谢东北财经大学出版社财会编辑部副主任李栋及其团队为本书的撰写提供的方向和思路指导、审核、校验等工作，以及其他在幕后默默支持本书出版工作的出版人。

感谢我的父母、家人和朋友，尤其是夫人陈艳女士对我工作的大力支持，她花了大量的时间悉心照顾即将"小升初"的桐少小朋友，使得我有时间和精力完成本书的撰写工作。

谨以此书献给致力于中国会计审计数字化教育转型和"互联网+会计/审计"教育综合改革、致力于大数据智能风控学术研究和实务应用的朋友们，愿大家身体健康、生活美满、事业有成！

八、意见反馈

由于编者水平有限，书中难免会出现一些错误或者不准确的地方，恳请读者批评指正。读者可以通过以下途径反馈建议或意见：添加微信（chgpg2006）或者发送邮件到4961140@qq.com反馈问题。

欢迎读者朋友们直接扫描二维码添加个人微信或者关注"云会计数智化前沿"微信公众号，了解更多信息。

联系作者　　　　　　　　　　　　云会计数智化前沿

程　平

2022年6月

案例场景演员表

章节	章节主题	出场人物	职务	头像
第5章	采购业务大数据风控	程平（Mr.Cheng）	CRO（首席风险官）&大数据智能风控部负责人	
		胡赛楠（楠姐）	高级风控专员	
		家桐	风控实习生	
		黄鑫	供应商评估专员	
		钱涂	采购专员	
		陈奕竹（陈老师）	财务专员	
		聂琦	仓储专员	

章节	章节主题	出场人物	职务	头像
第6章	销售业务大数据风控	万梦竹（老万）	中级风控专员	
		家桐	风控实习生	
		常吉	生产部车间主任	
		姜亭杉（姜总）	销售总监	
		汤远萍（小汤）	销售专员	

章节	章节主题	出场人物	职务	头像
第 7 章	固定资产管理大数据风控	程平（Mr.Cheng）	CRO（首席风险官）&大数据智能风控部负责人	
		家桐	蛮有效风控实习生	
		詹凯棋	财务部核算专员	
		钱涂	采购专员	
		赵新星	资产管理专员	
		章聂琳（章部长）	财务部部长	

章节	章节主题	出场人物	职务	头像
第8章	财务风险管理大数据风控	程平（Mr.Cheng）	CRO（首席风险官）&大数据智能风控部负责人	
		傅仕伟（傅博）	CFO（首席财务官）	
		张菁	生产部负责人	
		章聂琳（章部长）	财务部部长	
		姜亭杉（姜总）	销售总监	

目　录

第二篇　大数据风控实务

第一篇
企业风险管理理论

第1章 企业风险管理概述

1.了解风险管理相关理论；

2.熟悉风险的概念、特征与分类；

3.熟悉风险管理的概念与框架；

4.掌握企业风险管理的流程；

5.了解数字经济下企业风险转变的具体内容。

思维导图+课
前预习

■【思维导图】■

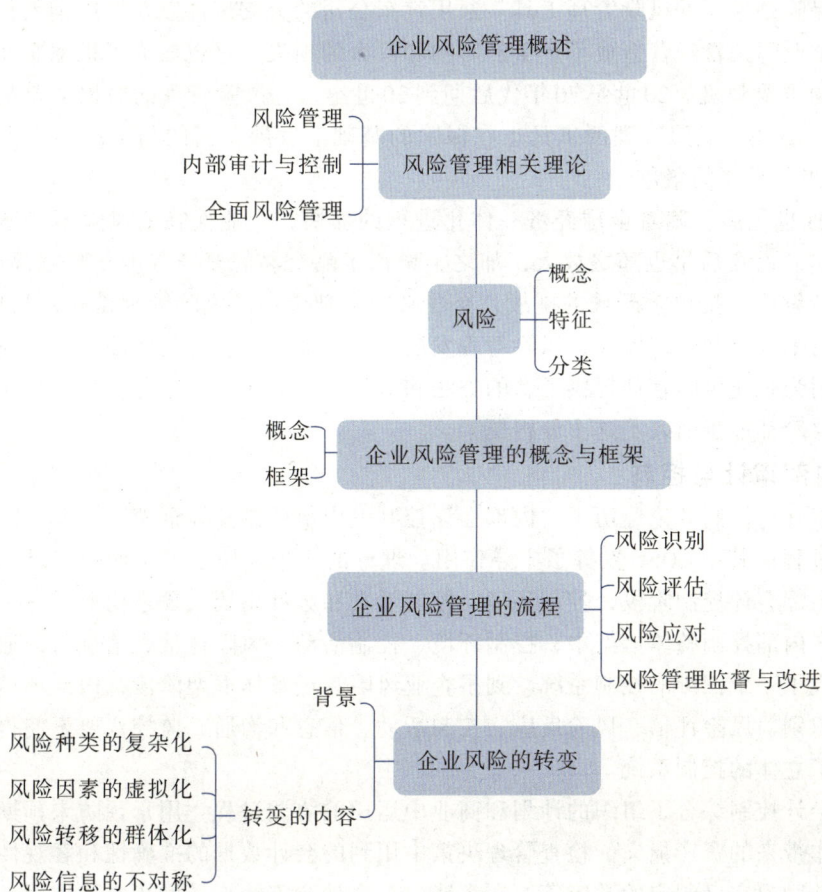

1.1　风险管理相关理论

企业风险管理是风险管理学科的一个重要领域，风险管理理论和内部审计与控制理论是其两大理论来源，经过70多年的发展，两大理论都指向了企业风险管理的方向，成为了企业管理中不可或缺的组成部分。

1.1.1　风险管理

"风险管理"作为一种经营和管理的理念，具有悠久的历史。20世纪前半期，以法约尔的安全生产思想、马歇尔的风险分担管理观点为代表的现代意义上的风险管理思想出现了。20世纪中叶，风险管理真正作为一门学科出现，是以梅尔（Mehr）和赫奇斯（Hedges）所著的《企业风险管理》（1963）以及威廉姆斯（C.A.Williams）和汉斯（Richard M.Heins）所著的《风险管理与保险》（1964）的出版为标志的。他们认为，"风险管理是通过对风险的识别、衡量和控制，从而以最小的成本使风险所致损失达到最低程度的管理方法"。风险管理不仅仅是一门技术、一种方法、一种管理过程，而且是一门新兴的管理科学。

20世纪50年代到70年代，企业风险管理所采取的主要策略就是风险回避和风险转移，当时保险是主要的风险管理工具。通用汽车公司的火灾事件以及美国钢铁行业的工人罢工都对企业的正常经营造成了严重的影响和巨大的损失，这也成为了推动企业风险管理理论发展的重要契机。20世纪70年代后期到20世纪末，风险管理的对象主要是业务和财务成果的波动性，风险管理的工具也在保险的基础上发展，新的衍生品和另类风险转移（ART）担当了重要的角色。

进入21世纪后，随着全球经济一体化进程的加快，企业面临的风险不断增加，各种风险的影响和潜在后果也随之放大，加之金融衍生品交易的复杂程度和频率都迅速提升，对企业的持续经营提出了严峻的挑战，企业必须突破传统的风险管理模式，从更加综合、全面的视角来分析和管理风险，风险管理发展到了全面风险管理的阶段。全面风险管理的出现和应用为企业风险管理提供了新的方法和工具，其应用领域十分广泛，从企业、非营利机构到政府都逐步引入了这个分析框架。

1.1.2　内部审计与控制

内部审计与控制理论经历了"内部会计控制—内部控制整体框架—企业风险管理整体框架"的过程，其中COSO发挥了主导作用。理论的演进经历了"平面—三维—立体"的过程，在内部会计控制阶段，控制环境、控制活动和会计系统三要素构成了一个平面的控制系统；在内部控制整体框架中，控制环境、控制活动、风险评估、信息与沟通、监控五要素演变成了一个三维的控制系统。到了企业风险管理整体框架阶段，内部环境、目标制定、事项识别、风险评估、风险反应、控制活动、信息和沟通、监控八要素使得企业风险管理成为了立体的控制系统。

内部会计控制综合了组织的计划和商业中运用的协调过程，用于预防未预期到的或是错误的操作带来的资产损失、检查管理决策中用到的会计数据的准确性和客观性、提升运营效率和鼓励遵守已制定的政策等。在实践中，会计和审计人员发挥主导作用，内部控制是在审计活动中得到深化并基于审计理论得以发展的。但是，随着企业管理活动的增加，单纯的审计已经不能满足企业的需求了，内部控制便应运而生，审计则成为内部控制的一个组成部分。审计数据为内部控制的评估提供了条件，通过对审计数据的评估，可以初步判断企业的内部控制制度以及需要改进的方面，从而为内部控制的完善提供思路。

内部控制整体框架是美国反虚假财务报告委员会下属的发起人委员会（The Committee of Sponsoring Organizations of the Treadway Commission，简称 COSO）于 1992 年在《企业内部控制——整体框架》（简称 COSO 框架）中第一次提出，系统构建了企业的内部控制体系。COSO 框架下的内部控制更多的是基于独立会计师和审计师的视角，提出了企业内部控制构成的概念，认为内部控制整体框架主要由控制环境、风险评估、控制活动、信息与沟通、监督五大要素组成，由此，内部控制的概念完全突破了审计的局限，向企业全面管理控制的范畴发展。1995 年加拿大 COSO 报告向外部审计师提出了更高的要求，为企业的内部控制加入了外部因素。1996 年国际内部审计师协会发布题为《控制：概念和责任》的报告，认为应更加重视内部审计在组织中的贡献和作用。

2004 年，COSO 在 1992 年报告的基础上，结合《萨班斯-奥克斯利法案》（Sarbanes-Oxley Act）的要求，正式发布了《企业风险管理——整体框架》。该分析框架将内部控制涵盖在企业风险管理的范围内，形成了含义更广泛的内部风险管理框架（COSO-ERM 框架）。2004 年版的 COSO-ERM 框架为企业开启了理解内部控制的新视野，也回应了此前各界对内部控制与风险管理界限不清晰的辩议，表明企业风险管理涵盖内部控制，至此内部审计与控制理论的发展最终指向了企业的全面风险管理。

1.1.3　全面风险管理

全面风险管理理论的发展大致分为三个阶段，第一阶段是以"安全和保险"为特征的风险管理，第二阶段是以"内部控制和控制纯粹风险"为特征的风险管理，第三阶段则是以"风险管理战略与企业总体发展战略紧密结合"为特征的全面风险管理。

我国国务院国资委于 2006 年发布《中央企业全面风险管理指引》（以下简称《指引》），成为了我国第一个全面风险管理的指导性文件，标志着我国中央企业建立全面风险管理体系工作的启动。它将全面风险管理理论主要应用领域集中在企业管理中，围绕企业总体的经营管理目标，在企业管理的各个环节和过程中执行风险管理的基本流程，培育良好的风险管理文化，建立健全全面风险管理体系。

2014 年，COSO 正式启动了首次对风险管理框架的修订工作，于 2017 年正式发布了《企业风险管理框架》，并重新定义风险管理为：组织在创造、保存、实现价值的过程中赖以进行风险管理的与战略制定和实施相结合的文化、能力和实践。新定义相较于 2014 版而言，更加强调风险与价值的结合，突出价值创造而不只是防止损失，这样也避免了内部控制定义界限不清的问题。企业风险管理框架中的要素和原则从围绕企业战略和绩效，变成了贯穿融入企业战略、绩效和价值提升，不再一味地强调风险视角下的企业治理及管理要素，而是直接从企业治理和管理的角度提出将风险管理内容嵌入企业管理中，为风险管理工作真正融入企业的治理与管理打下了基础。

全面风险管理（Comprehensive Enterprises Risk Management，CERM），是指通过评估企业全部经营过程中潜在的威胁企业利益或者竞争地位的风险行为，然后在风险评估结果的基础上，对风险进行预防或者管控，进而减少风险损失的行为。全面风险管理以提高企业价值为导向，旨在降低经营风险，稳定企业发展。全面风险管理不同于传统的风险管理，传统的风险管理主要针对某个方面进行风险把控，但是全面风险管理是一个系统活动，对企业经营过程中的所有业务和流程进行系统性的风险评估和管控，能够在一定程度上避免综合风险对企业造成的损失。因此，新型全面风险管理以保证企业价值最大化为目标，强调企业的投资活动要与全面风险管理活动相结合，在进行对外投资时，要综合考虑其对各方面造成的影响或者潜在损失，进而采取相应的风险应对策略。

1.2　风险

1.2.1　风险的概念

当今市场环境下，行业竞争日益激烈，企业面临着更加严峻的生存环境。风险是市场的灵魂，所有的风险都是由不确定因素造成的。确定性现象和不确定性现象是经济活动中的两种现象，确定性现象是指确定条件下必然产生确定的结果，只要具备相应的条件，就必然只产生这一种结果。不确定性现象是指在某种条件下会产生很多种结果，不能准确确定是哪种结果产生。这样的不确定性由不确定因素造成，也因此使得事物活动过程中产生了风险。

广义上讲，只要某一事件的发生存在两种及以上的可能性时，那么就认为该事件存在风险。狭义上讲，风险即损失的不确定性。

风险因素、风险事故和损失是构成风险的三大要素。

风险因素是导致最终损失产生的原因或条件，根据性质不同，可分为有形风险因素与无形风险因素两种。

风险事故也称风险事件，是指造成损失发生的偶发事件，也是在风险因素作用下直接引起损失产生的原因，即只有通过风险事故的发生才能导致损失。

损失是指风险事故发生后所产生的后果，在企业风险管理中是指非计划的经济价值的减少，通常分为实质损失、额外费用损失、收入损失和责任损失。这几种损失之间相互联系，风险因素的积累会导致风险事故的发生，而风险事故的发生则会引起风险损失。

1.2.2　风险的特征

风险的特征反映了风险产生的本质。企业管理者对全面风险管理理念、风险特征和实施机制的充分认识和了解能够帮助其构建风险管理机制，降低损失发生的可能性和程度。风险具有客观性、不确定性、可控性、损失性等特征。

1.客观性

风险是不以人的意志而转移或消失的，它是由客观存在的自然现象或社会现象所引起的，如自然界中的地震、洪水、雷电、暴风雨等。风险会存在于事件从开始产生到完成的整个过程，在这个过程中，采用任何方法和技术都不会彻底消除风险。因此，只能采取一定的方式和方法降低风险发生的可能性，减少风险造成的损失，也就是说，只能选择正视风险，而不能选择逃避风险。

2. 不确定性

对于全社会来说，风险的发生是确定的，而对于特定的个人来说，风险的发生是不确定的。自然界的运动规律是独立于人的主观意识而存在的，目前人类只能发现、认识和利用这种规律。因此，由于外部环境的不断发展，事件发展过程中的不确定因素就会一直存在，故而风险在这些因素的作用下就会随时发生。总体来说，风险的不确定性包含了两个内涵：（1）风险的来源不能确定；（2）风险产生的结果不能确定。

3. 可预测性

虽然风险的发生是不确定的，但是风险发生的可能性却是可以被预测的，即风险具有可预测性，这一特征为风险的量化奠定了基础。这也就意味着，人们可以总结过去所发生的有关风险事件的资料，进行大规模归纳分析，运用数理统计方法，就可能发现风险发生的规律，进而预测未来事件风险的发生，以提醒风险主体提前做好风险管控。比如企业可以根据国内外经济形势、货币基准利率变化、货币供应量和经济周期等来判断外汇走势，从而利用金融工具在一定程度上避免外汇风险。

4. 损失性

风险的发生必然伴随着损失的产生，这种损失可能是能直接用货币衡量的损失，也可能是无法直接用货币衡量的损失。财产的损失、对物质造成的破坏损失以及人员的伤亡，是常见的三种风险损失形式。对于企业而言，财产的损失除了丧失财产本身的价值之外，还会丧失使用该财产所得的收益。另外，还可能导致企业失信、品牌价值降低等一系列无形损失。

1.2.3 风险的分类

风险存在于企业经营过程中，会对企业盈利产生直接或间接的影响。按照发生的范围不同，风险可分为外部风险和内部风险。

1. 外部风险

外部风险是指企业所处的社会环境、政治、法律法规、金融对其经营的不确定性影响，主要包括政治风险、法律风险与合规风险、文化风险、技术风险、市场风险等。

（1）政治风险

政治风险是指完全或部分由政府官员行使权力和政府组织的行为而产生的不确定性。虽然政治风险更多地与海外市场风险有关，但这一定义适用于国内外所有市场。政治风险通常表现为限制投资领域、设置贸易壁垒、外汇管制规定、进口配额和关税、组织结构及要求最低持股比例、限制向东道国的银行借款、没收资产等。

（2）合规风险与法律风险

合规风险与法律风险都是现代企业风险体系中的重要组成部分，两者互有重合，又各有侧重。**合规风险**是指因违反法律或监管要求而受到制裁、遭受金融损失以及因未能遵守所有适用法律、法规、行为准则或相关标准而给企业信誉带来损失的可能性。**法律风险**是指企业在经营过程中因自身经营行为的不规范或者外部法律环境发生重大变化而造成不利法律后果的可能性。合规风险侧重于行政责任和道德责任的承担，而法律风险则侧重于民事责任的承担。

（3）文化风险

文化风险是指文化这一不确定性因素给企业经营活动带来的影响，通常是由于跨国经营活动、企业并购活动以及内部因素引发的。跨国经营面临着两国文化的差异，企业并购涉及企业双方文化的直接碰撞与交流，将一种在特定文化环境中行之有效的管理方法应用到另一种文化环境中后，也许会产生截然相反的结果。即使没有并购和跨国经营，企业也会面临组织文化与地区文化、外来文化的交流问题以及组织文化的更新问题。

（4）技术风险

广义的技术风险是指某一种新技术给某一行业或某些企业带来增长机会的同时，可能对另一行业或另一些企业形成巨大的威胁。例如，晶体管的发明和生产严重危害了直头管行业；高性能塑料和陶瓷材料的研制和开发严重降低了钢铁业的获利能力。**狭义的技术风险**是指技术在创新过程中由于技术本身的复杂性和其他相关因素变化的不确定性而导致技术创新遭遇失败的可能性。例如，技术手段的局限性、技术系统内部的复杂性、技术难度过高、产品寿命的不可预测性、替代性技术的缺乏等原因都可能导致技术创新夭折。

（5）市场风险

市场风险指企业所面对的外部市场的复杂性和变动性所带来的与经营相关的风险。依据《中央企业全面风险管理指引》，市场风险至少要考虑产品或服务的价格及供需变化带来的风险，能源、原材料、配件等物资供应的充足性、稳定性和价格的变化带来的风险，主要客户、主要供应商的信用风险，税收政策和利率、汇率、股票价格指数的变化带来的风险，潜在进入者、竞争者、替代品的竞争带来的风险。

2. 内部风险

内部风险是指风险发生在风险事件主体的内部，主要包括战略风险、操作风险、运营风险、财务风险等。下面重点介绍决策风险、执行风险和监督风险。

（1）决策风险

决策风险是指企业在决策过程中，受主、客观等多种不确定因素的影响，使决策活动不能达到预期目的的可能性及后果。由于任何一种决策都是在特定环境下按照一定程序由个人或集体做出的，它不只是一个客观过程，还受到个人情感、组织偏好、价值判断等主观因素的影响，因此，决策风险的产生既有信息不充分、环境突变等客观因素，也有决策者能力不足、决策程序不科学，以及情绪、偏好等主观因素的影响。

企业决策包括战略决策、管理授权决策、业务发展决策等不同层次的决策。决策风险在每一个层次都存在，但对企业的影响和危害程度不同。一般来说，越是在高层次发生的决策风险，影响面越大、危害性越强、持续时间越长，如企业对外投资决策发生的风险；而在低层次发生的决策风险，影响面和危害性相对较小，持续时间也较短，如处置某项闲置固定资产发生的风险。决策风险产生的原因主要有决策权限不明确、程序不规范、决策评价和纠错机制不健全等。

（2）执行风险

执行风险是指企业对国家法律法规、企业内部管理制度以及相关决策等不执行或执行不到位，给企业带来未来损失的不确定性。企业出台的规章制度能否在实践中取得理想效果，关键取决于执行过程，任何不执行、乱执行或执行过程中擅自改变规章制度内容的行为，都会引发执行风险。执行风险的发生主要是因为制度自身存在缺陷、执行机制失灵、成本效益原则限制、执行者自身出现失误等原因。规章制度的设计和安排如果科学合理，执行过程就比较顺畅，执行风险就比较小。反之，则会加大执行难度和执行风险。在实际工作中，每一个制度执行者都有可能因为理解偏差、曲解指令等能力因素或身体不适、精力分散等生理因素发生工作失误，从而造成制度失效，引发执行风险。可以说，各种执行风险都与执行机制失灵具有直接或间接的关系，一般情况下，执行制度的成本不应当超过不执行制度可能造成的损失，否则将背离经济活动所追求的收益最大化目标。

(3) 监督风险

监督风险是指由于监督工作不到位而使企业遭受损失的可能性。随着企业自主权的扩大，政府对企业的行政监督逐步弱化，而企业的内部监督体系又不完善，致使监督风险已成为一些企业的重要风险，许多企业发生的违法违纪现象都与监督工作不到位有直接关系。监督风险产生的主要原因有：监督权力不落实、监督机制不健全、外部监督不到位等。目前我国企业的管理体制还不能完全满足现代企业制度的要求，治理结构还没有真正实现决策权、执行权、监督权的完全分离。其次，大部分企业缺乏系统完善、切实有效的内部控制监督体系，特别是企业主要领导人几乎不受下级的监督。另外，对企业实施监督的外部机构虽多，但缺乏监管标准上的一致性和监管行动上的统一性，监督工作没有完全贯穿国有资产保值增值这根"主线"，往往各自为政，采取"头痛医头、脚痛医脚"的办法，导致监督目标模糊，监督成本高，监督效率低下，监督风险增加。

1.3　企业风险管理的概念与框架

1.3.1　风险管理的概念

2004 年 9 月，《企业风险管理——整合框架》由 COSO 颁布，并将企业风险管理定义为企业董事会、管理层和所有员工共同参与的一个过程。企业风险管理被应用于战略制定、各部门的经营活动中，具体是在确认可能对企业产生影响的事项后，在企业风险偏好范围内对风险进行管理，进而为实现企业目标提供合理的保障。这一定义虽然使风险管理的角色相对容易被理解，但其对于风险的其他作用并不明显。

2017 年 9 月 COSO 发布《企业风险管理——战略与绩效的整合》新框架，将风险与价值更紧密地联系在一起，价值成为企业风险控制的关键驱动因素。风险被定义为：事项发生并影响战略和商业目标实现的可能性；风险管理则被定义为：组织在创造、保持和实现价值的过程中，结合战略制定和执行，赖以进行管理风险的文化、能力和实践。由此，风险管理工作从"一个过程"被提升为"一种文化、能力和实践"，用以实现组织创造、保持和实现价值，既撇清了风险管理和内部控制的模糊关系，又为深刻理解企业战略和风险管理的作用以及战略执行提供了更广阔的视野。

伴随着社会的不断发展，企业建设风险管理体系不仅能够提高管理质量，还可以提高员工工作效率，促进企业的长久、稳定发展。企业可以通过健全内部管理制度、明确岗位职责、建立科学的风险评估体系、建设智能风控系统等方式将风险管理应用于日常管理。

1.3.2　风险管理的框架

2014年，COSO在《企业风险管理——整合框架》中首次定义了企业风险管理框架（Enterprise Risk Management，ERM）。2017年，该组织又颁布了更新版的《企业风险管理框架》。美联储和巴塞尔委员会等监管机构都认为该报告可以作为企业风险管理的纲领性文件，该报告框架中的许多思想和建议在世界范围内产生了深远影响。

企业风险管理包括八个组成要素，它们相互关联并贯穿于整个企业风险管理过程中，具体如下：

1. 内部环境

企业的内部环境为其他风险管理组成要素提供了规则和结构，是其他风险管理要素的基础。内部环境不仅关系到企业目标的设定，而且对企业风险各个环节以及控制活动的执行都会产生影响。内部环境包括管理者的经营模式、权责分配、人员的培训等。管理者的职责是树立企业风险管理的理念、营造企业风险文化，将企业风险管理与具体执行计划相结合，是内部环境的重要组成部分。

2. 目标制定

管理者根据企业预期任务制定战略目标，总体目标的实现取决于分解到各层级的子目标的实现，所以在分解目标时，要确保各层级目标与战略方案的统一性。企业风险管理目标的设定要确保管理层能够采用适当的程序使目标支持企业的任务或预期，并且这些目标还要与企业的风险承受力相一致。

3. 风险识别

当管理者无法确切知道某个事件是否会发生、何时会发生或其结果如何的时候，需要运用一定的方法，事前找到管理对象所面临的潜在风险，对产生风险的原因进行分析。对风险进行识别，应全面了解各种风险事件发生的概率、可能造成的损害程度，以及因风险导致的其他连锁问题。风险的识别取决于风险事项有哪些，以及相关人员收集信息的能力，管理者应从影响风险发生的内外部因素的角度考虑，掌握风险来源和风险类别。

4. 风险评估

管理者通过衡量风险发生的可能性和产生影响的大小来判断风险是否影响企业目标的实现。风险发生的可能性是指发生特定事件的可能性，影响则是指事件发生带来的影响。完整并准确地反映风险的体系是企业进行风险评估的前提，此外还需要设计合理的评估程序。评估企业风险发生的可能性和产生影响的大小，可以使用企业内部数据，也可以结合外部数据作为检查的标准或进行进一步分析。

5. 风险应对

风险的应对方案应基于已经明确的风险及企业能够承受的风险压力来制订。风险应对包括规避风险、降低风险、分担风险以及接受风险四种方式。规避风险意味着需要通过采取某些相应行动来消除风险，避免风险再次发生。降低风险则需要某些措施降低风险发生的可能性或减少风险带来的影响，抑或两者兼而有之。共担风险是通过与他人共同分担风险来降低风险发生的可能性或产生的影响。接受风险则是不考虑转移或降低风险，由于发生风险的概率比较低，于是选择接受这种风险。

6. 风险控制

　　风险控制由一系列的控制活动组成。控制活动是有助于确保正确实施风险应对计划的政策和程序，是风险管理的具体实施过程。控制活动存在于企业的各个层面，也是企业实现其商业目标过程的一部分，它包括确定应执行的操作策略和执行该策略的过程两个因素。必要时将信息系统控制与其他人工过程控制相结合，可确保信息数据的完整性和准确性。

7. 信息与沟通

　　良好的信息与沟通有助于确保企业的风险控制。信息与沟通能够为企业构建一道可以收集和传达信息的平台，促进企业内部信息的流通。有效的沟通不仅包括企业内部各部门的沟通，还包括与企业外部相关方的有效沟通和信息交换。企业各部门可以通过对信息的了解，对企业风险进行识别与评估。信息包括内外部信息、量化与非量化信息等，通过信息与沟通使企业可以在面对不断变化的风险环境时及时做出反应。

8. 监督

　　在风险管理过程中，企业必须对风险的变化、发展趋势等进行实时监督，根据需要及时调整并改进应对策略。风险的变化与内外部环境的变更有密切的联系，在企业的经营过程中，风险造成的影响可能因某些因素而变大，也可能减小或消失，但也会产生新的风险。执行监督的目的是保证风险应对，保证控制措施达到预期效果。内部审计和自我检查机制的配合可以帮助企业实现持续监督，从而不断改进风险应对方案，以便将来制定的方案更符合实际情况。

1.4　企业风险管理的流程

　　本书借鉴国务院国有资产监督管理委员会颁布的《中央企业全面风险管理指引》和财政部等五部委颁布的《企业内部控制基本规范》及配套的《企业内部控制应用指引》等相关规范，将企业风险管理的流程，划分为风险识别、风险评估、风险应对、风险管理监督与改进四个阶段。

1.4.1　风险识别

　　风险识别是风险管理的第一步，也是风险管理的基础，是指通过持续不断地收集与企业重要的经营活动、内部管理活动等有关的内外部信息，从而查找出这些活动是否存在风险、有何风险的过程。企业面临的风险往往来自多个方面，风险的重要性也各不相同，因此，企业只有正确地识别出未来可能面临的风险，才能进行更高效、准确的风险控制。

　　风险识别的主要任务包括：识别出影响企业实现经营目标的风险事项，并能准确为其分类，如外部风险、内部风险等；查找风险事项等驱动因素，如人力因素、经济因素等。

　　例如，在供应商评级环节，可能存在评级不准确的风险，进而导致销售合同违约、赔偿等风险。分析这些风险的成因后，可以发现多种促使风险发生的风险因素，包括未及时进行供应商评级、供应商评级资料不完整或不准确、供应商评级专员舞弊等。

1.4.2　风险评估

　　风险评估包括风险分析和风险评价，是指在收集了与企业风险管理有关的信息并识别出重要的业务流程中可能存在的风险后，对识别出的风险给予明确的定义，分析风险的发生条件以及发生的可能性，并评估风险对企业实现经营目标的影响程度、风险的价值等。

进行风险评估时，企业应该结合自身实际情况选取定性的方法、定量的方法，或者定性和定量相结合的方法。企业可采用的定性的方法有：问卷调查、集体讨论、专家咨询、情景分析、政策分析、行业标杆比较、管理层访谈、由专人主持的工作访谈和调查研究等。企业可采用的定量方法有：统计推论（如集中趋势法）、计算机模拟（如蒙特卡罗分析法）、失效模式与影响分析、事件树分析等。

以企业的计划销售量与生产能力偏离度风险评估为例，该指标旨在评估计划销售量是否偏离市场预估需求。如果出现了供大于求的情况，则可能带来企业产成品积压、生产资源浪费等风险。进行风险评估时，首先可通过指标计算公式（计划销售量与生产能力偏离度=（计划销售量−产能−基本单位结存数量）÷（产能+基本单位结存数量）×100%）得到计划销售量与生产能力偏离度的具体数值，然后结合评估标准，便能够得知从该指标的角度来衡量，上述风险发生的可能性。

1.4.3　风险应对

在评估了相关的风险之后，企业管理层就要确定该如何应对风险的发生。**风险应对是指企业根据自身条件和外部环境，结合企业经营目标和发展战略，充分考虑风险的性质和决策主体对风险的承受能力而制订的回避、承受、降低或者分担风险等相应防范计划。** 风险应对活动的目的是将风险降低至可接受的程度，相关管理者需对触发事件的通知做出反应，分派并执行风险行动计划，在此过程中不断比对计划和执行结果（比较执行结果是否令人满意），并记录相关内容。

在风险应对过程中，通常采取规避风险、接受风险、降低风险和分担风险四种措施。企业可以通过公司政策、限制性制度和标准来阻止高风险的经营活动、交易行为、财务损失和资产风险的发生。例如，建立企业财务管理制度，对岗位职责、权限、流程等进行限制。通常，财务、法律等方面的风险，可采用风险承担、风险规避等方法，而对于可以通过保险、对冲等金融手段进行理财的风险，可以采用风险转移、风险对冲等方法。

1.4.4　风险管理监督与改进

风险管理监督与改进是指企业应着重关注重要性高的风险、重大的事件、决策和重要的管理及业务流程，对风险管理的整个基本流程进行监督，并采用多种方法检验风险管理等有效性，根据实际的变化和存在的缺陷对风险管理过程进行及时改进。企业各有关部门和业务单位应当定期对风险管理工作进行自查和检验，及时发现问题并改进，及时提交自查报告、检验报告到风险管理职能部门。

监督是手段，改进是目的。防范风险、降低风险带来的损失是企业每个部门、每个岗位的共同责任。企业的风险管理职能部门也应定期检查各部门是否有效实施风险管理工作，并根据事先制定好的有效性标准对其进行评估，根据各部门具体情况提出调整建议，出具评价和建议报告，最后及时提交给企业总经理或负责相关工作的管理层。企业内部审计部门应至少每年一次对风险管理职能部门以及其他有关部门、业务单位等是否按照规定开展风险管理工作及其工作效果进行监督和评价，监督评价报告应该直接报送董事会或董事会下设的风险管理委员会和审计委员会。

1.5　数字经济下企业风险的转变

"十三五"时期，我国深入实施数字经济发展战略，特别是新冠肺炎疫情期间，数字经济为经济社会持续健康发展提供了强大动力。"十四五"时期，随着新一轮科技革命和产业变革的深入发展，我国数字经济发展正转向深化应用、规范发展、普惠共享的新阶段，面对新时期、新形势、新挑战，实体企业在追赶数字化变革浪潮的同时要警惕各种风险。

大数据颠覆了企业传统的思维模式、重构了以往的经营模式，也改变了从前的企业风险性质。企业的竞争手段已经由传统经济时代价格与质量的竞争，转变为技术较量和标准竞争，这种改变主要体现在风险种类、风险因素、风险转移与风险信息四个方面。

1.5.1　风险种类的复杂化

传统风险种类可从多个角度来划分，如按照性质、标的、行为、原因、产生环境等进行归类，在企业风险管理领域可以按照类似的方法将企业风险划分为金融风险、经济风险、法律风险和政治风险等。传统风险的分类标准主要根据传统经济发展态势、社会发展现状以及企业技术水平，然而在数字经济背景下，原有基础发生了网络化转变，从而引起了新的风险或将原有风险变异、放大，企业风险变数增多并日益复杂，传统的风险分类标准已难以奏效。

数字经济带动产业结构优化升级，引起总体经济发展态势及经济结构发生较大变化，增加了经济的不确定性。在数字经济模式下，各产业逐渐将数字资源等无形资源加入了生产活动中，使得产业趋向于无形化、数字化，模糊了第一、第二、第三产业的边界，促进了产业间的延伸与融合，进而改变了总体的经济发展态势。一方面，产业边界的消融与经济结构的变化增加了总体经济与市场发展的不确定性，进而提高了风险发生的概率；另一方面，产业结构的融合也改变了风险划分的标准，使得数字经济背景下企业风险种类变得多样化。

互联网是数字经济发展中的"高速公路"，网络化使得企业在经营活动中打破了时间与空间的壁垒，数据在网络中飞速运转并以近乎实时的速度被采集、处理与运用，不同国家、不同地区、不同经济实体之间的合作、交流越来越频繁。与此同时，网络化可能引发新的风险（例如触发网络的脆弱性、降低组织的稳定性、危害企业间的交流合作等），企业将更难应对。在传统的生态环境下，基于单一业务活动和部门职责条块化的传统风险管理模型基本能应对企业可能面临的风险，但在数字经济背景下，企业在网络化生态环境中发展将面临更多的新生风险，对于原有风险的管理可能因各类新旧风险的累加、扩散、渲染而面临失效的可能。企业网络化生态下的新生风险可分为支付风险、传染风险、创新风险、跨界风险、放大风险、复杂性风险等。

1.5.2　风险因素的虚拟化

在数字经济模式下，虚拟经济与实体经济加速融合，货币的虚拟化和数字资产的兴起使得企业面临的风险因素逐步虚拟化。一方面，货币的虚拟化促进了实体经济交易的虚拟化，人们开始频繁使用电子货币、线上支付系统；另一方面，数字资产不断进入实体经济，人们不使用实体货币就能消费。这两种变化使得实体经济日趋虚拟化，大量资金脱实向虚，虚拟经济的部分特征（如风险性、不稳定性、流动性等）在总体经济发展趋势中也得到了体现。数字经济环境下，企业的经营活动越来越依赖互联网，许多过程被虚拟化从而很容易脱离实际控制，一旦某个经营活动出现问题，互联网会将原本有限的风险放大数倍，这些都增大了实体企业的风险压力。

风险因素的虚拟化不仅指风险发生概率的提高与风险损失的扩大，还指数字经济背景下企业风险识别、评估与应对难度的提高。显然，在总体层面上，风险因素的虚拟化与传统监管规范体系之间形成了冲突并产生了空隙，监管力量难以完全渗透并覆盖整个网络化风险体系。在企业层面上，单一经济实体的风险控制体系也较难回应经济社会数智化带来的新型风险难题。在风险识别方面，风险因素的虚拟化使得企业风险防控部门对其进行观测与预警的难度加大了；在风险评估方面，经济交易的虚拟化与网络化加大了企业风险波动的程度，并提高了对其估计的难度；在风险应对方面，这一系统层面的风险因素需要企业在整体层面自上而下地改变风险控制体系，该过程会产生较高的成本。总体来说，风险因素的虚拟化不仅仅是风险根源与风险条件的改变，也会影响总体风险控制系统，在各个层面、各个环节提高企业面临的风险难度与压力。

1.5.3　风险转移的群体化

风险转移是企业风险应对措施理论体系中应用范围较广的一种有效风险管理手段，通过将风险及其可能造成的损失以一定的方法全部或部分转移至非本企业的其他实体，如通过租赁、基金制度、互助保证、订立保险合同、经济合同性风险转嫁等。传统经济环境下，风险转移目标与对象一般是特定的，如在保险性风险转移过程中，通常风险转移的目标或经济合同中特定的风险承受人是保险公司。但是，在数字经济体现出的特征下（如网络化、碎片化、虚拟化、规模化），企业转移相关风险的过程可能出现转移对象群体化。

数字经济产业的发展影响了消费者传统的消费方式与习惯，使得消费者更加依赖于以数字技术为基础的在线支付、新零售、平台经济等新业态，并开始承担更多的未知风险。在传统经济环境下，企业需要一定的成本转移风险以减少资本的不确定性损失（如向保险公司支付保险费）。在数字经济环境下，以 ofo 小黄车退押金难导致挤兑为例，企业占用资金（客户支付押金形成的资金池）并挪作他用，在资金难以回笼时就出现了押金难退的情况。企业将用户押金作为风险转移手段却不用承担转移成本，这一过程具有杠杆放大效应，并且诱发了企业的新型道德风险，从而引发了后续的资金风险、社会风险、法律风险等，最终使企业自身陷入困境。

用户即数据，数据是各大商户平台保持竞争优势和保障流量的基础，依据我国相关法律规定，商家收集用户数据必须征得用户同意。然而，现阶段如果用户希望获得 App 和网站的服务就必须同意"商家可以使用个人相关隐私数据"这一条款，否则会被拒绝使用，这使得本应在数据采集阶段所解决的问题延伸至数据服务和应用阶段，乏力的知情同意机制导致的潜在风险令人担忧，经营者除了自身使用用户数据，还可以通过数据库的交易或共享来实现数据的扩展。从某种程度上说，企业通过让用户承担数据泄露的风险来转移自身风险，那么较大的用户规模就意味着较大的风险。因此，减少消费者担忧、区分可利用与应保护的数据以减少企业的"可乘之机"，进一步释放网络消费潜力，这些对当下的市场监管机制提出了较大的挑战。

1.5.4　风险信息的不对称

信息不对称本身就是一项十分重要的风险诱发因素，常见于企业投资、合同交易、并购重组等方面，主要因素是市场调节机制的失效和"看不见的手"（市场经济体制）的调节作用，换言之，经济活动中的各个组成部分对于信息的掌握程度是不同的，掌握的信息越充分，就越有可能居于有利的一方。

大数据、人工智能、机器人流程自动化（Robotic Process Automation，RPA）、物联网、区块链等技术已经融入企业的生产活动中，在 2020 年"天猫双 11"的当天，阿里云大数据平台实现了云原生[①]史上最大规模的大数据算力和实时处理能力。数字技术领先的企业往往处于行业前列，在数字技术不对称中占据优势位置，这些大型互联网企业依赖其技术优势积累了大规模的用户数据并对其进行加工，挖掘其深层价值并作用于企业产业链。同时，数据质量的不对称也是它们具有的重要优势，通过结构化数据和非结构化数据构成的多维度信息，帮助它们进行精准用户画像和风险管理，因此增加了企业所面临的信息不对称。

随着信息技术的飞速发展和人们生活方式的变革，网络带来了信息的碎片化。虽然人们接触到了更为庞大的信息群，但内容非常分散，消费者接收信息的渠道、方式和习惯都逐渐趋于碎片化。传统意义上的市场概念、社会结构和观念都不断地被重新定义——从生活到工作、从交流到消费，社会的组成不断地被分割。另外，互联网打破了时空限制，使得具有相似需求的个体聚集在一起，形成了属性鲜明的社交群体，体现了社交网络的碎片化。这些碎片化的特性使得不同群体获得的信息存在差异。

课程思政

通过合理的风险管理计划，一方面可以降低风险，避免金融危机的再次发生，另一方面可以创造财富，回馈社会。有人说："国家的富强、社会的和谐稳定离不开风险管理。"

要求：试着从个人与家庭、企业与社会的角度谈一谈你认为风险管理的根本目标是什么？

本章习题自测

---

① 云原生是基于分布部署和统一运营管理的分布式云，以容器、微服务、DevOps 等技术为基础建立的一套云技术产品体系。

第2章　大数据智能在企业风控中的应用

■【学习目标】■

1. 了解大数据智能对企业风险管理的影响；
2. 熟悉企业实施大数据智能风控的必要性和可行性；
3. 理解大数据智能风控的技术框架与内容；
4. 熟悉大数据智能风控典型的应用场景。

思维导图+课
前预习

■【思维导图】■

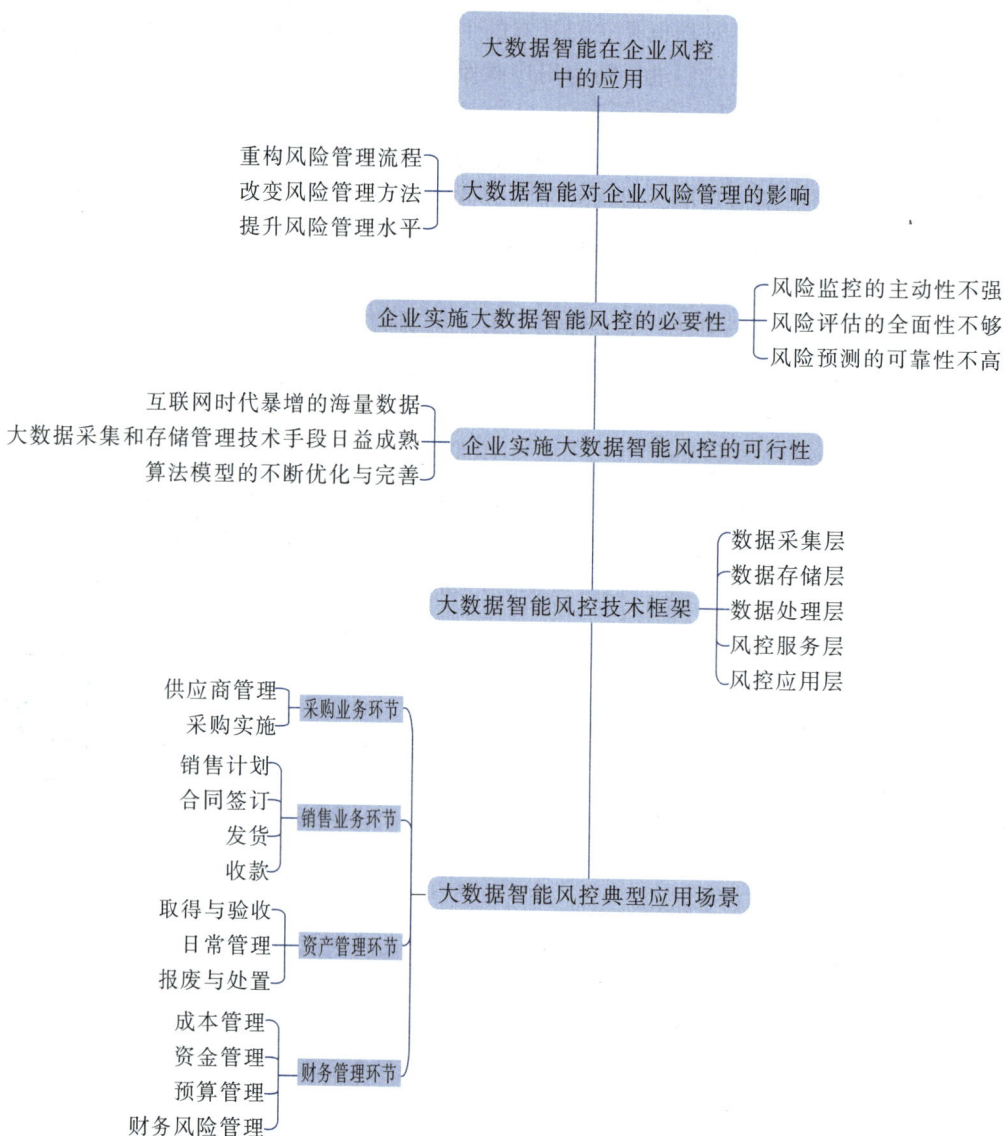

　　大数据智能风控的核心技术是以大数据和人工智能技术为主的，其中大数据占据着非常重要的地位。算法、算力和数据是人工智能的三大基石，其中，数据是实现人工智能的重要元素。大数据的核心是算法和数据，主要包括数据的处理技术和数据资源。在企业风控中引入大数据技术，提升风险管理的自动化和智能化是大势所趋。

2.1　大数据智能对企业风险管理的影响

　　2020 年 4 月 9 日，中共中央、国务院印发《关于构建更加完善的要素市场化配置体制机制的意见》（简称《意见》）将数据作为一种新型生产要素写入文件中，与土地、劳动力、资本、技术等传统要素并列。《意见》明确：加快培育数据要素市场，推进政府数据开放共享、提升社会数据资源价值、加强数据资源整合和安全保护。2021 年年底，工业和信息化部发布《"十四五"大数据产业发展规划》，再次明确指出，要发挥大数据作为生产要素的重要作用。

　　大数据是具有规模性（Volume）、多样性（Variety）、高速性（Velocity）、价值性（Value）、真实性（Veracity）等特征的数据，大数据是新资源、新工具和新应用的综合体。近年来，基于大数据的商务分析在企业的各个层面得到了越来越多的应用，大数据也为企业的风险管理提供了一种新型的技术手段，尤其是随着云计算、机器学习、人工智能的协同应用，传统的企业风险评估有望通过大数据"赋能"，增强风险评估能力。大数据技术在企业风控中的具体应用重构了企业风险管理流程，改变了风险管理方法，提升了风险管理水平。

2.1.1　重构风险管理流程

　　随着 2016 年人工智能在财务领域的应用，国内的部分企业开始进行数字化转型，而风险管理也开始从传统的制度化建设向数字化方向转型和升级。企业的风险管理体系是以流程为基础和载体的，风控流程应围绕企业既定的战略和经营目标，以风险识别和评估为切入点，确定业务关键控制环节，制定有效防范风险的控制措施，保障内部控制实施的效果。

　　大数据在企业风险管理中的应用，突出强调的是技术和数据在风险识别和评价过程中的重要性。大数据风控的基本流程主要分为数据采集、数据建模、风险评估和应对，与传统风控流程的主要差异点体现在数据上，其数据来源更广、数据量更大、种类更杂。数据是企业判断是否面临风险最重要的分析元素，大数据技术在企业风控中的应用有助于企业拓宽数据采集范围，其优势是可以围绕企业价值链在流程设计时从战略、市场、研发、生产管理等基本价值活动入手，将人力、财务、物资、法律等支持性价值活动用数据连接起来，解决外部数据采集问题，同时对这些数据进行专业化处理，通过"加工"实现数据的"增值"。如今在业内被公认的观点是，数据是企业最重要的战略资产之一，而如何依托数据去量化风险，则是数据在企业风险管控中发挥最大价值的关键。

2.1.2　改变风险管理方法

　　企业风险管理从最原始的制度规范化建设发展到操作流程线上化，现在则受到数字技术的影响向基于数据规则的风控智能化转型，其核心是对业务流程中风险的有效监管，是跨部门、跨岗位的数据交叉比较和校验，其本质是从业财数据和专业规则的角度出发，实现多维流程和异构系统的协同比较，从而发现与规范和规定不一致的风险。因此，**大数据风控**是去制度化、去流程化的，是基于数据采集的规则比较，是基于内控的业务理解，从而构建风控规则与模型来实现风险的量化识别、分析和评价，并将企业风险的分析结论嵌入流程，实现无感化、嵌入式监督，它能够促进企业智能风控的真正落地。

以往企业风险评价的主要方法是依靠"经验之谈"，这种数据分析让位于直觉判断的方式导致企业在风险管理过程中不能及时发现财务、业务中的风险因素，造成了企业运营过程中的风险。特别是在当前，庞大而复杂的数据使得这种管理方法的弊端更加明显，不利于企业在新经济形势下的发展。近几年，大数据智能风控在金融领域中得到了深度应用，成功的实践案例让更多企业看到了将大数据应用于风险管理的重要性，企业也开始探索大数据在企业经营和财务风险管理中如何应用。此外，现在已经有一些企业开始尝试将风险职能和战略管理职能进行融合。越来越多的企业正在将风险管控人员转变为业务管控人员，从实际业务出发，把控业务，进而控制风险。

2.1.3　提升风险管理水平

传统风控模式下，企业面临最大的问题是风控落地的问题，大量基于文本的制度建设看似严谨和规范，却加大了员工实际操作难度，而且在短时间内员工对全面流程管理和制度建设中涉及的成百上千个风控要点无法进行充分的消化，最终，风险控制系统往往成为一种漂亮的"合规摆设"，实际上并没有发挥作用。

随后，在大力建设 ERP 系统的进程中，企业开始考虑通过信息化手段来解决执行层面的问题，即将业务操作流程和权限审批流程嵌入 OA 或者 BPM 等系统中，从流程引擎的角度考虑风控落地，但这样也没有做到实质性审核，每个操作环节的风控要点还是依托于人的经验判断来进行结论输出，并以人工输入的方式进行流程中的风险提醒。此时，所有的操作依赖于人的责任心、精力和能力，更有甚者，一些管理层的审批职能是依赖于前面流程节点的审核，相关人员可以随心所欲地快速浏览并一点而过，严重影响了系统对于风险的有效监管。

在数字时代，企业大数据智能风控系统能够实现业务数据的自动化抽取、风控数据集市的自定义搭建、风险评估规则的灵活化配置和集中化管理、基于风控模型的智能化分析等功能，并且能够实现风控平台和业务系统的实时交互，建立和完善全覆盖实时动态监管体系，构建企业风险监管的动态化、协同化、智能化和可视化的模式。通过全面的大数据分析，企业大数据智能风控系统还可以实现对下属多元化的单位实时的风险识别、分析、检测、预警和应对。

大数据分析技术通过对历史数据的发掘、建模和机器学习技术来预测未来的事件或行为，使企业能在一定程度上预测风险的发生，将风险控制从事后转移至事中或事前。将大数据分析技术引入风险评估阶段，对业务各个环节进行充分评估，再引入业务数据做动态分析，除了能对静态财务数据进行预判，还能结合前期历史数据，对正在进行的业务事项进行动态的结果预测，不断进行数据捕捉和修正，从而将有限的资源进行整合，提高风险管理的工作效率。

2.2　企业实施大数据智能风控的必要性

在新一代信息技术与企业经营管理活动不断融合的背景下，传统技术下的风险管理模式和方法难以适应复杂多变的风险管理环境，风险管理水平低下是企业面临的一大难题。在大数据、人工智能、RPA 等现代信息技术的冲击下，传统风险管理存在的问题主要集中在风险监控主动性不强、风险评估全面性不够、风险预测的可靠性不高三个方面。

2.2.1　风险监控的主动性不强

目前，大部分企业对于数据的管理和存储仍沿用传统的信息化模式，仅仅是将不断增加的业务数据和财务数据存储在数据库中而已，大多数企业缺少对数据的分析利用。同时，由于缺乏先进的数据采集和处理技术，数据获取范围也仅限于企业内部，因此以手工作业为主的传统风险管理无法及时获得有效、准确的数据。数据获取的成本高且时效性差，造成传统风险管理人员不能对数据实施动态监管，很难做到主动实施风险控制。

随着数据量的不断增加，仅仅依靠人工对数据进行计算、比较、分析已经不能适应当前企业风险管理的需求了，企业需要变革传统的方法与流程，应用信息技术手段结合科学的方法，从而提高企业对于数据利用的效率，达到对企业风险的及时发现和预防。

2.2.2　风险评估的全面性不够

近年来，虽然企业实施了大规模的信息化建设，但是这些系统大多是"烟囱"系统，彼此之间并没有互联互通，底层的数据存储大多是彼此独立的，形成了一个个"数据孤岛"，无法实现数据的共享共用。由于企业在实施信息化建设时各个信息系统的数据标准与规范不尽相同，致使企业庞大的数据信息难以及时被有效提取和整合，因此传统风险管理模式不能实时形成围绕风险事件的多元化数据信息流。同时，在传统风控模式下，企业通常在一个业务流程上仅有某一个或某几个数据系统提供的信息，数据来源的单一性决定了企业难以实现全面风险评估。

随着大数据、人工智能等技术的应用，在大数据智能风控模式下，企业可以更多地关注企业价值链，将业务、财务、人力等结合起来，采集内、外部数据，对各个业务环节可能发生的风险进行预测和判断，实现企业对风险的全面评估。

2.2.3　风险预测的可靠性不高

风险具有可预测性，即可采取科学的方法对风险进行预测，从而在一定程度上避免风险的发生。大数据、人工智能技术与企业管理融合使得风险管理对象呈现出多样性和复杂性的特征。面对多样、复杂的风险管理对象，企业单纯依靠传统方式（如定期填制底稿表格、开展访谈）或建立信息系统来发现风险并识别错漏已远远不够。

传统风险管理工作严重滞后，需要企业能够从风险防控预警体系的构建入手，利用智能化手段对来自企业内部和外部的数据进行实时采集和处理，同时结合相关数据，综合分析和挖掘，精确定位风险点并进行预警，从而达到风险防控的目的。

2.3　企业实施大数据智能风控的可行性

在企业风险管理中引入大数据技术，提升风险管理的自动化和智能化是大势所趋。在互联网时代，数据渗透到每个行业，逐渐成为企业重要的资产，也成为大数据智能风控的核心驱动力，随着数据采集和存储技术的日趋成熟，可以将数据有效利用起来，通过算法模型为企业提供有效的分析结果，防止风险的发生。

2.3.1　互联网时代暴增的数据

移动互联网时代，数据量的暴增让企业拥有了海量数据资产，数据类型也变得更加丰富，包括结构化数据（如各类表单），半结构化数据（如各类日志信息），非结构化数据（如语音、图像、视频、地理位置等）。与传统的数据集合相比，大数据不仅仅体现在规模大和复杂性高，更为重要的是，大数据包含了大量的非结构化数据，具有维度广、实时更新等优势。过去，企业对数据的关注只停留在存储和传输层面，利用的数据量不足其获取的数据量的5%，在数据量每年以约60%的速度增长的当下，企业平均每年只获取了25%～30%的数据，能够为企业战略决策服务的数据还远未得到充分挖掘。在互联网时代，企业可以利用其海量数据，挖掘数据的潜在价值，洞察供应商的信用行为，精准辨别黑名单客户，推动企业日常经营活动的智能化管理，预测和防止风险的发生。

近十年来，国内企业大力推动信息化建设，使企业内部也拥有了大量的采购及销售等业务数据，从业务类型上区分，业务数据具体包括销售业务数据、采购业务数据、财务数据、资产设备运行数据、维修维护数据、物流数据等。以采购业务举例，大数据环境下可用于评估采购业务的潜在数据源见表2-1。

表2-1 　　　　　　　　　　　　　　采购业务数据

数据来源	数据内容
企业内部系统	产品信息、合同信息、质检信息、财务信息、招标参数等
政府网站	工商信息、税务信息、企业信用等级、财务报告等
社交网络	新闻报道、客户评价、销售记录、产品图片、产品参数等

2.3.2　大数据采集和存储管理技术日益成熟

2021年，工业和信息化部发布的《"十四五"大数据产业发展规划》中的六项重点任务之一，是要适度超前部署通信、算力、融合等新型基础设施。**技术驱动**是大数据智能风控的根本，利用人工智能结合具体场景，通过构建算法模型，对海量数据进行处理、分析进而做出高效决策，是大数据智能风控的核心，大数据智能风控实际上就是对数据的处理、建模和应用的过程。

由于互联网的出现、数字技术的长足发展，从前无法被记录或者记录成本很高的信息得以保存，同时，互联网的高效性和便捷性使我们能以较低的成本、较短的时间积累大量的用户数据，为分析建模提供足够的样本量。大数据时代改变了以前依靠经验、管理理论和思想的决策方式，管理层逐渐偏向根据数据分析结果发现和解决问题，预测机会与挑战，规避风险。例如，大数据对招标采购企业产生的作用具体体现在电子化招投标之后，企业进入了一个全新的电子招标时代，互联网可以节约大量成本，而大数据则可以全面分析和判断采购过程中的细微数据变化，利用从互联网上采集到的各个维度的数据对不同供应商进行分析和对比，较好地控制整个招投标过程，为相关决策提供依据，实现了一定程度的事前风险控制。

大数据与云计算密不可分，使用大数据的战略意义在于对有价值的数据进行专业化处理与分析，数据的采集与存储是基础，计算和分析才是关键。现在，大数据技术得到了长足发展，日渐成熟，已在主要的业务场景中得以有效应用。常见的大数据分析平台有 Hadoop、Spark、Storm、Samza 等，而基于 Hadoop 构建大数据风控平台具有分布式云存储和云计算能力，提供了核心分布式数据仓库、分布式数据库解决方案，还具有良好的扩展性，常用在银行大数据风控平台建设中，可帮助实现海量数据的分布式存储和处理，可将结构化、半结构化、非结构化数据的管理高效融合。

采用大数据技术，能为企业风险管理建立关系型数据库，为开展多维分析进行数据储备。对于企业风险管理而言，必须将企业所有业务环节涉及的风险点纳入管理范围，才能确保内部审计人员关注的完整性。大数据技术的应用对企业风险控制的连续性以及整体企业项目的通盘考虑是有积极意义的。在进行风险识别时大数据技术的应用使企业的风险控制增添了及时性，从传统的事后控制转移至事中甚至是事前控制，使企业实现了动态管理，也能够匹配当下企业经营的目标要求。各阶段的风险控制情况，又成为企业内部数据库中新的数据流，为企业未来从事业务活动提供了重要参考。

2.3.3　算法模型的不断优化与完善

机器学习与大数据相辅相成，机器学习的算法模型其实在几十年前就非常成熟了，但受计算效率低、存储条件差等限制，大数据与机器学习在实际业务中的应用受到很大限制，近十年来，计算效率、存储条件等方面的技术突破让大数据和机器学习的计算应用成本大大降低，基于这两项技术的应用活动也呈现出爆发式增长。

近年来，由于互联网金融的发展，互联网信贷成为大数据智能风控的典型应用场景，对其风险评估需要大量的数据，同时会产生更多的数据，这天然地让风险控制成为了最适合应用大数据的领域。在很多风控活动中要用到人脸识别技术，人脸识别技术背后也是一套深度学习的算法，简而言之，就是模拟人思考的过程，将其转化为模型算法，提取面部特征，将不同特征进行组合便可描述一张人脸，但其过程是复杂的，计算机需要通过在千万甚至上亿级别的人脸数据库中进行深度学习，才会自动总结出最适合自身理解和区分的人脸特征。

无论在哪种应用场景下，大数据智能风控的流程主要分为四个阶段：数据获取、数据分析、数据建模、风控产品应用。对获取到的海量数据进行清洗和挖掘，有针对性地对场景下主要对象特征进行深加工，接着通过规则策略和模型算法的构建，对外输出相应的风控服务。如何高效地从海量样本数据中构建特征是风控建模中一个至关重要的问题，在实践中，通常会对特征进行有效性验证、异常数据处理、特征聚合等，技术要求有强大的底层技术架构能力来保障数据传输速度、大数据清洗和建模能力，甚至是与人工智能技术结合，形成完整的智能风控体系。例如企业在对供应商进行评级时，其实质是对供应商进行分类，可以运用 K-means 等聚类算法，提取供应商评价特征，建立指标模型，实现对供应商的智能评级。

2.4　大数据智能风控技术框架

根据大数据的数据来源、应用，以及实现数据传输的流程，可以将大数据智能风控技术框架分为数据采集层、数据存储层、数据处理层、风控服务层、风控应用层，如图2-1所示。

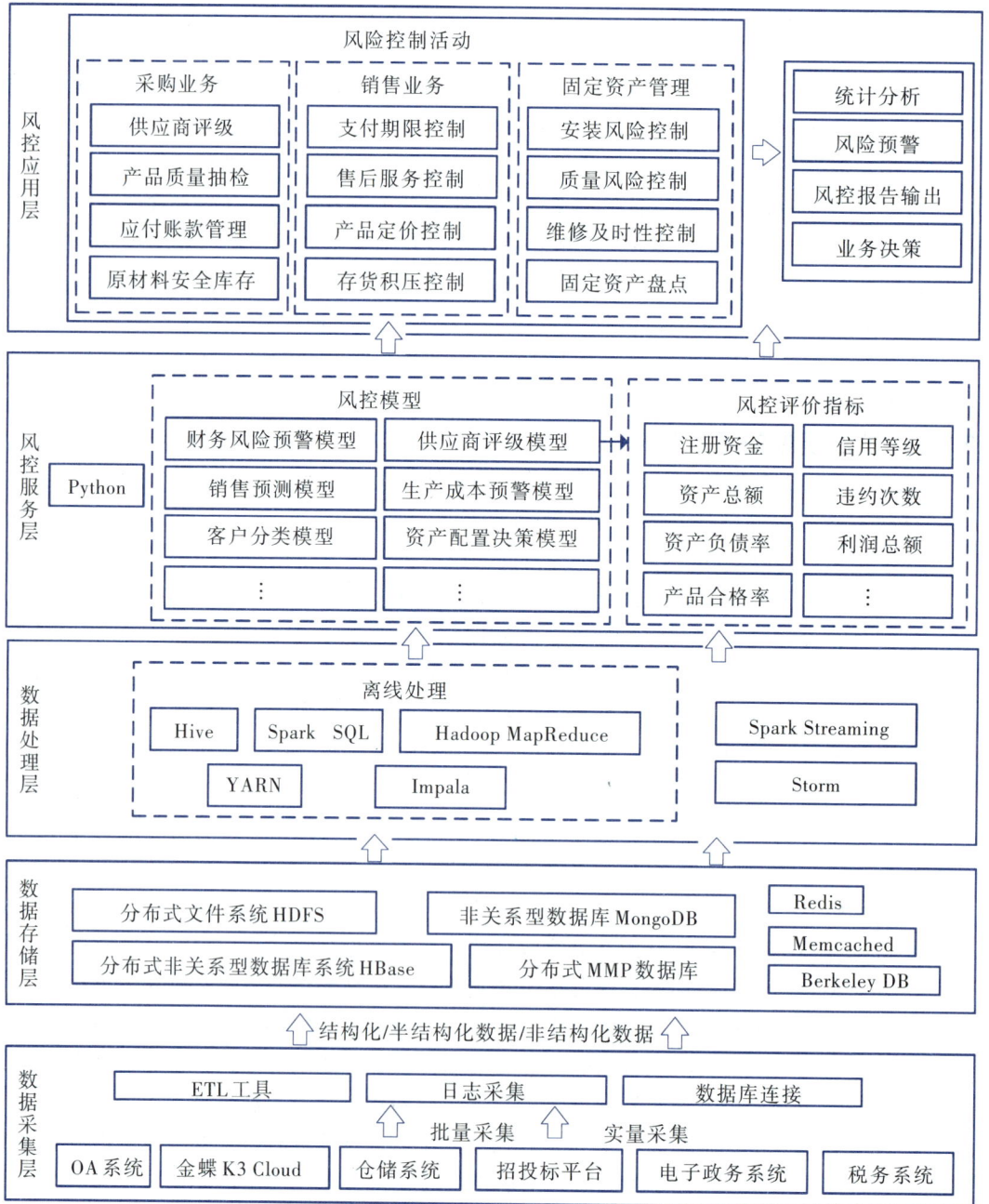

图2-1　大数据智能风控技术框架

2.4.1　数据采集层

在企业的日常经营中产生的数据种类很多，并且不同种类的数据产生的方式不同。大数据采集的数据主要有互联网数据和系统数据库数据。互联网数据主要包括招投标平台、电子政务系统、工商税务网站等的公开信息，通常通过网络爬虫或网站平台提供的公开API等方式，将非结构化或半结构化的数据从网页平台中提取出来，通过预处理转换成结构化数据。系统数据库数据主要是从企业内部使用的OA系统、金蝶财务系统、仓储系统、固定资产管理系统、生产管理系统等配套的数据库中直接提取结构化数据得来的，企业还可以通过日志采集、数据库链接等方式进行数据采集工作。

2.4.2　数据存储层

当大量的数据采集完后，我们需要对大数据进行存储。数据的存储分为持久化存储和非持久化存储。**持久化存储**表示把数据存储在磁盘中，关机或断电后，数据依然不会丢失。非持久化存储表示把数据存储在内存中，读写速度快，但是关机或断电后数据会丢失。对于持久化存储而言，最关键的概念就是文件系统和数据库系统。常见的分布式文件系统是HDFS，对应的分布式非关系型数据库系统是HBase以及另一个非关系型数据库MongoDB。支持非持久化存储的系统包括Redis、Berkeley DB和Memcached，它们为存储数据库提供了缓存机制，可以大幅提升系统的响应速度，降低持久化存储的压力。

2.4.3　数据处理层

当完成数据采集和存储后，除了保存原始数据、做好数据备份之外，还需要对原始数据进行处理并利用它们产生更大的价值。大数据处理可分为两类：批量处理（离线处理）和实时处理（在线处理）。在线处理对于太字节（TB）级甚至拍字节（PB）级的数据量，要求其处理和展示能够在秒级或者毫秒级时间内得到响应，对处理响应速度要求非常高（例如数据库的一次查询）。离线处理则对实时响应没有要求，例如批量地压缩文档。Hadoop的MapReduce计算是一种典型的离线批处理框架。为了提升效率，下一代的管理框架YARN和更迅速的计算框架Spark最近几年也在逐步成型之中。在此基础上，人们又提出了Hive、Pig、Impala和Spark SQL等工具，进一步简化了某些常见的查询。Spark Streaming和Storm则在映射和归约的思想基础上，提供了流式计算框架，进一步提升了处理的实时性。

2.4.4　风控服务层

数据采集、数据存储和数据处理是大数据智能风控技术架构的基础。一般情况下，在完成这三个层次的数据任务之后，原始数据已经被转化为基础数据了，已经可以为上层的风控业务应用提供支撑了。在大数据时代，数据有种类多、单位价值稀疏的特点，这就要求人们对数据进行管理，并进行融合建模。在大数据智能风控的具体应用中，企业可以构建财务风险预警模型、供应商评级模型、销售预测模型、生产成本预警模型、客户分类模型、资产配置决策模型等，通过Python等根据算法模型、业务模型进行建模，从而更好地为风控应用层提供优质的底层数据。

2.4.5　风控应用层

风控应用层是大数据技术在风控中的具体应用场景，可以实现各个场景的风险控制活动、统计分析、风险预警、风控报告输出、辅助业务决策等功能。在风险控制活动中，可应用于采购业务、销售业务、固定资产管理、财务管理等多个业务场景，采购业务具体包括供应商评级、产品质量抽检、应付账款管理、原材料安全库存等；销售业务具体包括支付期限控制、售后服务控制、产品定价控制、存货积压控制等；固定资产管理具体包括安装风险控制、质量风险控制、维修及时性控制、固定资产盘点等。大数据架构为大数据的业务应用提供了一种通用的架构，企业还需要根据行业领域、技术积累以及业务场景，从业务需求、产品设计、技术选型到实现方案流程上具体问题具体分析，利用大数据可视化技术，形成更为明确的应用，包括基于大数据交易与共享、基于开发平台的大数据应用、基于大数据的工具应用等。

2.5   大数据智能风控典型应用场景

随着大数据技术的不断发展与成熟，数据的收集、存储、预处理和开发应用能力不断提升，大数据智能风控在企业风险管理中开始发挥越来越重要的作用。在企业的采购、销售、资产管理等业务环节中，由于流程不同、产生的数据不同、风险点和风险因素的差异，大数据应用在企业风险管理的过程中产生了多样化的应用场景，使企业实现了不同程度的风险规避和价值创造。

2.5.1   采购业务应用场景

在全球经济一体化的大背景下，企业供应链由传统的链式结构向网络化结构方向发展，采购部作为负责获取企业所需资源（包括原材料、技术、设备等）的一个重要职能部门，其面临的风险更为突出。大数据为更全面的采购风险评估提供了路径，比如通过多源数据（交易数据、社交网络数据、第三方风险报告、财务数据、银行数据等）的分析来识别采购中的欺诈风险。采购业务是企业最频繁的经济活动之一，其成本在企业总成本中占很大比重，而各类风险又贯穿该业务流程的各个环节，将影响企业战略目标的实现。

采购业务主要分为供应商管理和采购实施两个部分，大数据智能在采购业务环节中的风控应用场景如图2-2所示。

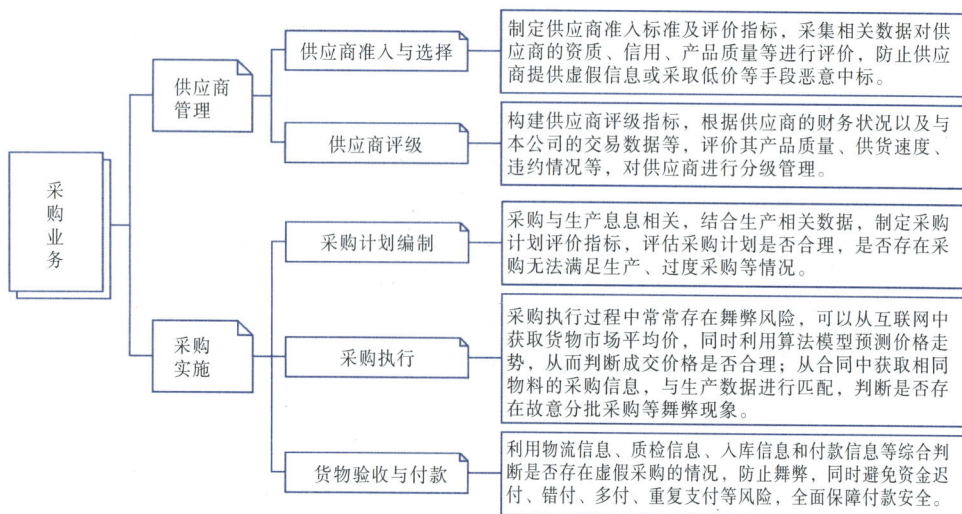

图2-2   采购业务大数据智能风控应用场景

2.5.2　销售业务应用场景

在企业中，销售预测与精准营销是大数据技术应用得最多的场景。精准营销在互联网企业的应用已经较为成熟，企业通过采集消费者的网络购物行为数据，如浏览网站记录、浏览商品类型、在不同页面的停留时间、浏览次数、历史足迹等数据，结合消费者的个人身份信息数据，处理分析后进行用户兴趣建模、用户关系建模、用户生命周期建模、用户信用建模等，对消费者画像，并且将其作为底层数据提供给各营销系统。基于用户画像，各营销系统采用电子邮件、手机短信、APP 消息推送、产品包装广告等形式进行产品推广，实现精准营销。

大数据智能化技术在销售业务的计划编制、合同签订、发货、收款等环节的风控具体应用场景如图 2-3 所示。

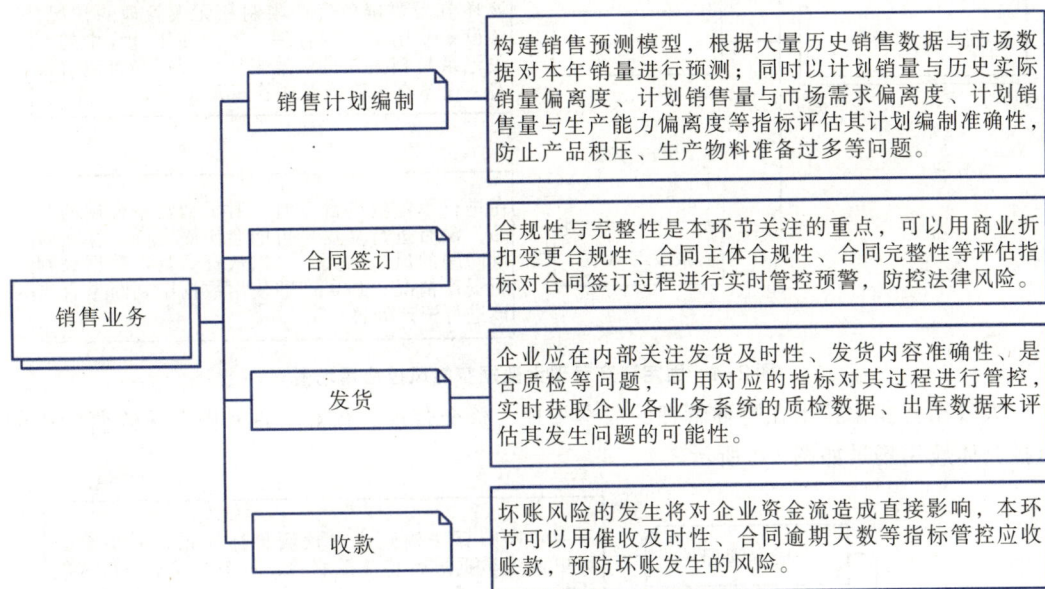

図 2-3　销售业务大数据智能风控应用场景

2.5.3　资产设备管理应用场景

在制造企业的生产过程中，通过资产管理和生产系统，可以实时采集设备的运行数据，对采集到的数据进行加工处理，并进一步对能耗、质量事故等参数进行分析，可基于设备诊断结果进行及时的预测性维护；通过对生产过程中的原材料、中间产品数据进行采集和实时上传，进一步考虑产能约束、人员技能约束、物料可用约束、工装模具约束等，借助智能的优化算法，制订生产计划，并动态调整生产计划。通过预测性维护和动态排产，实现对生产设备的智能化管理。

按照生命周期划分，可以将固定资产管理分为取得与验收、日常管理、报废与处置三个环节，大数据智能风控在其中的应用场景如图 2-4 所示。

2.5.4　财务管理应用场景

在大数据技术的支持下，会计人员能够在企业中发挥更强的战略性和前瞻性作用，即通过大数据资源帮助企业预测或防范财务风险，并确保企业价值稳定、持续增长。大数据智能风控在财务管理中具体可以应用于成本管理、资金管理、预算管理和财务风险管理四个方面。融入大数据挖掘技术后，管理会计人员进行财务数据分析时，可以通过互联网采集同行业企业关于风险指标的具体数据以及行业平均数据等，同时结合企业纵向评价的风险指标，构建完整的财务风险评价体系。通过人工智能技术对财务数据和相关业务数据进行深度挖掘和分析，发现数据之间的关系，利用大数据可视化技术构建数据关联可视化图，可以从财务层渗透到业务层进行风险因素分析，从而精准定位风险发生的业务环节，减少企业资源浪费，提高风险管控效率。

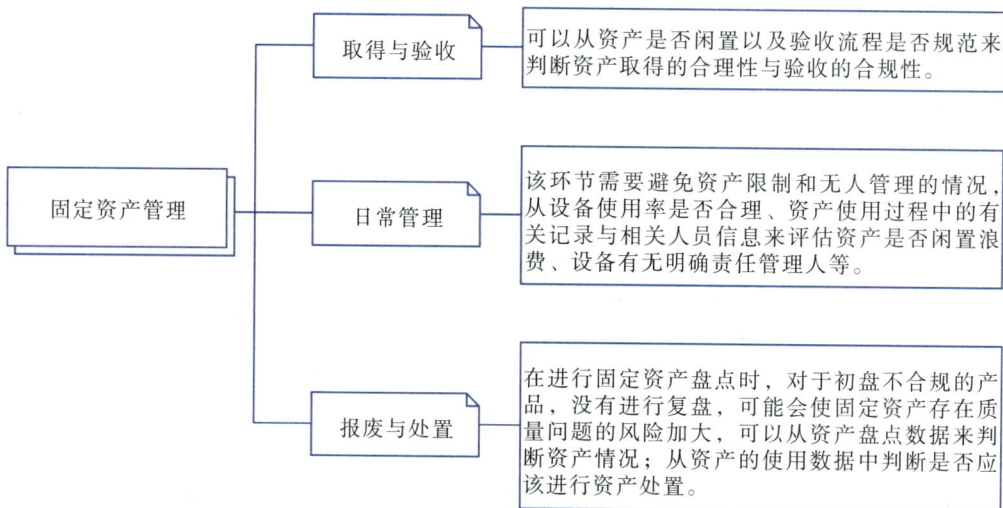

图2-4　固定资产管理大数据智能风控应用场景

大数据智能化技术在财务管理的成本管理、资金管理、预算管理和财务风险管理中的风控具体应用场景如图2-5所示。

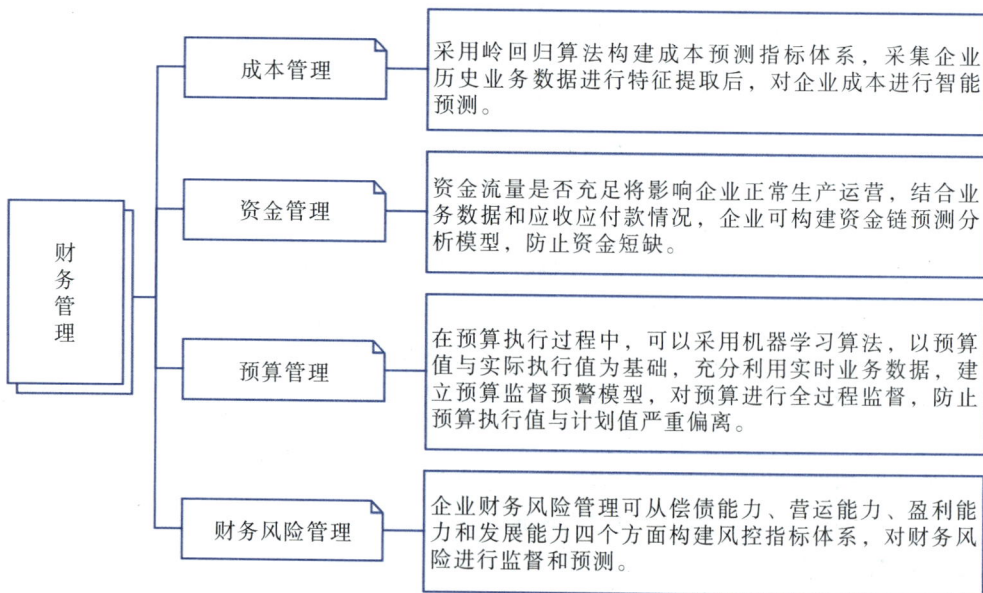

图2-5　财务管理大数据智能风控应用场景

课程思政

　　创新是民族进步的灵魂，是国家繁荣发展的不竭动力，在激烈的国际竞争中，只有创新者前进，创新者强大，创新者胜利。我国历史上的四大发明无一不是当时领先时代的创新成果，当今中国处在飞速发展的时代中，创新精神尤为重要，只有具有创新意识的人才能在未来的发展中把握先机；只有具有创新精神的国家才能在未来的发展中跻身世界强国之列。

　　要求：结合本章内容谈一谈将大数据智能应用于企业风控有哪些创新之处？

本章习题自测

第3章 大数据智能风控实训平台与实验沙盘

■【学习目标】■
---

1. 熟悉大数据智能风控实训平台的组成部分与相应功能；
2. 理解大数据采集方法；
3. 理解大数据处理方式；
4. 理解人工智能相关算法及其应用；
5. 熟悉大数据智能风控物理模拟教学沙盘的使用。

思维导图+课
前预习

■【思维导图】■

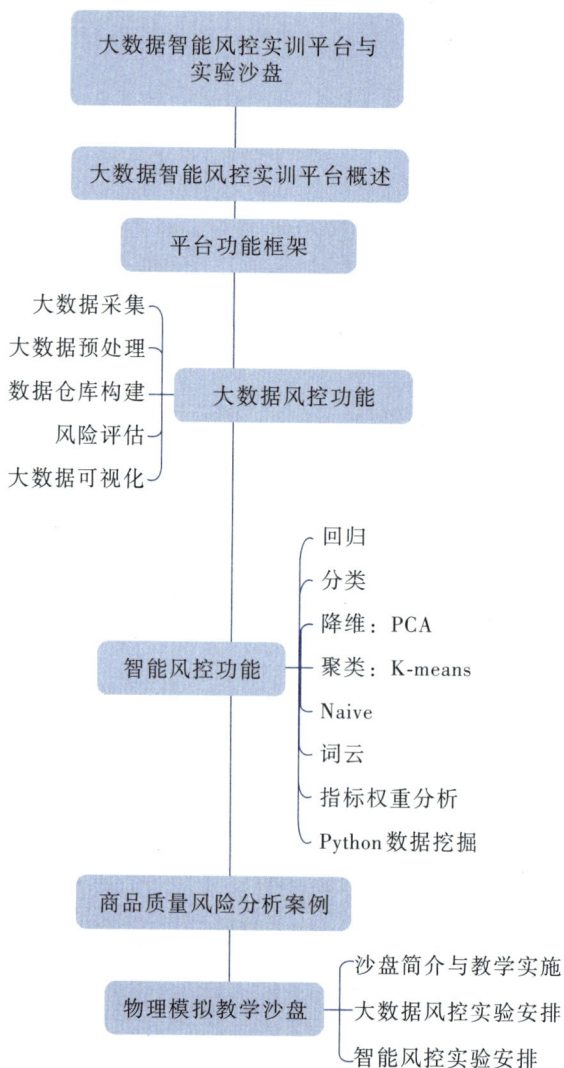

3.1　大数据智能风控实训平台概述

数字经济时代，企业环境发生了很大变化，以数据要素为重要内容的控制环境代替了传统环境，以数据为导向对业务的分析和控制要比传统模式中以业务为导向进行预警控制更为高效、便捷，其原因是大数据所反映出的业务状态更快捷、更完整，主观识别业务状态所表现出的风险本身具有较大的不确定性，无法达到大数据所反映出的业务状态。

因此，数字经济时代的企业更积极地寻求大数据、人工智能应用以及风险管理能力兼备的创新型人才。传统的纯理论教学已无法满足实践能力的培养，也无法满足企业对人才的实际需求，大数据智能风控实训平台让学生能在真实的软件环境中模拟企业实际经营中涉及的数据流转过程及面临的风险，训练学生的分析判断和决策能力，使其在风险识别、风险评估、风险应对等各方面的专业技能得到快速提升，帮助学生迅速融入实际工作。

大数据智能风控实训平台包括大数据处理平台和轻分析平台，提供基于Python的大数据采集、大数据处理、大数据挖掘、大数据可视化等一体化功能，大数据智能风控实训平台主页如图3-1所示。

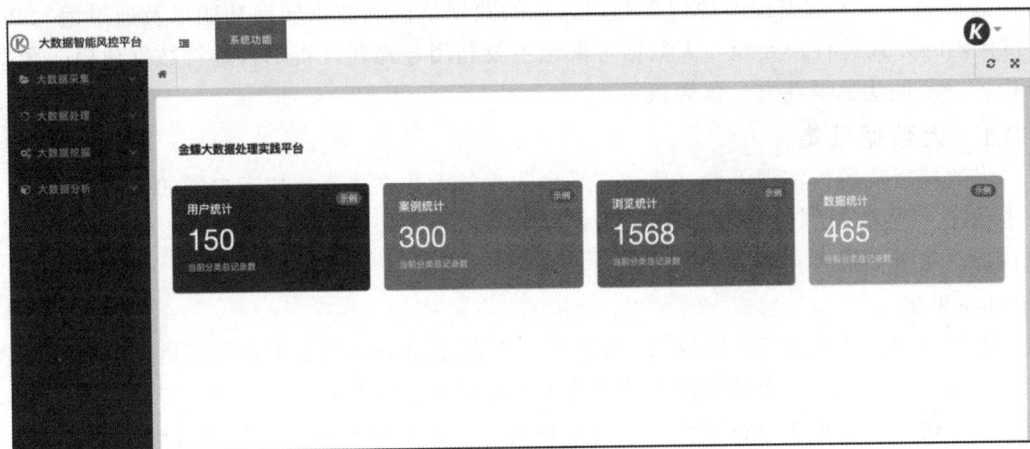

图3-1　大数据智能风控实训平台主页

平台内置了常用场景的数据采集、处理、挖掘等算法，操作界面简洁，便于不具备Python技术能力的学生在实验中调用，更便于教师完成大数据智能风控的实验教学。学生可以在平台根据其需要灵活配置采集数据源，通过参数设置不同的数据算法模型，对于具备一定Python技术能力和大数据算法基础的学生，保留了自定义算法的代码区，教师可根据需要拓展教学内容，培养学生的洞察能力、分析能力、决策能力和开放性思维能力。

3.2　平台功能框架

大数据智能风控实训平台功能分为大数据风控和智能风控两个板块。大数据风控板块包含大数据采集、大数据预处理、大数据可视化三个功能模块，智能风控板块由大数据挖掘功能模块组成，如图3-2所示。

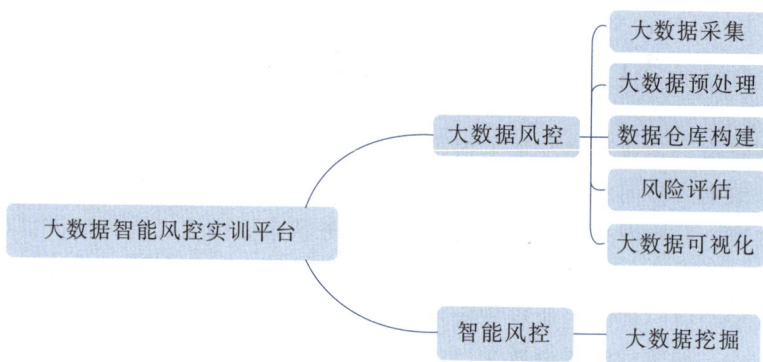

图 3-2　大数据智能风控实训平台功能框架

3.3　大数据风控功能

大数据风控板块包括大数据采集、大数据预处理和大数据可视化三个部分。大数据采集包含利用内置的 Python 功能对一些目标网站进行数据采集、数据库导入、文件导入以及自定义报表等。大数据预处理包含利用内置的数据清洗和数据转换功能以及通过编写 Python 代码的方式进行预处理。大数据可视化主要利用金蝶轻分析平台进行数据建模、数据分析，以及创建数据斗方、仪表板等。

3.3.1　大数据采集

大数据智能风控实训平台（简称"平台"）的大数据采集板块有内置的基于 Python 的采集功能，还提供了针对异构系统的数据库导入以及文件导入等方式。学生还可以根据需求自行创建财务报表，灵活添加字段、数据等。

1.Python 采集

平台内置多种类型互联网数据采集模块，包括上市公司财务报表的采集、电商平台数据采集等，例如通过企业财务报表和多企业财务报表采集两个子功能模块实现对单一或多个上市公司的财务报表进行采集，支持用户自行设置数据源地址、公司名称、报告类型、报表年份等参数，获取需要的财报数据，如图3-3和图3-4所示。

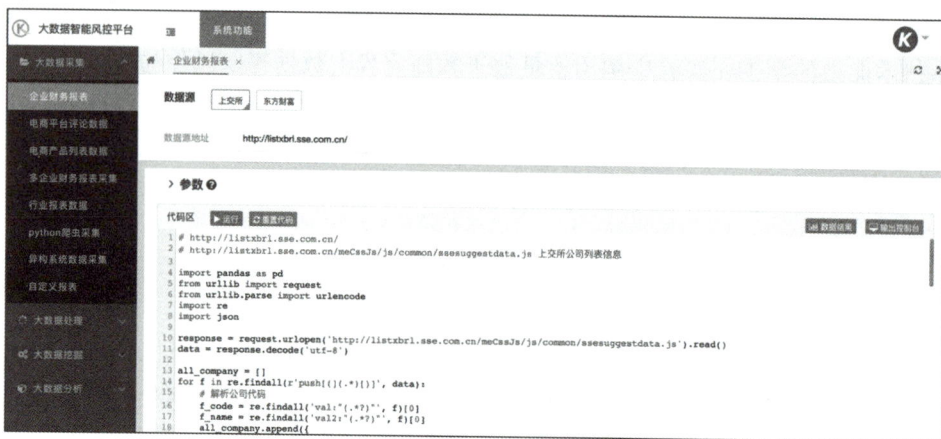

图3-3　企业财务报表采集功能

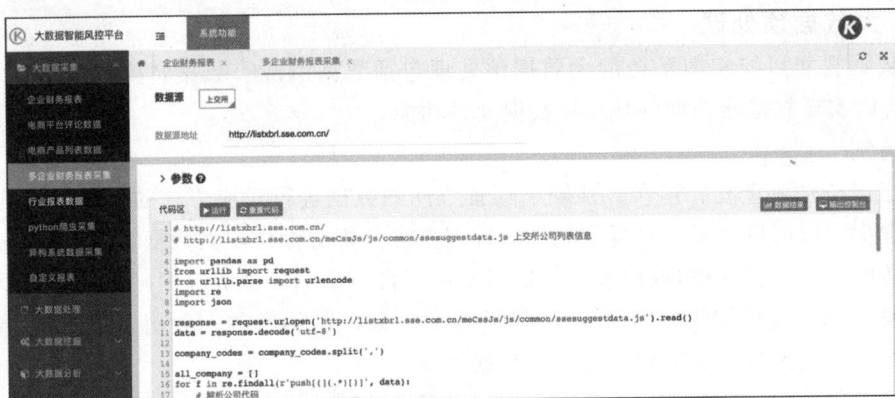

图 3-4　多企业财务报表采集功能

　　大数据采集模块保留了可拓展的自定义 Python 爬虫采集子功能模块，用户可按说明要求自行编写 Python 代码实现数据采集，平台通过预留输出接口可进行数据的可视化输出，并将数据保存为 Excel 格式文件，如图 3-5 所示。

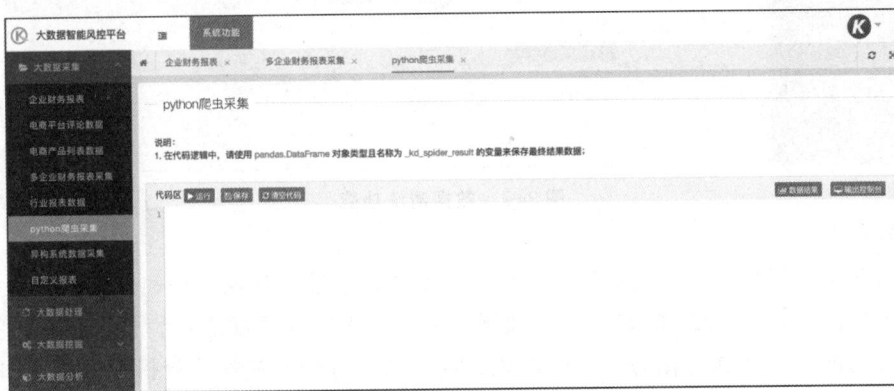

图 3-5　Python 爬虫采集

2. 其他方式采集

　　通过异构系统数据采集模块可以实现其他方式的数据采集，如图 3-6 所示。具体包括数据库、文件以及自定义表格数据采集，其中数据库可支持 MySQL、SQL Server、Oracle、Access 等类型；可支持的文件类型包括 Excel 和 txt。

图 3-6　异构系统数据采集

3.3.2　大数据预处理

大数据智能风控实训平台的大数据预处理包括数据清洗、数据转换和通过自行编写Python代码实现数据预处理的Python数据处理功能。

1. 数据清洗

数据清洗是对重复、错误、残缺、噪音等问题数据进行对应方式的处理，得到标准、连续的数据，以便进一步进行数据统计、数据挖掘分析等操作。大数据智能风控实训平台可对上传的Excel表格中的数据进行数据清洗，可自行添加多种清洗规则，包括数据去重、非法字符清理、数据删除、字符替换\分割\合并、缺失值插补等，如图3-7所示。清洗完成后可在"数据预览"处下载处理好的数据表格。

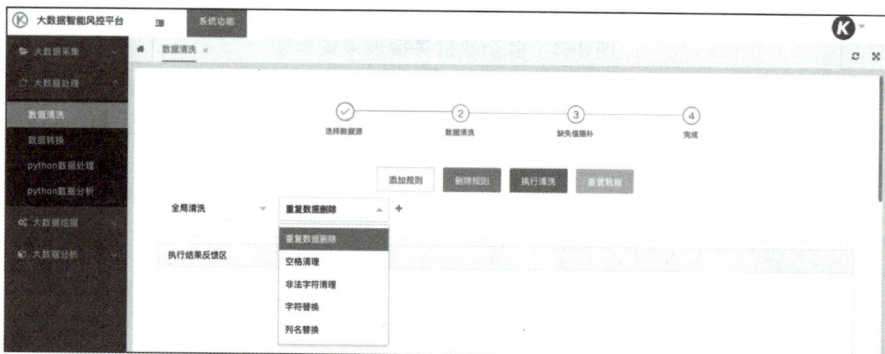

图3-7　数据清洗功能

2. 数据转换

数据转换是将数据转换成规范、结构化的形式，以便更好地理解和处理。数据转换模块可对上传的Excel表格中的数据进行数据转换，实现字段精度统一、日期格式转换和数据转置等功能，将数据转化为适当的形式，以便之后进行数据挖掘分析等操作，如图3-8所示。数据转换完成后在"数据预览"处下载处理好的数据表格。

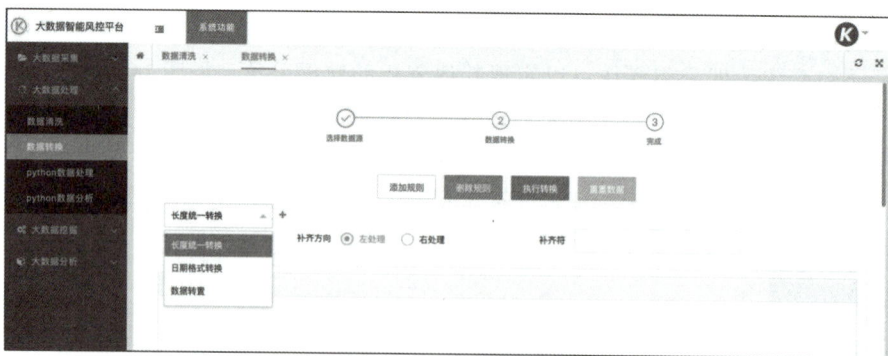

图3-8　数据转换功能

3. Python数据处理

除上述内置处理功能模块，平台保留了可拓展的自定义数据处理模块，用户可自行输入处理代码，如图3-9所示。该功能可对选择上传的数据源进行处理，代码执行中的过程及问题可以在输出控制台模块进行查询，通过预留输出接口可进行数据的可视化输出，或下载并保存数据为Excel格式文件。

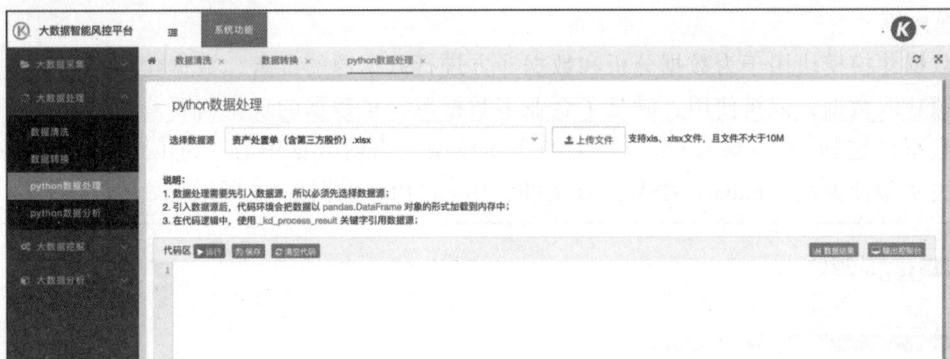

图 3-9　Python数据处理功能

3.3.3　数据仓库构建

数据仓库模型的构建需要基于轻分析平台进行相应操作。首先，在轻分析中通过"新建数据表"来导入构建多维分析模型需要使用的事实表和维度表，支持的文件类型包括Excel（"xlsx.""csv."等）文件和txt文件等。

3.3.4　风险评估

风险评估包括指标计算和风险评价两个步骤，都需要基于轻分析平台进行相应操作。轻分析平台在导入数据源时，可以进行字段筛选、新建字段等操作。进行指标计算时，可以先筛选出指标计算需要的字段，再新建用于辅助指标计算的字段或者指标字段。进行风险评价时，需要结合设定好的指标评价标准，在轻分析的"数据分析""数据斗方"等可视化功能中通过不同颜色、参考线等来了解不同的指标结果对应的风险评估结果。

3.3.5　大数据可视化

大数据智能风控实训平台的大数据可视化模块采用金蝶企业级数据分析平台——"轻分析"。"轻分析"基于 Web 2.0 与云技术，采用 SOA 架构，完全基于 BOS 平台组建而成，技术架构上采用平台化构建，支持跨数据库应用。"轻分析"提供了一种轻建模、多维度、高性能的数据分析和数据探索平台，包括数据建模、数据分析、数据斗方、仪表板、移动轻应用等五个子功能模块，如图 3-10 所示。

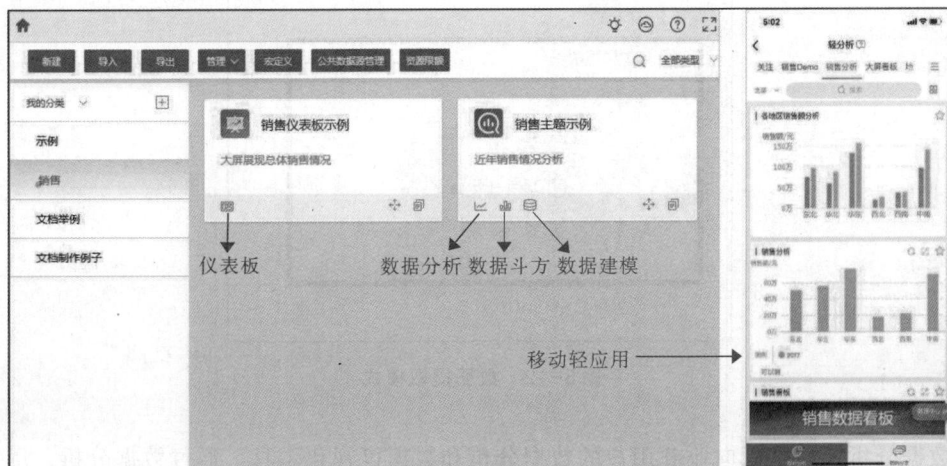

图 3-10　大数据可视化平台——轻分析

1.数据建模

　　数据建模模块用于为数据分析和数据斗方进行数据源的准备，数据建模可同时从多个数据源获取数据，混搭使用，满足了企业多数据源收集数据的现实需要。数据建模模块支持的数据源包括："金蝶云·星空"下的实体模型、当前数据中心，SQL Server、Oracle等各种关系型数据库，Excel、CSV、txt文件，OpenAPI，如图3-11所示。

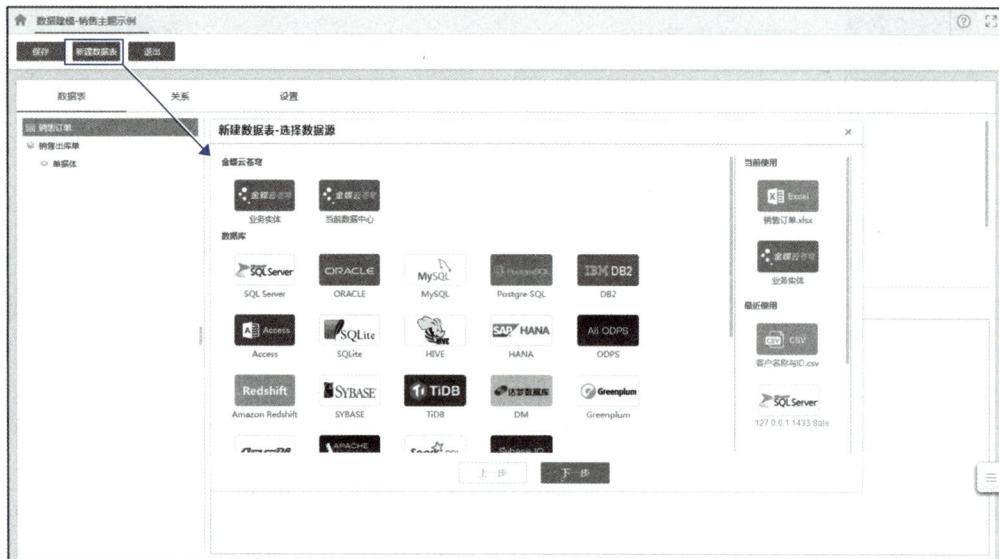

图3-11　数据建模数据源

　　数据建模支持实时提取和定时预提取两种数据提取模式，在不同的数据提取模式下实时更新数据模型，可实现数据模型的动态更新，如图3-12所示。

图3-12　数据提取模式

2.数据分析

　　数据分析模块是面向业务用户的数据分析和数据可视化工具。通过数据分析，用户可以高效地对业务数据进行分析和探索，快速创建自己所关注的数据分析内容。借助轻分析强大的数据探索和数据可视化能力，用户可通过简单拖拽制作多维度透视图表，可更高效地对业务数据进行分析和探索，快速创建自己所关注的数据分析内容。除工具栏外，"数据分析"界面共分为五部分：字段区域、功能区域、图表类型区域、数据视图展示区域和筛选器图例区域，如图 3-13 所示。支持的图表类型包括：表格、柱形图、多系列/堆积柱形图、折线图、多系统折线图、面积图、饼图、热力图、树图、散点/气泡图。

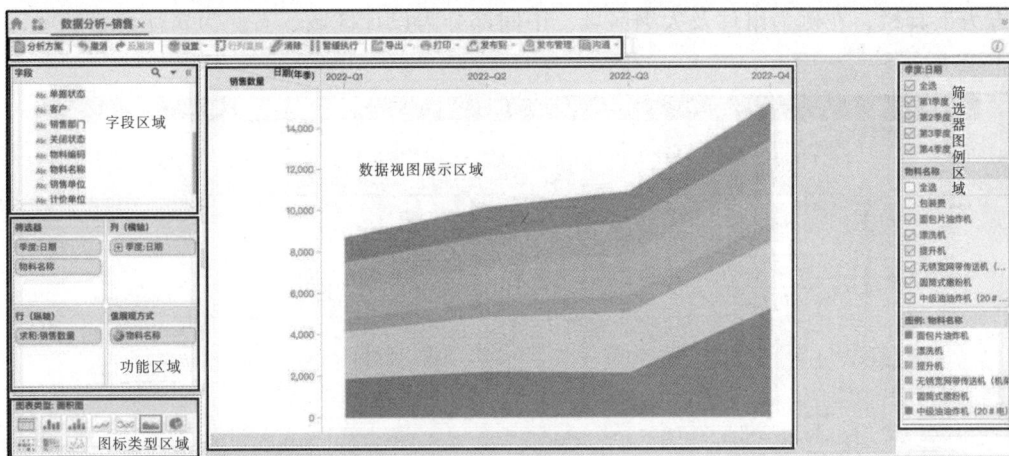

图 3-13　数据分析功能界面

3. 数据斗方

数据斗方模块是轻分析的卡片设计工具。通过数据斗方，业务系统的用户可以自由创作各种数据可视化卡片，并把它们排列和布局到自己的个性化桌面端、移动端业务门户上。在"数据斗方"页面中，除工具栏外，各项目共分为五部分：字段区域、图表类型区域、功能区域、卡片预览区域和属性设置区域，如图 3-14 所示。其中，功能区域、卡片预览区域、属性设置区域所展现的内容将根据用户选择的不同图表类型进行相应的变化。数据斗方模块支持的图表类型包括：列表、业务指标、仪表图、多系列柱/条形图、堆积柱/条形图、百分比堆积柱/条形图、折线图、面积图、百分比面积图、柱/条/环形进度图、饼图、环形图、组合图、雷达图、地图等。

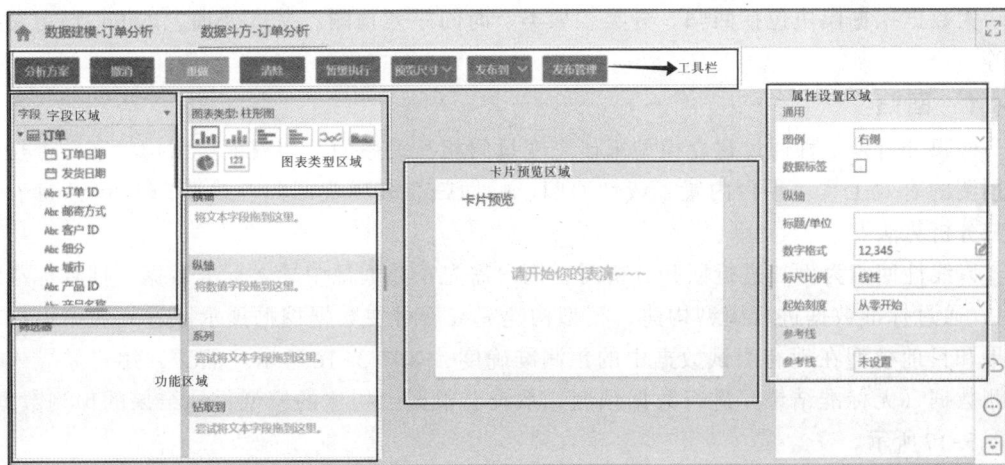

图 3-14　数据斗方功能界面

4.仪表板

仪表板模块支持对数据斗方、网页、文字及组合卡片等组件进行综合布局，并可定义组件数据更新频率；支持将仪表板发布到应用菜单、轻分析中心和移动轻应用并授权给指定用户或角色；支持大屏展现。让用户可以在同一屏幕上集中展现、比较和监视一组特定的数据内容。同时，仪表板还提供筛选、钻取、再分析等交互操作。仪表板设计器上方为工具栏，左侧为组件及大纲区域，中间部分为设计区域，右侧为属性设置区域，如图 3-15 所示。

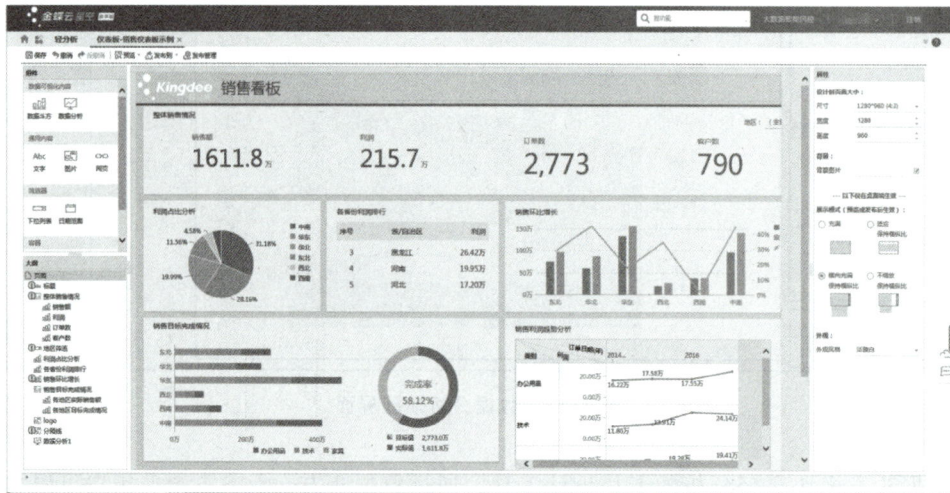

图 3-15 仪表板

3.4 智能风控功能

智能风控功能是指大数据挖掘模块。数据挖掘(Data Mining)是一种决策支持过程，它主要是基于人工智能、机器学习、模式识别、统计学、数据库、可视化技术等，高度自动化地分析数据，做出有归纳性的推理，从中挖掘出潜在的模式，帮助决策者控制风险。大数据挖掘模块包括回归、分类、聚类、时间序列预测、文本处理、Python 自定义挖掘等。

3.4.1 回归

回归分析是一种通过建立模型来研究变量间相互关系的密切程度、结构状态及进行模型预测的有效工具。平台内置了线性回归、岭回归、多项式回归、线性 SVM 和 SVM 五个回归分析算法。

以线性回归为例，进行回归分析时，用户需先在数据源中导入标准数据（拥有标准结果），通过标准数据进行模型构建，模型构建完成后可在数据挖掘展示区看到数据可视化结果和目前模型在现有测试数据中的预测准确度，如图 3-16 所示。然后，用户需导入待预测数据（无标准结果）进行数据预测，系统会根据已构建的模型得到结果的预测数据，如图 3-17 所示。

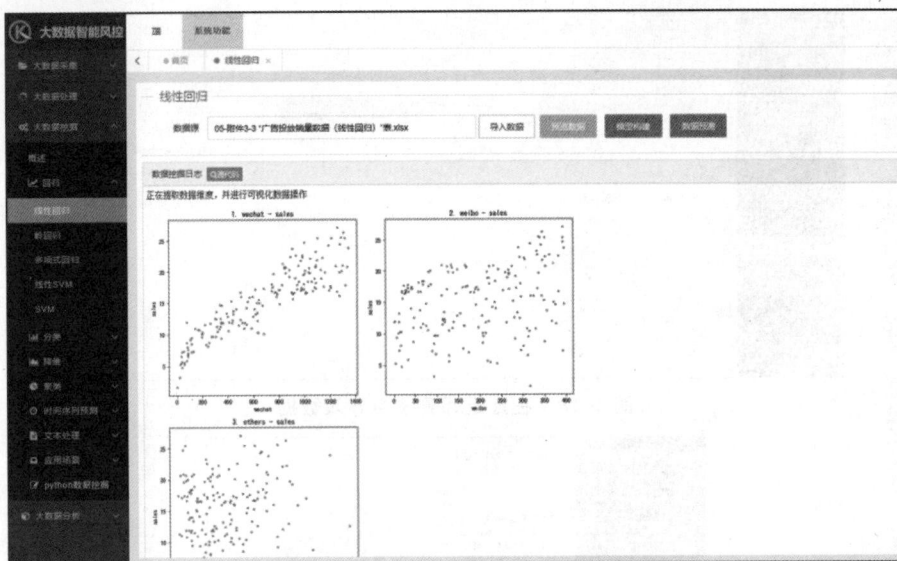

图 3-16　线性回归中导入标准数据

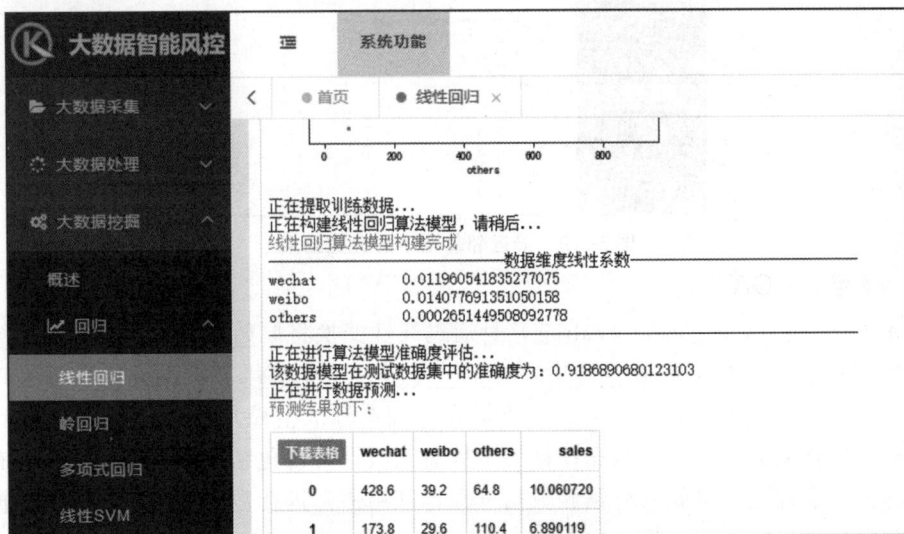

图 3-17　线性回归预测结果

3.4.2　分类

分类算法反映的是如何找出同类事物的共同性质的特征型知识和不同事物之间的差异性特征知识。分类是通过有指导的学习训练建立分类模型，并使用模型对未知分类的实例进行分类。平台提供最近邻、决策树、逻辑回归、朴素贝叶斯和 SVM 五个分类分析算法。

进行分类分析时，用户需先在数据源中导入标准数据（拥有标准结果），如图 3-18 所示。通过标准数据进行模型构建，模型构建完成后，可在数据挖掘展示区看到数据可视化结果和目前模型在现有测试数据中的预测准确度，再导入待预测数据（无标准结果）进行数据预测，系统会根据已构建的模型得到结果的预测数据，如图 3-19 所示。

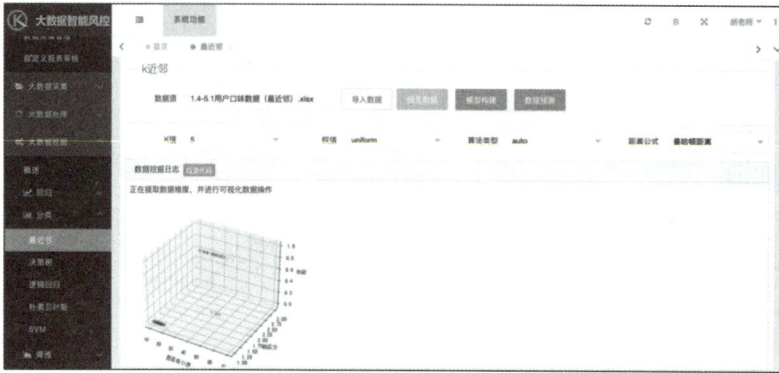

图 3-18　在最近邻算法中导入数据

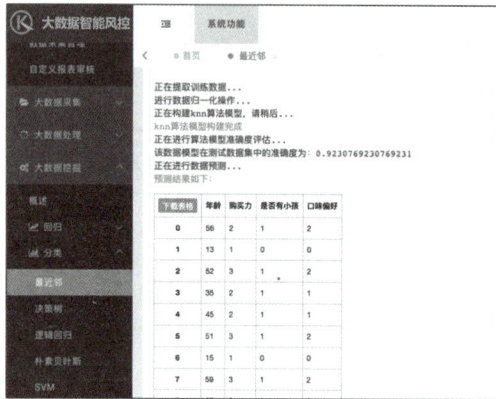

图 3-19　最近邻算法下的分类结果

3.4.3　降维：PCA

PCA（Principal Component Analysis）是通过线性变换将原始数据变换为一组各维度线性无关的表示，可用于提取数据的主要特征分量，常用于高维数据的降维。进行 PCA 降维分析时，用户需先在数据源中导入标准数据（拥有标准结果），通过标准数据进行模型构建，模型构建完成后，可在数据挖掘展示区看到数据可视化结果和目前模型在现有测试数据中的预测准确度，再导入待预测数据（无标准结果）进行数据预测，系统会根据已构建的模型得到结果的预测数据，如图 3-20 所示。

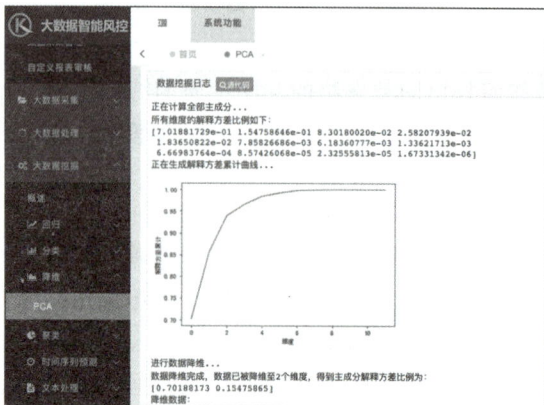

图 3-20　PCA 运行结果

3.4.4　聚类：K-means

　　K-means 聚类算法是最为经典的基于划分的聚类方法，它的基本思想是：以空间中 K 个点为中心进行聚类，对最靠近它们的对象进行归类，通过迭代的方法，逐次更新各聚类中心的值，直至得到最好的聚类结果。

　　进行 K-means 聚类分析时，用户需先在数据源中导入标准数据（拥有标准结果），通过标准数据进行模型构建，模型构建完成后，可在数据挖掘展示区看到数据可视化结果和目前模型在现有测试数据中的预测准确度，再导入待预测数据（无标准结果）进行数据预测，系统会根据已构建的模型得到结果的预测数据，如图 3-21 所示。

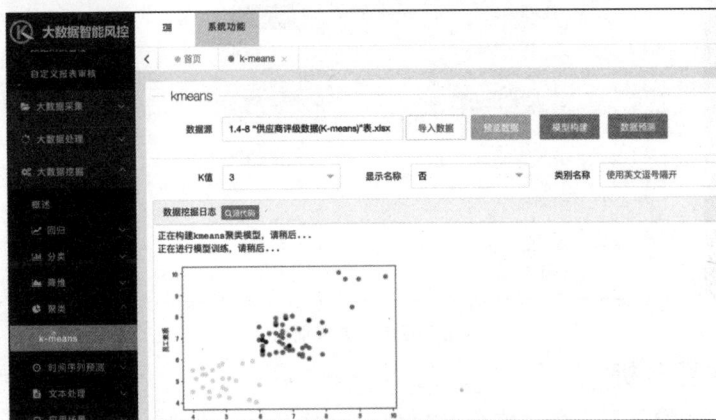

图 3-21　K-means 聚类算法聚类结果

3.4.5　Naive

　　Naive 预测法是最简单的预测方法：以最近的观测值为准。Naive 预测法并不适合变化很大的数据集，最适合稳定性很高的数据集。进行 Naive 预测分析时，用户需先在数据源中导入标准数据（拥有标准结果），通过标准数据进行模型构建，模型构建完成后，用户可在数据挖掘展示区看到数据可视化结果和目前模型在现有测试数据中的预测准确度，再导入待预测数据（无标准结果）进行数据预测，系统会根据已构建的模型得到结果的预测数据，如图 3-22 所示。

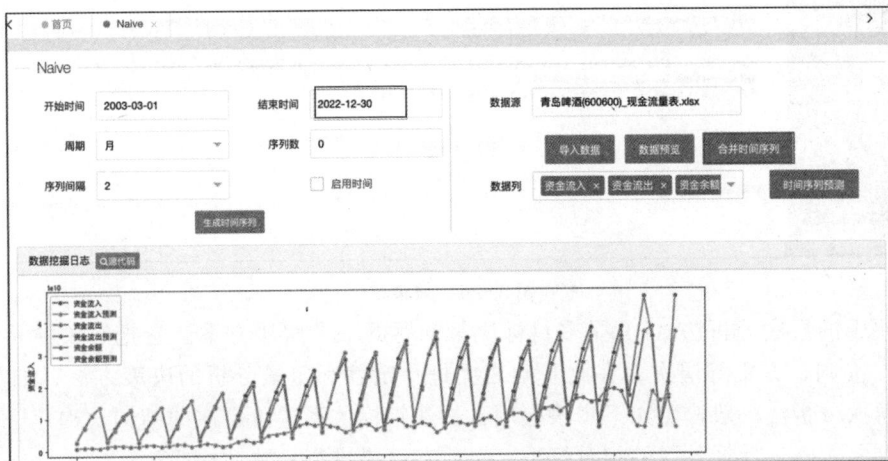

图 3-22　Naive 预测结果

3.4.6　词云

大数据智能风控实训平台可以对文本中词频较高的分词，给予视觉上的突出显示，形成"关键词渲染"，从而过滤掉大量的文本信息，使浏览者一眼扫过就可以掌握文本的主旨。做文本处理—词云时，用户需导入已清洗好的数据，再通过绘制词云，可在数据挖掘展示区看到词云图，如图3-23所示。

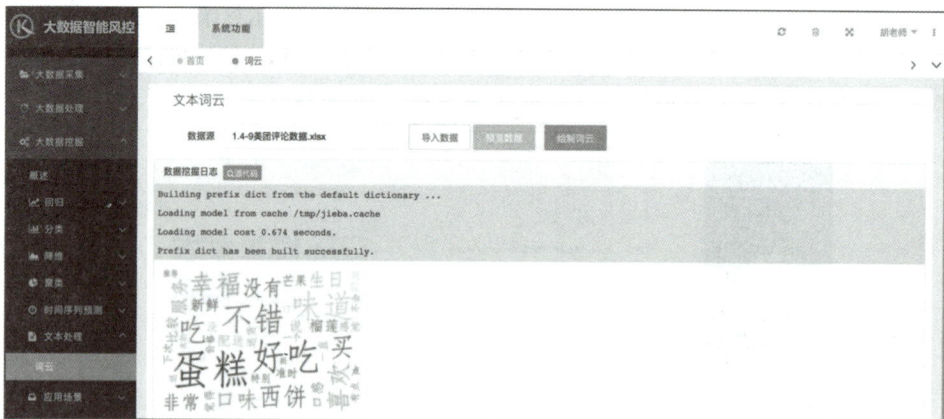

图3-23　文本词云

3.4.7　指标权重分析

在信息论中，熵是对不确定性或随机性的一种度量，不确定性越大，熵值就越大，不确定性越小，熵值就越小。不确定性越大，表明随机性越大，数据越离散，则包含的信息就越大，在确定权重的时候往往就越小。熵值法是一种客观赋权法，因为它仅依赖于数据本身的离散性，如图3-24所示。熵值法一般按照如下顺序进行应用：数据归一化、计算指标比重、计算熵值、计算差异系数、确定指标权。

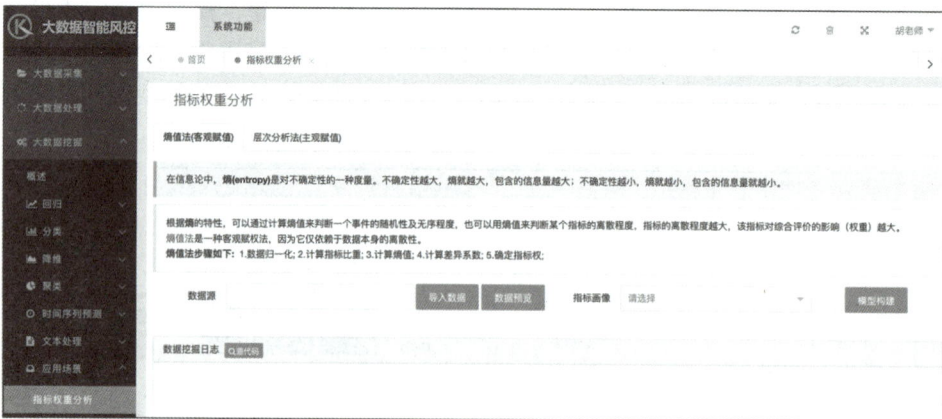

图3-24　熵值法

模块中的层次分析法(AHP)是多目标决策问题的一个解决方案。它把有关的元素分解成目标、准则、方案等层次，在此基础之上进行定性和定量分析的决策方法，如图3-25所示。层次分析法一般按照如下步骤应用：构建指标体系递阶层次的结构、构建层次排列矩阵和判断矩阵、计算各层的相对权重、对所获结果进行一致性检验。

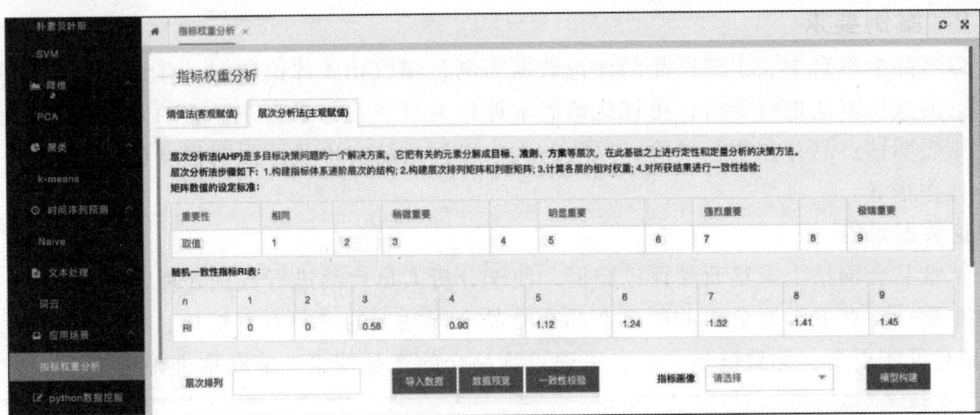

图 3-25　层次分析法

3.4.8　Python 数据挖掘

用户能在 Python 数据挖掘子功能模块下选择数据源，按说明要求自行编写 Python 代码，实现对上传文件的数据挖掘，平台通过预留输出接口可进行数据的可视化输出，并保存数据为 Excel 格式，如图 3-26 所示。用户能进行个性化数据挖掘操作，达到自己的数据处理目的。

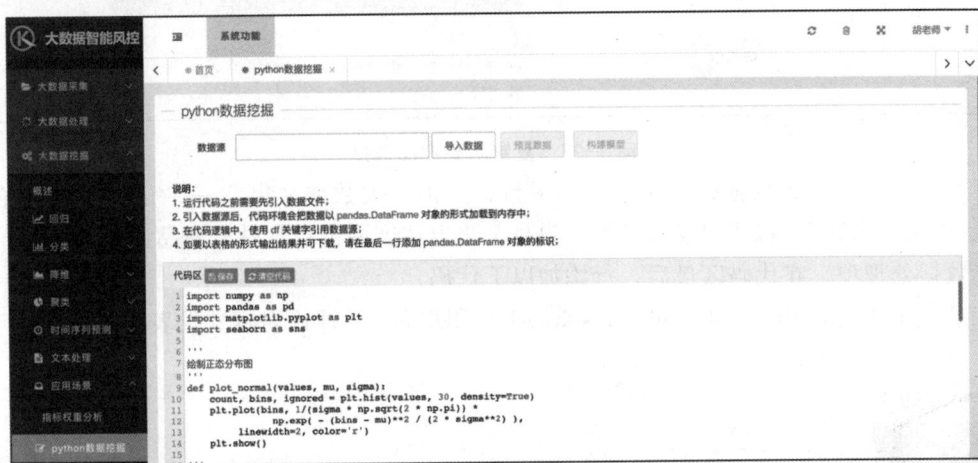

图 3-26　Python 数据挖掘

3.5　商品质量风险分析案例

3.5.1　案例背景

随着互联网与电子商务技术的快速发展，越来越多的企业将产品的销售渠道搬到线上，一方面线上平台可确保交易资金回笼的安全性，对企业来说更重要的是可以获得清晰的客户资料及其反馈资料，便于企业控制产品的市场风险和质量风险。

科沃斯机器人股份有限公司的产品在各大电商平台均有销售，其中一款"地宝 N8"扫地机器人成为了明星产品，为确保产品质量及在消费群体中的口碑，管理层拟通过对消费者反馈进行分析来评估该产品的质量风险。

3.5.2　案例要求

以唯品会平台中关于该产品的评论数据为例，爬取相关评论数据，并经数据处理后通过词云的挖掘算法进行分析，可视化地展示评论关键字，如果存在显著的质量问题描述词汇，则表明该产品存在质量风险，风险的大小以词云的突出显示强弱程度进行判断。

操作指导：

1.评论数据采集

从唯品会网站上采集商品评论数据，便于分析人员后续进行数据处理。

步骤一：获取需要分析的明星产品在唯品会网站上的产品查看链接，如图3-27所示。（产品有可能更新，导致链接失败，可通过唯品会的产品搜索功能获取准确链接）

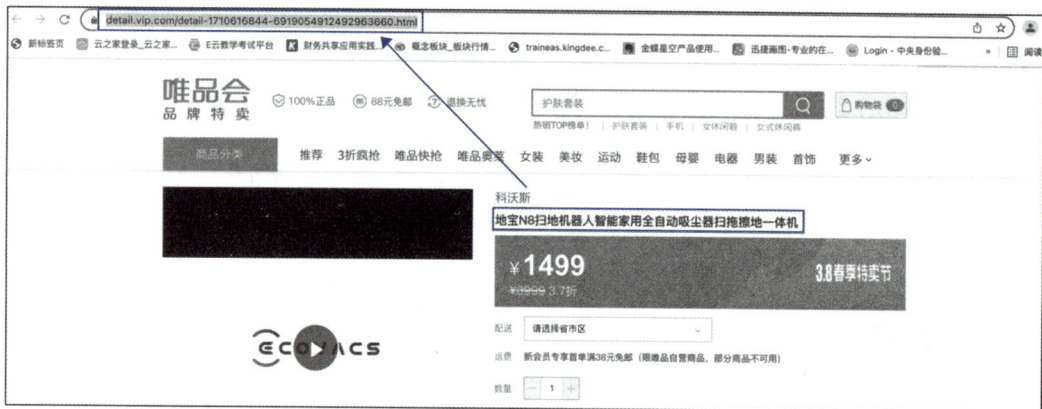

图3-27　复制明星产品链接

步骤二：登录大数据智能风控实训平台，点击"大数据采集"—"电商平台评论数据"，点击"参数"，打开"参数设置"项目，将上述产品链接粘贴至商品详情页链接，为减少数据处理项，在代码区最后一行添加以下代码：

_kd_spider_result = _kd_spider_result.loc[:,[´用户名称´,´评论内容´,´发表时间´]]

然后点击"运行"，如图3-28所示。

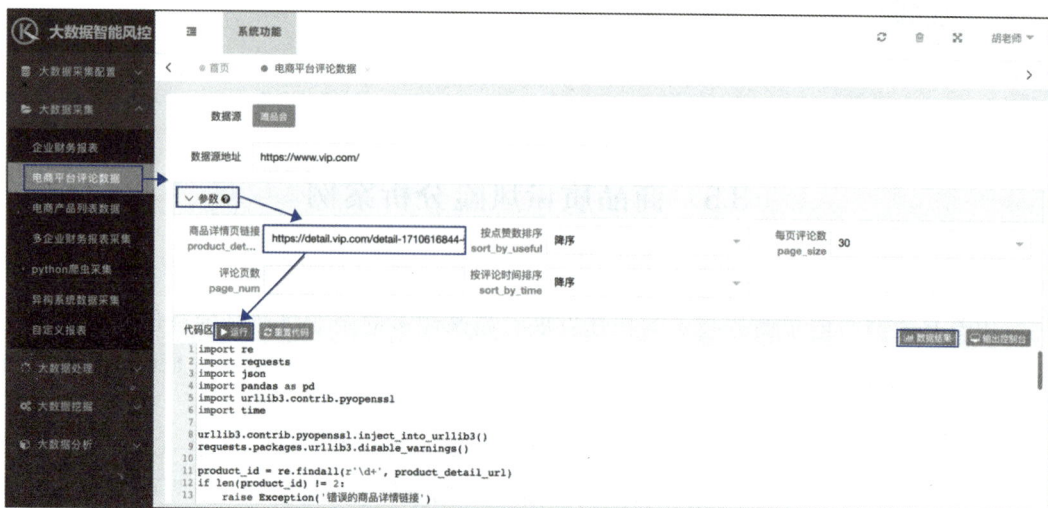

图3-28　采集电商平台评论数据

步骤三：运行结束后，点击"数据结果"按钮，打开抓取的数据展示窗口，点击"下载"，可将采集到的数据下载到 Excel 表格中并保存，如图 3-29 所示。

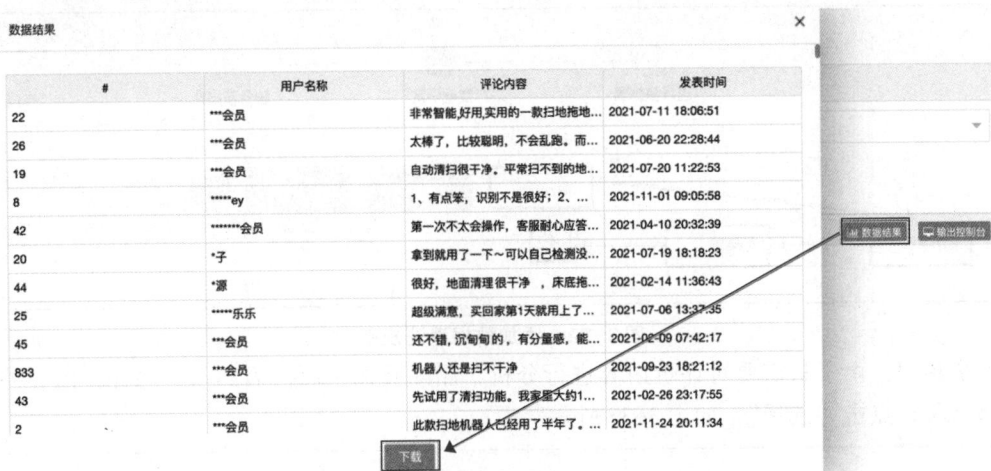

图 3-29　下载采集到的数据

2.评论数据处理

将前面采集的商品评论数据进行处理，便于后续进行数据挖掘分析。

步骤一：登录大数据智能风控实训平台，点击"大数据处理"—"数据清洗"，打开数据清洗页面，点击上传文件，将"步骤三"下载的 Excel 表格上传到平台中，如图 3-30 所示。

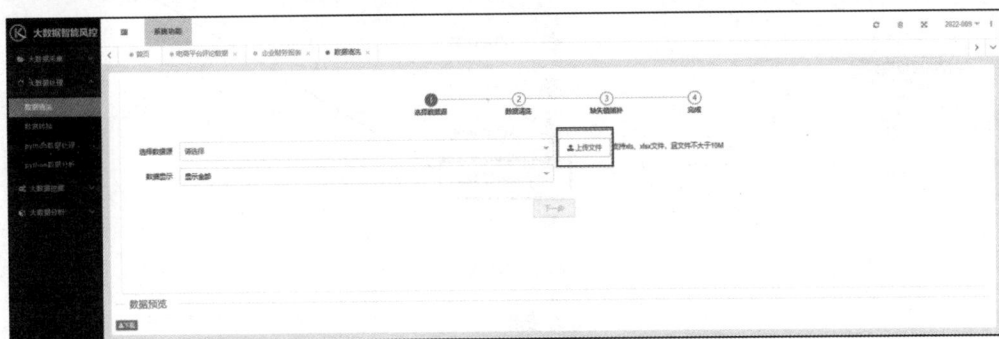

图 3-30　上传数据

步骤二：选择数据源为之前上传的数据源，并点击下一步，如图 3-31 所示。

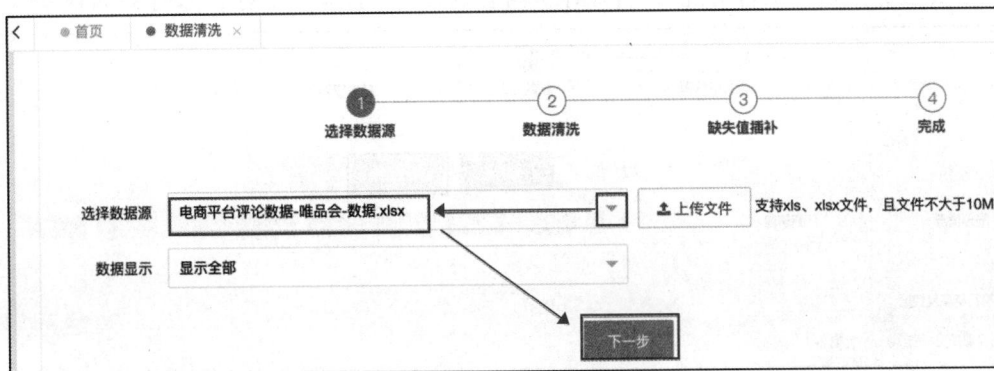

图 3-31　选择数据源

步骤三：在数据清洗规则页面点击"添加规则"，选择"局部清洗"，选择"列删除"，点击右侧的"+"号，如图3-32所示。

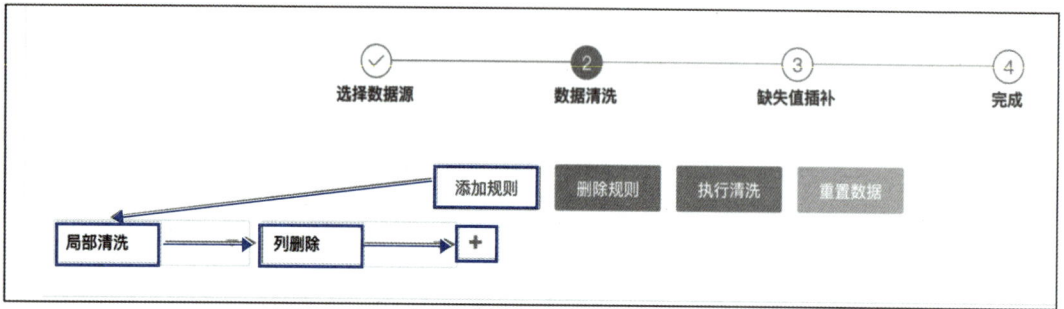

图3-32　添加数据清洗规则

步骤四：由于只需要对评价内容进行分析，删除其他字段，因此勾选除评论内容外的全部字段，点击"选择"，如图3-33所示。

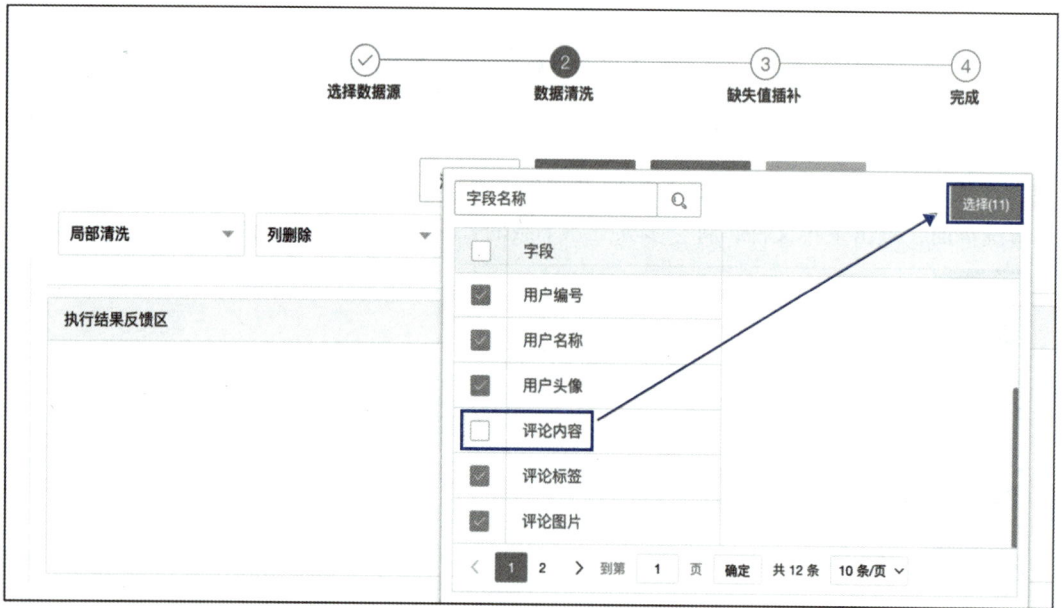

图3-33　选择局部清洗字段

步骤五：点击"执行清洗"，将除评价内容以外的字段全部删除，如图3-34所示。

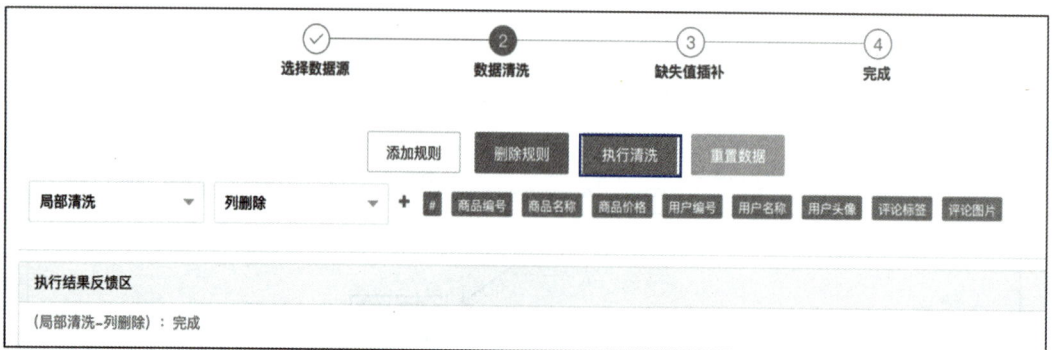

图3-34　执行数据清洗

步骤六：运行完成后，将鼠标下移至下方预览数据，点击"下载"，如图 3-35 所示。

#	
0	非常智能,好用,实用的一款扫地拖地两用机。之前买过一款有扫地功能的,这次买了这款科沃斯N8拖扫两用地宝,我真是太喜欢了。每天都非常轻松地搞定150平米房子的卫生,让我从
1	太棒了,比较聪明,不会乱跑。而且家里有猫狗的一定要用这个,昨天刚打扫过地板,被它扫了一遍,居然吸出来很多毛毛。🛏床底下,柜子下面都可以进去,也不怕猫咪钻床底把身上
10	先试用了清扫功能。我家里大约130平米,属于比较乱的,清扫的时间长一些,第一次大约用了90分钟,东西多而乱(虽然为了地宝特意归纳了一下)。清扫的效果很好了。细致,智能。
100	终于能够解放双手了,扫地机器人功能强大,在木地板上拖地功能也很好,拖得很干净。送的一次性湿拖地巾很方便,又在网上购买了很多。
101	用了几次才评价,扫地脱地都不错
102	太好用了! 省事又省力,养狗😄的赶紧买哦(•ᴗ•̀•) 质量杠杠的
103	不乱跑,可以的
104	实用,真的实用,当时还犹豫要不要退货了,现在看来不用了
105	解放双手,👍
106	包装很好,质量非常棒,宝贝完全符合卖家的描述,可以放心购买😊感谢大
107	比较了很久,最后选了这款,用了几次,感觉不错。
108	很不错,好用

图 3-35　数据清洗结果预览

3.评论数据挖掘分析

步骤一：登录大数据智能风控实训平台，点击"大数据挖掘"—"文本处理"—"词云"，打开文本词云页面，点击"导入数据"，将前面步骤六下载的 Excel 表格上传到平台中。然后点击"绘制词云"，即可在数据挖掘日志下看到商品评论数据词云图，如图 3-36 所示。

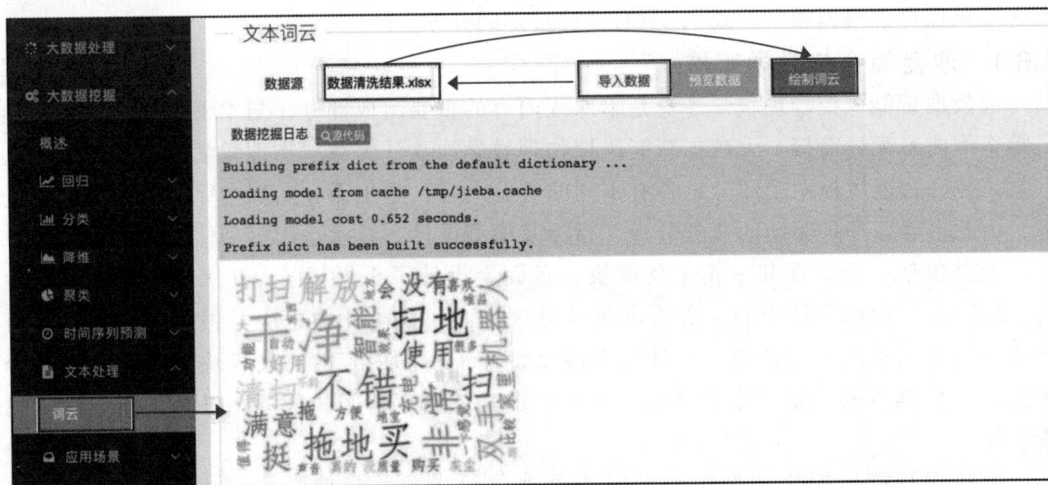

图 3-36　绘制词云图

步骤二：如图 3-37 所示，根据该词云图看出，消费者对该商品的评价关键词最主要有"干净""不错""满意""解放(双手)"等，未发现显著的关于质量的负面评价词汇。因此根据对"地宝 N8"扫地机器人评价反馈资料的分析，发现该产品不存在质量风险。

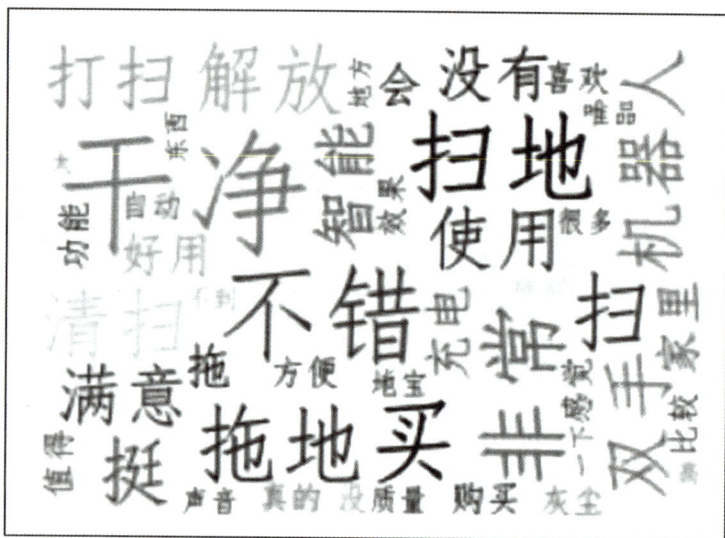

图 3-37　词云图

3.6　物理模拟教学沙盘

"大数据智能风控"可以作为智能会计、大数据会计等专业或者专业方向的核心课程，其教学方式由理论讲解、案例研讨、物理沙盘推演及上机软件模拟训练四部分构成。基于本书大数据智能风控的典型应用场景，重庆迪数享腾科技有限公司配套研发了"大数据智能风控物理模拟教学沙盘"，下面进行具体的介绍。

3.6.1　沙盘简介与教学实施

大数据智能风控物理教学沙盘是本课程内容的重要组成部分，与本书中的大数据智能风控案例内容无缝衔接。大数据智能风控物理教学沙盘（简称"物理教学沙盘"）分为大数据风控和智能风控两个部分，各有不同的实验内容，学生需在实训中完成对应的推演任务，由此培养以场景驱动的业务分析、指标及模型设计、技术运用等一体化综合能力。

沙盘包括一个盘面和一箱工具模块，盘面上设计了5个中心，具体包括风险分析中心、风险评估指标设计中心、数据采集及处理中心、风险评估中心及报告中心。针对每个中心需要完成的学习任务，物理教学沙盘设计了不同内容的活动模块，由学生通过分组协作，根据本书给定的企业案例场景和要求完成指定的实验任务，进行创新设计和思维引导。

大数据智能风控物理教学沙盘用于可视化地指导并帮助学生完成以下实验任务：（1）业务场景及业务流程梳理；（2）业务流程中各环节的风险点及因素分析；（3）风险评估指标设计；（4）数据采集、处理及数据仓库模型设计；（5）风险评估结果可视化展示；（6）制定风控措施及制作风控报告等。物理教学沙盘以大数据智能风控的实施流程为导向，环环相扣，使学生能够更直观、更系统性地理解其原理与流程，将整个过程形成可视化思维导图，使学生深刻地理解大数据技术在企业风险控制中的具体应用，旨在培养学生的创新思维，培养其分析问题、解决问题的能力，以及团队合作、沟通交流的能力。

物理教学沙盘通过以场景驱动的沙盘推演实验模拟与创新指引,在典型的风控场景下,将学生带入有趣的故事场景中,能够提高学生上课的积极性,增强课堂的趣味性。在课程的学习中引入熟悉的场景,对于学生来说减轻了第一次面对大数据技术时产生的陌生感与排斥感,激起学生积极性的同时让学生自发地产生学习行为。在任务驱动中融入实践环节,可以让学生在学到新知识时立即应用到实践中,使其知识储备效果更好,有利于教师后续教学活动的展开。分小组完成沙盘推演任务,是学生展现自我和倾听他人意见的最佳方式。在一堂课的时间中,教师主要的任务是指导学生,在学生能力不足的时候,教师充分发挥引导作用,引导学生进行深入探究,激起学生学习新知识的主动性。高效的学习方法是运用所学知识和教授他人。在自由交流中,学生将自己的创新点和自己认为比较有特点的地方教予他人,积极地讲述自己的观点和创新点,进一步巩固了学习的效果。此外,物理教学沙盘还能培养学生的深度思考能力、交流沟通能力、协作能力和创新能力。

3.6.2　大数据风控实验安排

大数据风控的实验设计是以企业真实业务场景作为背景,配置了采购业务大数据风控、销售业务大数据风控、资产管理大数据风控及财务风险管理大数据风控 4 个实验包。学生通过梳理案例应用背景、业务流程及风险点,掌握应用大数据思维进行风险分析与评价的能力,通过使用可视化沙盘推演模块,准确、直观地对大数据风控流程进行模拟演练,全面提升学生的大数据思维与技术应用能力。学生需要通过应用大数据风控实验包完成以下学习任务:

任务一:阅读给定案例公司的背景资料,了解公司的经营活动与组织架构,以及内部控制制度,了解各个业务流程。

任务二:梳理业务流程与各个流程节点所面临的风险点,并分析其风险因素。

任务三:梳理业务过程中产生的数据,整理其数据源和数据表等。

任务四:根据风险及风险因素设计风险评估指标,并确定指标的应用对象、应用范围、应用周期、计算公式、评估标准等内容。

任务五:完成数据采集和预处理,在该过程中需要定义数据标准,明确数据预处理方式。

任务六:利用沙盘模块完成数据仓库模型构建。

任务七:完成指标评估与结果可视化呈现。

任务八:完成大数据风控报告内容。

3.6.3　智能风控实验安排

智能风控实验设计是将机器学习算法应用于企业风控中,沙盘配置了基于 K-means 聚类算法的供应商智能评级、基于随机森林算法的销量预测、基于支持向量机算法的固定资产报废评估、基于岭回归算法的项目成本预测、基于逻辑回归的财务风险预警共 5 个实验包。学生通过沙盘模拟企业智能风控的全流程,可以掌握应用机器学习算法解决企业实际问题的能力。通过应用智能风控实验包,学生需要完成以下学习任务:

任务一:阅读案例,梳理业务流程及公司目前面临的问题与挑战。

任务二:选择机器学习算法,确定利用该算法解决问题的思路。

任务三:完成特征提取及模型构建。

任务四：推演数据采集与预处理过程。

任务五：推演模型应用结果，并选择合适的可视化图象进行结果展示。

任务六：完成智能风控报告。

课程思政

俗话说："实践出真知。"这话一点儿不错，一个人即使知识再丰富，上知天文，下知地理，但如果缺少实践，也只能坐守老底，干不成大事业。赵王任用纸上谈兵的赵括，于是四十万赵军被活埋于长平。苏东坡《日喻》中盲人未看过太阳，听人而行，于是摸竹笛而说太阳。纵观古今，成事者几人未经实践而能功成？

我党初期，在以毛泽东同志为核心的中共第一代中央领导集体的正确领导下，于实践中走出了属于中国自己的革命道路。无数的客观事实证明，实践出真知，实践长才干。只有从实践中来，又经过实践检验的理论，才是真正的科学知识。实践离不开正确理论的指导，否则在实践中就会迷失方向。

要求：从实践出真知的角度出发，想一想沙盘推演对理解和掌握知识的重要性。

资料来源：改编自：佚名.实践出真知［EB/OL］．（2021-03-24）．https://wenku.baidu.com/view/0276bb50158884868762caaedd3383c4bb4cb4c8.html.

本章习题自测

第二篇
大数据风控实务

第4章　大数据理论基础

1. 理解大数据的概念与特征；
2. 熟悉大数据的相关技术；
3. 理解关系型与非关系型数据库的内涵与区别；
4. 理解数据仓库的相关概念；
5. 理解OLAP进行大数据分析；
6. 了解常见的大数据可视化工具；
7. 熟练掌握并运用大数据风控实施流程。

思维导图+
课前预习

■【思维导图】■

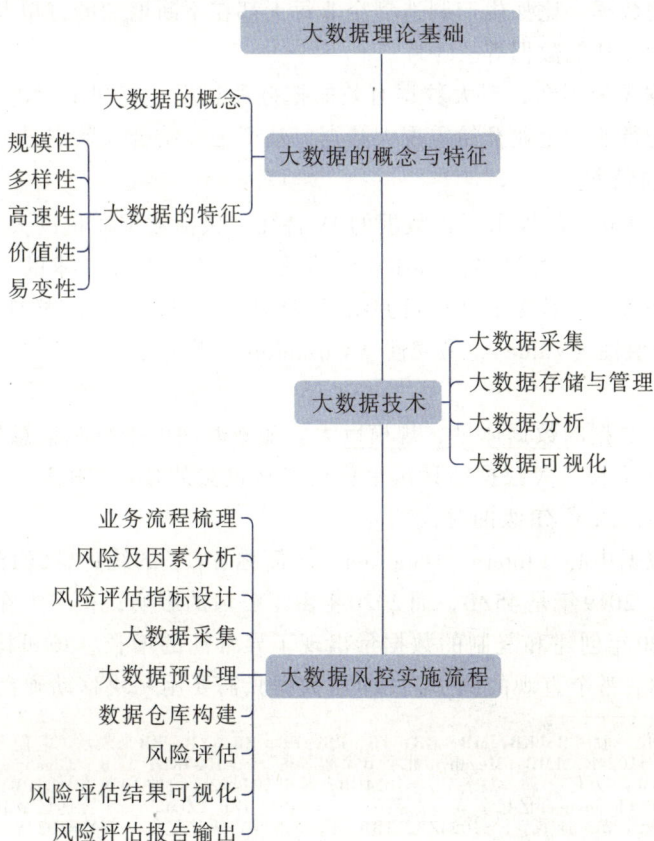

4.1   大数据的概念与特征

"大数据"一词由美国国家航空航天局（NASA）研究员迈克尔·考克斯（Michael Cox）和大卫·埃尔斯沃斯（David Ellsworth）于1998年美国电子电气工程师学会（IEEE）第八届国际可视化学术会议上首次提出。他们将数据量大到内存、本地磁盘甚至远程磁盘都无法处理的这类数据称为大数据。近年来大数据在科学研究及实务应用领域都受到高度重视，人们对大数据的定义一直处于探讨中，并没有形成一致意见。

4.1.1   大数据的概念

随着大数据处理技术的不断发展，大数据的应用场景不断增多，大数据的概念逐渐从"数据量大"发展成为包含数据量、技术、应用在内的综合性概念。

麦肯锡公司把大数据描述为"大小超出传统数据库软件工具抓取、存储、管理和分析能力的数据集"。美国研究机构高德纳咨询公司指出：大数据又称巨量资料，是指需要新处理模式才能具有更强的决策力、洞察发现力和流程优化能力的海量、高增长率和多样化的信息资产。维基百科中关于大数据的定义为：大数据，或称巨量数据、海量数据、大资料，指的是所涉及的数据量规模巨大到无法通过人工在合理时间内截取、管理、处理，并整理成为人类所能解读的信息。

在本书中，大数据指的是规模巨大且数据类型多样的、无法通过人工在合理时间内获取、管理与处理的数据。比如生产制造型企业每天都在不断增加的订单及其明细数据、生产车间的设备生产、耗能数据等。

如今，大数据无处不在，对大数据有效的挖掘和利用，有利于促进工作效率的提高，因此，越来越多的行业、企业开始重视大数据，甚至已经结合大数据进行智能化转型。

4.1.2   大数据的特征

早在2001年，Laney便提出了大数据的3V特征，包括数据体量巨大（Volume）、处理速度快（Velocity）和数据类型多（Variety）。但是，随着大数据技术的不断发展、应用与普及，目前综合来看，大数据的特征可归结为规模性（Volume）、多样性（Variety）、高速性（Velocity）、价值性（Value）、易变性（Variability）五个方面。

1.规模性

规模性是指大数据的数据体量、规模巨大。随着时间的推移和信息技术的高速发展，数据有了爆发性的增长，大数据的计量单位已经从过去的GB、TB级，发展到了PB、EB级，甚至现在已经进入了ZB级的时代[①]。

根据互联网数据中心（Internet Data Center，简称IDC）的统计，2018年全球创建的数据量达到了32ZB，2019年是45ZB，而2020年由于疫情的影响，很多人在家中工作、学习和娱乐，因此2020年创建和复制的数据量出现了异常高的增长，该机构预计到2025年，这个数字是175ZB。举个直观的例子，1TB的数据只需要用一块移动硬盘便可存储，如果

---

① 计算机存储单位一般用B、KB、MB、GB、TB、PB、EB、ZB、YB、BB来表示，它们之间的关系是：1KB（Kilobyte千字节）=1024B，1MB（Megabyte兆字节简称"兆"）=1024KB，1GB（Gigabyte吉字节又称"千兆"）=1024MB，1TB（Trillionbyte万亿字节、太字节）=1024GB，其中1024=2^{10}（2的10次方），1PB（Petabyte千万亿字节、拍字节）=1024TB，1EB（Exabyte百亿亿字节、艾字节）=1024PB，1ZB（Zettabyte十万亿亿字节、泽字节）=1024EB，1YB（Yottabyte一亿亿亿字节、尧字节）=1024ZB，1BB（Brontobyte一千亿亿亿字节）=1024YB。注："兆"为百万级数量单位。

一张照片是 5MB，那么一块硬盘大约可以存储 20 万张照片。1ZB=1024 TB，可想而知，ZB 时代的数据量有多么庞大。

2. 多样性

多样性是指大数据的种类和来源都非常多。广泛的数据来源决定了大数据种类的多样性。常见的数据来源包括网页日志、音频、视频、图片、地理位置信息等，根据不同的特性，它们被分成结构化数据、半结构化数据和非结构化数据三种数据类型。

结构化数据是指可以用关系型数据库表示和存储，即二维形式的数据。比如企业的业务系统、财务系统中存储的数据，以及各类报表数据等。该类数据一般包含以下特点：数据以行为单位，一行表示一个实体的信息，每列数据都在描述同种属性。

非结构化数据是指没有固定结构且难以用二维形式表示的数据。比如所有格式的办公文档、图片、视频、音频等。该类数据一般包含以下特点：（1）数据来源多样；（2）存储在非关系型数据库中，使用 NoSQL 进行查询；（3）段长度可变。

半结构化数据是指介于结构化数据和非结构化数据之间的数据，严格来说，其属于结构化数据中的一种。比如，HTML 文档、电子邮件等。该类数据一般包含以下特点：（1）结构与数据相融合；（2）结构模式会随着数据的变化而变化；（3）难以用现有的结构框架描述其数据结构，以至于实际应用时难以理解。

3. 高速性

高速性是指数据增长和处理速度均处于较高水平。在大数据时代，数据量不仅大，增长还很快，这就对数据的时效性有了更高的要求，也就要求人们加快对大数据的处理速度。大数据中存在"秒级定律"，也就是一般要在秒级时间范围内给出分析结果，时间太长数据就失去了价值，这样的速度要求是大数据处理技术与传统的数据挖掘技术最大的区别。

例如，许多视频播放平台、电商平台的个性化推荐算法会尽可能要求实时完成推荐，用户可能刚刚看完一部电影或浏览过一件商品，紧接着首页就会出现与之前浏览内容相关的推荐。在医疗领域，加拿大多伦多的一家医院针对早产婴儿每秒钟有超过 3000 次的数据读取，通过对这些读取到的数据进行快速分析，医院能够提前知道哪些早产婴儿会出现问题并且有针对性地采取措施，避免早产婴儿夭折。

4. 价值性

价值性是指海量数据中包含了有价值的数据，但所占总体数据的比例低。通过机器学习、人工智能或数据挖掘，人们能够在大量不相关的数据中发现新规律和新知识，并将其运用于农业、金融、医疗等领域，从而最终达到改善社会治理、提高生产效率、推进科学研究的效果，所以很明显，大数据拥有较高的商业价值和社会价值。

价值是大数据的核心特征，但在如今的数据大爆炸时代，大部分数据并没有被存储下来，比如，据 IDC 统计，2018 年全球创建的数据量是 32ZB，被存储的数据大概是 5ZB，只占约 15.6%。在被存储的数据中，被真正分析并有效利用的数据则更少。目前在收集到的所有数据中，只有 12% 的数据得到了有效分析，剩下 88% 的数据其实是没有被处理的，而在被有效分析的 12% 的数据中，只有 1/4 的数据是有意义的，也就是说，真正产生了价值的数据不到被存储的所有数据的 3%。

5.易变性

　　易变性是指大数据的数据体量、更新速度和多样性等方面处于多变的状态。传统的业务数据随着时间的演变已经拥有较为统一的标准格式，能够被目前许多办公软件（系统）识别和使用。但是，由于商业环境的快速变化，企业产生和需要的数据时时刻刻都在发生变化，这些数据不像传统的业务数据，其变化几乎都是没有规律的，因此难以使用传统的应用软件进行处理和分析。

　　根据国外数据统计，用户平均每分钟会在社交平台Instagram上分享695 000个故事，平均每分钟通过社交软件WhatsApp和Meta Messenger（即Facebook Messenger）发送近7 000万条消息，视频平台YouTube的用户平均每分钟会新上传500个小时的视频，显而易见，数据在极短的时间内变化很大。除了这些人为产生的数据之外，世界各地无数的传感器、监测设备等也都在持续不断地生成数据，由此看来，能够进行动态、实时分析的大数据技术具有广阔的应用前景。

4.2　大数据技术

　　大数据技术是指在大数据采集、存储、处理与应用等环节所采用的技术手段。通常来说，人们经常提到的大数据技术是基于Hadoop生态的。Hadoop是一个分布式系统基础架构，其中的数据存储和处理过程都是分布式的，由多个机器共同完成，既能提高安全性又能扩大数据处理规模。了解了大数据技术的基础后，下面分别介绍大数据采集、大数据存储与管理、大数据分析和大数据可视化四个方面的技术。

4.2.1　大数据采集

　　大数据采集是指从企业系统、机器系统、互联网平台以及社交平台等数据源获取数据的过程。这些数据包括消费者数据、日志数据、表单数据、会话数据、用户行为轨迹等结构化、半结构化以及非结构化数据。采集的方式主要包括：数据库采集、网络数据采集和系统日志采集，如图4-1所示。

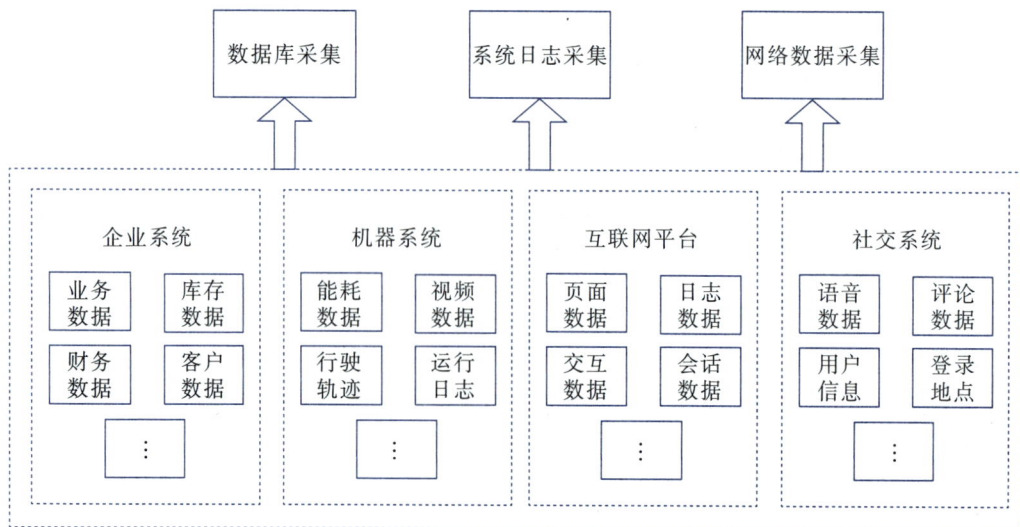

图4-1　大数据的数据源与采集方式

1. 数据库采集

数据库采集是指直接从关系型或非关系型数据库中采集数据的方式。一些企业会使用传统的关系型数据库（MySQL或Oracle等）来存储数据。但是，随着大数据时代下数据量的增加以及对数据处理要求的提高，Redis、MongoDB和HBase等非关系型的数据库（NoSQL）也常被用于大数据采集。

2. 网络数据采集

网络数据采集是指通过网络爬虫或一些网站、平台的公开应用程序接口（API）等，从网页获取半结构化或非结构化数据，并通过提取、清洗、转换等方式将其统一以结构化方式存储到本地的数据采集方式。该方式支持图片、音频、视频等文件或附件的采集。

3. 系统日志采集

系统日志采集是指通过使用海量数据采集工具来收集、处理企业各种系统、平台产生的大量日志。目前使用最广泛的系统日志采集工具包括 Hadoop 的 Chukwa、Apache 的 Flume 和 Facebook（更名为 Meta）的 Scribe 等，这些工具都采用了分布式架构，每秒大约可以传输数百 MB 的日志数据。

4.2.2　大数据存储与管理

大数据存储与管理是指将海量数据使用大数据技术存储到本地、外部存储介质或云端，并进行数据建模、数据挖掘、数据分析等操作。现在网络上每天都会产生大量数据，其中很大一部分都由关系型数据库来处理。然而随着不断的升级，各种系统在功能逐渐丰富的同时，数据的结构也发生了巨大变动，关系型数据库已经无法满足原有的存储需求，因此需要非关系型数据库来存储数据结构不固定也没什么规律的数据。并且，随着业务数据的不断增多，企业需要分析的问题也逐渐细化，业务数据库已经无法满足复杂的查询和分析需求，因此数据仓库应运而生。下面分别介绍关系型数据库、非关系型数据库以及数据仓库。

1. 关系型数据库

关系型数据库是指采用了关系模型来组织数据的数据库。这里的关系模型，指的就是二维表格模型，所以也可以将关系型数据库看成由二维表及其之间的联系所组成的数据集合。在关系型数据库中，数据的存储通过数据库软件来实现，每张二维表里都有很多字段，对应的数据通过 SQL 语言一行一行地写入表中。这种类型的数据库多用于基本的、日常的事务处理，其应用场景更多的是业务交易流程。常见的关系型数据库包括 MySQL、Oracle 等。

关系型数据库的优点包括：容易理解、使用方便和易于维护。由于使用的是在日常生活中较为常见的二维表，因此与网状模型、层次模型等相比，关系型数据库更容易被理解。通用的 SQL 语言使操作关系型数据库变得很方便，丰富的完整性也使数据冗余和不一致的情况大幅减少。但是，关系型数据库存在的问题也十分明显：可拓展性差和查询效率低。当应用系统的用户量和访问量与日俱增的时候，数据库无法简单地通过添加更多的硬件和服务节点来拓展性能和增加负载能力；在关系型数据库中，不同的表存储不同的业务数据，使用者经常需要进行涉及多张数据表的关联查询，无法快速获取查询结果。

2. 非关系型数据库

非关系型数据库是指非关系型的、采用分布式存储的数据库。非关系型数据库都是为满足某些特定的应用需求而出现的，根据结构化方法以及应用场景的不同，非关系型数据库主要可分为以下四类：

（1）键值数据库

键值存储数据库会使用到哈希表，这个表中有一个特定的键和一个指针指向特定的数据。它主要是用在内容缓存，处理大量数据的高访问负载，也用于一些日志系统等，百度云、GitHub、Twitter等知名软件都涉及这一类型数据库的应用。其优点是扩展性好、查找快速又方便；缺点是无法储存结构化信息，条件查询效率较低。常见的键值数据库包括Redis、Amazon DynamoDB等。

（2）文档型数据库

该类型的数据模型是版本化的文档，半结构化的文档以特定的格式存储，比如JSON。可以将文档型数据库看成键值数据库的升级版，允许其相互之间嵌套键值，在处理网页等复杂数据时，文档型数据库比传统键值数据库的查询效率更高。文档型数据库的优点是灵活性高，表结构可变，性能好；缺点是缺乏统一的查询语言。常见的文档型数据库包括MongoDB、CouchDB等。

（3）图形数据库

图形结构的数据库同其他行列以及刚性结构的SQL数据库不同，它使用灵活的图形模型，并且能够被扩展到多个服务器上。它主要被应用于社交网络、推荐系统等，因为它专注于构建关系图谱。该类型数据库的优点是利用图结构相关算法，可用于构建复杂的关系图谱；缺点是只支持一定的数据规模，而且这种结构不宜做分布式的集群方案。常见的图形数据库包括Neo4j、AllegroGraph等。

（4）列存储数据库

列存储数据库通常用来应对分布式存储的海量数据。键值仍然存在，但是它们的特点是指向了多个列。列存储数据库主要被运用于分布式数据储存和管理，NASA、Instagram这类需要大量储存信息且需要进行分布式储存的机构对该类型数据库的运用较多。其优点是查找速度快，容易进行分布式扩展，复杂性低；缺点是功能有局限。常见的列存储数据库包括：HBase、Cassandra等。

3. 数据仓库

数据仓库是指支持数据存储和进行大批量数据分析的数据环境，是一种出于企业的分析性报告和决策支持目的而创建的数据存储集合，能对多样的业务数据进行筛选与整合。数据仓库本身并不"生产"任何数据，也不会"使用"任何数据，其数据都来源于外部，并开放给外部应用。下面具体介绍数据仓库的特点、相关的概念以及Hive数据仓库。

（1）数据仓库的特点

数据仓库的特点包括：面向主题的、集成的、反映历史变化的、稳定的。数据仓库从不同数据源将数据集成到同一个数据源，将企业信息系统的数据综合归并后再进行分析利用，每个主题基本上对应一个特定的分析领域。其反映的是很长一段时间内的历史数据，分析结果只能反映过去的情况，并且一般仅执行查询操作，很少会有删除和更新，但是需定期加载和刷新数据。

（2）数据仓库的相关概念

数据集市是可以从操作性环境或企业级数据仓库中获取数据的仓库，其主要面向部门级业务，并且只面向某个特定的主题，对其他具有不同业务需求的部门不具有战略价值。比如在采购业务中，可以根据分析需求的不同，构建供应商基本信息完整性、分批采购成本合理性、验收合格性等不同主题的数据集市。

数据粒度是指数据仓库中数据的细化程度或综合程度。粒度越小，细化程度越高，综合程度越低；粒度越大，细化程度越低，综合程度越高。以销售额为例，粒度较小时可能只能得到总的销售额数据，一个单一的数值；粒度较大时就能得到包含产品名称、销售时间和对应的销售额等更多综合性数据。

(3) Hive 数据仓库

Hive 是基于 Hadoop 的数据仓库工具，它提供了类似 SQL 语言的 HQL（Hive SQL）查询方式来分析数据。Hadoop 是一种分布式系统基础架构，其最核心的设计是分布式文件系统 HDFS（Hadoop Distributed File System）和 MapReduce。HDFS 为海量的数据提供了存储，而 MapReduce 为海量的数据提供了计算。

在数据存储方面，由于 Hive 只是一个数据仓库工具，没有数据存储功能，它的数据都是从 HDFS 中获得，并且实际上是通过将 HQL 语句转换成 MapReduce 的任务来实现数据访问的。在数据处理方面，Hive 操作默认基于 MapReduce 引擎，由于该引擎具有延迟高、速度慢等特点，因此 Hive 常用于离线数据分析以及对数据实时性要求不高的场景。

4.2.3　大数据分析

大数据分析是指通过大数据技术对海量、规模巨大的数据进行分析。其中涉及的大数据分析关键技术包括可视化分析、数据挖掘、预测性分析、语义引擎、数据质量和数据管理、数据仓库等。大数据风控流程中的分析主要是基于数据仓库来实现的。

在数据仓库中，一般通过 OLAP（Online Analytical Processing）多维分析技术来实现大数据分析，其核心是构建维度模型。维度模型是由维度构建出来的多维数据模型，该模型围绕中心主题组织数据，把数据看成立方体的形式，所以也被称为数据立方体，如图 4-2 所示。

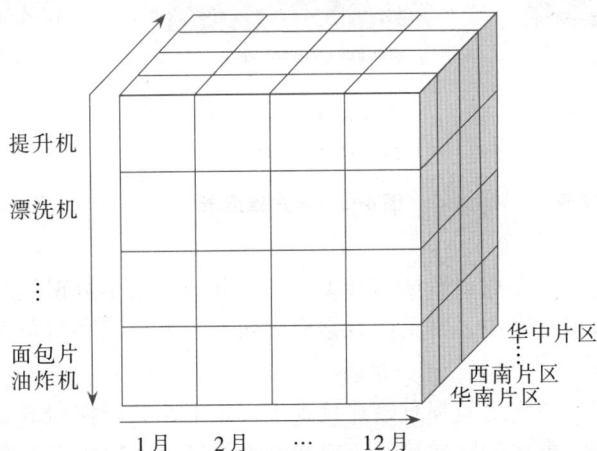

图 4-2　销售业务数据立方体

下面具体介绍与维度模型相关的概念，包括维、度量、事实表、维度表和数据模型。

1. 维

维是指维度，也就是观察事物的视角。比如依据不同月份对销售订单数据进行分析，就是从日期维度来分析销售订单；从信用等级的角度对供应商情况进行分析，就是从信用等级维度来分析供应商。

2.度量

度量是指一组单位统一的数值，是业务量化的表示。在数据仓库中，度量通常为多维数据集的事实数据表中的一列数字，也是用户最终浏览该数据集想要重点查看的内容。比如销售额、利润率、成本等。

3.事实表

事实表是指由若干维度和度量组合而成的数据表。所有分析所使用的数据最终都是来源于事实表。比如在销售事实表中，会包含单据编号、商品编码、销售时间、客户编码、销售数量、销售金额等信息，如图4-3所示。

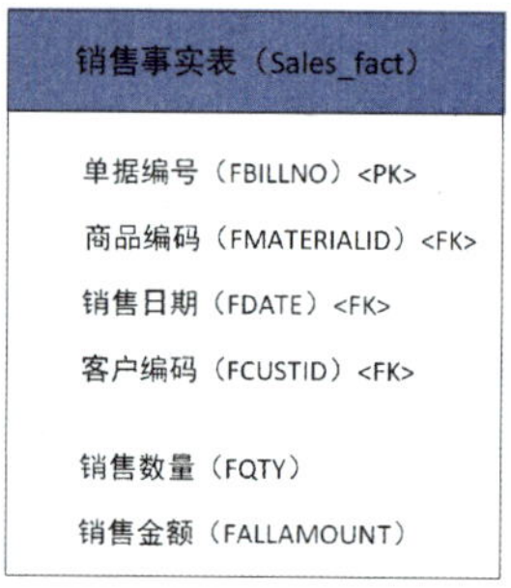

图4-3　销售事实表

4.维度表

维度表是指用户分析数据的窗口，包含了事实表中记录的特性。在维度表中，每个表都包含了独立于其他维度表的事实特性。比如商品维度表包含有关商品的数据，如图4-4所示；客户维度表包含有关客户的数据，如图4-5所示；日期维度表包含有关时间的数据，如图4-6所示。

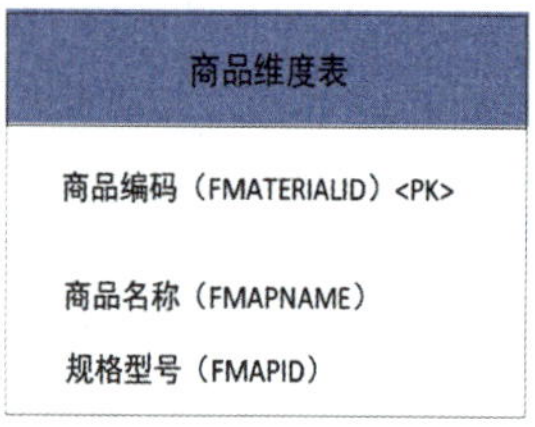

图4-4　商品维度表 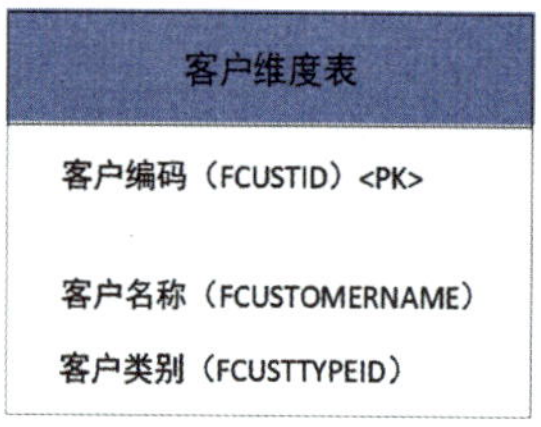　　　图4-5　客户维度表 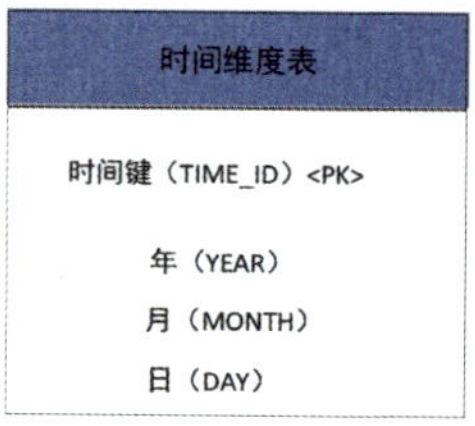　　　图4-6　日期维度表

5.数据模型

数据模型是指现实世界数据特征的抽象表示，其内容包括数据的结构、数据的操作以及数据的约束。在数据仓库中，常见的数据模型包括星型模型和雪花模型，它们均由事实表和维度表组成。

星型模型是指所有的维度表都直接连接到事实表上，整个模型看起来像星星一样。由于每个维度都是直接与事实表相连接，不存在渐变维度，所以数据会存在一定的冗余。比如在原材料维度表中，存在原材料中低值易耗品的螺丝钉和原材料中低值易耗品的螺帽两条记录，原材料和低值易耗品的信息分别存储了两次，存在冗余。但正是因为数据的冗余，从事很多统计、查询工作时都不需要与其他表进行连接，因此其效率一般比雪花模型更高。星型模型如图4-7所示。

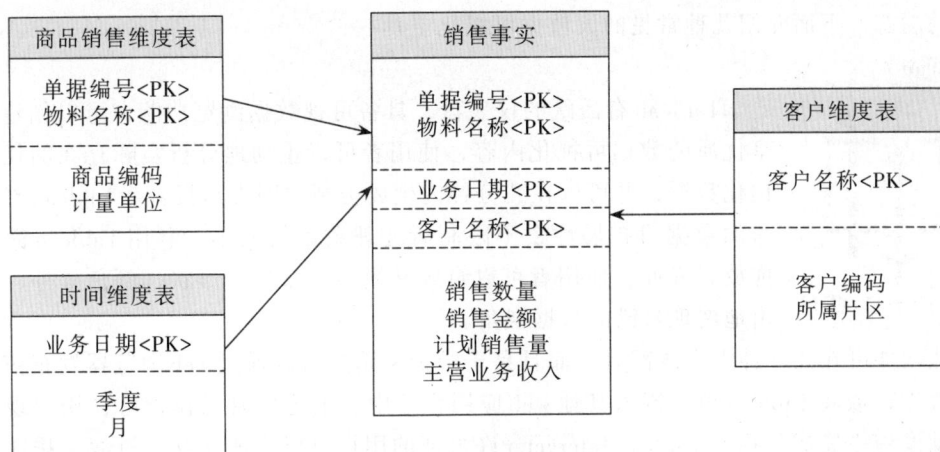

图 4-7　星型模型

雪花模型是指有一个或多个维度表没有直接连接到事实表上，而是通过其他维度表间接连接到事实表上，整个模型看起来像多个雪花相连接。雪花模型是星型模型的一种拓展，它将星型模型的维度表进一步分解、细化，分解得到的维度表连接的是主维度表而不是事实表。雪花模型通过最大限度地减少数据存储量以及联合较小的维度表来改善查询性能，但由于去除了冗余，有些统计、查询需要通过和其他表连接才能完成，所以效率不一定比星型模型高。雪花模型如图 4-8 所示。

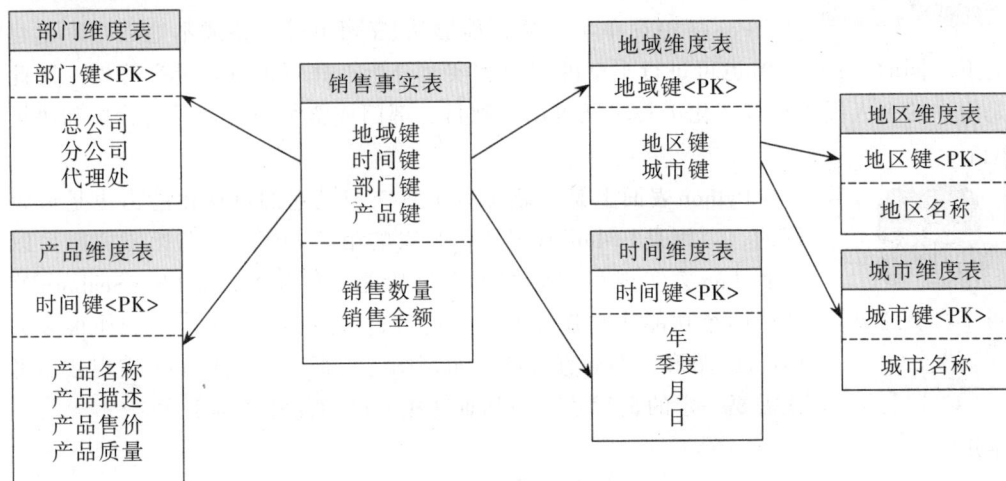

图 4-8　雪花模型

4.2.4　大数据可视化

大数据可视化是指以图形化方法表示数据、信息和知识，使复杂数据能够更容易、更快速地被人理解并获得更深层次的认识。人脑对视觉信息的处理要比书面信息容易得多，使用图表来呈现复杂的数据，能让使用者更轻松地理解数据，也能更清晰地发现数据之间的关系。

在大数据及移动互联网时代，大数据可视化技术已经被广泛应用于电商、金融、政务等多个领域。这些领域的终端每天都在不断产生数据，企业和组织对数据的需求也变得复杂、多样，决策者需要使用大数据可视化工具来更快速地理解数据的意义、更及时地了解业务的动态。下面介绍几种常见的大数据可视化工具。

1.Tableau

Tableau有活跃的仪表盘，具备可视数据浏览功能，可以创建与共享优质的数据可视化内容，使用者可以生动地分析实际存在的任何结构化数据，并可以在几分钟内生成美观的图表与报告。Tableau具备优秀的数据可扩展性，不限制所处理数据的大小。利用Tableau简便的拖放式界面，使用者可以自定义视图、布局、形状、颜色等等，更自由地展现自己的数据视角。

此软件可在几分钟内完成部署，而且易于维护。用户可以通过web浏览器发布信息并完成合作，或将Tableau视图嵌入其他web应用程序中。上述所有操作皆可在用户现有的IT基础设施中完成。拥有Tableau Interactor许可证的用户可以完成交互、过滤、排序与自定义视图等操作。

2.Power BI

Power BI是软件服务、应用和连接器的集合，它们协同工作以将相关数据转换为连贯的、视觉效果逼真的交互式资源。无论用户的数据是简单的Excel电子表格，还是基于云和本地混合数据仓库的集合，Power BI都可让用户轻松地连接到数据源，直观地看到（或发现）重要内容，并与人共享。

Power BI简单且快速，能够从Excel电子表格或本地数据库创建快速见解。同时，Power BI也可进行丰富的建模和实时分析，并可进行自定义开发。因此它既是用户的个人报表和可视化工具，又可用于项目、部门或整个企业背后的分析和决策。

3.Python

Python表面上是一款编程工具，但是它的可视化能力也是毋庸置疑的，原因是Python有着非常强大的第三方库，这些第三方库可以帮助Python去实现很多数据可视化功能，例如Matplotlib、Seaborn就是其中两个功能非常强大的库。通过这些库，Python可以制作很多关于Excel的图形，例如直方图、箱型图等。但是，用Python实现数据可视化需要一定的编程基础，其难度比前面的几种工具都大。

4.轻分析

"轻分析"是由金蝶自主研发的拥有独立知识产权和核心技术的数据云计算引擎和数据可视化平台，它为业务人员提供了一种轻建模、多维度、高性能的数据分析和数据探索平台。轻分析包含主题式分析和嵌入式分析两个应用场景。

（1）主题式分析。让业务用户不受限于业务系统所提供的固定报表内容，能够任意连接可获得的企业数据资产，自由探索和发现其中的业务规律和价值，并且该平台支持数据分析内容的发布和授权。

（2）嵌入式分析。它是"轻分析"与业务系统深度融合的应用形态。通过嵌入式分析产品，用户能够从单据、软件功能或者固定报表，一键切换到"轻分析"数据探索模式，为业务用户提供在当前业务场景下，用于分析和决策所需要的数据分析能力，让数据随时随地支撑用户的业务决策。

4.3　大数据风控实施流程

大数据技术在企业风险管理中的运用重构了企业风险管理系统，缓解了传统风险管理中存在的问题。基于大数据技术的企业风险管理系统要求企业站在战略的高度，综合运用大数据思维和企业风险管理思维，创建新型的企业风险管理模式。这个模式对数据采集、数据分析以及数据应用等方面都有较高要求，企业的风险预警和监督也会有本质的改变。

为了有效实施基于大数据技术的企业风险管理模式，企业需要重塑风险管理理念，明确大数据风险管理的实施路径。基于大数据技术的风控实施流程可以分为：业务流程梳理、风险及因素分析、大数据风险评估指标设计、大数据采集、大数据预处理、大数据风险评估、风险评估结果可视化和风险评估报告输出等步骤，如图4-9所示。

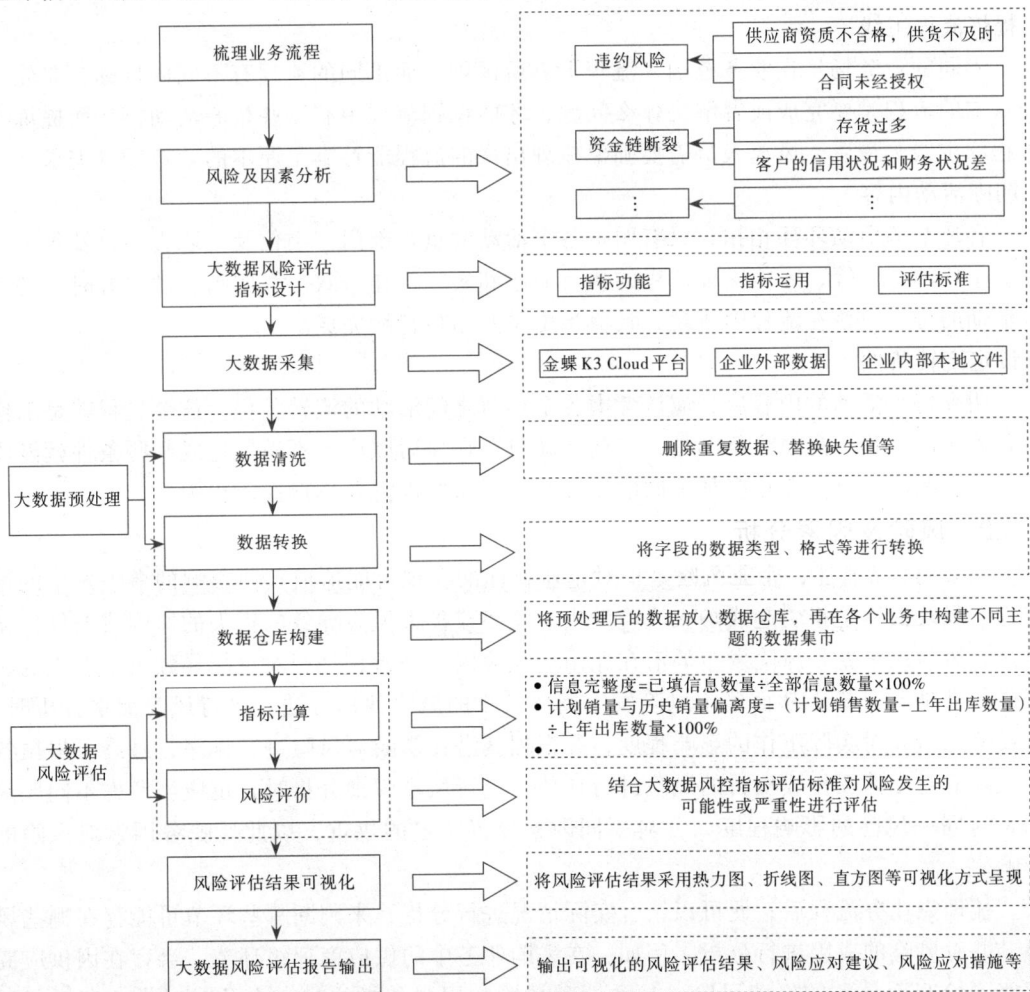

图4-9　大数据风控实施流程

4.3.1　业务流程梳理

业务流程是指企业在进行具体的工作时采取的行动和步骤，任何业务的开展都有其既定的流程。**业务流程梳理**是指基于某些原则，结合实际的业务场景和业务需求，明确企业应当采取的行动和步骤。不管是线上业务还是线下业务，即便是先前没有做过流程化的梳理，也必然存在相对应的流程，可以先基于业务现状，将其流程化地表达出来。在这个过程中，风控人员一定要和业务人员沟通和确认，最大限度地还原业务流程，否则容易忽略核心环节。

在梳理业务流程时，应当思考一些问题，比如梳理流程是按照现状梳理，还是按照预期的流程梳理？流程要梳理到什么程度，哪些细节是一定要体现的？是按照操作的变化、角色的分工还是按照数据的流转来梳理流程？这些问题都会对业务流程梳理产生重要影响。总而言之，需要对实际业务进行全面分析，明确梳理的目标，才能为后续的风控工作奠定基础。业务流程梳理一般分为提炼流程主线、明晰活动内容、设定流转条件三个步骤。

1.提炼流程主线

不同的业务场景在业务范围、流程上有所区别，而不同的流程有不同的目标，要先明确目前的流程是要完成或者解决什么问题，才能识别流程中有哪些核心活动，从而提炼出流程的主线。最后，风控人员需要确保梳理出来的流程能够满足原本的业务场景需求。

2.明晰活动内容

各环节的活动环环相扣，只有明晰各个活动的负责部门、岗位及其职责，以及每个活动会生成的文件等，才能保证流程的执行顺序和实际工作一致。在明晰活动内容时，各业务活动的分支应该在流程中体现，且应当由单一角色持续完成。

3.设定流转条件

明晰每个活动的内容后，应该考虑各个环节之间活动的流转条件，这个过程就是工作流程确定的过程。需要注意的是，有些活动只存在先后顺序，不需要达成某些条件就能流转，而有些活动可能存在多种不同的流转情形，这些都需要体现在流程中。

4.3.2　风险及因素分析

正如第2章所述，**企业风险**是指对企业目标的实现可能造成负面影响的事项发生的可能性。**风险因素**是指引起或加大风险发生的概率或扩大风险导致的损失的原因或条件，换言之，风险因素就是风险发生的潜在原因。风险因素分析，是指对可能导致风险发生的因素进行评估与分析，从而确定风险发生概率大小的风险评估方法。进行风险因素分析时，需要考虑风险对实际工作的影响程度，并根据其潜在影响对风险进行排序，最终可根据各个风险值对整体工作或项目的风险进行评估。进行风险因素分析时，也应当考虑不同风险因素对同一风险的影响程度，并对不同因素设置一定的权重，以此反映各因素对风险的影响。

梳理完业务流程后，便可以结合实际情况进行分析，来判断哪些环节可能存在哪些风险，并对风险的成因进行分析。例如，在采购业务中的供应商评级环节，会存在因供应商评级不恰当而导致的经营风险，导致这种风险的因素包括：（1）未及时对供应商进行评级；（2）对供应商进行评级时未采用供应商的最新资料；（3）未建立科学而健全的供应商评级体系；（4）评级权力过于集中，存在舞弊现象等。又例如，在销售业务中的销售计划编制环节，会存在因销售计划不合理而导致的经营、财务等风险。若计划销售量过高，则企业的生产能力未必能保证及时交付货物；若计划销售量过低，则会导致企业的生产设备闲置，从而造成资源的浪费。导致这些风险的因素包括计划销售量大于生产能力、计划销售量超过预计市场需求等。

4.3.3 风险评估指标设计

风险评估指标设计是指针对具体的风险点设计用于评估风险发生的严重性或可能性的指标。明确了在业务流程的哪些环节可能存在哪些风险后，应当具体分析不同的风险可能由哪些风险因素导致，针对可以量化的风险因素，分析者应分析其所涉及的数据之间的关系，从而进行指标设计。

有了风险评估指标，便可以通过详细的风险评估对企业可能存在、已经存在的风险有一个精确的认识。风险评估指标设计包含指标设计和评估标准设计两个部分。在设计过程中，除了依靠相关人员的过往经验、结合企业的实际情况外，还需要遵循一些指标设计原则，包括定量原则、合理性原则、全面性原则等。

1.指标

指标是指预期中打算达到的指数、规格、标准，是社会经济学中的专业术语，能够反映事物的本质规律以及事物随时间变化的规律。指标一般具有以下特征：有具体的含义、能够被量化、易于解释和说明、能够高度概括事物的关键因素、是统计理论和实践的结合点。

指标的评估标准是对风险进行评估的有效依据。该标准是依据人的实际经验制定的，各个评估标准和风险评估的结果之间有着密不可分的关系。所以，在制定评估标准时要从客观实际出发，结合企业的实际情况制定准确、客观、有效的标准。

2.指标设计原则

（1）定量原则。指标一般分为定性指标和定量指标两种。与定性指标相比，定量指标更加科学，便于依据数据建立数据模型，并用模型对数据的特征、性质、变化、数量关系等进行分析。基于大数据技术，为了实现更为客观、精准的风险评估，在指标设计过程中，设计者应尽量以能够直接量化的指标为基础。

（2）合理性原则。首先，评估指标不可以设计得过于繁琐，应当在基本保证评估结果客观、全面的情况下，尽可能地简化，减少一些对企业风险控制影响甚微的指标。其次，评估指标所需的数据应当易于采集，无论是定性评估指标还是定量评估指标，其数据源必须可靠、真实并且易于取得。最后，指标内容、计算方法、评估标准等应该标准化、规范化，以便后续工作中统一操作。

（3）全面性原则。每个业务环节都可能存在多重风险，其中每种风险又可能需要用若干指标进行衡量，这些指标之间可能存在包含、递进或者制约等关系，那么这些指标的设计应该全方位地反映该种风险的情况，要做到不忽略、不偏重某一方面的内容，确保设计的指标能够让相关管理人员做出正确、客观的评估。

3.指标设计流程

一般情况下，风控指标设计应按照以下程序进行：

首先，根据业务风险点和业务运作过程设计风险预警具体指标，描述指标的含义、属性、特征以及计算方法，设计者可遵循风险预警指标设计的原则来具体设计指标。

其次，确定风险预警指标涉及的相关数据获取方法，分析：能否获取相关数据、是手工获取还是自动获取、相关数据的取得是否得到明确定义等。

最后，确定指标的阈值（即预警空间），当指标数值达到多少时就需要预警，应发出何种信号的预警等。

4.3.4　大数据采集

大数据采集是指从企业系统、机器系统、互联网平台以及社交平台等数据源获取数据的过程。由于不同的数据源在数据量、数据结构等方面存在差异，因此需要采用不同的采集方式。本书中使用的大数据采集方法主要有数据库采集、网络数据采集和本地文件导入三种方式。

1.数据库采集

如图4-10所示，在大数据风控实训平台中采集数据时，可选择与MySQL、SQL Server、Oracle和Access等数据库进行连接，并从中导入数据进行后续处理。

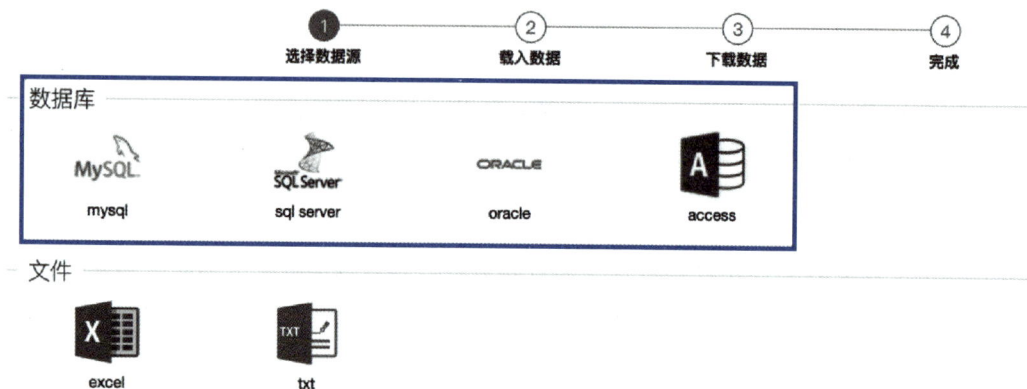

图4-10　大数据风控实训平台数据库采集数据功能

2.网络数据采集

如图4-11所示，在进行大数据风控时，可以利用爬虫技术在上交所、深交所等公开信息平台抓取上市公司的财务报表数据，或者在国家有关部门的官网抓取供应商、客户的信息，既可以核实资料的真实性，又能够提高资料审核的效率。

图4-11　大数据风控实训平台Python爬虫采集数据功能

3.本地文件导入

　　本地文件是指企业存储在本地计算机上的文件。虽然如今不少企业都已经将业务、财务等流程信息化，拥有自己的业务系统、财务系统等，许多表单数据都可以直接在线上进行流转、传递，但由于工作场景的不断丰富与细化，系统功能未必能及时满足所有的工作需求，所以依然会存在部分需要在本地存储的文件，比如不同地区物流时间的统计表、客户应收账款催收记录统计表等。另外，企业的业务、财务等系统功能的完善程度与其价格的高低紧密相关，对于一些小型企业而言，可能优先选择将高价值的流程信息化，而其他流程依然会采用传统方式进行。大数据风控实训平台本地文件导入功能如图4-12所示。

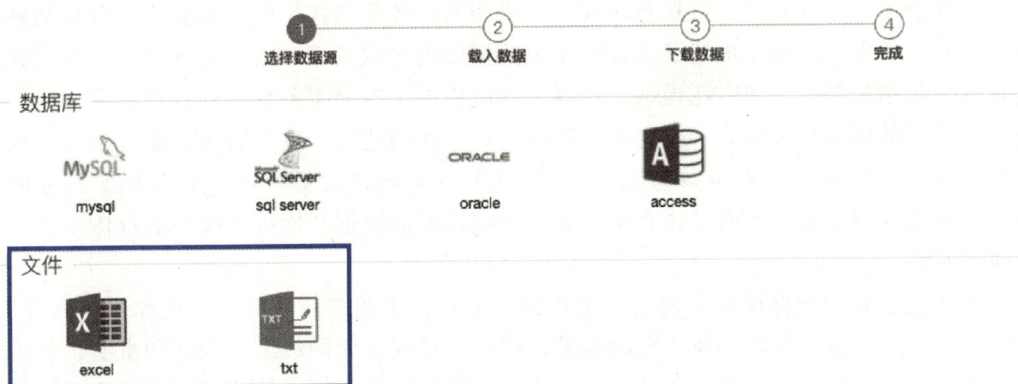

图4-12　大数据风控实训平台本地文件导入功能

4.3.5　大数据预处理

　　大数据预处理指的是在进行数据分析之前，先对采集到的原始数据进行诸如清洗、填补、平滑、合并、规格化、一致性检验等操作，旨在提高数据质量，为后期分析工作奠定基础。本书涉及的大数据预处理主要包括数据清洗和数据转换。

　　数据清洗是指利用ETL等清洗工具，进行重复数据删除、空格清理、噪音数据处理（数据中存在错误、或偏离期望值的数据，需要进行处理）、字符替换等操作。

　　数据转换是指对采集的数据中存在的不一致进行处理的过程。它同时包含了数据清洗的工作，即根据业务规则对异常数据进行清洗，以保证后续分析结果的准确性。

　　下面对本书中常用的大数据预处理方法进行举例介绍。

1.重复数据删除

　　有些旧的业务系统没有对每一条记录进行唯一性约束，或者获取的数据来自企业的本地文件是由员工人工编制的，这可能导致数据重复，因此需要先进行重复数据删除。

2.非法字符清理

　　金额、天数等数值型数据一般可用于计算，而如果这些数值后的单位为字符串，则无法进行计算，因此可将"元""天"等字符设置为非法字符，执行清洗后非法字符会被删除。比如"平均价格比率"字段中出现了单位"元"，选择对该字段进行局部清洗，并将"元"设置为非法字符，执行清洗操作。

3.缺失值插补

　　采集到的数据由于本身的不完整可能出现空缺值，对空缺值的填充一般会用取平均值法、人工随机法和最大频率填数法。有时在不影响整体数据的情况下，也可直接删除空缺值。

4.转换数据格式

如果数据是由业务系统自动生成的，那么出现问题的可能性较小；如果数据是由人工录入的，那就可能存在数据格式不符合要求的情况，比如金额中多了单位，"编码"写成了"名称"，日期有的是中文有的是数字等，这不利于后期进行数据的计算、比较和判断等操作。因此，出现数据格式不一致的情况时，相关人员应当将不符合要求的数据处理成统一的格式。

4.3.6 数据仓库构建

数据仓库构建的基础是数据仓库模型，模型的好坏会直接影响数据仓库的分析结果和分析效率。数据仓库模型描述了数据仓库中数据的内容以及相互之间的联系，常见的数据仓库模型包括星型模型和雪花模型，均属于维度模型。本书实务部分的数据仓库构建仅阐述维度模型的构建和事实表、维度表结构的设计。在构建时，首先需要根据分析需求确定分析的主题（即哪一个业务环节），然后在此基础上选择度量、声明数据粒度、选取维度，最后建立事实表。下面具体介绍构建大数据风控的数据仓库维度模型的具体步骤。

1.确定主题

确定主题是指根据风险分析的需求选择业务过程中的某一个环节，比如供应商评级、入库、付款等。这一步是其他步骤的基础，决定了数据仓库的粒度、维度和事实。总体来说，该步骤是在决定对哪个业务环节进行建模，最后通过多维度的分析得到与该业务环节相关的决策信息。

2.选择度量

业务在发生的过程中会产生销售额、信用评分、逾期天数等数据型信息，也就是度量。这些度量是业务流程中事件、行为的事实记录，在数据仓库中会被转化为事实表中的数据。确定了主题后，要考虑该主题下会产生哪些数据，进行风险评估时需要哪些度量。基于不同的度量可以进行复杂的大数据风险评估指标的计算。

3.声明数据粒度

声明数据粒度是指考虑度量的汇总和在不同维度下的聚合情况，来确定数据的细化程度。比如企业的数据库中记录了企业每一秒的交易额，但在后续的分析中分析人员如果只需要其精准到天，那么此时数据库中度量的粒度就是"天"。一般情况下，如果无法确定未来分析所需的数据的细化程度，就应该按照"最小粒度原则"，在数据库中使数据保持最细化的程度。

4.选取维度

选取维度是从某一业务环节中的参与者、行为发生时间、行为发生地点、行为发生原因等方面来选择用以描述业务或主题的观察角度。维度是一组独立的、无重复的数据元素的集合，其主要作用是过滤、分组和标识数据。根据不同的维度，人们可以对度量进行转换、取平均值、聚合等操作，达到分组和统计的目的。

5.创建事实表

事实表是维度模型的基本表。创建事实表时需要确定将哪些事实放进事实表，这些事实数据一般来自确定的业务环节，以数值表示。以销售业务数据的星型模型为例，分析人员可以从商品、客户和时间等维度对销售业务数据进行分析，每个维度表都直接与事实表相连，如图4-13所示。该星型模型包含了销售事实表、商品销售维度表、时间维度表和客户维度表。销售事实表中包含销售数量、销售金额、计划销售量和主营业务收入。

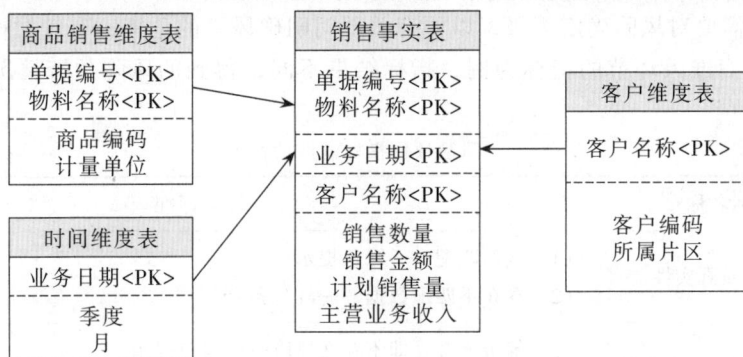

图4-13 星型模型

4.3.7 风险评估

风险评估是指运用一定的工具和方法，对多个维度的风险评估指标进行计算、判断等操作，并结合指标结果与预先设定的风险评估标准对风险的严重性和可能性进行评价和估算。该环节包括指标计算和风险评价两个步骤。

1.指标计算

在风险评估指标设计阶段，设计者应根据指标的功能预先设计好指标的计算公式。进行大数据风险评估时，首先需要进行指标计算。其中需要注意的是，有些指标是定量指标，有计算公式，但有些指标是定性指标，其结果需要进行一系列判断，并非通过计算得出数值，定量指标示例见表4-1，定性指标示例见表4-2。

表4-1   定量指标示例

指标名称	准入资质真实性	对应环节	供应商准入
指标频率	每季度	风险责任部门/岗位	供应商评估专员
指标类型	定量指标		
风险点	供应商资质不真实，可能导致后期的合作中供应商提供的物料质量难以保障或无法及时供货，从而影响企业声誉或使企业的销售合同违约		
指标功能	该指标旨在判断供应商提供的一些关键信息是否真实		
指标运用	将供应商提供的资料与在相关部门官方网站上公布的信息进行对比		

表4-2   定性指标示例

指标名称	供应商等级变化合理性	对应环节	供应商评级
指标频率	每季度	风险责任部门/岗位	供应商评估专员
指标类型	定性指标		
风险点	进入供应商库的供应商可能由于供货不及时、材料质量不合格等原因导致出现信用等级下降的情况，此时企业需及时关注该类供应商，谨慎开展进一步合作，以避免自身产生无法及时生产产品、产品质量不达标等风险		
指标功能	该指标旨在判断供应商在定期评级后，评级的变化是否合理		
指标运用	判断本次评级结果与上次相比是否有变化		

2.风险评价

风险评价是指基于风险评估指标的计算结果，结合风险评估标准为风险确定风险等级，以此评估风险发生的可能性以及对企业的影响程度。不管是以定量还是定性的方法进行评估，都需要对风险确定等级，以便有关部门明确风险的危害，有针对性地采取控制措施。以供应商准入环节的指标为例，指标结果不同，得到的风险预警情况也不同，见表4-3。

表4-3   风险评估指标的评估标准

指标名称	评估标准
准入资质真实性	（1）全部匹配——绿色提示 （2）存在不匹配数据——红色预警
供应商等级变化合理性	（1）等级上升，即不存在风险——绿色提示 （2）等级下降，即存在风险——红色预警

4.3.8 风险评估结果可视化

风险评估结果可视化是指通过可视化技术来呈现指标计算结果或风险评估结果。在将指标计算结果或风险评估结果进行可视化之前，首先需要结合上述结果的应用场景和数据的类型来选择使用哪种图表，然后对图表的细节进行调整。下面具体介绍图表选择和细节调整两部分内容。

1.图表选择

图表的类型十分丰富，因此在进行可视化呈现时，选择合适的图表才能达到"一图胜千言"的效果。图表选择不合适只会让图表看起来花哨，无法让用户快速、轻松地理解其背后数据的含义。在大数据风控过程中，人们可以根据数据的应用场景和数据之间的关系来选择合适的图表。

数据的应用场景是指此次分析主要使用指标计算结果还是风险评估结果。大数据风险评估环节结束后，会得到风险评估指标的计算结果，可能是数值型数据，也可能是布尔型数据[1]。分析人员确定风险预警等级时，要根据指标的计算结果才能进一步得到风险评估结果，因此这类数据属于字符型数据。指标计算结果和风险评估结果能够传达出不同的含义，指标计算结果更加详细，而风险评估结果更具概括性，因此伴随着应用场景的不同，评估人员应选择不同类型的图表来呈现数据。

如果需要呈现指标计算结果，则可以结合该结果的数据类型或数据之间的关系来选择合适的可视化图形，优先选择能够呈现数据内容、数据分布的图形，比如表格、条形图、柱状图、散点图等。如果需要呈现风险评估结果，则一般可采用仪表盘。仪表盘多用于展示某个指标的完成情况，它只适合展现数据的累计情况，不适用于展现数据的分布特征等。

由于展示形式不同，每种图表都会存在自己的展示逻辑，这就对构成图表的数据有了不同的要求。一般来说，数据之间的关系不同，适合的图表也就不同。不过也会存在一种图表能够呈现多种数据关系的情况。常见的数据之间的关系可分为四种，分别是比较、趋势、分布、构成。

---

①   合法值只能为TRUE或FALSE的数据。

（1）比较

比较关系主要展示数据之间的对比或排列顺序，通常用"大于""小于""等于"等关键词进行描述。广泛来看，大多数图表都可以展现数据之间的对比关系，但细究起来能够真正直观地呈现数据大小差异的图表寥寥无几。在比较时，一般会涉及单一维度下的多种类别，所以能够呈现多类别数据的图形会更加合适，比如表格或条形图。在财务领域，上述图形可用于进行不同区域销售费用的对比、不同年份净利润的对比等场景。下面具体介绍条形图、堆积条形图和表格。

①条形图

分析人员可以通过比较不同项目的条形图长度来对比不同项目数据量的大小。条形图可分为垂直条和水平条，垂直时被称为柱状图。对于名称较长的种类，人们可以通过横向条形图来展示数据。以"生产设备使用程度"为例，使用横向条形图能够一目了然地看到不同生产设备的使用程度，如图4-14所示。

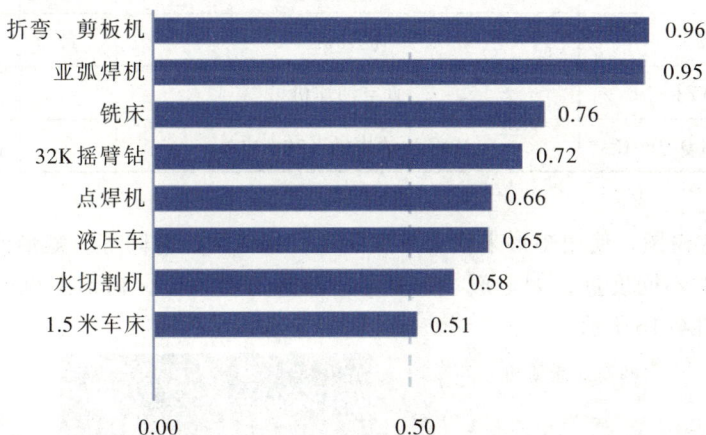

图4-14 生产设备使用程度条形图

②堆积条形图

堆积条形图是条形图的一种，不仅能够像普通的条形图一样，从某一维度通过条形图的长短来反映数据的大小，而且能够从另一个维度体现每个分组内部组成部分数据的大小，显示单个组成部分与整体之间的关系。堆积条形图能够使人们直观地看出数据的大小，易于比较数据之间的差别，堆积条形图如图4-15所示。

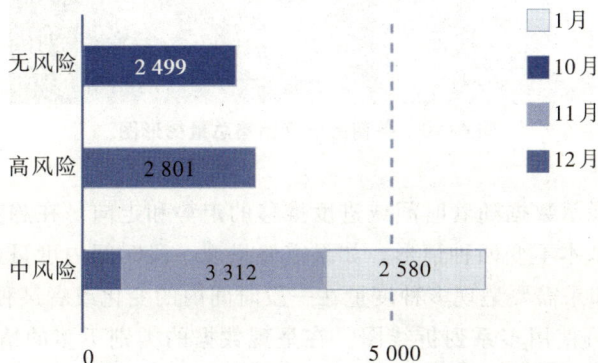

图4-15 20×2年四个月份应收账款不可回收风险情况堆积条形图

③表格

表格是一种非常直观的数据表现形式，是许多数据最基础的表现形式，见表4-4。比起冗长、复杂的文字叙述，表格更加便于对比、计算和分析。但是当数据量较大时，表格不够形象、直观，用户难以快速找到所需的信息。因此，表格适合数据量较小、需要进行计算的场景。

表4-4　　　　　　　　　　　　　　商品价目表　　　　　　　　　　　金额单位：元

物料编码	物料名称	单位	含税价格
7.30.MBQ	面包片油炸机	台	21 696
7.07.01.DBWS200/60-B	无锈宽网带传送机（机架可拆）	台	26 442
7.13.PX	漂洗机	台	25 764
7.08.DBTW78/80	圆筒式撒粉机	台	25 221
7.27.02	提升机	台	20 340
8.10.ZKYZJ	真空油炸机	台	31 188
7.02.DBBZ100LD-JB-C	中级油油炸机（20＃电）	台	22 374

④树形图

树形图又称树图，使用矩形来代表维度字段，如地区、时间等，矩形的大小、颜色能够表示该维度的不同度量，如金额、数量等。与热力图相似，树形图也可以突显重要数据。树形图如图4-16所示。

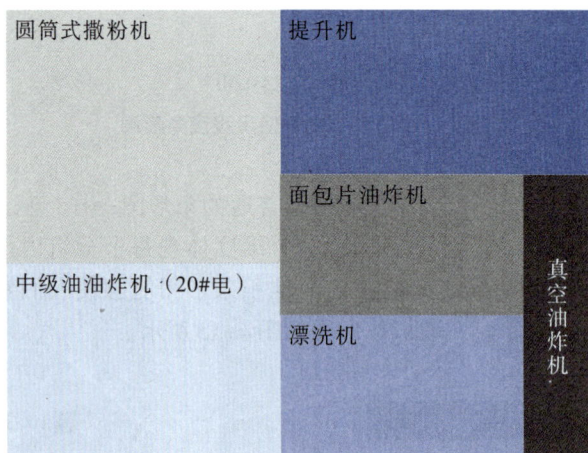

图4-16　各商品年度销售总量树形图[①]

（2）趋势

趋势关系主要展示数据随着时间或进度推移的走势和走向。在趋势关系下存在增长、减少、上下波动或基本不变四种情形。如果需要呈现一段时间内度量在一种维度的变化，则可使用折线图；如果需要呈现多种度量在一段时间内的变化或者某种维度下度量在一段时间内的变化，则可使用多系列折线图。在呈现数据的类别不多的情况下，可使用柱状

①　此处图形为Tableau软件里的图形（树形图）。

图。在财务领域，图形可用于各年份、月份的收支情况对比等场景。下面具体介绍折线图和柱状图。

①折线图

折线图是用线段将各个数据点连接起来而组成的图形，以折线方式显示数据的变化趋势，如图4-17所示。其可以显示随时间而变化的连续数据，因此非常适合显示相等时间间隔的数据趋势。

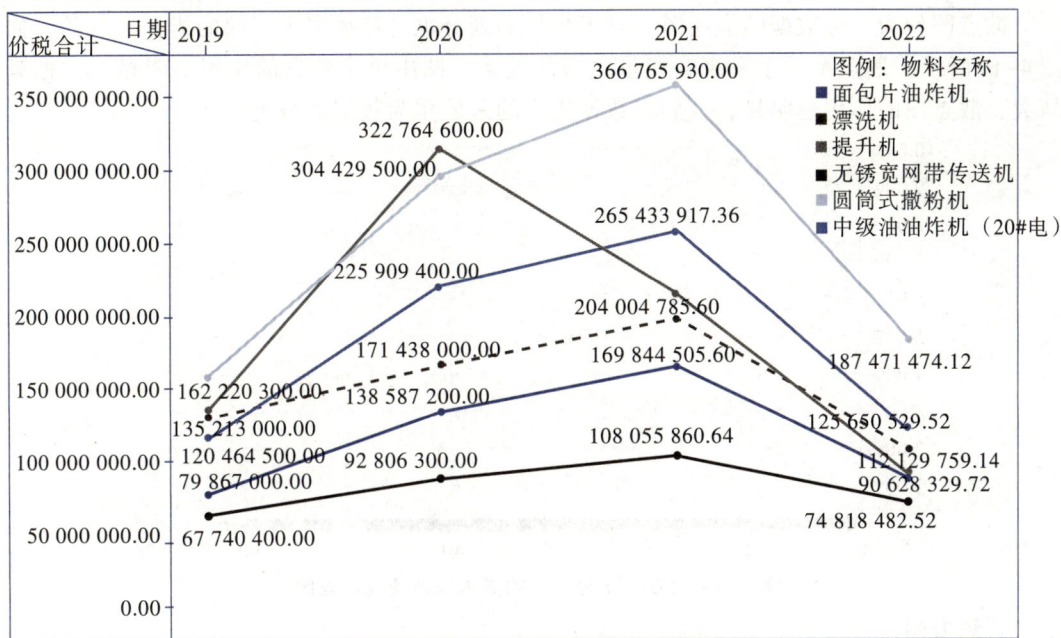

图4-17 多种商品销售收入多系列折线图

②柱状图

柱状图主要用于展示一段时间内同一维度下不同项目的数据变化，如图4-18所示。其高度表示数据的大小，每条柱状图形之间的高度差能够使用户直观地看到各组数据的差异，强调个体之间的比较。当一个维度下有较多项目时，柱状图会使人感觉混乱，不利于对比。因此柱状图适用于数据项较少的场景。

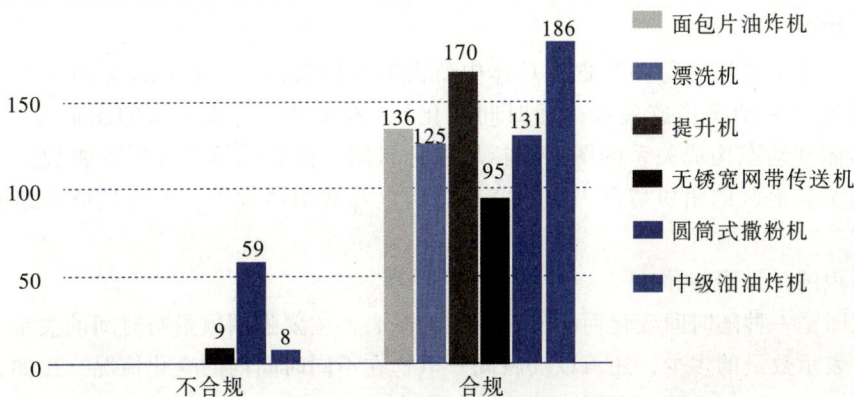

图4-18 20×2年1月销售产品商业折扣合规情况多系列柱状图

（3）分布

分布关系主要展示某个范围包含了多少项目或多少具体数据，范围可以是地理范围，也可以是数值范围，人们通常用"集中""频率""分布"等关键词进行描述。常见的用于表示分布关系的图表包括地图、散点图、气泡图、热力图。在财务领域，上述图形可用于展示不同区域的销售业绩、利润额等。下面具体介绍散点图和热力图。

①散点图

散点图作为三维数据的应用图，对于数据的划分也是依据多个不同的指标进行的，如图4-19所示。散点图用于发现各变量之间的关系，图中单个数据的作用不明显，数据量越大，散点图的作用越明显，人们将数据集中的区域作为数据的分类标准。

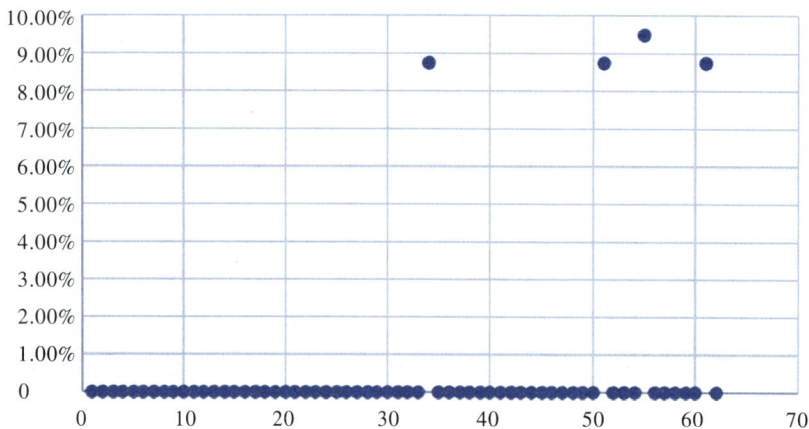

图4-19   20×2年分批采购成本偏离情况散点图

②热力图

热力图又称热图或压力图，是数据的密度、分布的体现。热力图上不同的颜色对应了不同的数据区间，颜色的差异体现出数据量的大小差异，可以使用户快速辨别重要的数据，以及数据量的分布情况。一般来说，热力图反映的是相同时间内的一组数据集合，比如"双十一"当天各个城市的销售额、销售量等。热力图举例如图4-20所示，方块代表客户在某一天购买商品的总额和总数，方块的大小由总的购买金额决定，方块颜色的深浅由购买数量决定。

（4）构成

构成关系主要展示每项数据在总体中所占的比例或份额。构成关系可分为两类——静态构成关系和动态构成关系（随时间变化）。体现静态构成关系的图形包括漏斗图、饼图等，体现动态构成关系的图形包括堆积柱状图、面积图等。在财务领域，上述图形可用于展示各地区的销售情况占比、资产结构以及费用结构等。下面具体介绍面积图和饼图。

①面积图（长期差异）

面积图是一种随时间变化而改变其范围的图表，主要强调数量与时间的关系。面积图不仅能够表示数量的多少，还可以反映同一事物在不同时间内的变化情况。比如，企业依据每个季度的销售额绘制面积图，从整个年度来看，面积图所占的整个范围就是该企业一整年的销售额，如图4-21所示。

日期 客户	20×2-01-02	20×2-01-03	20×2-01-04	20×2-01-05	20×2-01-06	20×2-01-07
北京桃李食品公司			■	■	■	
长期佳肴食品公司			■	■		
长沙辣妹子食品厂	■	■	■	■	■	■
承德新方食品加工有限公司	■		■			
东莞王老大食品厂			■	■		
广州中顺食品厂	■	■	■	■	■	■
海南椰子香连锁饭店	■		■	■		
好再来砂锅粥店	■		■			
江西乐士食品加工有限公司						■
金华宏发肉制品加工厂	■	■	■		■	■
昆明香园过桥米线连锁店	■		■	■		■
老陕西食味馆		■	■			
山东俏媳妇食品加工厂	■		■	■		■
上海快乐薯吧有限公司			■	■		■
上海龙祥食品有限公司	■		■	■		■
沈阳好味道食品公司			■			

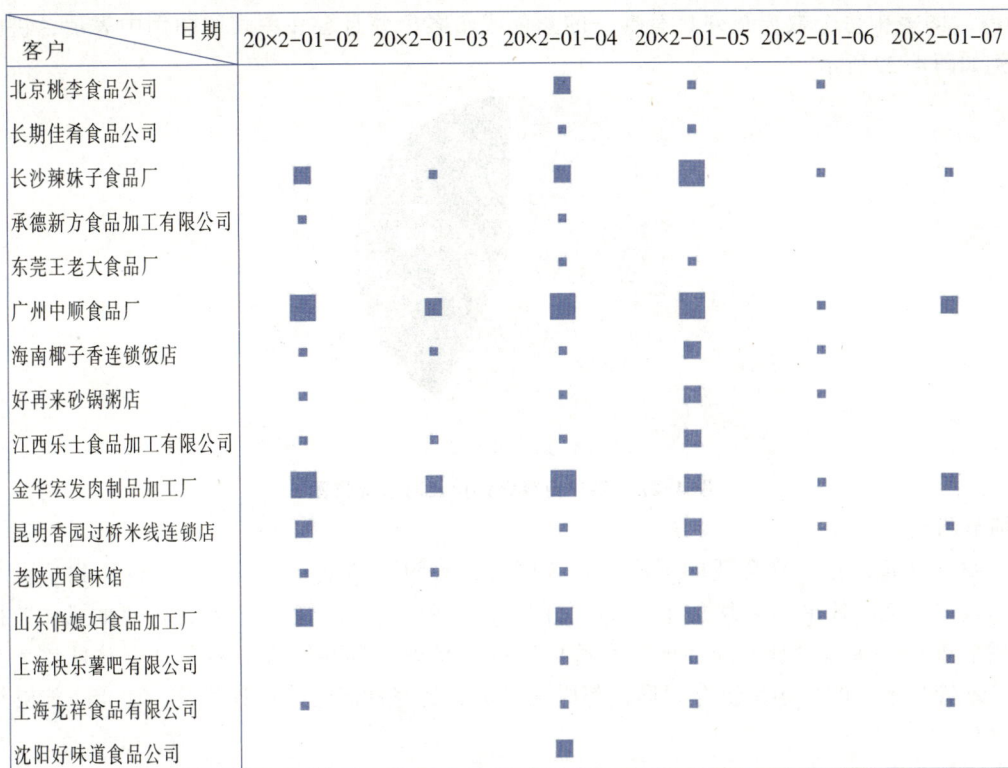

图 4-20　20×2 年第一周各客户购买商品总额与数量分布情况热力图

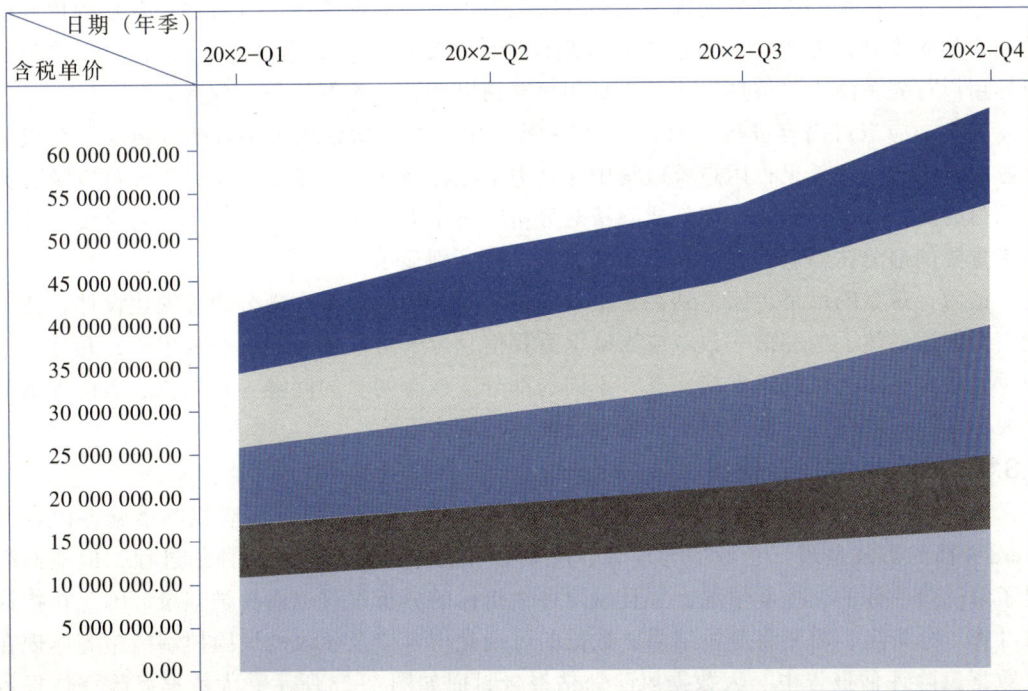

图 4-21　20×2 年各季度商品销售额面积图

② 饼图（整体和局部）

饼图适用于展示不同类别的数据在总体数据中的占比情况，各部分占比的总和为

100%。图表中每个数据系列具有唯一的颜色或图案，并且会在图表的图例中表示，饼图举例如图4-22所示。

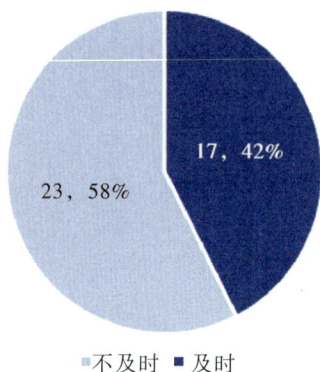

图4-22　供应商等级评价及时情况饼图

2.细节调整

　　细节调整是指选择合适的图形呈现数据后，对图形的细节进行修改，以达到重点突出、整体美观的效果。将数据进行可视化的目的是用户能够形象、直观、快速地抓住数据背后的重点，所以设计者应该明确哪些内容需要呈现，哪些内容需要突显。并且整个图形，不管是单一图形还是组合图形，都应该尽量做到逻辑清晰、设计简单，使用户能够快速聚焦。

　　进行细节调整时，首先应该保证图形上的内容有适当的排版和布局，包括标题、数据、说明等。排版的核心是处理信息的主次关系，图表的网格线、外边框、背景颜色等辅助元素如果不加以处理，则可能干扰到用户理解数据信息。只有合理地对内容进行布局，引导用户首先关注重要信息，才能提高用户对信息解读、数据理解的效率。

　　其次，应当对内容进行"简化"。如果数据中存在极端值或分类过多等情况，会极大地影响可视化呈现效果，用户难以集中注意力也无法快速获取重点信息，因此可以结合分析的目的酌情考虑，删除极端值或隐藏对分析影响不大的过多分类，也可以对重要的部分和不重要的部分在颜色、大小、字体等方面进行区别显示。

　　最后，观察图形是否已达到突显重点的目的。设计者对单个部分的可视化设计，并不能完全保证整体上的和谐一致。应当确保重要信息位于可视化空间的视觉中心，并且其他视觉元素在空间上也处于平衡状态，不同的部分应该有明显的间隔。在配色、字体等细节上要尽量统一，颜色、字体过于繁杂会分散用户的注意力。

4.3.9　风险评估报告输出

　　风险评估报告输出是指将指标计算结果、风险评估结果以及风险控制措施等内容以Word文档的形式呈现。企业的管理者、决策者可能并不会参与风险评估过程，但他们需要了解风险的评估、控制情况，并且风险评估指标的分析过程也需要被记录，因此在指标被计算、分析后，需要将分析结果、数据的可视化内容以及建议的风险控制措施等体现在大数据风险评估报告中。大数据风险评估报告封面如图4-23所示，大数据风险评估报告目录模板如图4-24所示。

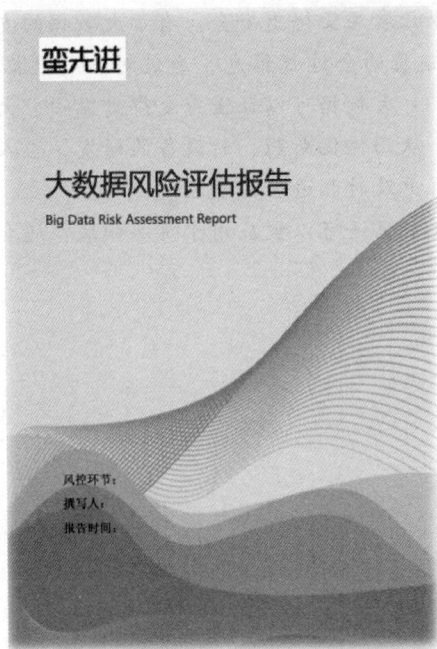

图4-23 大数据风险评估报告封面

xx 环节大数据风险评估报告

目录

一、风险评估目的
二、风险评估思路
三、大数据风控指标
四、风险评估标准
五、风险评估结果
六、风险应对措施

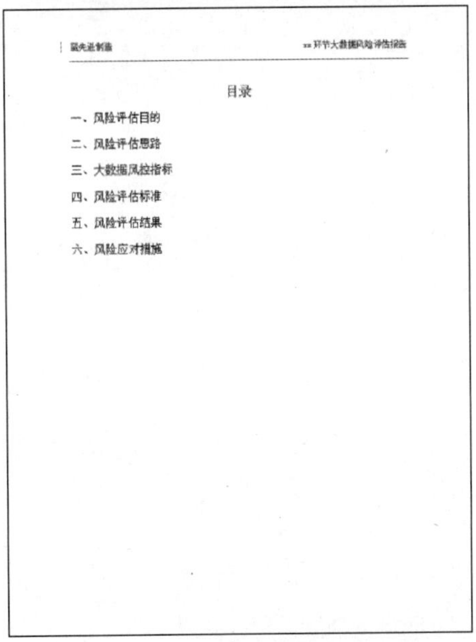

图4-24 大数据风险评估报告目录

课程思政

大数据为我们提供了巨大的机遇，帮助我们开发新的创意产品和服务，它可以促进社会经济的增长，为人们提供更多更好的就业机会，可以大大提高人们的生活质量。举例来说：(1) 大数据可以让出行变得更高效、更便捷。实时导航软件可以从道路传感器中实时收集大量数据，可以支持政府优化交通流管理，人们可以通过更高效的路线规划大大节约出行时间。（2）大数据可以让食品变得更安全。有了大数据的支持，我们可以更好地掌握手中拿到的食品从生产到销售的全过程信息，通过对各项数据的观测和分析，找到更安全、更环保的食品来源。（3）大数据可以让医疗变得更贴心。大数据技术的普及可以实现对大型临床数据集的分析，从而优化新药、新设备的研发。当人们生病时，大数据可以根据个体的差异让每个人获得更及时和适当的护理。

要求：试着想一想，大数据还可以被应用于哪些领域？还会给我国经济、社会发展带来哪些好处？

本章自测习题

第5章　采购业务大数据风控

━━■ 【学习目标】 ■━━

1. 熟悉制造业的采购业务总体流程；
2. 理解采购业务各环节的基本控制要求；
3. 熟悉采购业务各环节潜在的风险因素；
4. 掌握针对采购业务不同风险点的风险评估指标设计方法；
5. 掌握典型的采购业务大数据风控实施的流程、步骤与具体内容。

思维导图+
课前预习

【案例场景5-1】

初出茅庐梳流程

秋天，是凉爽的季节，是丰收的季节，是辛勤的劳动人民得到回报的季节。对于各大高校的应届毕业生来说，秋天也是"收割工作offer（录用信）"的季节，俗称"秋招"。秋招是一年中规模最大、参与企业最多、招聘人才最多的校园招聘会，每年的9月至11月，大多数公司都会专门针对应届毕业生举行秋招，所以高校应聘也有"金九银十"的说法。

清晨的皇家理工大学是寂静的，树上的鸟儿和湖边的天鹅都还在沉沉地睡着，通往校外的路上偶尔能看到几个匆忙的身影，其中有一个便是审计信息化专业的大四学生——家桐。

最近趁着秋招，家桐连续向好几家公司投递了简历。但是由于大学阶段成绩一般，没有学生会工作经历，也没有什么社会实践经验，所以一直没有受到HR的青睐。学院的老师看他非常努力地找工作，但是一直没有结果，便推荐他先去重庆蛮先进智能制造有限公司（简称"蛮先进公司"）实习。

重庆蛮先进智能制造有限公司是重庆本地的一家集科研、智能制造和销售于一体的，专门生产油炸机、油炸流水线、膨化机、输送机等不锈钢食品机械的公司。该公司技术力量雄厚，设备及检测手段齐全。近期，该公司正在安排开展大数据智能风控工作，正需要家桐这种既懂理论又懂技术的复合型人才。

实习的第一天，家桐提前半小时到了蛮先进公司的大数据智能风控部。他仔细地观察着办公室的环境，每张办公桌上都有一台梨牌台式电脑，旁边堆放着一沓沓文件，还有U形护颈枕、绿植、咖啡杯……正当他看得入神时，蛮先进公司的首席风险官（CRO）程总（Mr.Cheng）向他走来："你是今天新来的实习生吧！"家桐吓了一跳，满脸通红地回答："对对对，我是今天来报道的实习生家桐。"

"我是蛮先进公司的CRO（首席风险官），兼任大数据智能风控部的负责人，你可以叫我Mr.Cheng。我们部门是最近新成立的，主要的工作是结合公司业务部门和职能部门的工作流程、表单数据等，通过建立风险评估指标体系来分析、评估其中存在的风险，并及时出具直观、易懂的风险评估报告。我一直都很看好皇家理工大学的会计学院，你是会计

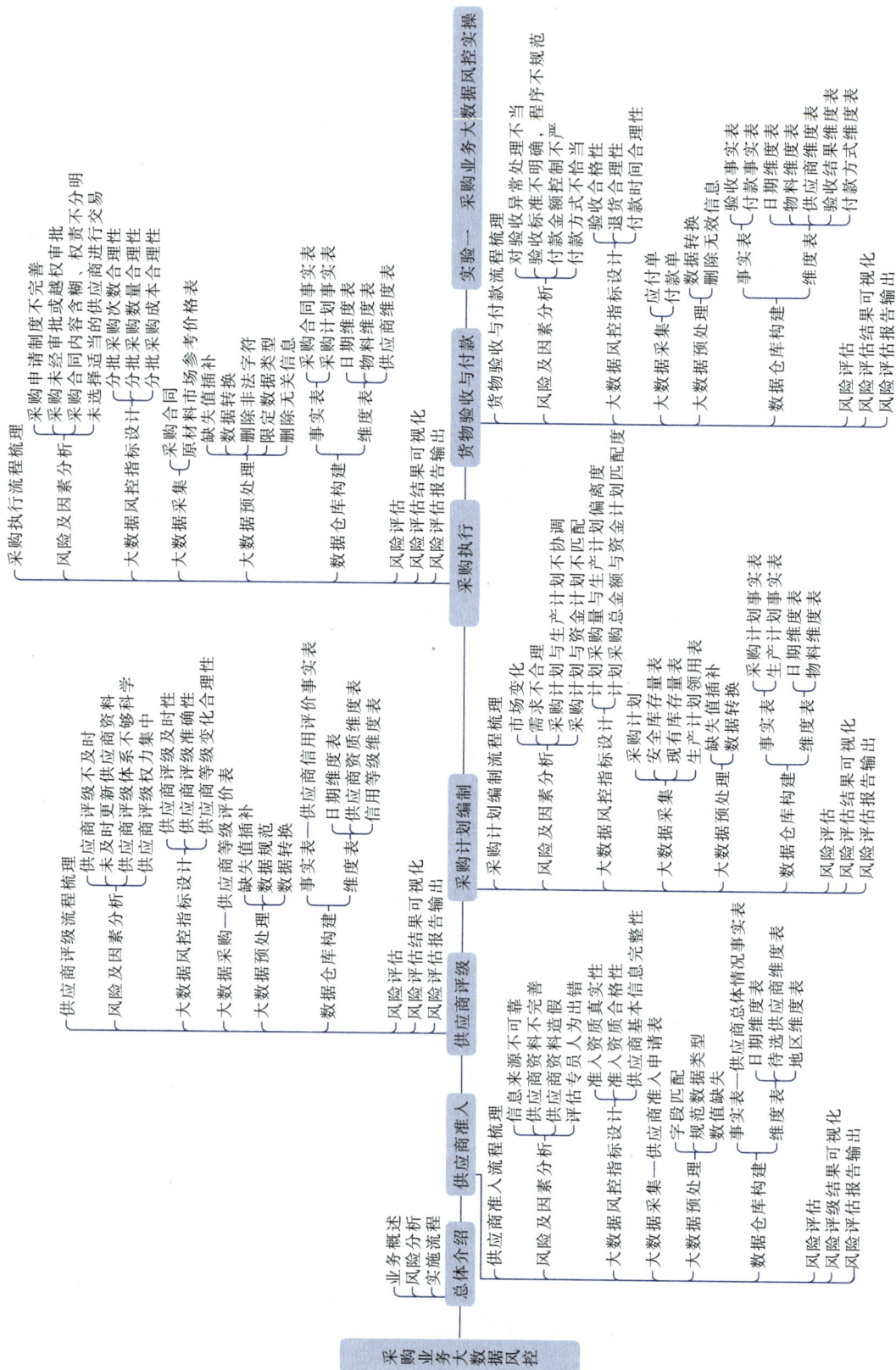

【思维导图】

采购业务大数据风控

- 总体介绍
  - 业务概述
  - 风险分析
  - 实施流程

- 供应商准入
  - 供应商准入流程梳理
  - 风险及因素分析
    - 信息来源不可靠
    - 供应商资料不完善
    - 供应商资料造假
    - 评估专员人为出错
  - 大数据风控指标设计
    - 准入资质完整性
    - 供应商资质合格性
    - 供应商基本信息完整性
  - 大数据采集
  - 大数据预处理
    - 字段匹配
    - 规范数据类型
    - 数值缺失
  - 数据仓库构建
    - 事实表——供应商总体情况事实表
    - 维度表——日期维度表、供应商维度表、地区维度表、待选供应商维度表
  - 风险评估
  - 风险评估结果可视化
  - 风险评估评估报告输出

- 供应商评级
  - 供应商评级流程梳理
  - 风险及因素分析
    - 供应商评级不及时
    - 未及时更新供应商资料
    - 供应商评级体系不够科学
    - 供应商评级权力太集中
  - 大数据风控指标设计
    - 供应商评级及时性
    - 供应商评级准确性
    - 供应商等级变化合理性
  - 大数据采集
  - 大数据预处理
    - 缺失值插补
    - 数据规范
    - 数据转换
  - 数据仓库构建
    - 事实表——供应商信用评价事实表
    - 维度表——日期维度表、供应商资质维度表、供应商等级维度表、信用评价表
  - 风险评估
  - 风险评估结果可视化
  - 风险评估评估报告输出

- 采购计划编制
  - 采购计划编制流程梳理
  - 风险及因素分析
    - 市场变化
    - 需求不合理
    - 采购计划与生产计划不协调
    - 采购计划与计划采购量总额不匹配
  - 大数据风控指标设计
    - 采购计划与生产计划匹配度
    - 采购量与生产量偏离度
    - 采购总额与资金计划匹配度
  - 采购计划
    - 安全库存量
    - 现有库存量
    - 生产计划领用量
  - 大数据采集
  - 大数据预处理
    - 缺失值插补
    - 数据转换
  - 数据仓库构建
    - 事实表——采购计划事实表、生产计划事实表
    - 维度表——采购计划维度表、生产计划维度表、物料维度表
  - 风险评估
  - 风险评估结果可视化
  - 风险评估评估报告输出

- 采购执行
  - 采购执行流程梳理
  - 风险及因素分析
    - 采购申请制度不完善
    - 采购合同未经审批或越权审批
    - 采购合同内容不合理，数量不分明
    - 未选择适当的供应商进行交易
  - 大数据风控指标设计
    - 分批采购次数合理性
    - 分批采购数量合理性
    - 分批采购成本合理性
  - 大数据采集
    - 采购合同
    - 原材料市场参考价格表
  - 大数据预处理
    - 缺失值插补
    - 删除非法字符
    - 数据转换
    - 限定数据类型
    - 删除无关信息
  - 数据仓库构建
    - 事实表——采购合同事实表
    - 维度表——采购计划维度表、日期维度表、物料维度表、供应商维度表
  - 风险评估
  - 风险评估结果可视化
  - 风险评估评估报告输出

- 货物验收与付款
  - 货物验收与付款流程梳理
  - 风险及因素分析
    - 对验收标准不明确，程序不严
    - 验收标准控制不严
    - 付款金额方式不恰当
    - 付款时间合理性
  - 大数据风控指标设计
    - 验收金额合理性
    - 退货验收合理性
    - 付款时间有效性
  - 大数据采集
    - 应付单
  - 大数据预处理
    - 删除无效信息
    - 数据转换
  - 数据仓库构建
    - 事实表——验收事实表、付款事实表
    - 维度表——日期维度表、物料维度表、供应商维度表、验收结果维度表、付款方式维度表
  - 风险评估
  - 风险评估结果可视化
  - 风险评估评估报告输出

- 实验一 采购业务大数据风控实操
  - 验收不当
  - 程序不规范

学院的老师推荐过来的，可别让我失望哦。以后你就跟着我们部门的高级风控专员胡赛楠和中级风控专员万梦竹吧，她们会告诉你该做什么的，期待你的表现。"说完，Mr.Cheng拍了拍家桐的肩膀。

家桐听后，虽然感觉还有比较懵，但还是信誓旦旦地说："好的Mr.Cheng，我会努力好好表现的，一定不辜负您的信任。"此时，高级风控专员胡赛楠也到办公室了，见到家桐，她亲切地招呼他："你一定是新来的实习生吧！我叫胡赛楠，你可以叫我楠姐，以后有什么不懂的就尽管问我吧。"看到楠姐这么热情，家桐紧张的心情得到了一丝缓解，点头应道："好的楠姐。"

在办公室熟悉了一上午的公司架构、部门工作环境后，下午楠姐准备带家桐去采购部开始进行大数据风控的前期准备工作。在去采购部的路上，楠姐向家桐介绍道："我们实施大数据风控其实是一个比较长的过程，首先需要对业务部门、职能部门的工作或者业务流程进行梳理，并对其中的各个环节进行风险以及风险因素分析。然后针对不同的风险点设计不同的风险评估指标，明确指标所涉及的表单、数据等，并且在运用采集到的数据之前需要对它们进行预处理，再按照不同的业务主题创建不同的数据仓库。最后结合处理好的数据进行指标计算、判断等操作，最终的风险分析结果需要以可视化图表的形式在风险评估报告中呈现。"家桐一边听，一边在小本子上拼命记录。

来到采购部后，供应商评估专员黄鑫和采购专员钱涂分别向他们介绍了本部门的情况。供应商评估专员黄鑫介绍道："我们公司有自己的供应商库，要采购物料的时候，一般是在供应商库里面找供应商。不过有时候有些物料他们没办法提供，那么我们就会在市场上寻找新的供应商。筛选新的供应商进入供应商库的时候，主要是审核他们提交的"供应商准入申请表"和其他证明材料是否符合我们公司的要求。除了准入的时候会对供应商进行初步评级，我们还会结合供应商的资质、经营情况、交易情况等方面进行定期评级，主要是审核他们的资质是否依然有效，经营状况是否良好，以及在与我们的历史交易中是否存在什么问题。供应商这一块儿大概就是这样，钱涂，你给他们说说采购业务的其他内容吧。"

采购专员钱涂喝了一口现磨的咖啡，说道："对于生产用的物料呢，我们一般会先制订采购计划，内容包括要采购哪些物料，以及这些物料的预计采购价格等等。实际采购的时候我们会对比供应商提供的报价、供货数量、时间等因素，择优选择。确定好要合作的供应商后，我们就会拟定采购合同，经过我们采购部的部门经理、财务处负责人以及总经理审批通过后，才可以正式和供应商签订采购合同。签好合同之后我们会在业务系统里面生成采购订单，再推送收料通知单给仓储部。收到货之后质检部会对物料进行检验，合格后物料才会正式入库。检验、入库等手续齐全后，财务那边就会按照合同规定付款了。"

楠姐看着卖力记录的家桐，问道："怎么样家桐，听明白了吗？"家桐在自己的笔记本上不断画着箭头，片刻，他就复述了整个采购业务流程。采购部的钱涂和黄鑫听后，点了点头，说道："小伙子不错，领悟能力挺强。"楠姐也说："家桐不错呀，这么快就明白了他们的业务流程。不过你回去还需要画一个完整的流程图哟。"

家桐双手抱着"蛮好用"笔记本，认真地点点头。

5.1　总体介绍

随着现代信息技术的不断发展以及企业业务活动的不断复杂化，传统的风险控制手段已经无法满足企业的需求，国内很多企业的采购业务流程、内部控制制度都存在较为严重的缺陷，导致采购业务风险重重。对于大多数企业而言，开展生产、经营活动的首要任务便是进行采购。特别是对于蛮先进公司所处的制造业来说，生产商品所需的原材料的质量好坏会对后续的生产、经营产生较大的影响。因此，利用大数据技术加强对采购业务的风险管控，以此提高采购效率、控制采购成本是大数据时代下企业进行风险管理的重要环节。下面介绍采购业务概述、风险分析以及大数据风控在采购业务中的实施流程。

5.1.1　业务概述

采购是指企业在一定的条件下从市场上获取产品或服务作为生产或非生产资源，从而保证企业的生产及经营活动正常开展的活动。该业务活动通常涉及采购物资使用部门、仓储部门、采购部门、质检部门、财务部门等，以及企业领导层。完整的采购业务流程一般会包含供应商选择、供应商评级、采购计划编制、采购合同签订、入库检验以及财务付款等内容。

一般情况下，企业会对采购流程有相应的制度规定，不同部门也扮演着不同的角色。在采购流程中，业务部门一般为生产采购需求方，采购的物资或服务是为了满足车间的生产活动或员工的办公需求；结合生产部门的产能情况，经过财务部审批通过后，采购部才能开始进行采购，然后采购部根据需采购物资（或服务）的金额大小、紧急程度等来选取合适的采购方式以及供应商，并与供应商签订采购合同、生成采购订单等。

采购业务总体业务流程如图5-1所示。

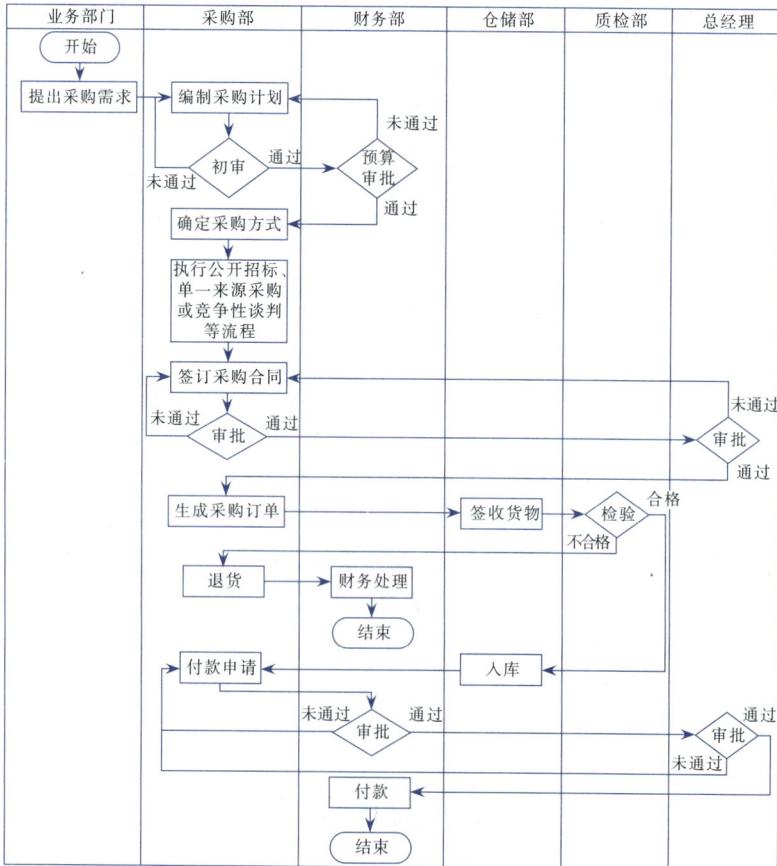

图5-1　采购业务总体业务流程

5.1.2 风险分析

在企业的实际运转过程中，采购业务往往会出现大量的风险。因此，为了规范企业的采购行为，降低企业在采购业务活动中发生风险的可能性，财政部于 2010 年 7 月发布了《企业内部控制应用指引第 7 号——采购业务》。根据该指引以及企业经营的目标，采购业务主要存在由于供应商评级不准确、采购计划编制不合理以及验收不规范等原因导致的成本增加、现金流周转不畅等风险。

采购业务中的供应商准入、供应商评级、采购计划编制、采购执行、货物验收与付款等环节的具体风险如图 5-2 所示。

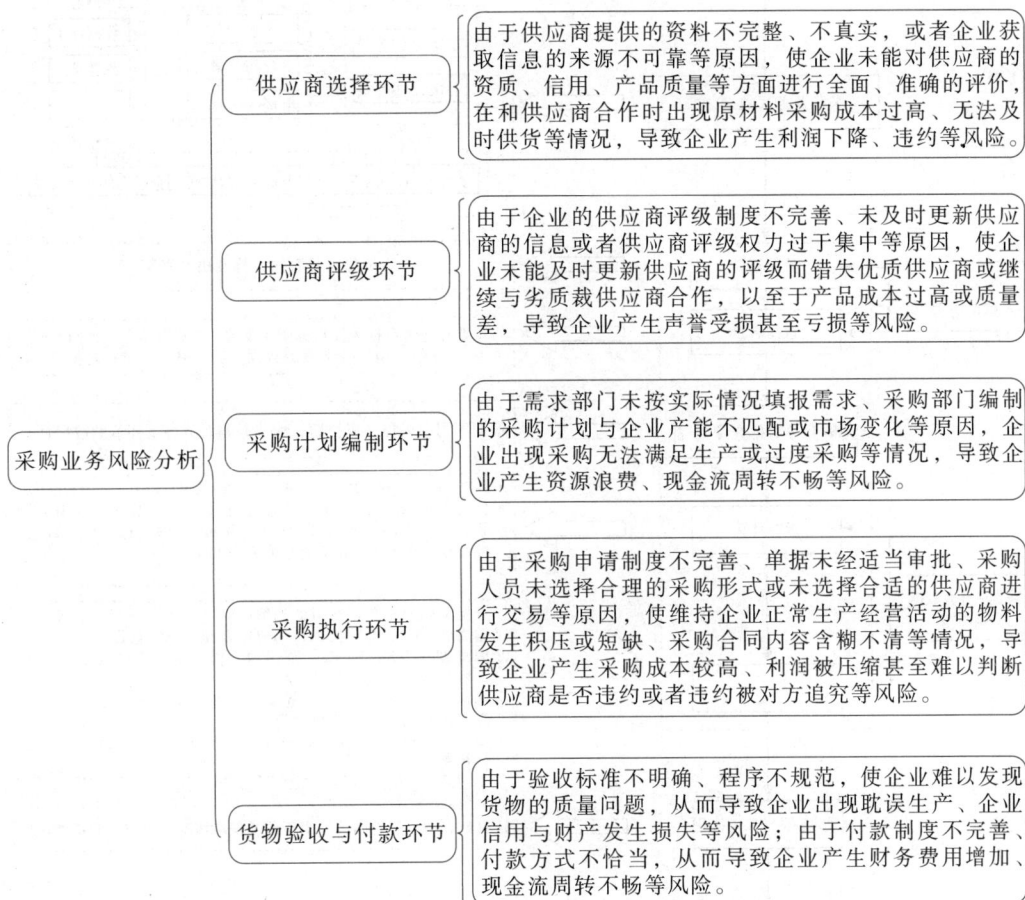

采购业务风险分析	供应商选择环节	由于供应商提供的资料不完整、不真实，或者企业获取信息的来源不可靠等原因，使企业未能对供应商的资质、信用、产品质量等方面进行全面、准确的评价，在和供应商合作时出现原材料采购成本过高、无法及时供货等情况，导致企业产生利润下降、违约等风险。
	供应商评级环节	由于企业的供应商评级制度不完善、未及时更新供应商的信息或者供应商评级权力过于集中等原因，使企业未能及时更新供应商的评级而错失优质供应商或继续与劣质裁供应商合作，以至于产品成本过高或质量差，导致企业产生声誉受损甚至亏损等风险。
	采购计划编制环节	由于需求部门未按实际情况填报需求、采购部门编制的采购计划与企业产能不匹配或市场变化等原因，企业出现采购无法满足生产或过度采购等情况，导致企业产生资源浪费、现金流周转不畅等风险。
	采购执行环节	由于采购申请制度不完善、单据未经适当审批、采购人员未选择合理的采购形式或未选择合适的供应商进行交易等原因，使维持企业正常生产经营活动的物料发生积压或短缺、采购合同内容含糊不清等情况，导致企业产生采购成本较高、利润被压缩甚至难以判断供应商是否违约或者违约被对方追究等风险。
	货物验收与付款环节	由于验收标准不明确、程序不规范，使企业难以发现货物的质量问题，从而导致企业出现耽误生产、企业信用与财产发生损失等风险；由于付款制度不完善、付款方式不恰当，从而导致企业产生财务费用增加、现金流周转不畅等风险。

图 5-2 采购业务风险分析

5.1.3 实施流程

大数据风控在采购业务中的实施流程包括：采购业务流程梳理、风险及因素分析、采购业务大数据风险评估指标设计、采购业务大数据采集、采购业务大数据预处理、采购业务数据仓库构建、采购业务大数据风险评估、风险评估结果可视化采购业务大数据风险评估报告输出，各个流程和步骤的详细内容如图 5-3 所示。

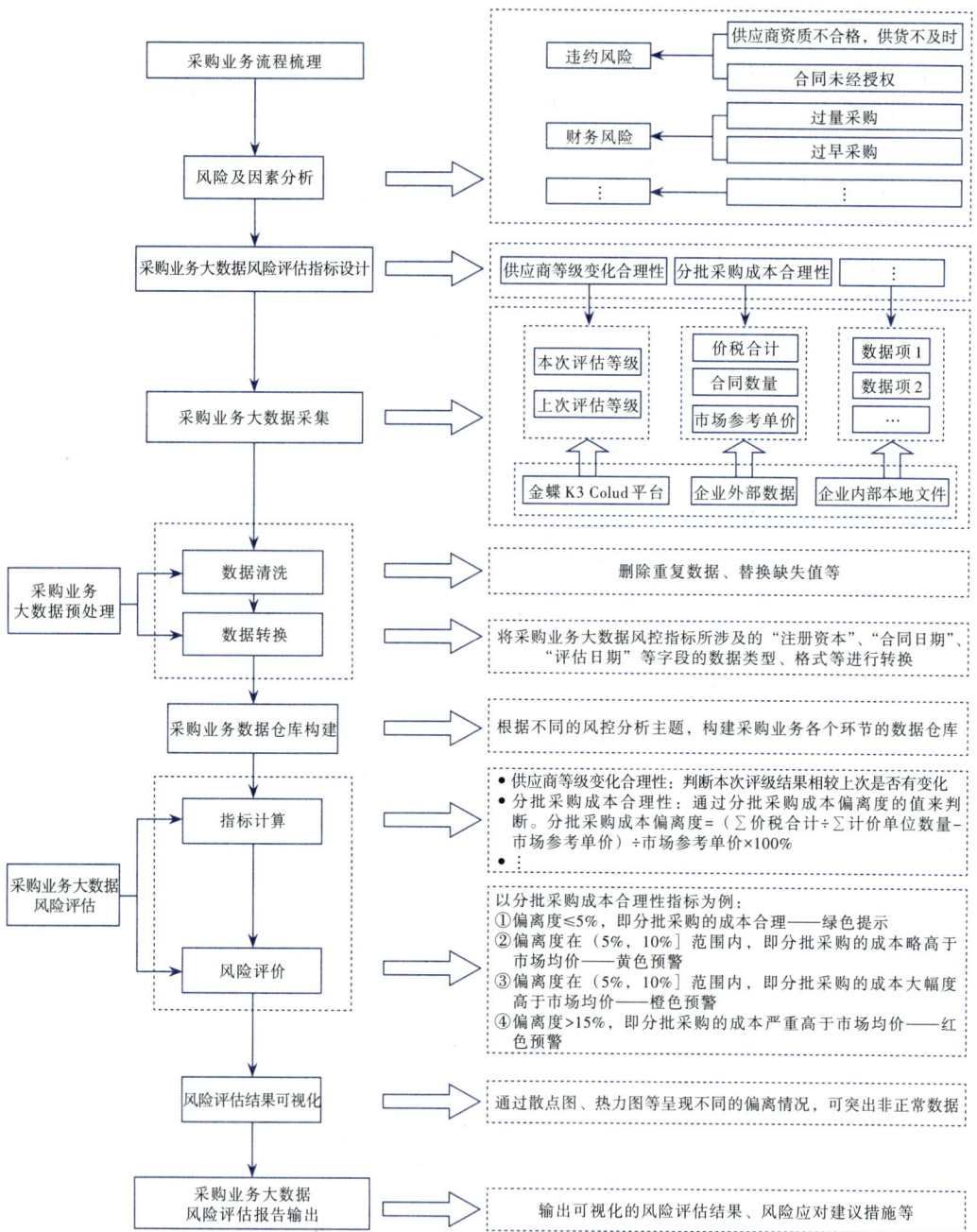

图5-3　采购业务大数据风控实施流程

5.2　供应商准入

【案例场景5-2】

天气逐渐变冷，蛮先进公司的员工们都充满干劲，打算年底之前做出一番成绩。可采购部的供应商评估专员黄鑫却……

只见黄鑫两眼无神地盯着电脑,不停地点击着鼠标,还时不时叹息道:"哎!这咋选啊!"

隔壁桌的采购专员钱涂闻声,慢悠悠转过办公椅,歪着头问道:"春天来了,选不出合适的新衣服吗?来,我帮你瞧瞧!"

黄鑫无奈地回答道:"你看我现在的样子哪里有心情选新衣服。这不是产品管理部新研发了油炸机吗,领导让我把一堆原材料的供应商梳理一遍,你看吧。"接着,黄鑫将一张原材料清单放在了钱涂桌子上,"你瞧,这电机,这螺丝钉、螺丝帽,全都和之前采购的原材料的参数不同,咱们的供应商库里没一家企业能供货。"

伴随着一声叹息,黄鑫继续说道:"现在啊,互联网发展这么快,网上资料这么多,好多家企业都能提供呢,要找到合适的供应商,就像是大海捞针一样!这么多家供应商我咋选嘛!"黄鑫向钱涂投去了求助的目光,"你给我出出主意呗?"

钱涂嘴角微微上扬,说:"以我多年的采购经验,领导们最在乎的就是成本啦!选价格低的呗。"

黄鑫沉思了一下,回道:"价格肯定是要考虑的因素,但价格太低我也不敢用呀,怕风险大,要出事的!像我这样的优秀供应商评估员怎么可能只看这一个方面,肯定要选价低且质优的。除此之外我们还需要调查企业的资质、经营情况、供货能力、生产能力……"

听了黄鑫的话,钱涂心想:果然隔行如隔山,那我只有默默为你祈祷了,你加油哦!

【思考】供应商准入过程中要注意哪些风险?如何避免这些风险?如何才能找到满足要求的供应商呢?你能否帮帮供应商评估专员黄鑫呢?

5.2.1　供应商准入流程梳理

供应商准入是采购业务流程中一个重要的环节,对企业的产品制造、质量管理、客户服务等都是至关重要的,选择适合本企业的供应商进入供应商库不仅可以减轻采购部门的负担,更有助于企业长远、健康发展。

企业应设置专门的供应商评估专员岗位,该岗位不能由采购专员兼任。供应商评估专员主要进行供应商选择、开发、资料收集、考核、评审等工作。并且,该专员应协助采购部经理参照企业的战略目标,在供应商准入环节制定实质性的目标,确定供应商选择、评级等工作具体应如何实施。

本小节涉及的供应商准入内容主要针对蛮先进公司的生产部门提出的原材料采购需求,固定资产的采购会在"第7章 固定资产管理大数据风控"中阐述。在选择供应商前,会由生产部门提出原材料采购需求,包括原材料的种类、数量等,然后采购专员应先在已有的供应商库中查找是否存在符合要求的供应商,若没有匹配的供应商,则需要通过公开招标、市场调研等方式寻找符合要求的供应商。

接下来就是进行供应商资料收集和审核工作。一般来说,供应商应向企业主动提供本企业的信息资料,但除此之外,供应商评估专员应通过多种途径收集并核实供应商的资料。最后,当核实了所有和供应商有关的资料后,企业应结合自身对供应商的要求,利用一定的工具与技术方法对供应商进行评级,选择符合企业要求的供应商进入供应商库。

供应商准入环节业务流程如图5-4所示。

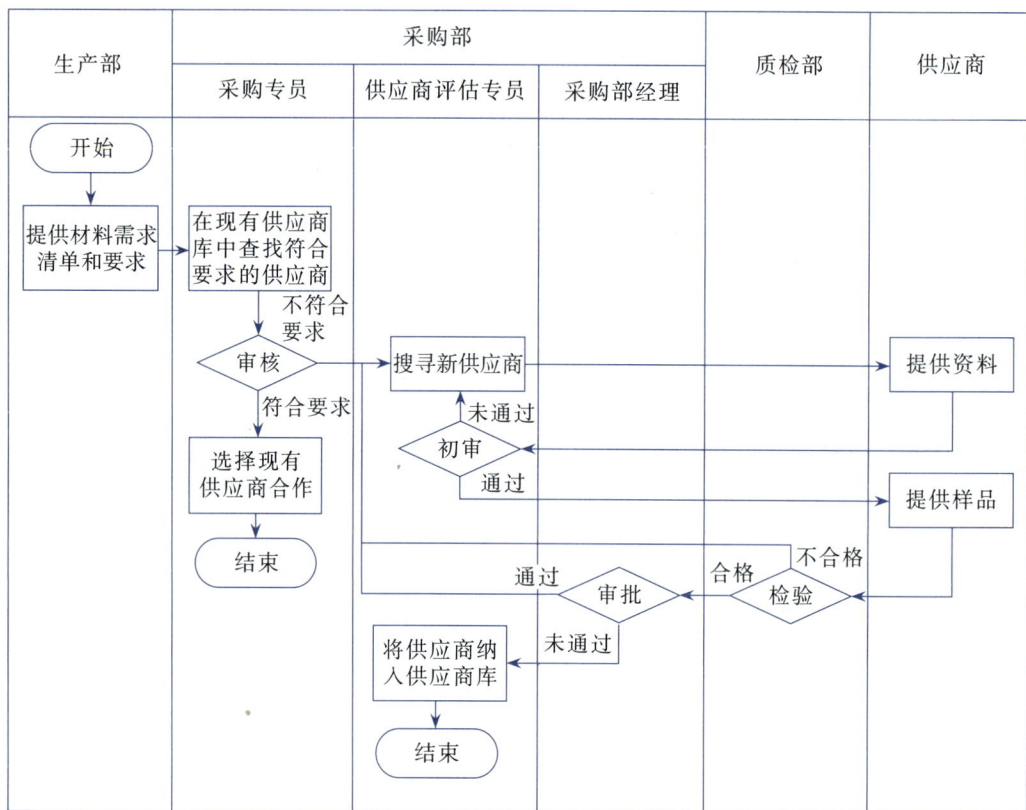

图5-4 供应商准入环节业务流程

【案例场景5-3】

清晨的第一缕阳光透过窗户，钱涂兴高采烈地从领导办公室跑出来，对着隔壁桌正在喝咖啡的黄鑫说："中午想吃什么？我请客！"

黄鑫差点把嘴里的咖啡喷出来："哟，有什么好事情，能让你请我吃饭？"

钱涂跑到黄鑫办公桌旁，眉飞色舞地说："经过详细比价以及供应商评分对比，我前几天在咱们供应商库里面选中了一家螺母供应商，用我的三寸不烂之舌把采购价格压得很低，给公司节约了5万元，得到了领导的表扬呢！这次的奖金肯定少不了！"说着，他洋洋得意地炫耀起自己脚上的限量版AJ……

铃铃铃……钱涂接到了质检部的电话，他脸上灿烂的笑容瞬间消失，表情变得凝重。黄鑫见状，连忙放下手上的工作跑过来问："怎么了？发生什么事情了？"

钱涂红着脸焦急地说道："采购的那批螺母，出问题了！！！这次采购的货物可用率只有60%，果然便宜没好货！"

"太戏剧性了吧。刚刚还被表扬，这会儿货品却出问题了……"黄鑫小声嘀咕着又说，"是我这边供应商准入的时候把控不严格吗？问题出在哪里呢？我得去请教一下咱们公司的CRO兼大数据智能风控部负责人——Mr.Cheng。"

Mr.Cheng慢悠悠地放下手中的鸡缸杯，说道："许多像我们这样的制造型企业，虽然都会使用各种业财一体化系统，但面对供应商数量众多、原材料型号更新快、产品价格波动大的市场环境，传统的制造业供应商管理手段已经难以帮助我们走得更远。并且，现在很多企业领导和采购员，对于材料的采购价格十分重视，甚至会为此降低对原料和配件的要求。供应商与制造企业原本应该是合作共赢的关系，如果这样的关系最终变成了价格博弈，双方就无法形成长期有效的合作，会导致缺货、断货等问题，从而使企业生产停滞或造成大量废品。所以我们才要成立大数据智能风控部，通过大数据和人工智能技术把控风险，技术驱动是大数据智能风控行业的根本，利用人工智能结合具体场景，通过构建算法模型，对海量数据进行处理、分析，进而作出高效决策，是大数据智能风控的核心。"

"呃……"黄鑫抓了抓脑袋，似懂非懂地问道："供应商准入环节的风险有哪些呢？"

Mr.Cheng 拿起鸡缸杯，边擦边说："供应商准入环节出错会导致企业采购成本增加，或者导致企业因为没办法及时交货给客户而违约，又或者运气不好，企业因用质量不好的材料生产了产品而搞坏了自己的名声……"黄鑫继续追问："那具体会有些什么原因导致这些风险呢？"

Mr.Cheng 笑着说："那就多了去了，涉及的方面很多，不过我可以给你列举几个，且听我详细分解。

导致风险的这些原因被称为风险因素，在供应商准入环节常见的风险因素有以下四个方面……

5.2.2 风险及因素分析

1.信息来源不可靠

寻找新供应商的信息来源一般有：采购指南、传播媒体（如：网络、产品发布会等）、各类产品展销会、行业协会、同行或供应商介绍、公开征询、供应商主动联络等。由于信息来源不可靠，导致供应商的实力参差不齐。

2.供应商资料不完整

供应商在填写供应商准入表时资料填得不完整，提供的附件资料缺失，导致企业不能及时查询到供应商重要信息。

3.供应商资料造假

在达不到企业的准入条件时，供应商为了进入供应商管理库，伪造资料信息。比如虚增营业执照注册金额，伪造质量管理证书，伪造生产许可证等。

4.评估专员人为出错

企业的供应商评估专员可能由于被供应商贿赂或者工作疏忽等原因，未能严格按照供应商评估的相关制度实施评估工作，导致企业选择了不合格的供应商进入供应商库。

5.2.3 大数据风控指标设计

构建适应企业自身的风险评估指标体系，对分析企业存在的风险点、查找各个业务流程的薄弱环节、提升企业运作效率具有重要意义。在前面的章节中，我们已经确定了供应商准入环节所存在的风险，下一步要做的就是针对这些风险来设计一个专门的供应商准入风险评估指标体系，从而能够对供应商在现阶段可能存在的风险进行评估，见表5-1、表5-2和表5-3。

表5-1　　　　　　　　　　　　风险评价指标——准入资质真实性

指标名称	准入资质真实性	对应环节	供应商准入
指标频率	每季度	风险责任部门/岗位	供应商评估专员
指标类型	定量指标		
风险点	供应商资质不真实，可能导致后期的合作中供应商提供的物料质量难以得到保障或无法及时供货，从而影响企业声誉或使企业的销售合同违约		
指标功能	该指标旨在判断供应商提供的一些关键信息是否真实		
指标运用	将供应商提供的资料与在相关部门官方网站上公布的信息进行对比		

表5-2　　　　　　　　　　　　风险评价指标——准入资质合格性

指标名称	准入资质合格性	对应环节	供应商准入
指标频率	每季度	风险责任部门/岗位	供应商评估专员
指标类型	定量指标		
风险点	供应商资质不符合企业的相关要求，可能导致后期的合作中供应商提供的物料质量难以得到保障或无法及时供货，从而影响企业声誉或使企业的销售合同违约		
指标功能	该指标旨在判断供应商的统一社会信用代码、生产许可证编号、质保证书编号、注册资本、经营范围、企业信用等级、样品合格率、资产总额、资产负债率、连续三年平均利润率等是否合格		
指标运用	（1）需对统一社会信用代码、生产许可证编号、质保证书编号进行 null 判断； （2）需对经营范围进行范围匹配； （3）企业信用等级必须为 AAA、AA 或 A； （4）需对注册资本、资产总额、资产负债率、连续三年平均利润率、样品合格率进行大小判断匹配		

表5-3　　　　　　　　　　　风险评价指标——供应商基本信息完整性

指标名称	供应商基本信息完整性	对应环节	供应商准入
指标频率	每季度	风险责任部门/岗位	供应商评估专员
指标类型	定量指标		
风险点	供应商基本信息不完整，可能导致相关人员无法全面、准确地判断供应商的供货能力、信用水平等，从而影响企业采购原材料的质量和成本		
指标功能	该指标旨在判断供应商提供的资料完整度是否达标		
指标运用	用"信息完整度"的值来判断供应商基本信息完整性 信息完整度=已填信息数量÷全部信息数量×100%		

【案例场景5-4】

Mr.Cheng一进办公室，就看到专门等待着他的黄鑫和大数据智能风控部实习生家桐，他问："哟，这么早就来看望我，还帮我泡了茶，说吧，找我有什么事？"家桐不好意思地笑了笑，小声地说"我们弄了三个指标，想麻烦您帮忙看看。""好的，不过你们先说说你们的设计思路吧……"Mr.Cheng回答道。

"首先，在这个阶段供应商提供的资料主要是为了证明自己符合我们公司筛选供应商的要求，证明自己有足够的实力为我们长期提供优质物料。如果供应商对资质造假或者供应商评估专员审核不严格，就会导致供应商准入制度形同虚设。所以我们需要通过准入'资质合格性'这个指标来检验是否存在准入资质不合格的风险。其次，由于供应商提供的审核资料较多，供应商评估专员可能出现看错、看漏等情况，无法及时发现供应商信息的缺漏，从而导致审核结果不准确，使不符合要求的供应商进入了公司的供应商库，因此，可以通过供应商基本信息完整性这个指标来对风险进行评估。"

"说得有理有据，很不错！不过，你们还可以多设计一些指标，把准入环节的风险评估做得更细致。"

家桐因为得到了 Mr.Cheng 的表扬，满心欢喜地回答道："好的，我们再接着想想。Thank you，Mr.Cheng！"

5.2.4　大数据采集

供应商准入环节的数据来源包括：由供应商提供的相关 Excel 文件、Word 文件、图片等资料；使用大数据抓取技术从国家相关部门的公示资料中抓取与供应商有关的信息；通过市场调研获取与供应商有关的信息等。供应商准入阶段数据来源如图 5-5 所示。

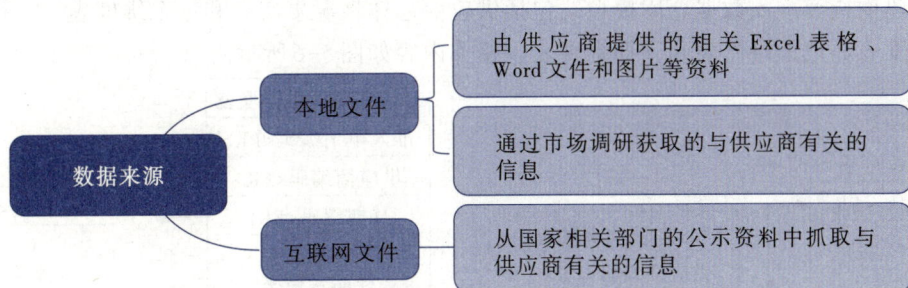

图 5-5　供应商准入阶段数据来源

以"准入资质合格性"这一指标为例，该指标所涉及的供应商统一社会信用代码、生产许可证编号、质保证书编号、注册资本、经营范围、企业信用等级、样品合格率、资产总额、资产负债率、连续三年平均利润率等数据均来自"供应商准入申请表"，见表 5-4。

表 5-4　　　　　　　　　　　　　　　　　供应商准入申请表

供应商名称	工商注册地	法人代表	注册资本	统一社会信用代码	…	资产总额（万元）	资产负债率	连续三年利润率	样品合格率
河北鑫辉机电有限公司	黄骅市城东工业区329号	王鑫	1 000万元	1309830003407xn4	…	7630	36.39%	13.33%，22.46%，18.93%	100%
河北长华电镀厂	海兴县海安路9001号	魏和华	20万元	1309240003139xn8	…	685.47	56.67%	5.37%，18.06%，16.57%	99.9%
广东宏大小机械产品经销部	佛山市顺德区勒流街道6001号	李宏	35万元	440681400027xn9	…	103.57	73.28%	2.03%，5.06%，7.22%	99.5%
…	…	…	…	…	…	…	…	…	…

5.2.5　大数据预处理

以"准入资质合格性"指标为例，该指标的运用涉及供应商提交的"供应商准入申请"。由于是供应商自行申报的信息，可能存在漏填、错填、格式不符合要求等情况，因此需要对表单中的部分字段进行标准化处理，方便后期进行数据计算、比较、判断等，见表 5-5。

表5-5   准入资质合格性指标数据预处理方式表

处理方式	举例
字段匹配	公司注册地、开户行地址等字段，必须含有省、自治区、直辖市等中任意一个关键词和市、县、自治州、自治县等任一一个关键词，若以上两个条件都不满足或者只满足一个，则视为该数据无效，应将该条记录对应字段内数据删除
规范数据类型	（1）注册资本、资产总额等字段应该为数值类型，若数据中包含"万""元"等文字，则需进行相应处理； （2）日期字段均应统一将数据类型设置为日期，并统一保持"yyyy/mm/dd"格式
数值缺失	当需要显示数值的数据项为空时，在该字段内填入"0"

5.2.6 数据仓库构建

1.数据模型设计

创建供应商准入数据仓库模型，包括供应商总体情况事实表和三个维度表——待选供应商维度表、地区维度表和日期维度表，相关内容如图5-6所示。

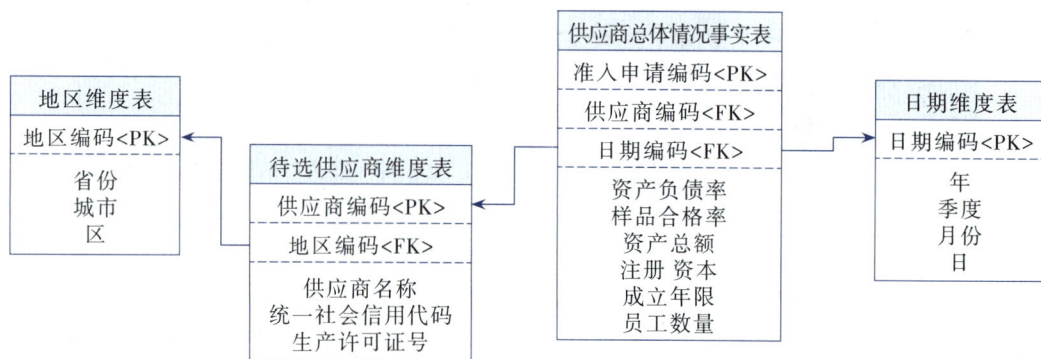

图5-6 供应商准入数据仓库模型

2.事实表结构设计

创建"供应商总体情况事实表"（supplierinfo_fact），其关键字为"zrsqbm"，相关内容见表5-6。

表5-6   "供应商总体情况事实表"结构设计表

序号	字段	数据类型	字段标题	字段大小	字段说明
1	zrsqbm	varchar	准入申请编码	100	主键
2	gysbm	int	供应商编码	4	外键
3	rqbm	date	日期编码	3	外键，申请日期
4	zcfzl	decimal	资产负债率	4，2	供应商的资产负债率
5	yphgl	decimal	样品合格率	4，2	供应商提供样品的合格率
6	zcze	decimal	资产总额	23，10	供应商的资产总额
7	zczb	decimal	注册资本	23，10	供应商的注册资本
8	clnx	int	成立年限	4	供应商成立至今的年限
9	ygsl	int	员工数量	10	供应商的员工数量

3.维度表结构设计

（1）创建"待选供应商维度表"（candidate_dim），关键字为"gysbm"，相关内容见表 5-7。

表 5-7 "待选供应商维度表"结构设计表

序号	字段	数据类型	字段标题	字段大小	字段说明
1	gysbm	int	供应商编码	4	主键
2	dqbm	varchar	地区编码	80	外键，供应商公司注册地
3	gysmc	varchar	供应商名称	100	供应商公司名称
4	tyshxydm	varchar	统一社会信用代码	18	供应商的统一社会信用代码，长度为18
5	scxkzh	varchar	生产许可证编号	14	供应商的生产许可证编号

（2）创建"地区维度表"（area_dim），关键字为"dqbm"，相关内容见表 5-8。

表 5-8 "地区维度表"结构设计表

序号	字段	数据类型	字段标题	字段大小	字段说明
1	dqbm	varchar	地区编码	100	主键
2	province	varchar	省份	20	省份
3	city	varchar	城市	20	城市
4	district	varchar	区	20	行政区

（3）创建"日期维度表"（date_dim），关键字为"rqbm"，相关内容见表 5-9。

表 5-9 "日期维度表"结构设计表

序号	字段	数据类型	字段标题	字段大小	字段说明
1	rqbm	date	日期编码	3	主键
2	years	varchar	年	4	年
3	quarters	varchar	季度	4	季
4	months	varchar	月份	2	月
5	dates	varchar	日	2	日

5.2.7 风险评估

本小节仍然以"准入资质合格性"为例，向读者展示如何进行指标计算以及风险评价。分析人员首先需要使用预处理好的"供应商准入申请表列表"中的数据进行指标计算，再结合指标评价标准来评估风险。

1.指标计算

由于"准入资质合格性"指标涉及的"供应商准入申请表列表"包含的数据较多，并且不同的字段其含义、数据类型等方面可能不同，导致对该字段下数据的判断方式也有所不同，见表 5-10。

表5-10   **"准入资质合格性"指标运用**

指标名称	指标运用
准入资质合格性	（1）需对统一社会信用代码、生产许可证编号、质保证书编号进行null判断； （2）需对经营范围进行范围匹配； （3）企业信用等级必须为AAA、AA或A； （4）需对注册资本、资产总额、资产负债率、连续三年平均利润率、样品合格率进行大小判断

2. 风险评价

由于该指标在运用过程中涉及较多字段，且不同类型的字段评判标准不一致，所以需要在评价标准中进行详细阐述。有些是对字段的对错进行判断，有些是对字段的数值大小进行判断，还有些需要判断字段的内容是否处于某些范围，见表5-11。

表5-11   **准入资质合格性指标评价标准**

指标名称	评价标准	
准入资质合格性	（1）统一社会信用代码、生产许可证编号、质保证书编号均不为null； （2）经营范围包含机械零部件、机械设备、机械设备配件、普通机械、仪表、仪器； （3）企业信用等级为AAA、AA或A； （4）注册资本>100万元，资产总额>500万元，资产负债率<70%，连续三年平均利润率均大于零，样品合格率>99.5%	绿色提示
	存在不符合规定的数据	红色预警

5.2.8 风险评估结果可视化

以"准入资质合格性"为例，在筛选供应商时虽然企业可能是对供应商的准入资质进行批量审核，但实际上还是以单个供应商为对象的，每个供应商都会对应一个"准入资质合格性"指标的运用结果。由于该指标只存在两种结果，并非数值型结果，因此人们进行可视化时可以使用饼图先呈现合格供应商和不合格供应商的整体情况，再通过钻取功能查看具体单个供应商的情况，如图5-7所示。

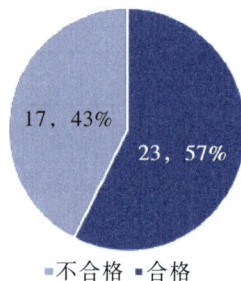

17，43%   23，57%

■不合格 ■合格

图5-7 供应商准入资质合格情况饼图

5.2.9 风险评估报告输出

供应商准入环节大数据风险评估报告的大致内容包括：风险评估目的、风险评估思路、大数据风控指标、风险评估标准、风险评估结果以及该环节的风险应对措施，如图

5-8 所示。

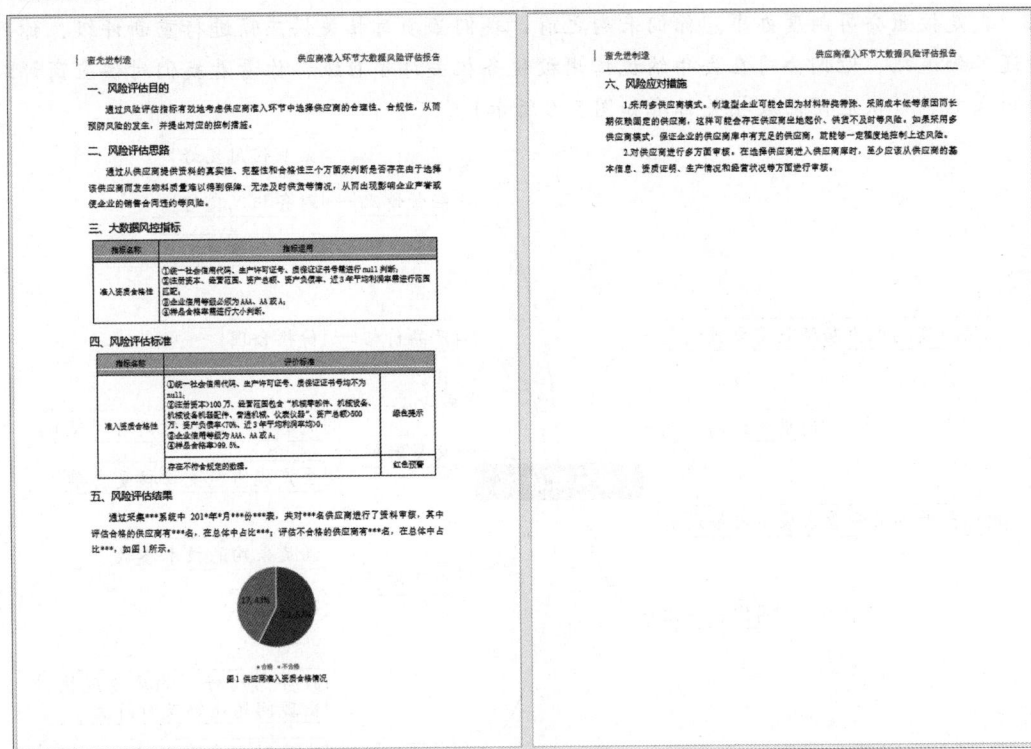

图 5-8　供应商准入环节大数据风险评估报告示例

【案例场景 5-5】

听了 Mr.Cheng 如此仔细的讲解，黄鑫和家桐对接下来采购业务其他环节的大数据智能风控工作充满了信心。

5.3　供应商评级

【案例场景 5-6】

采购部办公室传来一阵电话铃声，"叮叮叮……"某水果牌手机屏幕上显示着"D 供应商姐姐"的来电提醒……

采购专员钱涂瞟了一眼手机，泯了一口永川秀芽，慢慢拿起手机，"喂，马上要竞争性谈判了咋还给我打电话……"话还没说完，不曾料到，手机里面传来了对方的质问："为什么？我们公司为什么被告知评了 C 级！还通知限期整改，不然就踢出供应商库？！这都已经进入竞争性谈判后期了，我们以前可是 A 级嘛，你们为什么给评 C 级？得给个说法吧！""嗯……"（靓仔一时语塞）钱涂扭头看向旁边的供应商评估专员黄鑫，黄鑫一脸问号："关我啥事？"钱涂继续对电话里说："姐姐，你别激动，我了解一下情况。"挂断了电话。

钱涂对着黄鑫说道："黄鑫仙女，这家供应商一直跟我们合作得很好，这次的原材料采购我们也邀请了他们来报价，而且他们价格低、质量好，服务也好，对我们公司来讲，不是很好吗？你们咋把人家评成 C 级了？这不就不能合作了嘛……"

黄鑫满脸不屑,答道:"原来是那家供应商啊,我知道了,不过你可别把锅甩我头上,我是按照公司制度办事。你们采购之前,我们必须对相关供应商进行重新评级,你可能还不知道吧,他们公司在去年纳税信用被税务机关评了D级,你看看我们对供应商评级的内容吧。"(供应商评级相关标准如图5-9所示)

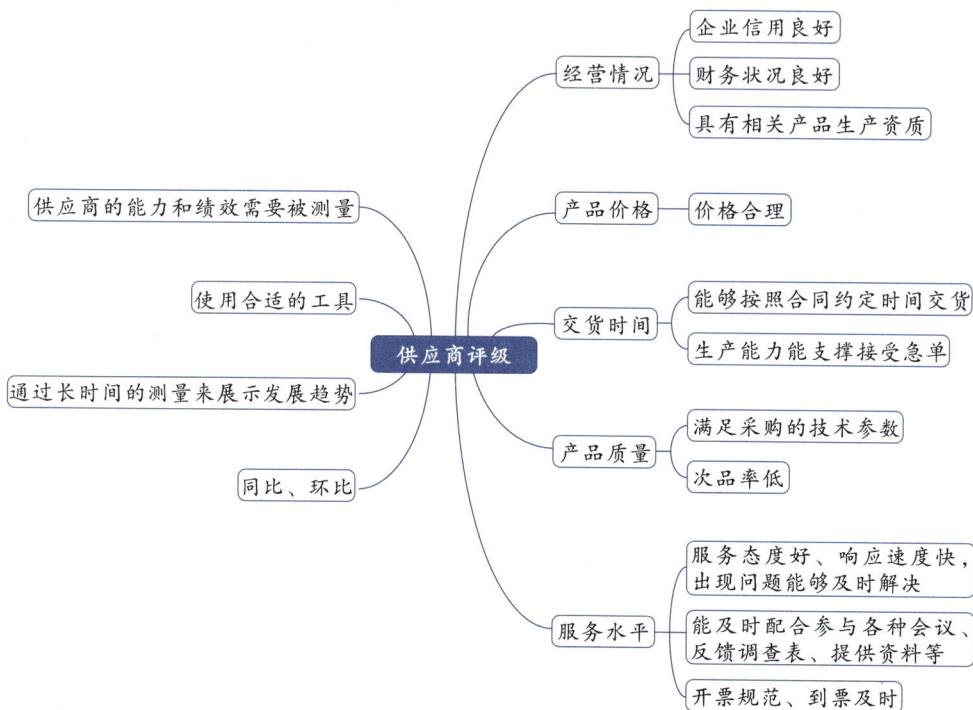

图5-9 供应商评级相关标准

黄鑫接着说道:"企业纳税信用等级是我们对企业评级时的重要参考标准,国家都给他们D级了,我也算手下留情了,勉强给了他们一个C级呀!没跟随国家给D级算好的了。不会错的,让他们去整改吧。"

钱涂看了看这庞大的评级体系,若有所思……"可是他们的产品不错,价格适中,听说去年利润翻了一倍,我们一直合作很愉快,怎么会这样呢……"

【思考】企业对供应商评级的意义是什么?评级时应当考虑的因素是什么?企业在对供应商评级时若遇到上述情况,你认为采购专员的做法对不对?如果是你,会结合企业其他情况综合考虑之后再进行评级吗?

5.3.1 供应商评级流程梳理

供应商评级作为企业进行供应商选择、管理、监督和改善等一系列活动的基础和标准,在企业风险管理中是十分重要的一个环节,做好物资采购供应商管理评价,能够有效地增强企业的竞争力。供应商是企业物资的提供者,能否获得企业的合理评级将决定企业后续物资供应是否充足。

供应商分级管理制度通常需要建立在物资分级体系之上,企业需要针对各类物资供应商分别制定对应的供应商评级体系。另外,采购需求较大的企业(如制造企业、建筑施工企业等)应当对供应商实行动态管理,首先在供应商准入阶段对其进行初评,其次在供应商服务过程中增加绩效评价指标对评级进行更新，最后在统计并分析客户对企业的反馈数据后对供应商再次进行评级更新。企业在定期进行供应商评级时，具体流程如图 5-10 所示。

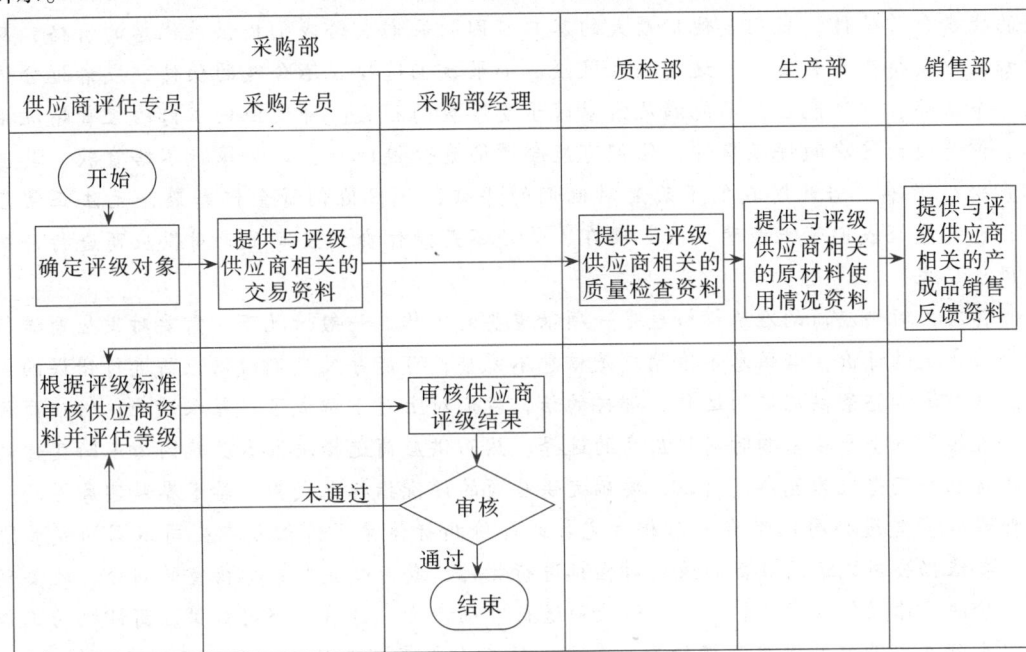

图 5-10 供应商评级流程

【案例场景 5-7】

带着疑问，钱涂拨通了供应商美女姐姐的电话。"嘟……"刚响了一声，电话立刻接通了。

"喂，钱涂，搞清楚了吗？"

"姐姐，你们公司去年被税务局定成 D 级了，你还来问我怎么回事，哎……我也无能为力。"

"啊！因为这个呀，事情有误会啊，小钱，你听我说，事情是这样的……我们公司老大多年前合伙投资了一家企业，这家企业由于管理不善已经不再经营了，但没有做税务注销处理，税务机关按照当时税务登记时预留的手机号码无法联系到相关负责人。这家企业未按照规定的期限申报纳税，且无法强制其履行纳税义务，因此被依法评为非正常户，身为这家企业法人的我们老大也被牵连其中。根据规定，非正常户记录或者由非正常户直接责任人员注册登记或者负责经营的企业应直接被评为 D 级。我们咨询过了，这种情况我们是可以提出申请恢复我们的信用等级的。你看，你们是我们最大的客户，我们合作一直很愉快，是不是可以再考虑一下……"

"这是公司的决定，也不在我的职责范围内，我把情况汇报上去，看公司如何处理吧……"

这事是个难题，钱涂无法解决，跑去找 Mr.Cheng 解答心中疑惑。

Mr.Cheng 语重心长地说："你说的这种情况啊比较特殊，公司确实可能因为这样的事情而失去一家优质供应商。虽说这个等级是黄鑫拍脑袋就定下的，但信用等级被评为 D 级直接导致供应商的信誉受损，不被企业信任是合理的，他们得对此负责，如果把纳税信用等级恢复了，我们也可以考虑给他们重新评级！"

　　Mr.Cheng继续说道："既然话说到这里了，我再给你上上课。这家供应商其实是我们的战略合作伙伴，我们是他们最大的客户，因此他们也给我们提供最优惠的价格，双方都从中获得很多利益，可这也存在风险。如果我们选择了不合适的伙伴，或者过分依赖一个伙伴，就可能在其不能满足需求时承受惨重的损失。即使他们以前的经营情况很好，但是因为这次的评级事件，他们可能会遭遇资金链问题，比如银行不给贷款、其他客户纷纷退单，若此时我们不改变对他们的评级，一旦他们资金链断裂，无法正常经营，也可能给我们带来经营风险。现在，你是不是能体会到没有及时对供应商进行评级的风险了呢？

　　其次，对供应商的准确评级也是一项很重要的工作。一般情况下，需要对供应商进行综合、客观的评价，若信息不准确或是信息不完整，可能导致我们对供应商进行错误的评价，从而影响整条供应链的运作，那样的话，我们对上对下都成了'罪人'呐！供应商评级会直接影响企业在采购时对供应商的选择，然而供应商选择决策本身就因为不断变化的评价标准而变得极为复杂。所以，要确定供应商的评价指标也成为了学术界和实务界的一项难题。蛮先进公司已经有一套相对完善的评价指标体系了，但是在公司不同的发展阶段，要依据公司战略及目标的改变对指标进行优化，或者改变对指标权重的划分，还要确立评价的具体操作方案才能对一个供应商进行准确评价。目前，公司对供应商评级的工作权限全都在采购部的供应商评估专员身上，没有由生产部、产品管理部及财务部等分担，这样存在着极大的舞弊风险。"

　　听完Mr.Cheng的讲述，钱涂在"蛮好用"笔记本中做了归纳总结……

5.3.2　风险及因素分析

　　1.供应商评级若不及时，一旦供应商有重大变故没有被及时发现，就会给公司带来经营风险。

　　2.在定期进行供应商评级时，未及时更新供应商最新的信息，导致企业获取的供应商信息不准确或是信息不完整，都可能产生供应商评级不准确的结果，导致企业错失优质供应商或者误选劣质供应商，从而带来采购价格高、采购产品质量差、服务品质低等结果。

　　3.供应商评级体系不够合理。指标设计及其权重划分需要根据企业的战略目标调整而优化，否则可能导致无法实现经营目标的风险。例如，如果企业本阶段采取激进的扩张战略，那么在供应商评级时相关人员应需重点考虑价格因素。

　　4.供应商评级权力如果过于集中，就会存在舞弊的风险。

5.3.3　大数据风控指标设计

　　供应商与企业发生交易后会产生新的数据，如产品质量合格率、交货及时率等，如果出现了物料质量不合格、供货不及时等问题，则会影响到企业的生产计划。因此，供应商在进入企业的供应商库后，应定期进行供应商信息核实，更新供应商信用情况。即便没有与供应商经常交易，进行定期评价便能依据新的交易信息及时更新供应商的信用等级，促使企业与优质供应商合作，淘汰劣质供应商。关于风险评价指标——供应商评级及时性的设计，见表5-12。

表5-12　　　　　　　　　　　**风险评价指标——供应商评级及时性**

指标名称	供应商评级及时性	对应环节	供应商评级
指标频率	每季度	风险责任部门/岗位	供应商评估专员
指标类型	定量指标		
风险点	在与供应商交易后，未及时根据新的交易信息更新供应商的信用情况，可能导致企业无法选择最优的供应商进行合作，从而产生采购价格高、物料不合格、供应不及时等风险		
指标功能	该指标旨在判断对供应商的评级是否及时		
指标运用	用"评级时间差"的值判断供应商评级的及时性： 评级时间差=本期评级日期−上期评级日期（或准入日期）		

　　企业定期进行供应商评级时，应通过国家相关部门的官网、供应商的财务报告、具有相应资质的中介机构等来核实供应商信息的真实性与有效性。若由于评估人员审核不严格、擅自修改评级结果、供应商信息过期失效等原因导致供应商评级不准确，可能使企业无法与优质供应商合作，从而对企业利润或声誉等产生负面影响。关于风险评价指标——供应商评级准确性的设计，见表5-13。

表5-13　　　　　　　　　　　**风险评价指标——供应商评级准确性**

指标名称	供应商评级准确性	对应环节	供应商评级
指标频率	每季度	风险责任部门/岗位	供应商评估专员
指标类型	定量指标		
风险点	在与供应商交易后，未全面、科学地评估供应商等级，可能导致供应商以次充好		
指标功能	该指标旨在判断供应商发生交易后，供应商的评级是否准确		
指标运用	供应商评级时的得分=注册资金得分+资产总额得分+资产负债率得分+近三年利润率得分+总批次合格率得分+交货及时率得分+服务质量评价得分+平均价格比率得分 将供应商评级时的得分、该供应商的评级与相关评级标准进行对比		

　　企业定期进行供应商评级，主要是为了确保企业能够一直与优质的供应商合作，并及时淘汰不满足企业要求的供应商。因此，在定期评级中，若供应商的评级下降了，则被认为是不合理的，企业将无法按照原有的方式向该供应商采购同样数量的材料或同样种类的材料。若长期与评级下降的供应商合作，则可能导致企业产生采购成本偏高、采购质量差或声誉受损等风险。关于风险评价指标——供应商等级变化合理性的设计，见表5-14。

表5-14　　　　　　　　　　　**风险评价指标——供应商等级变化合理性**

指标名称	供应商等级变化合理性	对应环节	供应商评级
指标频率	每季度	风险责任部门/岗位	供应商评估专员
指标类型	定性指标		
风险点	进入供应商库的供应商可能由于供货不及时、材料质量不合格等原因导致信用等级下降，此时企业需及时关注该类供应商，谨慎开展进一步合作，以避免无法及时生产产品、产品质量不达标等风险		
指标功能	该指标旨在判断供应商在定期评级后，评级的变化是否合理		
指标运用	判断本次评级结果相较上次是否有变化		

5.3.4　大数据采集

　　根据本环节设计的指标，涉及的内部数据主要来源于采购业务系统、供应商管理系统等，涉及的外部数据主要来源于互联网中爬取企业纳税信用等级、财务报表、第三方审计报告、企业公告等。

以"供应商评级及时性"这一指标为例，使用该指标需要在采购业务系统中采集上一次及本次"供应商评级日期"数据字段，采集到的部分数据见表5-15。

表5-15　供应商等级评价表（部分）

供应商名称	评价时间	营业执照	注册资金	资产总额	资产负债率	…	总批次合格率	交货及时率	服务质量评价	平均价格比率	总分	等级
广东五金工艺公司	20×2/12/31	合规	10	5	5	…	15	10	15	15	85	B级
北京新凯小机电公司	20×2/12/31	合规	10	5	3	…	10	15	12	15	83	B级
河北长华电镀厂	20×2/12/31	合规	6	2	2	…	15	15	12	15	77	C级
…	…	…	…	…	…	…	…	…	…	…	…	…

5.3.5　大数据预处理

以"供应商评级及时性"为例，该指标用于计算的两个字段均为日期类型，可能需要进行缺省值插补、数据规范、数据转换等操作，见表5-16。

表5-16　供应商评级指标数据预处理方式

处理方式	举例
缺失值插补	当需要显示数值的数据项为空时，在该字段内填入"0"
数据规范	（1）日期字段均应统一将数据类型设置为日期，时间格式必须为"yyyy/mm/dd"；（2）等级中包含"级"字的，应将"级"字去掉
数据转换	源数据中日期若为字符串类型，则需要将其修改为日期类型

5.3.6　数据仓库构建

1.数据模型设计

创建供应商评级数据仓库模型，包括供应商信用评价事实表和三个维度表——供应商资质维度表、信用等级维度表和日期维度表，如图5-11所示。

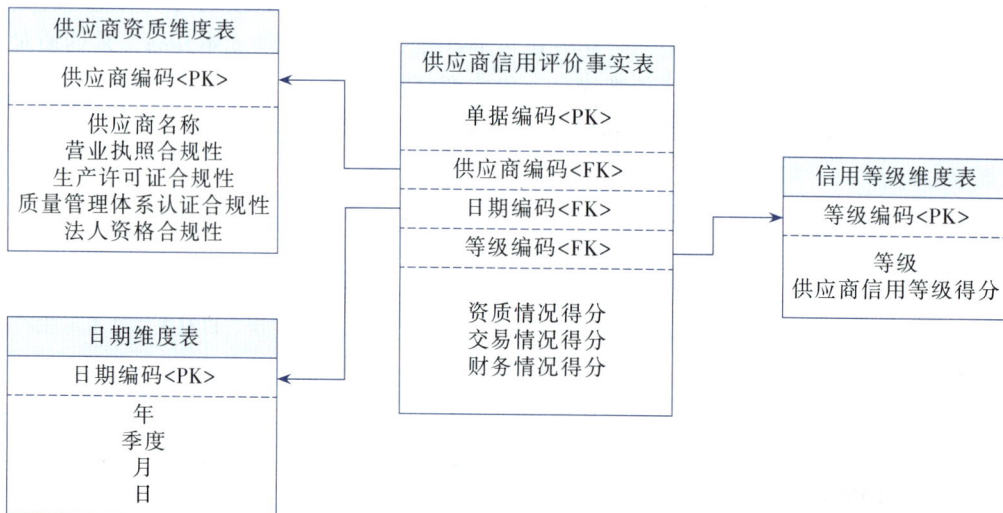

图5-11　供应商评级数据仓库模型

2.事实表结构设计

创建"供应商信用评价事实表"（supplierassess_fact），关键字为"djbh"，相关内容见表 5-17。

表 5-17　　　　　　　　　　"供应商信用评价事实表"结构设计表

序号	字段	数据类型	字段标题	字段大小	字段说明
1	djbh	djbh	单据编号	100	主键
2	gysbm	int	供应商编码	4	外键
3	rqbm	date	日期编码	3	外键，评价日期
4	djbm	varchar	等级编码	10	外键
5	zzqkdf	decimal	资质情况得分	10，2	供应商资质方面得分
6	jyqkdf	decimal	交易情况得分	10，2	供应商交易情况方面得分
7	cwqkdf	decimal	财务情况得分	10，2	供应商财务情况方面得分

3.维度表结构设计

（1）创建"日期维度表"（date_dim），关键字为"rqbm"，相关内容见表 5-18。

表 5-18　　　　　　　　　　"日期维度表"结构设计表

序号	字段	数据类型	字段标题	字段大小	字段说明
1	rqbm	date	日期编码	3	主键
2	years	varchar	年	4	年
3	quarters	varchar	季度	4	季
4	months	varchar	月份	2	月
5	dates	varchar	日	2	日

（2）创建"供应商资质维度表"（qualification_dim），关键字为"gysbm"，相关内容见表 5-19。

表 5-19　　　　　　　　　　"供应商资质维度表"结构设计表

序号	字段	数据类型	字段标题	字段大小	字段说明
1	gysbm	int	供应商编码	4	主键
2	gysmc	varchar	供应商名称	100	供应商公司名称
3	yyzzhgx	varchar	营业执照合规性	10	营业执照合规情况
4	scxkzhgx	varchar	生产许可证合规性	10	生产许可证合规情况
5	zlgltxrzhgx	varchar	质量管理体系认证合规性	10	质量管理体系认证合规情况
6	frzghgx	varchar	法人资格合规性	10	法人资格合规情况

（3）创建"信用等级维度表"（creditrating_dim），关键字为"djbm"，相关内容见表 5-20。

表5-20　　　　　　　　　　　**"信用等级维度表"结构设计表**

序号	字段	数据类型	字段标题	字段大小	字段说明
1	djbm	varchar	等级编码	10	主键
2	dj	varchar	等级	10	供应商信用等级
3	gysxydjdf	decimal	供应商信用等级得分	10，2	供应商信用等级对应的最低分数

5.3.7　风险评估

本小节仍然以"供应商评级及时性"为例，展示如何进行指标计算以及风险评价。首先需要使用预处理好的"供应商等级评价表"中的数据进行指标计算，再结合指标评价标准来评估风险。

1.指标计算

运用"供应商评级及时性"这一指标时，需要计算评级时间差来评估风险大小。当供应商只存在一次准入时的评级记录时：

评级时间差=当前日期-准入日期

存在多次评级记录时：

评级时间差=最近两次评级时间差

"供应商评级及时性"指标运用，见表5-21。

表5-21　　　　　　　　　　　**"供应商评级及时性"指标运用**

指标名称	指标运用
供应商评级及时性	评级时间差=本期评级日期-上期评级日期（或准入日期）

2.风险评价

蛮先进公司规定供应商评估专员必须每个季度都对供应商进行评估，可以依据该规定设置评级时间差的标准值。通过上一个步骤计算出供应商的评级时间差后，如果评级时间差小于或等于92天（约一个季度），则认为企业在定期对供应商进行评级，暂时不存在风险；如果评级时间差大于92天，则认为企业没有定期更新对供应商的评级，存在红色风险。供应商评级及时性指标评价标准见表5-22。

表5-22　　　　　　　　　　**供应商评级及时性指标评价标准**

指标名称	评价标准
供应商评级及时性	（1）评级时间差≤92天，即企业在定期更新供应商评级——绿色提示； （2）评级时间差>92天，即企业没有定期更新供应商评级——红色预警。

5.3.8　风险评估结果可视化

与"准入资质合格性"指标类似，"供应商评级及时性"指标在运用时也是以单个供应商为对象的，每个供应商都会对应一个该指标的运用结果。在使用该指标时，风险控制部门可以先从整体层面了解供应商评级的及时性，再具体了解哪些供应商评级是不及时的。由于该指标只存在两种结果，并非数值型结果，因此，进行可视化时可以使用饼图先呈现合格供应商和不合格供应商的整体情况，再通过钻取功能查看具体单个供应商的情况，如图 5-12 所示。

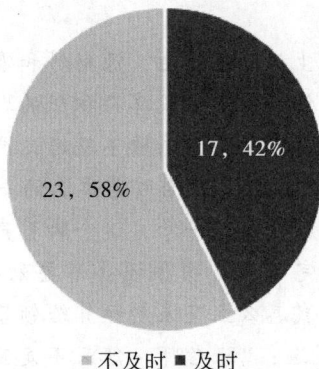

图 5-12　供应商等级评价及时情况饼图

5.3.9　风险评估报告输出

供应商评级环节大数据风险评估报告的大致内容包括：风险评估目的、风险评估思路、大数据风控指标、风险评估标准、风险评估结果以及该环节风险应对措施，如图 5-13 所示。

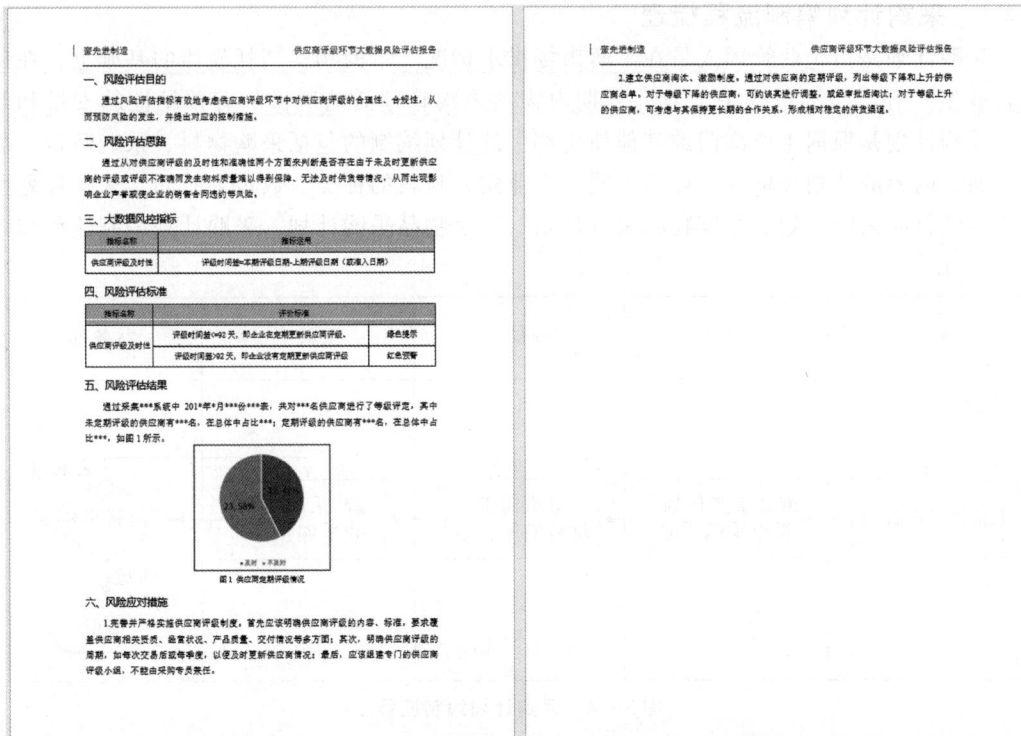

图 5-13　供应商评级环节大数据风险评估报告示例

5.4　采购计划编制

【案例场景 5-8】

国庆节快到了，但是蛮先进公司的销售部、生产部和仓储部丝毫没有放松的感觉。销售部在制订明年的销售计划，生产部在制订明年的生产计划，仓储部在整理目前的库存情况。

由于蛮先进公司的资产以生产设备为主，原材料和零部件都需要外购，但是企业在生产过程中经常出现材料及零部件供应不足或库存积压的现象。企业的采购品种多，主要有各种类型螺母、螺帽、垫片等，经常由于采购不及时，严重影响企业生产的正常进行。

六角螺母...垫片...螺帽..采购专员钱涂盯着桌上的一堆采购需求申请表，正在为明年的采购计划发愁。噔噔噔……钱涂眉头一紧，这个脚步声，难道是财务部的陈奕竹来了？

"钱涂，你的采购计划做完了没，明年还要不要采购？每年的采购计划都要等这么久，你不提交采购计划给我，我怎么上交采购预算给领导？"陈奕竹提高了嗓门。

钱涂尴尬而不失礼貌地说道："陈老师，您又不是不知道我们公司，虽然产品不多，但是生产需要的材料太多了，我还要和销售部、生产部、仓储部沟通，整合他们的资料。我也是在加班加点，弄好后我立刻通知您。"

陈奕竹一脸无奈，"好吧，你赶紧吧"。说完，他转身离去，沉重的脚步声越来越远。

【思考】采购计划编制环节会存在什么风险？你能想到什么解决办法？如果你是采购专员，你会如何更好地完成这项工作？

5.4.1 采购计划编制流程梳理

采购计划是指企业管理人员在了解市场供求情况、掌握物料消耗规律的基础上，在认识企业生产经营活动过程中，对计划期内物料采购管理活动所做的有预见性的安排和部署。采购计划是根据生产部门或其他使用部门的计划编制的包括采购物料、采购数量、需求日期等内容的计划表格，它详细说明了企业购入材料的种类、数量和时间。采购计划可分为年度物品采购计划、季度物品采购计划、月份物品采购计划。采购计划编制流程如图5-14所示。

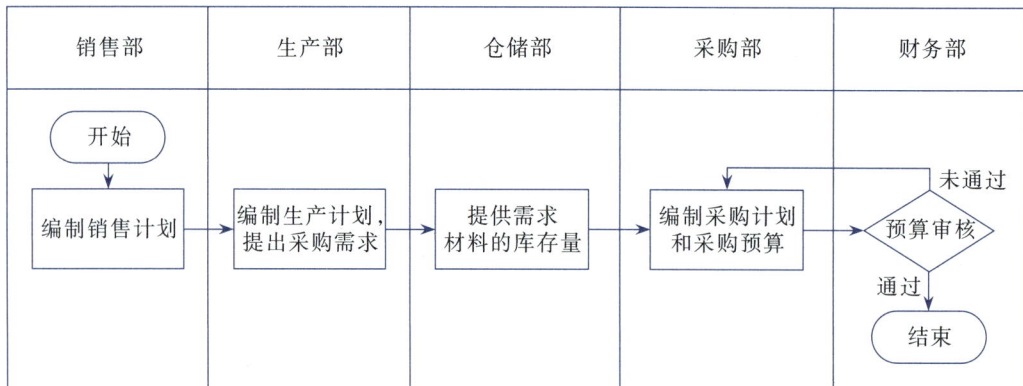

图5-14 采购计划编制流程

5.4.2 风险及因素分析

在编制采购计划时，一般需要考虑业务部门和生产部门的需求，以及企业的资金安排情况。业务部门可能没有按照实际需求填报采购需求，往往存在多报的情况。在生产部门方面，如果采购部门盲目编制采购计划，那么即便参考了往年的采购计划，也未必能保证企业今年的采购计划和今年的产能相匹配。采购部门提交了采购计划、采购预算后，无法保证预算能被审批通过，也就无法得到相应的资金支持。这些情况都会使得采购无法满足生产或出现过度采购的情况，导致企业的资源浪费、现金流周转不畅。仔细分析，导致这些风险的因素包括：

1.市场变化。虽然企业会对市场需求、原材料价格等进行专业的市场调研，但是导致市场变化的因素很多，比如技术进步、供应商操纵市场、政策变化等，这些都会打乱企业的采购计划。

2.需求不合理。相关部门人为判断各物料的需求，可能未按实际情况编制采购计划，导致企业正常的经营活动受到影响或出现资金浪费。

3.与企业生产经营计划不协调。采购计划的编制与企业生产经营计划不协调，需权衡资金成本，采购过早会导致资金资金占用时间过长，采购过迟则会影响产品制造。

4.与企业的资金分配计划不匹配。企业的资金需要用以保证企业正常经营，需要在各部门之间较为合理地配。采购部门提出的采购预算如果未考虑企业的实际资金情况，则企业可能无法按照采购计划开展采购工作，从而影响业务部门和生产部门的运作。

5.4.3 大数据风控指标设计

蛮先进公司希望对生产物料的采购进行风险控制，所以这里仅讨论采购生产物料的风险评估指标设计。采购部门在制订采购计划时，应当考虑本企业生产部门对原材料的需求量，以及计划采购总金额和本期资金计划中采购预算的匹配度。如果计划的采购量超过了生产部门的需求，则可能造成存货的积压；如果计划采购总金额超过了采购预算，则可能影响企业的现金流，这两种情况均不利于企业的发展。因此可以将计划采购量、计划采购总金额分别与生产计划量、资金计划中的采购预算进行匹配，从而判断是否存在超计划、超预算的风险。具体指标设计见表5-23和表5-24。

表5-23　　　　　　风险评价指标——计划采购量与生产计划偏离度

指标名称	计划采购量与生产计划偏离度	对应环节	采购计划编制
指标频率	每季度	风险责任部门/岗位	采购部
指标类型	定量指标		
风险点	未与生产计划匹配，可能导致原材料积压、生产设备受限制、资金短缺等风险		
指标功能	该指标旨在判断计划采购量是否满足生产计划，从而判断采购计划编制合理性		
指标运用	计划采购量与生产计划偏离度=（计划采购量+库存单位结存数量-安全库存量-生产计划领用量）÷生产计划领用量×100%		

表5-24　　　　　　风险评价指标——计划采购总金额与资金计划匹配度

指标名称	计划采购总金额与资金计划匹配度	对应环节	采购计划编制
指标频率	每季度	风险责任部门/岗位	采购部
指标类型	定量指标		
风险点	计划采购总金额未与资金计划匹配，可能因采购资金不足而缺少足够的原材料，导致生产设备产能浪费或采购预算超标，不利于企业资金管理与周转		
指标功能	该指标旨在判断计划采购总金额是否符合资金计划，从而判断采购计划编制的合理性		
指标运用	计划采购总金额与资金计划匹配度=采购计划总金额÷本期资金计划中的采购预算×100%		

5.4.4　大数据采集

在对采购计划编制环节进行风险评估时，所需数据包括：计划采购量、库存单位结存数量、安全库存量、生产计划领用量等，它们主要来源于采购计划表、安全库存量表、即时库存表、生产计划领用表等。一般来说，这些数据表既可以来自企业的业务系统，也可以来自企业业务系统之外的本地文件，这取决于企业的信息化程度。

以"计划采购量与生产计划偏离度"这一指标为例，该指标会涉及计划采购量、库存单位结存数量、安全库存量、生产计划领用量这四个字段的数据，它们分别来自采购计划表、即时库存表、安全库存量表和生产计划领用表这四个表单，如图5-15所示。

图5-15　计划采购量与生产计划偏离度指标数据来源

在蛮先进公司，这些表单都来源于公司的本地文件。为了方便后续数据处理等操作，在进行数据采集时，要先确保以上表单均为Excel文件。采集到的数据见表5-25、表5-26、表5-27和表5-28。

表5-25　　　　　　　　　　　　　　20×2年2月采购计划表　　　　　　　　　　　　金额单位：元

物料编码	物料名称	规格型号	单位	计划采购量	市场参考价	预计金额
1.01.DQ.01.10	无锈平垫片	10	Pcs	4 277	5.5	23 523.50
1.01.DQ.01.12	无锈平垫片	12	Pcs	2 223	5.5	12 226.50
1.01.DQ.01.16	无锈平垫片	16	Pcs	1 605	5.5	8 827.50
1.01.DQ.01.20	无锈平垫片	20	Pcs	2 986	5.5	16 423.00
1.01.DQ.01.6	无锈平垫片	6	Pcs	1 562	5.5	8 591.00
1.01.DQ.02.12	无锈软性弹簧垫片	12	Pcs	2 397	8	19 176.00
1.01.DQ.02.16	无锈软性弹簧垫片	16	Pcs	1 396	8	11 168.00
1.01.DQ.02.5	无锈软性弹簧垫片	5	Pcs	2 451	8	19 608.00
1.01.DQ.02.8	无锈软性弹簧垫片	8	Pcs	4 855	8	38 840.00
1.01.DQ.03.28	无锈孔用弹性挡片	28	Pcs	939	12	11 268.00
⋮	⋮	⋮	⋮	⋮	⋮	⋮

表5-26   20×2年2月生产计划领用表

物料编码	物料名称	规格型号	单位	生产计划领用量
1.01.DQ.01.10	无锈平垫片	10	Pcs	4 377
1.01.DQ.01.12	无锈平垫片	12	Pcs	2 335
1.01.DQ.01.16	无锈平垫片	16	Pcs	1 583
1.01.DQ.01.20	无锈平垫片	20	Pcs	3 143
1.01.DQ.01.6	无锈平垫片	6	Pcs	1 672
1.01.DQ.02.12	无锈软性弹簧垫片	12	Pcs	2 544
1.01.DQ.02.16	无锈软性弹簧垫片	16	Pcs	1 588
1.01.DQ.02.5	无锈软性弹簧垫片	5	Pcs	2 631
1.01.DQ.02.8	无锈软性弹簧垫片	8	Pcs	4 971
1.01.DQ.03.28	无锈孔用弹性挡片	28	Pcs	1 120
1.01.DQ.03.35	无锈孔用弹性挡片	35	Pcs	601
1.01.DQ.04.12	无锈轴用弹性挡片	12	Pcs	1 126
1.01.DQ.04.15	无锈轴用弹性挡片	15	Pcs	583
⋮	⋮	⋮	⋮	⋮

表5-27   安全库存量表

物料编码	物料名称	规格型号	单位	安全库存量
1.01.DQ.01.10	无锈平垫片	10	Pcs	4 045
1.01.DQ.01.12	无锈平垫片	12	Pcs	1 361
1.01.DQ.01.16	无锈平垫片	16	Pcs	1 161
1.01.DQ.01.20	无锈平垫片	20	Pcs	2 174
1.01.DQ.01.6	无锈平垫片	6	Pcs	778
1.01.DQ.02.12	无锈软性弹簧垫片	12	Pcs	2 309
1.01.DQ.02.16	无锈软性弹簧垫片	16	Pcs	1 055
1.01.DQ.02.5	无锈软性弹簧垫片	5	Pcs	2 017
1.01.DQ.02.8	无锈软性弹簧垫片	8	Pcs	4 563
1.01.DQ.03.28	无锈孔用弹性挡片	28	Pcs	513
1.01.DQ.03.35	无锈孔用弹性挡片	35	Pcs	2 036
1.01.DQ.04.12	无锈轴用弹性挡片	12	Pcs	982
1.01.DQ.04.15	无锈轴用弹性挡片	15	Pcs	1 315
1.01.DQ.04.18	无锈轴用弹性挡片	18	Pcs	1 130
⋮	⋮	⋮	⋮	⋮

表 5-28　　　　　　　　　　　　　　　**20×2年2月即时库存表**

物料编码	物料名称	单位	库存量
5.01.JRG.4-5KW-380V	20#电加热管	Pcs	9 546
5.01.JRG.1-7KW-380V	面包片电热管	Pcs	17 693
1.ZF.30*60*2	无锈装饰方管	米	14 993.00
1.BP.XH	循环标	Pcs	9 932
1.BP.JG	放水警告标	Pcs	14 788
1.BP.HB	节油健康环保标	Pcs	1 830
1.BP.DXZ	地线标（中）	Pcs	4 572
1.BP.DXD	地线标（大）	Pcs	3 433
1.BP.CDD	触电标（大）	Pcs	4 105
1.20.BW.02	保温棉（普通）	Pcs	360
1.20.BW.01	保温棉（耐高温）	米	23 933.00
1.20.07.13	锁	Pcs	16 475
1.20.07.08	门轴	Pcs	8 640
1.20.07.05	拉手	Pcs	8 387
1.13.SL.QFLJWC1-L8	三联件	Pcs	1 851
1.13.QG.10A-5 SD 80B800 CC/CB-S	气缸	台	1 842
1.13.QG.10	气管	米	1 013.00
1.13.04.FSL1/4	消声器	Pcs	10 900
⋮	⋮	⋮	⋮

5.4.5　大数据预处理

以"计划采购量与生产计划偏离度"这一指标为例，运用该指标时会涉及计划采购量、库存量、生产计划领用量和安全库存量四个字段。一般来说，描述数量的字段都是数值型的，而非字符串类型字段，所以在进行大数据预处理时需要特别注意数据的类型以及数据是否缺失。具体的处理方式示例见表5-29。

表 5-29　　　　　　　　**计划采购量与生产计划偏离度指标数据预处理方式**

处理方式	举例
数据转换	采购计划表中的"计划采购量"、即时库存表中的"库存量"、生产计划领用表中的"生产计划领用量"和安全库存量表中的"安全库存量"必须为整数型，若为"数值+字符"型，则应将字符删除
缺失值插补	采购计划表中的"计划采购量"、即时库存表中的"库存量"、生产计划领用表中的"生产计划领用量"和安全库存量中的"安全库存表量"为空时，应在该字段内填入"0"

5.4.6　数据仓库构建

1.数据模型设计

创建采购计划编制数据仓库模型，包括两个事实表——采购计划事实表和生产计划事实表，两个维度表——物料维度表和日期维度表，相关内容如图5-16所示。

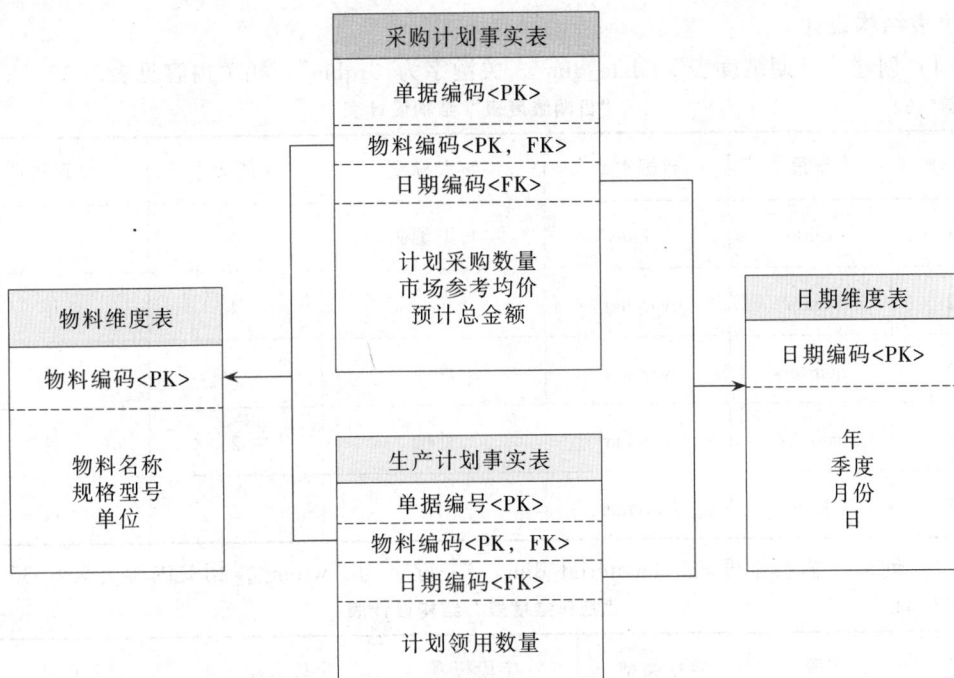

图 5-16 采购计划编制数据仓库模型

2. 事实表结构设计

创建"采购计划事实表"（procurementplan_fact），关键字为"djbh"，相关内容见表 5-30。

表 5-30   "采购计划事实表"结构设计表

序号	字段	数据类型	字段标题	字段大小	字段说明
1	djbh	varchar	单据编号	100	主键
2	wlbm	varchar	物料编码	80	主键，外键
3	rqbm	date	日期编码	3	外键，采购计划编制日期
4	jhcgsl	int	计划采购数量	10	计划采购物料的数量
5	scckjj	decimal	市场参考均价	23，10	计划采购物料的市场均价
6	yjzje	decimal	预计总金额	23，10	计划采购物料预计采购总金额

创建"生产计划事实表"（productionplan_fact），关键字为"djbh"，相关内容见表 5-31。

表 5-31   "生产计划事实表"结构设计表

序号	字段	数据类型	字段标题	字段大小	字段说明
1	djbh	varchar	单据编号	100	主键
2	wlbm	varchar	物料编码	80	主键，外键
3	rqbm	date	日期编码	3	外键，生产计划编制日期
4	jhlysl	int	计划领用数量	4	计划用于生产的物料数量

3.维度表结构设计

（1）创建"日期维度表"（date_dim），关键字为"rqbm"，相关内容见表5-32。

表5-32　　　　　　　　　　**"日期维度表"结构设计表**

序号	字段	数据类型	字段标题	字段大小	字段说明
1	rqbm	date	日期编码	3	主键
2	years	varchar	年	4	年
3	quarters	varchar	季度	4	季
4	months	varchar	月份	2	月
5	dates	varchar	日	2	日

（2）创建"物料维度表"（material_dim），关键字为"wlbm"，相关内容见表5-33。

表5-33　　　　　　　　　　**"物料维度表"结构设计表**

序号	字段	数据类型	字段标题	字段大小	字段说明
1	wlbm	varchar	物料编码	80	主键
2	wlmc	varchar	物料名称	100	物料名称
3	ggxh	varchar	规格型号	4	物料的规格、型号
4	dw	varchar	单位	10	物料的计量单位

5.4.7　风险评估

本小节还是以"计划采购量与生产计划偏离度"为例，展示如何进行指标计算以及风险评价。首先需要使用预处理好的采购计划表、即时库存表、安全库存量表、生产计划领用表中的数据进行指标计算，再结合指标评价标准来评估风险。

1.指标计算

运用"计划采购量与生产计划偏离度"这一指标时，需要先计算计划采购量与库存数量的和，再减去物料的安全库存量，以得到采购后可使用的物料数量。计算得到该值与生产计划领用量的差后，再与生产计划领用量进行对比，得出"计划采购量与生产计划偏离度"的值，计算公式见表5-34。

表5-34　　　　　　　　　　**"计划采购量与生产计划偏离度"指标运用**

指标名称	指标运用
计划采购量与生产计划偏离度	计划采购量与生产计划偏离度=（计划采购量+库存量-安全库存量-生产计划领用量）÷生产计划领用量×100%

2.风险评价

上一步骤的指标计算结果为一个百分数，一般需要分区间进行评价。由于计算结果可能出现正、负和0三种情况，所以需要在正、负范围内分不同的区间对指标偏离程度进行具体界定，见表5-35。

表5-35　　　　　　　　　计划采购量与生产计划偏离度指标评价标准

指标名称	评价标准
计划采购量与生产计划偏离度	（1）-100%≤偏差度<0，即计划采购量能满足生产需求，但小于安全库存量——黄色预警； （2）-120%≤偏差度<-100%，即计划采购量较小，不足满足生产——橙色预警 （3）偏离度<-120%，即计划采购量过小，不能满足生产计划——红色预警； （4）偏离度在［0-5%］范围内，采购计划与生产计划匹配，即采购计划编制合理——绿色提示； （5）偏离度在（5%-10%］范围内，采购计划略超出生产计划，即采购计划编制不合理——黄色预警； （6）偏离度在（10%-20%］范围内，采购计划与生产计划不匹配，即采购计划编制不合理——橙色预警； （7）偏离度>20%，采购计划与生产计划完全不匹配，即采购计划编制不合理——红色预警。

5.4.8　风险评估结果可视化

"计划采购量与生产计划偏离度"指标运用时是以采购计划表中某种物料为对象的，每种物料都会对应一个该指标的运用结果。在使用该指标时，风险评估团队更关注哪种物料的计划采购量超出了生产需求。因此进行可视化时分析人员应当使用适合单个对象之间进行对比的图表，但由于物料种类较多，使用基本表、条形图、柱状图等图表直接展示指标计算结果不利于使用者快速找到存在风险的数据，所以可以先用饼图将不同结果的物料分类，如图5-17所示。需要具体查看有风险的数据时，可以通过点击饼图的对应部分进行查看。

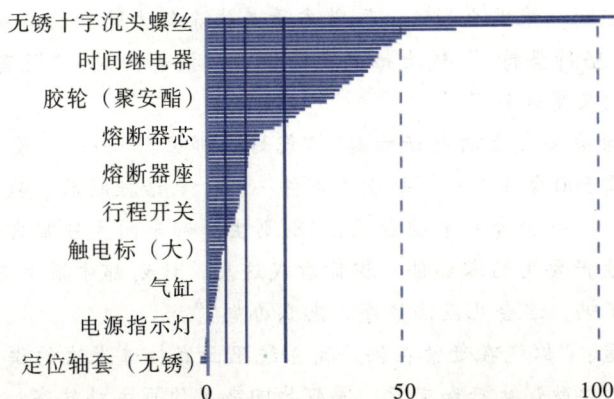

图5-17　计划采购量与生产计划偏离情况条形图

5.4.9　风险评估报告输出

采购计划编制环节大数据风险评估报告的大致内容包括：风险评估目的、风险评估思路、大数据风控指标、风险评估标准、风险评估结果以及该环节风险应对措施，如图5-18所示。

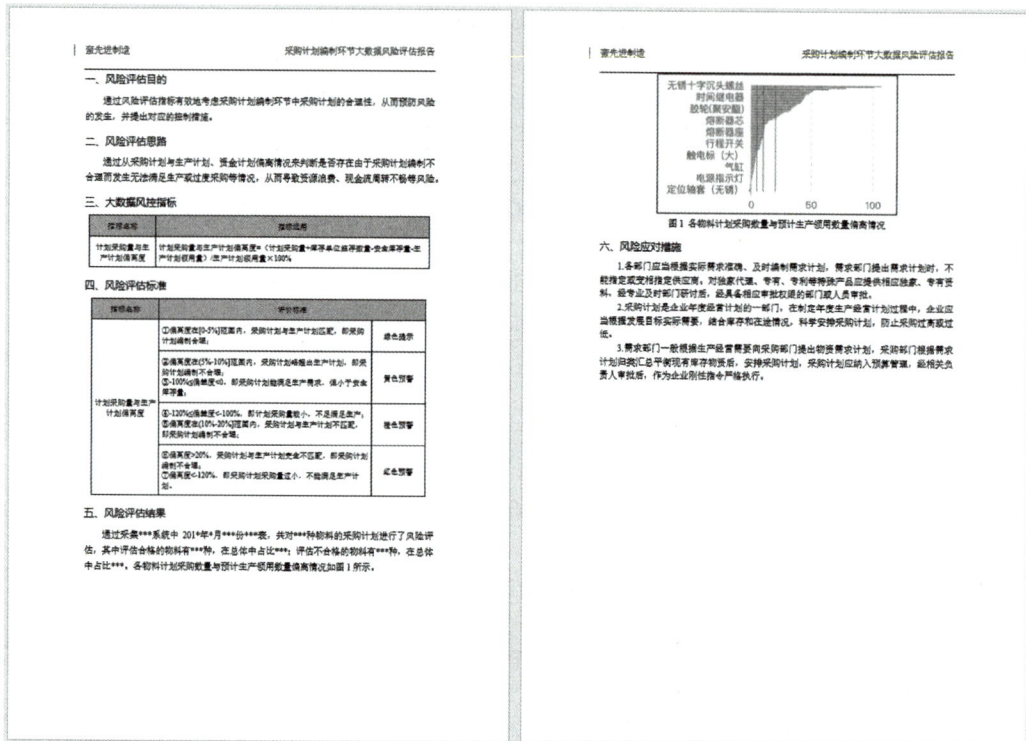

图5-18   采购计划编制环节大数据风险评估报告示例

5.5   采购执行

【案例场景5-9】

采购专员钱涂看着桌上还没填写的采购申请单，长叹道："采购计划做完了，还要填采购申请单、选供应商、采购合同……"黄鑫看着钱涂努力睁开的那双"熊猫眼"，安慰道："快过年了，再坚持坚持。"钱涂瘫坐在椅子上，摇着头说："还有好多事情要做呢，等计划批下来，采购又得开始了。"

铃铃铃……钱涂办公桌上的电话响起，"您好，哪位？"……"噢，是生产部呀，什么？有一笔订单急需500台油炸机，缺少零部件……"电话挂断后，钱涂皱着眉头。黄鑫凑过来问："怎么了？"钱涂耷拉着脑袋说："刚刚生产部车间主任常吉说，销售部有一笔急单，这会儿急需生产要用的零部件。但你看我这儿，计划都才报上去，还没开始采购，并且领导不是出差了吗，这会儿没法签字，怎么办哟？"

黄鑫赶忙安慰道："你现在赶紧在供应商系统里面直接选上次的供应商，先把要采购的零部件采购了，不要耽误生产和交货，等领导回来了你再去补签字。反正之前我们也是从这家供应商采购的，没有问题。"钱涂心想，肯定不能耽误交货，要不然造成的损失，自己承担不起，可以参考黄鑫出的主意，最后给领导解释一下应该也没问题。

【思考】采购专员的操作存在什么风险？面对此类问题，采购人员应该怎么处理？

5.5.1　采购执行流程梳理

采购执行是指采购计划编制好之后进行采购的环节，包括采购部门严格按照采购计划提出采购申请，在供应商库中选择合适的供应商进行物料的采购，制定采购合同，在业务系统中生成采购订单，追踪订单并及时处理执行过程中的各种情况。

采购执行的一般流程如图 5-19 所示。

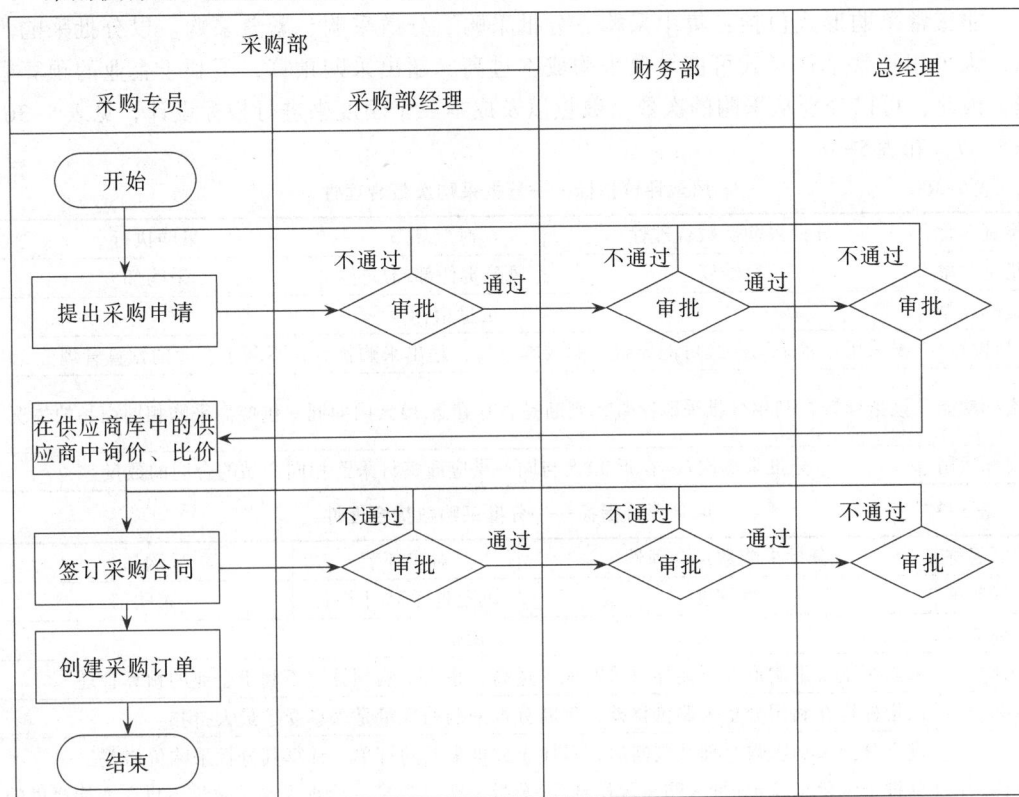

图 5-19　采购执行流程

5.5.2　风险及因素分析

在采购执行阶段，由于采购申请制度不完善、单据未经适当审批、采购人员未选择合理的采购形式或未选择合适的供应商进行交易等原因，使维持企业正常生产经营活动的物料发生积压或短缺、采购合同内容含糊等情况，导致采购成本较高、利润被压缩甚至违约被对方追究等风险。上述风险主要涉及以下风险因素：

1.采购申请制度不完善。采购申请制度不完善可能导致需求部门未统一采购、随意采购，从而导致采购价格混乱、采购成本增加等情况。

2.采购未经审批或超越授权审批。实施采购审批制度能够帮助企业规范采购流程，监督、管控资金的流向，也能在一定程度上防止腐败的发生。

3.采购合同内容描述含糊，权责未分明。采购合同应该清晰地记录企业和供应商权利与义务的细节，从而避免企业合法权益受到侵害。

4.未选择适当的供应商进行交易。一般来说，企业都会希望能和有竞争力的供应商保持长期、良好的购销关系，从而能够不间断地获取物资或服务的供应，将采购成本和商品质量控制在较为稳定的水平。

5.5.3　大数据风控指标设计

采购部门在开展采购工作时，可能由于采购人员的舞弊行为，或者采购人员实际上没有按采购计划执行采购任务等原因，导致原材料采购成本增加，企业产品利润被压缩。因此，分析人员通过设计一些针对采购次数、采购数量以及采购成本等方面的指标，来判断不同采购形式的合理性。

非正常采购形式包括：集中采购、分批采购、分散采购、紧急采购。以分批采购为例，未采用正常采购形式可能导致采购成本过高，超出采购预算，不利于企业的预算管理，因此，可以分别从采购的次数、数量以及成本三个角度来进行指标设计，见表5-36、表5-37、和表5-38

表5-36　　　　　　　　　风险评价指标——分批采购次数合理性

指标名称	分批采购次数合理性	对应环节	采购执行
指标频率	每季度	风险责任部门/岗位	采购部
指标类型	定量指标		
风险点	未采用正常采购形式可能导致采购成本过高，超出采购预算，不利于企业的预算管理		
指标功能	该指标旨在利用分批采购次数，判断是否存在近30天内向同一供应商采购相同商品的情况		
指标运用	分批采购次数=在近30天与同一供应商签订采购相同产品的合同的数量		

表5-37　　　　　　　　　风险评价指标——分批采购数量合理性

指标名称	分批采购数量合理性	对应环节	采购执行
指标频率	每季度	风险责任部门/岗位	采购部
指标类型	定量指标		
风险点	未采用正常采购形式可能导致采购成本过高，超出采购预算，不利于企业的预算管理		
指标功能	该指标旨在利用分批采购价格差，判断分批采购的数量是否享受了最大折扣		
指标运用	进行分批采购次数合理性判断后，对属于分批采购的订单，计算其分批采购价格差。 分批采购价格差=分批采购总价税合计÷分批采购总数量 – 分批采购总数量下供应商能提供的最低含税单价		

表5-38　　　　　　　　　风险评价指标——分批采购成本合理性

指标名称	分批采购成本合理性	对应环节	采购执行
指标频率	每季度	风险责任部门/岗位	采购部
指标类型	定量指标		
风险点	未采用正常采购形式可能导致企业采购成本过高，超出采购预算，不利于企业的预算管理		
指标功能	该指标旨在判断同一商品在近30天内分批采购是否会导致成本高于该商品的市场均价		
指标运用	用"分批采购成本偏离度"的值判断计划分批采购成本合理性。 分批采购成本偏离度=（∑价税合计÷∑计价单位数量-市场参考单价）÷市场参考单价×100%		

5.5.4　大数据采集

采购执行环节会使用到供应商名称、报价商品数量、报价、原材料市场参考均价、采购合同价格、采购合同商品数量以及采购合同中的其他重要信息，它们来自采购合同、报价单等系统内部数据表，或者原材料市场参考均价表等外部数据表。一般来说，采购合同多以word文件格式存储于企业的计算机中，由企业打印成为纸质文件保存，属于业务系统外的本地文件；报价单可以来源于企业的业务系统，也可以从企业的本地文件中获取；

原材料市场参考均价表可以从互联网上抓取，也可以通过市场调研后在本地计算机上编制。

以"分批采购成本合理性"这一指标为例，该指标涉及采购合同中的价税合计、合同数量、物料编码、单据编号以及原材料市场参考均价表中的市场参考价格。在蛮先进公司，采购合同和原材料市场参考均价表均来源于企业的本地文件，如图 5-20 所示。为了方便后续数据处理等操作，在进行数据采集时，要先确保以上表单均为 Excel 文件。采集到的数据见表 5-39 和表 5-40。

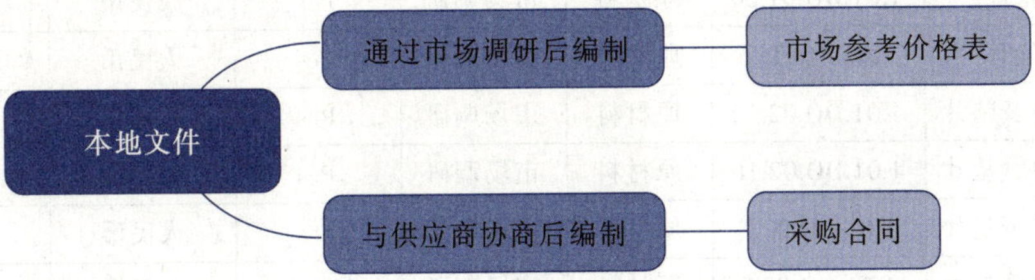

图 5-20　分批采购成本合理性指标数据来源

表 5-39　　　　　　　　　　　　　采购合同列表　　　　　　　　　　　金额单位：元

单据编号	合同日期	供应商	物料编码	物料名称	采购单位	交货日期	含税单价	价税合计	计价数量
CGHT000445	20×2/3/7	天津斯巴克有限公司	1.11.DX.BVR1	塑铜线	米	20×2/3/15	2.00	24 000.00	12 000.00
CGHT000445	20×2/3/7	天津斯巴克有限公司	1.11.DX.G10	硅胶线	米	20×2/3/15	3.00	40 500.00	13 500.00
CGHT000444	20×2/3/1	山东博圣机床制造公司	1.12.JSJ.NMRV040-100-90W	主动减速电机	Pcs	20×2/3/10	545.00	3 844 975.00	7 055
CGHT000444	20×2/3/1	山东博圣机床制造公司	1.12.JSJ.NMRV050-30-550W	蜗轮减速电机	Pcs	20×2/3/10	745.00	5 350 590.00	7 182
CGHT000444	20×2/3/1	山东博圣机床制造公司	1.12.JSJ.NMRV050-50-370W	蜗轮减速电机	Pcs	20×2/3/10	745.00	2 539 705.00	3 409
CGHT000443	20×1/9/28	河北长华电镀厂	1.04.A3.0-5	雪花板 t=0.5	平方米	20×1/10/2	110.00	1 045 000.00	9 500
CGHT000443	20×1/9/28	河北长华电镀厂	1.13.02.10-2	单向节流阀	Pcs	20×1/10/2	300.00	1 800 000.00	6 000
CGHT000443	20×1/9/28	河北长华电镀厂	1.13.04.FSL1/4	消声器	Pcs	20×1/10/2	600.00	2 100 000.00	3 500
CGHT000442	20×1/8/29	广东工业集团有限公司	1.01.LS.02.M10*45	无锈六角头螺栓-全螺纹	Pcs	20×1/9/2	0.30	900.00	3 000
CGHT000442	20×1/8/29	广东工业集团有限公司	1.03.DTK.01.2"	无锈单头扣	Pcs	20×1/9/2	12.00	91 200.00	7 600
CGHT000441	20×1/6/29	北京久久电子厂	1.04.BL.3	有机玻璃板	平方米	20×1/7/1	115.00	172 500.00	1 500
...	...	...	...	...	...	...	...	...	...

表5-40　　　　　　　　　　**原材料市场参考均价表**　　　　　　　金额单位：元

物料名称	物料编码	存货类别	价格来源	计价单位	价目表币别	市场参考均价
无锈平垫片	1.01.DQ.01.10	原材料	市场调研	Pcs	人民币	5.5
无锈平垫片	1.01.DQ.01.12	原材料	市场调研	Pcs	人民币	5.5
无锈平垫片	1.01.DQ.01.16	原材料	市场调研	Pcs	人民币	5.5
无锈平垫片	1.01.DQ.01.20	原材料	市场调研	Pcs	人民币	5.5
无锈平垫片	1.01.DQ.01.20	原材料	市场调研	Pcs	人民币	5.5
无锈平垫片	1.01.DQ.01.6	原材料	市场调研	Pcs	人民币	5.5
无锈软性弹簧垫片	1.01.DQ.02.12	原材料	市场调研	Pcs	人民币	8
无锈软性弹簧垫片	1.01.DQ.02.16	原材料	市场调研	Pcs	人民币	8
无锈软性弹簧垫片	1.01.DQ.02.5	原材料	市场调研	Pcs	人民币	8
无锈软性弹簧垫片	1.01.DQ.02.8	原材料	市场调研	Pcs	人民币	8
无锈孔用弹性挡片	1.01.DQ.03.28	原材料	市场调研	Pcs	人民币	12
无锈孔用弹性挡片	1.01.DQ.03.35	原材料	市场调研	Pcs	人民币	10
无锈轴用弹性挡片	1.01.DQ.04.12	原材料	市场调研	Pcs	人民币	10
无锈轴用弹性挡片	1.01.DQ.04.15	原材料	市场调研	Pcs	人民币	12
无锈轴用弹性挡片	1.01.DQ.04.18	原材料	市场调研	Pcs	人民币	12
无锈轴用弹性挡片	1.01.DQ.04.20	原材料	市场调研	Pcs	人民币	12
无锈轴用弹性挡片	1.01.DQ.04.40	原材料	市场调研	Pcs	人民币	12
圆形垫片—平L型	1.01.DQ.06.8	原材料	市场调研	Pcs	人民币	11
无锈平垫片	1.01.DQ.10.12	原材料	市场调研	Pcs	人民币	6
…	…	…	…	…	…	…

5.5.5　大数据预处理

　　由于对原材料市场参考均价的调研可能由多个人员参与，收集到的数据可能存在数据类型不一致、部分数据缺失、信息录入有误等问题；采购合同所涉及的内容较多，也可能存在重要内容缺失、数据格式不符合要求等问题，所以应对采集到的数据进行预处理。下面以"分批采购成本合理性"这一指标为例来展示数据的预处理思路，见表5-41。

表5-41　　　　　**"分批采购成本合理性"指标数据预处理信息表**

处理方式	举例
删除非法字符	与金额相关字段的类型仅允许为数值型字段。出现"万""亿"等数词时，应将"万"改为"0000"，将"亿"改为"00000000"
限定数据类型	（1）现金折扣、预付款比例字段只能填百分数； （2）原材料市场参考均价表中的"市场参考单价"必须保留两位小数
缺失值插补	当采购合同中的现金折扣、定金、预付款金额字段为空时，在该字段内填入"0"
数据转换	采购合同中"合同时间""交货时间"字段应统一将数据类型设置为日期
删除无关信息	由于在导入数据时，会识别表头，所以应将表名、公司名、日期等无关信息删除

5.5.6 数据仓库构建

1.数据模型设计

采购执行数据仓库模型包括：两个事实表——采购合同事实表和采购计划事实表，三个维度表——物料维度表、日期维度表和供应商维度表，相关内容如图5-21所示。

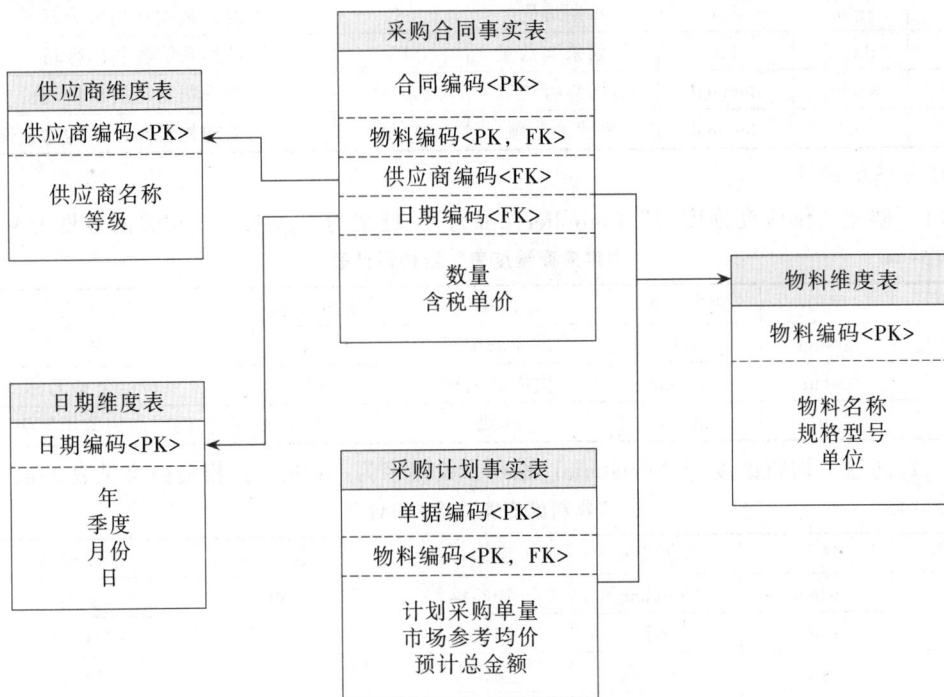

图5-21 采购执行数据仓库模型

2.事实表结构设计

创建"采购合同事实表"（procurementcontract_fact），关键字为"htbh"，相关内容见表5-42。

表5-42　　　　　　　　　　　　　　"采购合同事实表"结构设计表

序号	字段	数据类型	字段标题	字段大小	字段说明
1	htbh	varchar	合同编号	100	主键
2	wlbm	varchar	物料编码	80	主键，外键
3	gysbm	int	供应商编码	4	外键
4	rqbm	date	日期编码	3	外键，采购合同签订日期
5	sl	int	数量	10	采购物料的数量
6	hsdj	decimal	含税单价	23，10	采购物料的含税单价

创建"采购计划事实表"（procurementplan_fact），关键字为"djbh"，相关内容见表5-43。

表 5-43   "采购计划事实表"结构设计表

序号	字段	数据类型	字段标题	字段大小	字段说明
1	djbh	varchar	单据编号	100	主键
2	wlbm	varchar	物料编码	80	主键，外键
3	rqbm	date	日期编码	3	外键，采购计划编制日期
4	jhcgsl	int	计划采购数量	10	计划采购物料的数量
5	scckjj	decimal	市场参考均价	23，10	计划采购物料的市场均价
6	yjzje	decimal	预计总金额	23，10	计划采购物料预计采购总金额

3.维度表结构设计

（1）创建"供应商维度表"（supplier_dim），关键字为"gysbm"，相关内容见表 5-44。

表 5-44   "供应商维度表"结构设计表

序号	字段	数据类型	字段标题	字段大小	字段说明
1	gysbm	int	供应商编码	4	主键
2	gysmc	varchar	供应商名称	100	供应商公司名称
3	dj	varchar	等级	10	供应商的信用等级

（2）创建"物料维度表"（material_dim），关键字为"wlbm"，相关内容见表 5-45。

表 5-45   "物料维度表"结构设计表

序号	·字段	数据类型	字段标题	字段大小	字段说明
1	wlbm	varchar	物料编码	80	主键
2	wlmc	varchar	物料名称	100	物料名称
3	ggxh	varchar	规格型号	4	物料的规格、型号
4	dw	varchar	单位	10	物料的计量单位

（3）创建"日期维度表"（date_dim），关键字为"rqbm"，相关内容见表 5-46。

表 5-46   "日期维度表"结构设计表

序号	字段	数据类型	字段标题	字段大小	字段说明
1	rqbm	date	日期编码	3	主键
2	years	varchar	年	4	年
3	quarters	varchar	季度	4	季
4	months	varchar	月份	2	月
5	dates	varchar	日	2	日

5.5.7 风险评估

本小节还是以"分批采购成本合理性"为例，展示如何进行指标计算以及风险评价。首先需要使用预处理好的"采购合同列表"和"原材料市场参考均价表"中的数据进行指标计算，再结合指标评价标准来评估风险。

1.指标计算

运用"分批采购成本合理性"这一指标时，首先应在采购合同列表中筛选出近30天内与同一个供应商的采购合同，查看其中是否有相同的物料编码，如果有，就在"原材料市场参考均价表"中找到其对应的市场参考均价，然后通过近30天采购合同中该物料的价税合计之和除以采购数量之和计算出近30天该物料的采购单价，最后计算出分批采购成本偏离度。相关指标计算公式见表5-47。

表5-47　　　　　　　　　　　"分批采购成本合理性"指标运用

指标名称	指标运用
分批采购成本合理性	分批采购成本偏离度＝（∑价税合计÷∑计价单位数量-市场参考单价）÷市场参考均价×100%

2.风险评价

上一步骤计算出的指标结果为百分数，一般需要分区间进行评价。一般来说，分批采购的成本会高于或等于单次大批量采购的成本，而单次大批量采购的成本往往会低于市场参考均价。偏离度为负数时，表示分批采购成本低于市场参考均价，这种情况几乎不会发生，如果发生，则需要提醒企业防范风险。该指标的评价标准见表5-48。

表5-48　　　　　　　　　　"分批采购成本合理性"指标评价标准

指标名称	评价标准
分批采购成本合理性	（1）0≤偏离度≤5%，即分批采购的成本合理——绿色提示； （2）偏离度在（5%，10%]范围内，即分批采购的成本略高于市场参考均价——黄色预警； （3）偏离度在（10%，15%]范围内，即分批采购的成本大幅度高于市场参考均价——橙色预警； （4）偏离度>15%，即分批采购的成本严重高于市场参考均价——红色预警； （5）偏离度<0，即分批采购成本低于市场参考均价——红色预警

5.5.8　风险评估结果可视化

"分批采购成本合理性"这一指标的运用是以采购合同中的某一物料为对象的。由于蛮先进公司所处的制造业是技术复杂性行业，产品所需的零部件数量有上千种，所以大多数采购合同涉及的物料数量庞大。在进行可视化展示时，可以先筛选月份，分月份进行结果展示。在数据量大且类型较多时，可以使用散点图来呈现数据的聚集与分布情况，如图5-22所示。

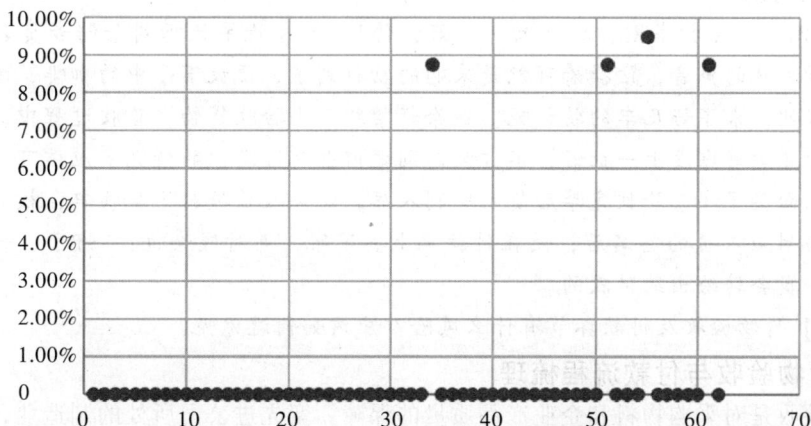

图5-22　20×2年分批采购成本偏离情况散点图

5.5.9　风险评估报告输出

采购执行环节大数据风险评估报告的大致内容包括：风险评估目的、风险评估思路、大数据风控指标、风险评估标准、风险评估结果以及该环节风险应对措施，如图5-23所示。

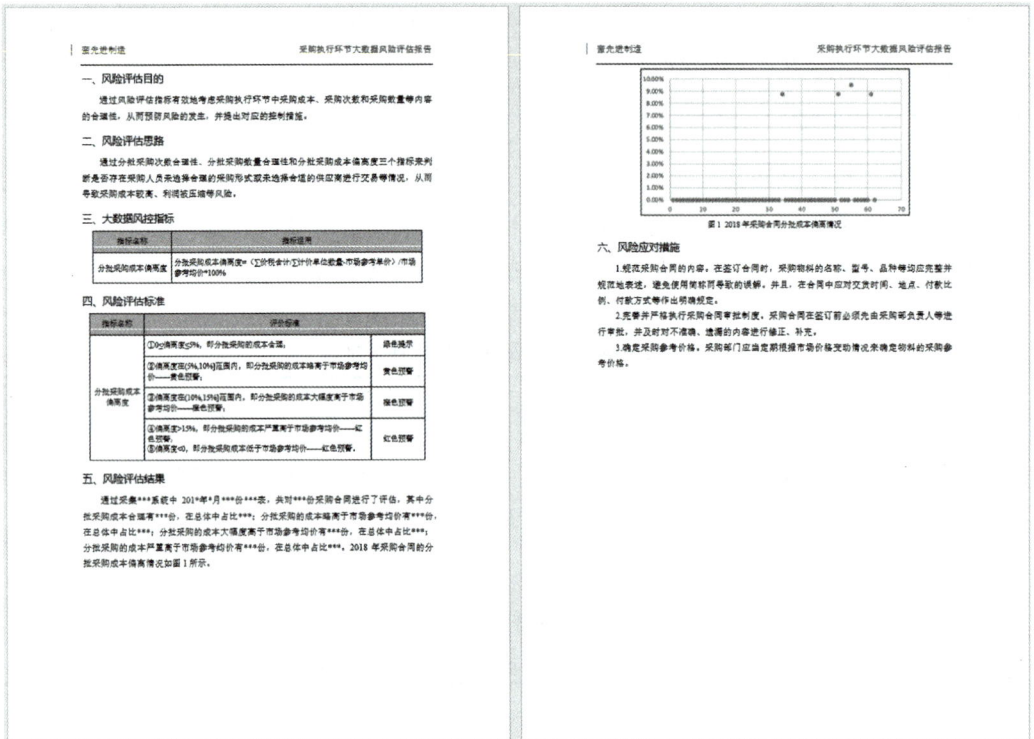

图 5-23　采购执行环节大数据风险评估报告示例

5.6　货物验收与付款

【案例场景5-10】

"倒倒倒……左打半圈，回回回……好，停！"一大清早就听到仓储专员聂琦在楼下喊。钱涂听到她的声音，估摸着可能是采购的物料到了，便放下手中的咖啡，跑到窗户那一望，好家伙，来了好几车的物料呢。钱涂赶紧跑下去验收货物。验收过程中，钱涂发现这一批货的质量好像没上一批好，不过又想到之前也有过类似的情况，应该可以入库，便在验收单上面签了字。验收完毕后货物顺利入库，财务人员核对了验收单，核对了入库单上的信息与对应人员的签名后，便在付款单上签了字，并对钱涂说："好了，等财务部领导签完字，我会转给出纳付款的。"

【思考】货物验收及付款环节有什么风险？应该如何避免呢？

5.6.1　货物验收与付款流程梳理

货物验收是对采购物料和企业产品质量的保障。蛮先进公司所处的制造业，是一个对原材料依赖度高，采购物料种类极其复杂的行业。一些关键的零部件原材料对企业最终生产的机器设备的性能和质量有着至关重要的作用。所以企业必须规范其验收流程，完善其验收标准，以确保在签收货物后可以对采购物料进行严格的检验。

付款是整个采购业务的结尾部分。付款前采购部需要准备好验收合格单、入库单等单据，交由财务部，财务人员会依据采购合同记录的付款日期、结算方式以及企业实际的资金状况确定实际付款日。一般来说，采购人员在和供应商签订采购合同时，应当提出有利于本企业的结算方式。货物验收与付款的流程如图5-24所示。

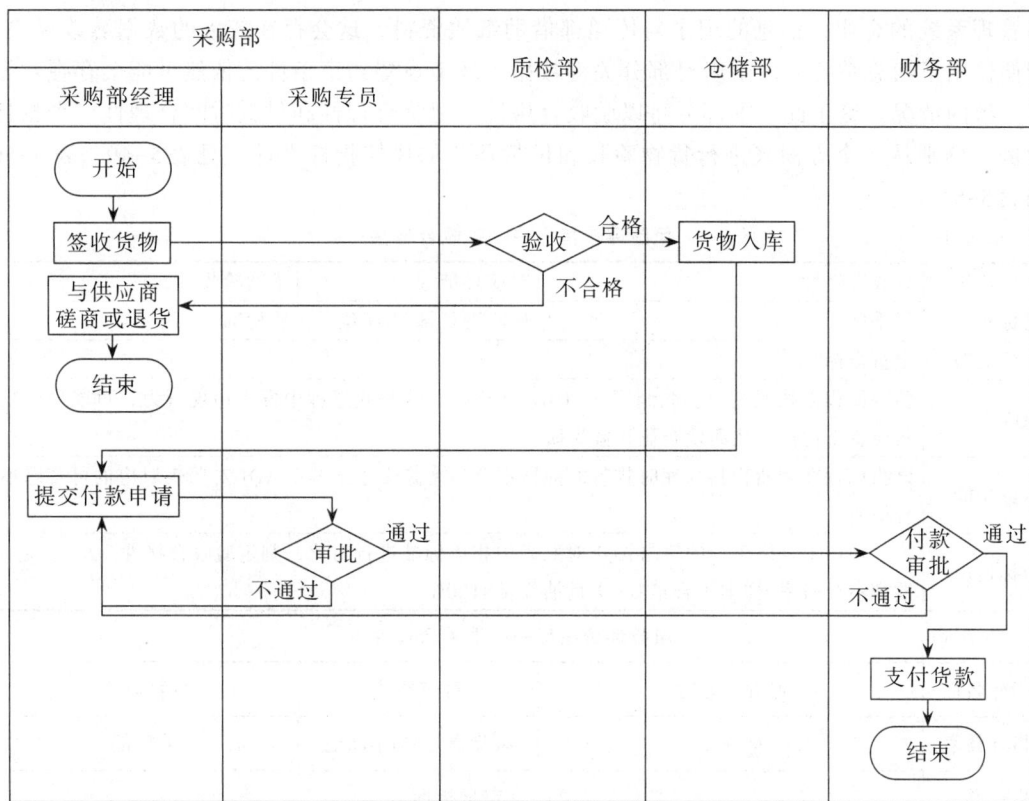

图5-24　货物验收与付款流程

5.6.2　风险及因素分析

在货物验收阶段，由于验收标准不明确、程序不规范，企业可能难以发现采购物料的质量问题，从而导致耽误生产、企业信用与财产发生损失等风险；由于付款制度不完善、付款方式不恰当，可能导致企业财务费用增加、现金流周转不畅等风险。导致这些风险的因素包括：

1.对验收中的异常情况处理不当，可能造成企业账实不符、采购物资损失等风险。

2.验收标准不明确、程序不规范。验收标准不明确、程序不规范可能难以发现货物质量参差不齐，不仅会影响产品生产进度，后期可能导致企业信用受损。

3.付款金额控制不严。在涉及大额或长期的预付款项时，企业若未定期进行追踪核查，则容易影响资金周转，降低企业资金收益，甚至形成坏账。

4.付款方式不恰当。企业可以选择的付款方式包括支付现金、电汇、银行转账等。由于采购原材料涉及款项的金额较大，企业一般不采用现金支付。企业应根据国家有关支付结算的相关规定和企业生产经营的实际，合理选择付款方式，防范付款方式不当带来的法律风险，保证资金安全。

5.付款时间不合理。如果提前付款没有较好的折扣，那么提前付款会过早占用企业的现金，导致利息收入减少；延迟付款则可能导致企业违约，存在支付违约金的风险。

5.6.3　大数据风控指标设计

企业采购完原材料后，在货物验收和付款环节依然会存在较多的风险。在一些没有使用管理系统的企业，信息的记录与传递都借助纸质资料，这会存在较大的数据篡改风险。即便使用了信息系统，由于未对部分关键数据、环节设置约束条件，依然可能会存在数据不一致的情况。鉴于此，本部分将以验收合格性、退货合理性和付款时间合理性三个指标为例，分别从三个方面来进行货物验收和付款环节的风控指标设计，见表5-49、表5-50和表5-51。

表5-49　　　　　　　　　　风险评价指标——验收合格性

指标名称	验收合格性	对应环节	货物验收
指标频率	每季度	风险责任部门/岗位	质检部
指标类型	定量指标		
风险点	验收流程未按照企业验收制度（AQL）严格执行或验收过程中发生违规行为，可能导致物料质量不达标，从而使企业利益受损		
指标功能	该指标旨在判断物料入库时物料的抽样不合格率是否小于等于AQL对照表对应的可容忍不合格率		
指标运用	将"抽样不合格率"的值与AQL对照表中相应标准进行对比，判定验收合格性。抽样不合格率=样本不合格数÷本批抽样量×100%		

表5-50　　　　　　　　　　风险评价指标——退货合理性

指标名称	退货合理性	对应环节	货物验收
指标频率	每季度	风险责任部门/岗位	采购部
指标类型	定量指标		
风险点	未按规定及时将有问题的货物退回，导致企业发生虚假采购或导致企业资金被占用		
指标功能	该指标旨在判断退货是否合理		
指标运用	对退料单存在关联的入库单进行null判断		

表5-51　　　　　　　　　　风险评价指标——付款时间合理性

指标名称	付款时间合理性	对应环节	采购付款
指标频率	每季度	风险责任部门/岗位	财务部
指标类型	定量指标		
风险点	如果提前付款没有较好的折扣，那么提前付款会浪费企业的现金，导致利息收入减少的风险；如果延迟付款可能导致企业违约，则存在支付违约金的风险		
指标功能	该指标旨在判断是否存在提前或延迟付款的情况		
指标运用	通过"付款日期差"的值来判断付款时间合理性。付款日期差=应付单（到期日）-付款单（业务日期）		

5.6.4　大数据采集

采购货物验收与付款环节会涉及检验单、采购退料单、采购入库单、应付单和付款单等单据。一般来说，在信息化程度较低的企业，这些单据多以手工单据的形式存在，而对于信息化程度较高的企业，这些单据多存储于企业的业务系统中。

以"付款时间合理性"这一指标为例，该指标会涉及"应付单到期日""付款单业务日期"两个字段的数据，它们分别来自应付单和付款单。在蛮先进公司，该指标所涉及的应付单、付款单均可以从业务系统中获取，导出后都为 Excel 格式的文件。采集到的数据见表 5-52 和表 5-53。

表 5-52　　　　　　　　　　　　　付款单列表　　　　　　　　　　　　金额单位：元

单据编号	业务日期	往来单位	应付金额	付款金额	到期日	源单编号	应付金额	付款用途
FKD00000001	20×0/1/10	北京克旗电子技术有限公司	2 073 227.80	2 073 227.80	20×0/1/10	FKSQ000001	2 073 227.80	预付款
FKD00000002	20×0/2/12	北京克旗电子技术有限公司	888 526.20	888 526.20	20×0/2/12	AP00000041	2 961 754.00	
FKD00000003	20×0/1/9	上海宏愿机械有限公司	1 762 829.12	1 762 829.12	20×0/1/9	FKSQ000002	1 762 829.12	预付款
FKD00000004	20×0/2/12	上海宏愿机械有限公司	440 707.28	440 707.28	20×0/2/12	AP00000042	2 203 536.40	
FKD00000005	20×0/1/12	广东五金工艺公司	3 420 525.64	3 420 525.64	20×0/1/12	FKSQ000003	3 420 525.64	预付款
FKD00000006	20×0/2/13	广东五金工艺公司	1 465 939.56	1 465 939.56	20×0/3/1	AP00000043	4 886 465.20	
FKD00000007	20×0/2/8	上海宏愿机械有限公司	1 312 059.98	1 312 059.98	20×0/2/8	FKSQ000004	1 312 059.98	预付款
FKD00000008	20×0/3/11	上海宏愿机械有限公司	562 311.42	562 311.42	20×0/3/11	AP00000044	1 874 371.40	
FKD00000009	20×0/2/10	北京克旗电子技术有限公司	2 504 930.54	2 504 930.54	20×0/2/10	FKSQ000005	2 504 930.54	预付款
FKD00000010	20×0/3/11	北京克旗电子技术有限公司	1 073 541.66	1 073 541.66	20×0/3/11	AP00000045	3 578 472.20	
FKD00000011	20×0/3/8	广东五金工艺公司	2 258 234.56	2 258 234.56	20×0/3/8	FKSQ000006	2 258 234.56	预付款
…	…	…	…	…	…	…	…	…

表 5-53　　　　　　　　　　　　　　　　　应付单列表

业务日期	供应商	单据编号	价税合计	到期日
20×0/12/23	上海永胜贸易有限公司	AP00000497	55 000.00	20×1/1/22
20×0/12/13	上海宏愿机械有限公司	AP00000069	2 135 271.80	20×1/1/30
20×0/12/13	广东五金工艺公司	AP00000070	4 397 306.70	20×1/1/12
20×0/12/11	河北德康汽修公司	AP00000525	640 000.00	20×1/1/10
20×0/12/2	上海彬祺贸易公司	AP00000496	10 000.00	20×1/1/1
20×0/12/1	上海宏愿机械有限公司	AP00000034	113 792.60	20×0/12/1
20×0/11/28	上海宏愿机械有限公司	AP00000086	−113 792.60	20×0/11/28
20×0/11/28	上海永胜贸易有限公司	AP00000495	10 000.00	20×0/12/28
20×0/11/27	天津亚特电器办事处	AP00000494	100 000.00	20×0/12/27
20×0/11/24	北京克旗电子技术有限公司	AP00000093	2 042 070.30	20×0/12/30
20×0/11/24	北京克旗电子技术有限公司	AP00000094	837 413.00	20×0/12/30
20×0/11/23	上海宏愿机械有限公司	AP00000033	693 615.80	20×0/12/23
20×0/11/14	上海宏愿机械有限公司	AP00000067	5 445 052.80	20×0/12/30
20×0/11/14	上海宏愿机械有限公司	AP00000068	2 668 443.40	20×0/12/30
20×0/11/11	天津亚太电器办事处	AP00000493	1 500.00	20×0/12/11
20×0/10/26	上海永胜贸易有限公司	AP00000492	55 000.00	20×0/11/25
20×0/10/24	北京克旗电子技术有限公司	AP00000097	996 801.00	20×0/11/30
20×0/10/24	北京克旗电子技术有限公司	AP00000098	1 638 797.60	20×0/11/30
20×0/10/23	广东五金工艺公司	AP00000091	1 305 703.80	20×0/11/30
20×0/10/23	广东五金工艺公司	AP00000092	2 257 822.20	20×0/11/30
…	…	…	…	…

5.6.5　大数据预处理

由于"付款时间合理性"这一指标涉及两个日期类型的数据进行计算，所以首先应该确保这两个日期字段的类型为"日期"，而不是"字符串"。并且，将表单从业务系统导出后，会发现应付单内容的表现形式和付款单不同，此时也需要进行一些调整，见表 5-54。

表 5-54　　　　　　　"付款时间合理性"指标数据预处理方式

处理方式	举例
删除无效数据	（1）在付款单、应付单中，如果业务日期在系统日期之后，则认定该行数据无效，将该行数据删除 （2）应付单会显示详细的采购物料信息，但指标计算只需要每张应付单的"业务日期"，所以可以删掉不含日期信息的行
数据转换	付款单、应付单中"到期日""业务日期"等字段必须统一将数据类型设置为日期

5.6.6 数据仓库构建

1.数据模型设计

创建采购付款数据仓库模型,包括两个事实表——验收事实表和付款事实表,五个维度表——日期维度表、验收结果维度表、物料维度表、供应商维度表和付款方式维度表,相关内容如图5-25所示。

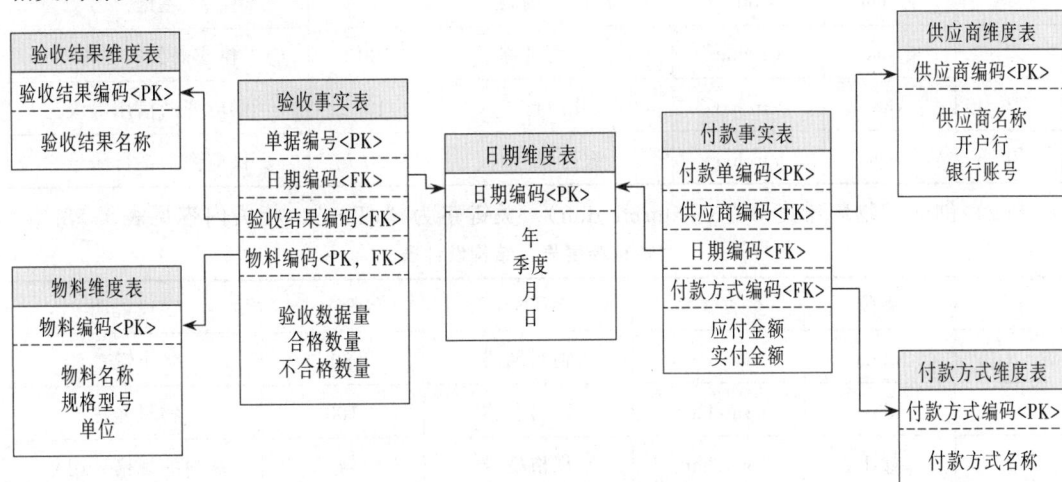

图5-25 采购付款数据仓库模型

2.事实表结构设计

创建"验收事实表"(receive_fact),关键字为"djbh",相关内容见表5-55。

表 5-55   **"验收事实表"结构设计表**

序号	字段	数据类型	字段标题	字段大小	字段说明
1	djbh	varchar	单据编号	100	主键
2	rqbm	date	日期编码	3	外键,验收日期
3	ysjgbm	varchar	验收结果编码	10	外键
4	wlbm	varchar	物料编码	80	主键,外键
5	yssl	int	验收数量	10	验收的物料总数
6	hgsl	int	合格数量	10	验收合格的物料数量
7	bhgsl	int	不合格数量	10	验收不合格的物料数量

创建"付款事实表"(payment_fact),关键字为"djbh",相关内容见表5-56。

表 5-56   **"付款事实表"结构设计表**

序号	字段	数据类型	字段标题	字段大小	字段说明
1	djbh	varchar	单据编号	100	主键
2	gysbm	int	供应商编码	4	外键
3	rqbm	date	日期编码	3	外键,付款日期
4	fkfsbm	varchar	付款方式编码	20	外键
5	yfje	decimal	应付金额	23,10	应该支付的金额
6	sfje	decimal	实付金额	23,10	实际支付的金额

3.维度表结构设计

（1）创建"供应商维度表"（supplier_dim），关键字为"gysbm"，相关内容见表5-57。

表5-57   **"供应商维度表"结构设计表**

序号	字段	数据类型	字段标题	字段大小	字段说明
1	gysbm	int	供应商编码	4	主键
2	gysmc	varchar	供应商名称	100	供应商公司名称
3	khh	varchar	开户行	10	供应商的信用等级
4	yhzh	varchar	银行账号	30	供应商的银行账号

（2）创建"物料维度表"（material_dim），关键字为"wlbm"，相关内容见表5-58。

表5-58   **"物料维度表"结构设计表**

序号	字段	数据类型	字段标题	字段大小	字段说明
1	wlbm	varchar	物料编码	80	主键
2	wlmc	varchar	物料名称	100	物料名称
3	ggxh	varchar	规格型号	4	物料的规格、型号
4	dw	varchar	单位	10	物料的计量单位

（3）创建"日期维度表"（date_dim），关键字为"rqbm"，相关内容见表5-59。

表5-59   **"日期维度表"结构设计表**

序号	字段	数据类型	字段标题	字段大小	字段说明
1	rqbm	date	日期编码	3	主键
2	years	varchar	年	4	年
3	quarters	varchar	季度	4	季
4	months	varchar	月份	2	月
5	dates	varchar	日	2	日

（4）创建"验收结果维度表"（result_dim），关键字为"ysjgbm"，相关内容见表5-60。

表5-60   **"验收结果维度表"结构设计表**

序号	字段	数据类型	字段标题	字段大小	字段说明
1	ysjgbm	varchar	验收结果编码	20	主键
2	ysjg	varchar	验收结果名称	10	合格或不合格

（5）创建"付款方式维度表"（paymentmethod_dim），关键字为"fkfsbm"，相关内容见表5-61。

表 5-61　　　　　　　**"付款方式维度表"结构设计表**

序号	字段	数据类型	字段标题	字段大小	字段说明
1	fkfsbm	varchar	付款方式编码	20	主键
2	fkfs	varchar	付款方式名称	20	付款的方式

5.6.7　风险评估

本小节还是以"付款时间合理性"为例,展示如何进行指标计算以及风险评价。首先需要使用预处理好的付款单和应付单中的数据进行指标计算,再结合指标评价标准来评估风险。

1.指标计算

运用这一指标时,首先需要通过应付单中的"到期日"与付款单中的"业务日期"计算出付款日期差,然后借助该数值评估风险情况,指标计算公式见表 5-62。

表 5-62　　　　　　　**"付款时间合理性"指标运用**

指标名称	指标运用
付款时间合理性	通过"付款日期差"的值来判断付款时间合理性。 付款日期差=应付单（到期日）-付款单（业务日期）

2.风险评价

一般情况下,企业财务部有规定的供应商付款日,具体的付款日由采购部和供应商进行协商。在付款之前,采购部必须将付款相关资料交由财务部,财务部根据付款需求日和企业资金状况安排付款。按照规定时间付款有利于企业合理安排资金,提高资金使用效率及效益,因此,可以认为如果企业在约定付款日之前付款（不考虑现金折扣）,则对企业资金运转存在不同程度的风险。付款时间合理性指标评价标准见表 5-63。

表 5-63　　　　　　　**"付款时间合理性"指标评价标准**

指标名称	评价标准
付款时间合理性	（1）付款日期差为 0,付款及时性达标——绿色提示; （2）付款日期差在（0,4]范围内,略微提前付款——黄色预警; （3）付款日期差在（4,7]范围内,过于提前付款——橙色预警; （4）付款日期差>7,严重提前付款——红色预警; （5）付款日期差<0,延迟付款——红色预警

5.6.8　风险评估结果可视化

"付款时间合理性"这一指标在运用时是以每一张付款单为对象的。由于蛮先进公司所处的制造业对生产产品所需的零部件原材料依赖程度高,并且原材料种类繁多,需要从不同的供应商处采购,所以付款单的数据量也非常大。在进行可视化展示时,可以先筛选月份,分月份进行结果展示。遇到数据量大的情况,可以先筛选日期,再使用散点图、雷达图等来呈现数据。如图 5-26 所示,通过该热力图可以看出 20×2 年各月份中企业向哪些供应商付款的金额较多,分析人员可以优先评估对应月份里与这些供应商相关的付款单。

业务 日期（月）	东莞盛祥 机电公司	广东庆诚 机械厂	广东五金 工艺公司	河北长华 电镀厂	河北德康 汽修公司	河北液化 气站	上海永胜 机械厂
1月		▪	◼	◼			
2月			◼	▪			
4月			◼	▪			
6月			◼	◼			▪
7月	▪		▪	◼			
8月	▪					▪	
9月			◼	◼			▪
10月	▪		◼				
11月				◼			
12月			▪				

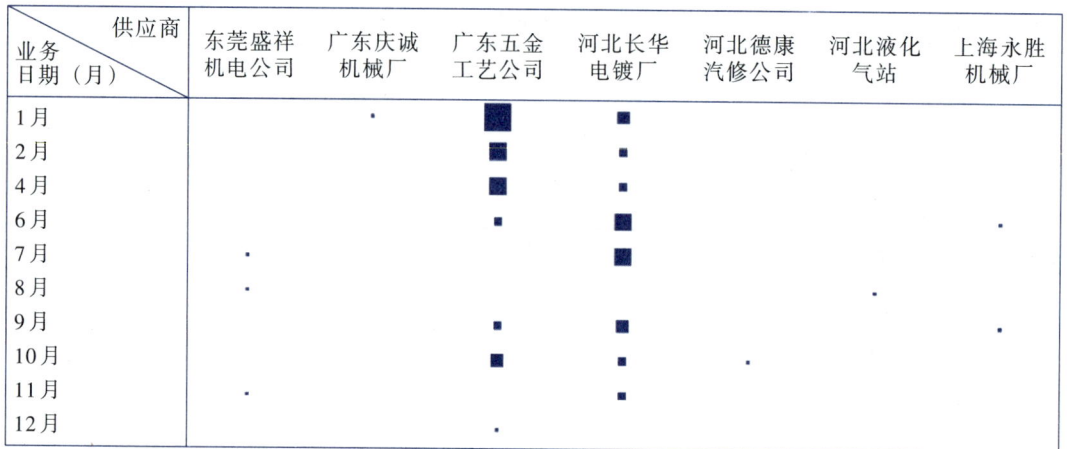

图 5-26　20×2 年向各供应商付款情况热力图

5.6.9　风险评估报告输出

采购付款环节大数据风险评估报告的大致内容包括：风险评估目的、风险评估思路、大数据风控指标、风险评估标准、风险评估结果以及该环节风险应对措施，如图 5-27 所示。

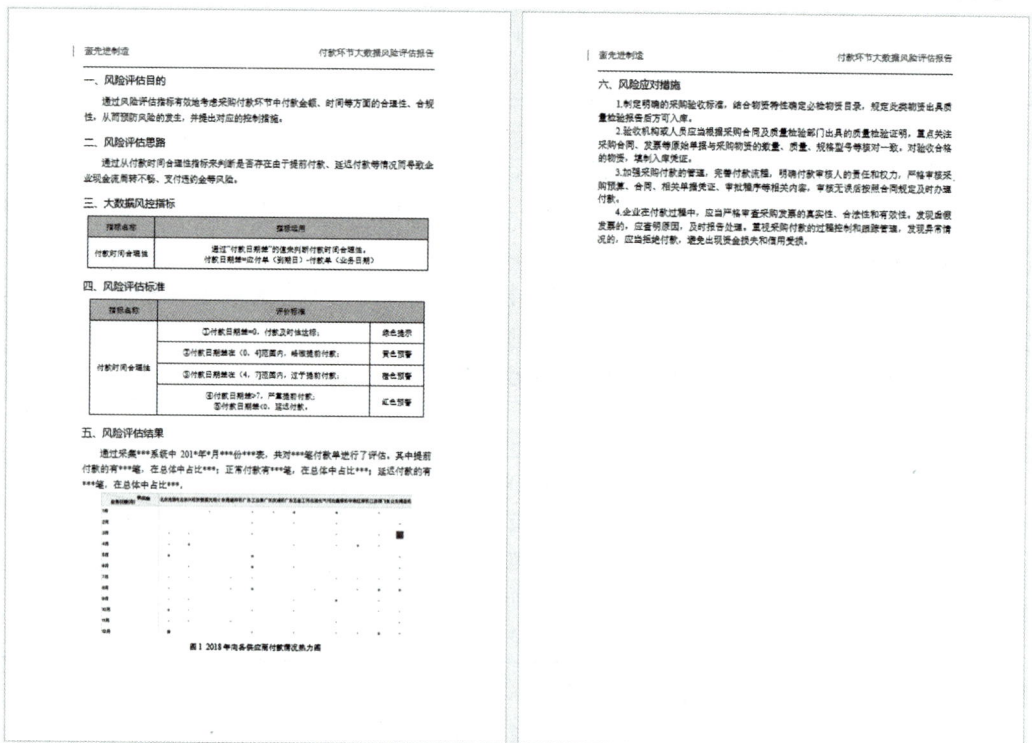

图 5-27　采购付款环节大数据风险评估报告示例

实验一

采购业务大数据风控实操

一、实验目的

1.熟练掌握采购业务大数据风控的实施流程；

2.熟悉采购付款环节相关表单、数据项；

3.掌握"付款时间合理性"指标从数据采集、预处理、指标计算到风险评估和可视化整个流程和步骤的技术实现；

4.掌握编写采购业务大数据风险评估报告的方法。

二、实验环境

1.软件平台：金蝶大数据智能风控实训平台、轻分析平台；

2.硬件教具：大数据智能风控物理模拟教学沙盘；

3.浏览器：建议使用 Google Chrome（谷歌浏览器）。

三、实验要求

1.明确指标"付款时间合理性"旨在评估什么样的风险，可能导致企业有何损失；

2.使用大数据智能风控物理模拟教学沙盘完成采购业务大数据风控流程推演；

3.在大数据智能风控实训平台完成指标"付款时间合理性"所需数据的采集；

4.基于"付款时间合理性"指标应用的要求，在大数据智能风控实训平台完成采集数据的预处理操作；

5.建立采购付款数据仓库，画出数据仓库数据模型，构建事实表和维度表；

6.在轻分析平台完成指标计算、风险评估以及指标应用结果的可视化；

7.完成采购业务大数据风险评估报告。

四、实验内容和步骤

通过在金蝶大数据智能风控平台上导入蛮先进公司的"应付单列表"和"付款单列表"数据，并进行预处理、指标计算、风险评估等操作，来实现对"付款时间合理性"指标的应用。具体步骤如下：

1.进入金蝶大数据处理实践平台（http：//116.63.167.113：11050/KtpDataming/index）。

2.在左侧菜单栏"大数据处理"目录下选择"数据清洗"，点击"上传文件"。在本地文件中选择准备文件"应付单列表"后，在"选择数据源"处的下拉列表中选择"应付单列表"，点击"下一步"，如图5-28所示。对"付款单列表"的操作相同，此处不再赘述。

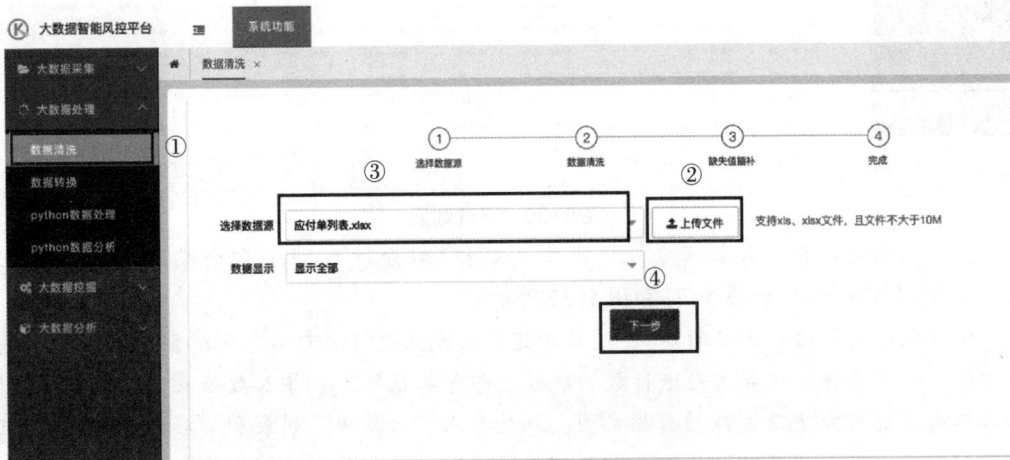

图5-28　上传待清洗的数据表

3.通过对源数据进行检查，可能发现存在部分应用指标的过程中不需要使用的字段，如“币别”“单据状态等”，因此可以在数据清洗时对它们进行删除。在数据清洗页面点击“添加规则”，选择“局部清洗”中的“列删除”，点击“＋”，在字段列表中勾选“单据状态”“物料名称”“物料编码”等多余字段，点击“执行清洗”后点击“下一步”，如图5-29所示。

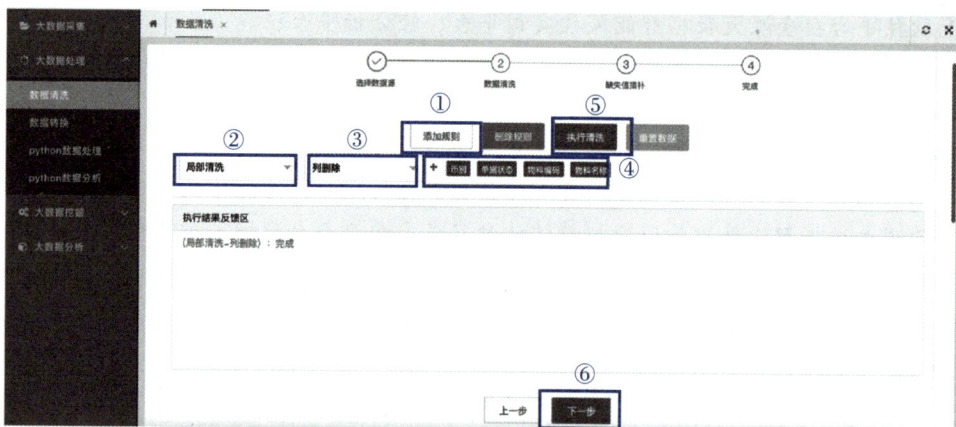

图5-29　执行局部清洗

4.执行完成后滑动到页面下方的“数据预览”板块，点击“下载”，即可将预处理后的数据下载到本地，如图5-30所示。

#	业务日期	供应商	单据编号	价税合计	Unnamed: 4	到期日	Unnamed: 6	单据编号.1	已结算金额
0	20×2-01-20	广东庆诚机械厂	AP00000604	73452.0	2022-01-20	2022-01-26	1	AP00000604	73452.0
1	20×2-06-20	上海宏愿机械有限公司	AP00000603	446808.0	2022-06-20	2022-06-21	1	AP00000603	235733.0
2	20×2-07-01	天津澳航仪表厂	AP00000601	125933.0	2022-07-01	2022-07-02	1	AP00000601	
3	20×2-01-10	天津澳航仪表厂	AP00000600	560513.0	2022-01-10	2022-01-11	1	AP00000600	
4	20×2-01-05	天津澳航仪表厂	AP00000373	109776.0	2022-01-05	2022-01-06	1	AP00000373	
5	20×2-01-22	北京新凯小机电公司	AP00000599	1238522.6	2022-02-23	2022-03-01	1	AP00000599	106.4
6	20×2-01-08	慈溪光明小设备制造厂	AP00000598	261900.0	2022-01-08	2022-01-09	1	AP00000598	261900.0
7	20×2-12-31	北京新凯小机电公司	AP00000596	25855000.0	2022-12-31	2023-01-01	1	AP00000596	
8	20×2-03-11	天津斯巴克有限公司	AP00000595	12442010.0	2022-03-11	2022-03-12	1	AP00000595	5581800.0
9	20×2-03-05	山东博圣机床制造公司	AP00000594	11823500.0	2022-03-05	2022-03-06	1	AP00000594	3880250.0
10	20×2-12-22	天津澳航仪表厂	AP00000588	58500.0	2022-12-22	2022-12-23	1	AP00000588	5000.0
11	20×2-12-20	北京克旗电子技术有限公司	AP00000587	673650.0	2022-12-20	2022-12-21	1	AP00000587	42500.0
12	20×2-12-15	江苏腾飞制造厂	AP00000586	624300.0	2022-12-15	2022-12-16	1	AP00000586	42500.0
13	20×2-12-11	河北鑫辉机电有限公司	AP00000585	641550.0	2022-12-11	2022-12-17	1	AP00000585	42000.0

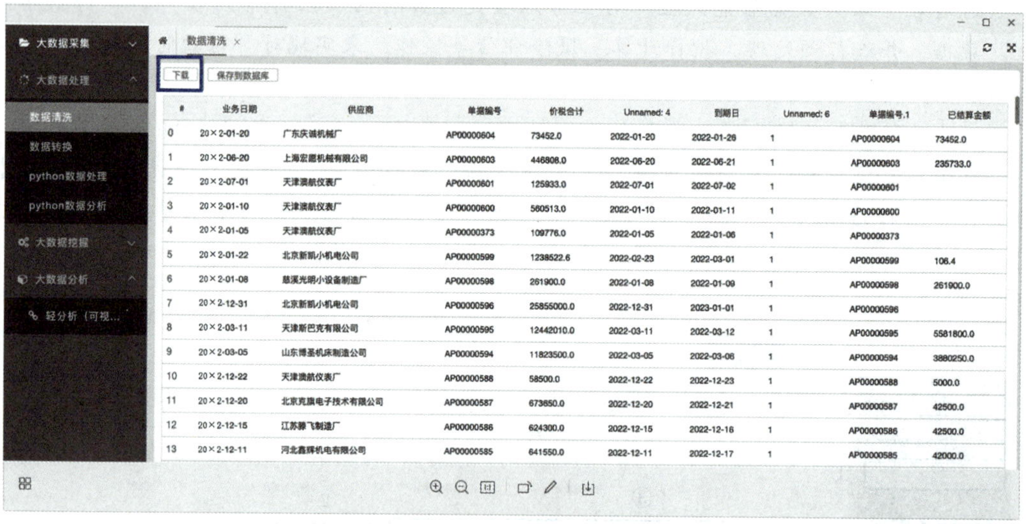

图5-30　下载数据

5.在左侧菜单栏“大数据分析”目录下选择“轻分析”，跳转到金蝶云星空平台登录后，选择“轻分析”，如图5-31和图5-32所示。

6.在轻分析页面单击“新建”，选择新建“业务主题”后命名，如图5-33所示。

7.单击新建好的业务主题进行数据建模，即导入数据表。导入数据表时可选择要使用的工作表，也可以更改字段的数据类型。此处导入“付款单”列表和“应付单”列表，通过“付款单”列表中的“源单编号”与“应付单”列表中的“单据编号”相连接，操作完后单击“保存”，如图5-34和图5-35所示。

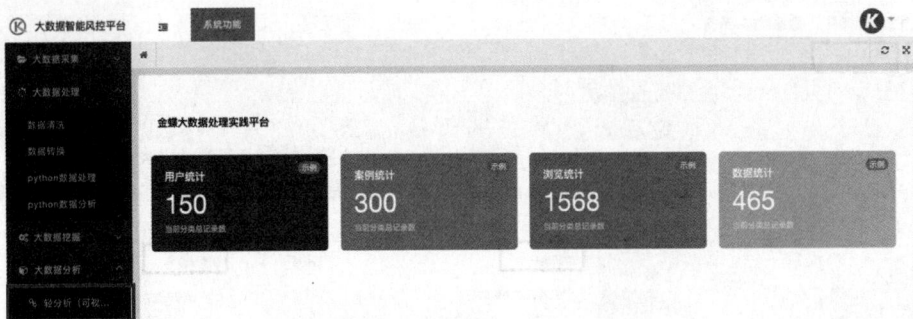

图 5-31　大数据智能风控平台"轻分析"入口

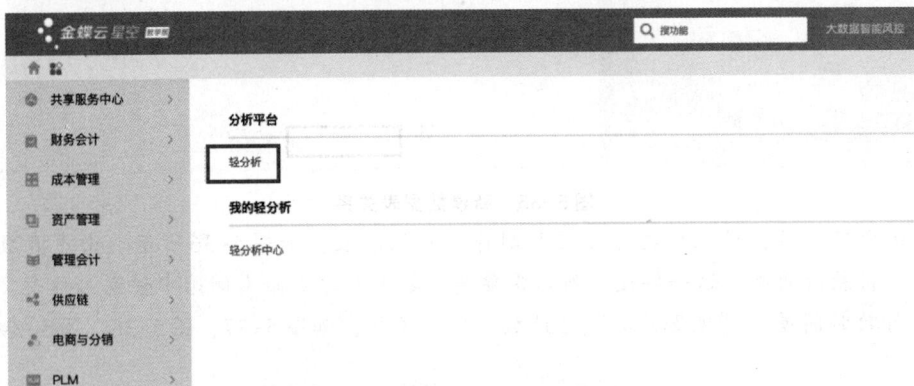

图 5-32　金蝶云星空平台"轻分析"入口

图 5-33　新建可视化业务主题

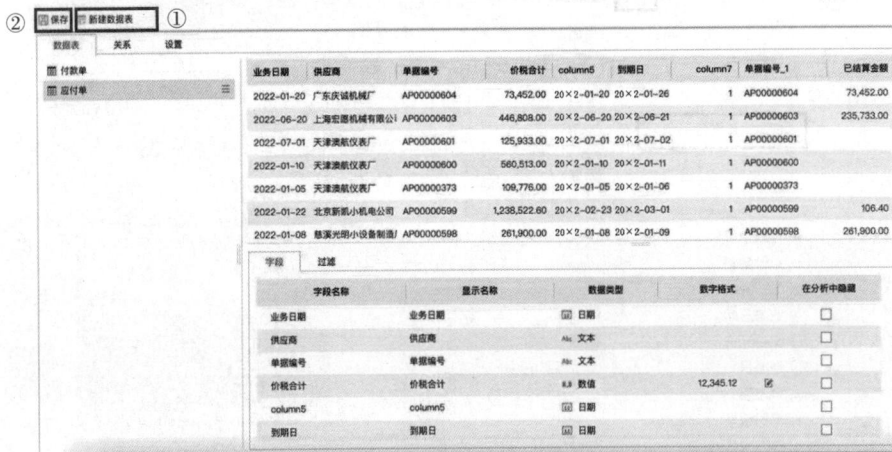

图 5-34　轻分析新建数据表

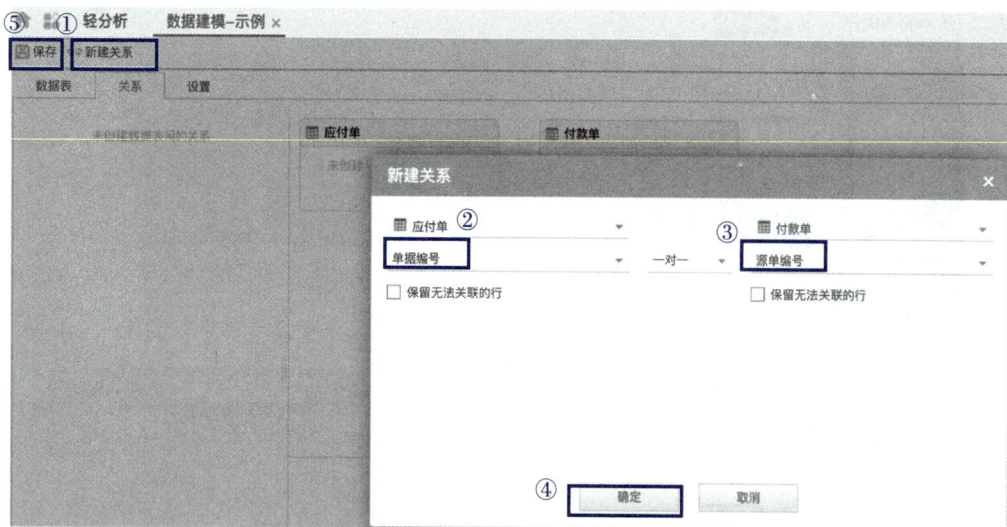

图5-35　新建数据表关系

8.建模完成后，进入数据斗方页面制作可视化图表，如图5-36所示。由于源数据中不包含"付款时间差"这一字段，所以需要先在数据斗方页面左侧选中任意工作表，依次创建"付款时间差"、"风险情况"、"计数"三个字段，如图5-37、图5-38、图5-39和图5-40所示。

图5-36　数据斗方入口

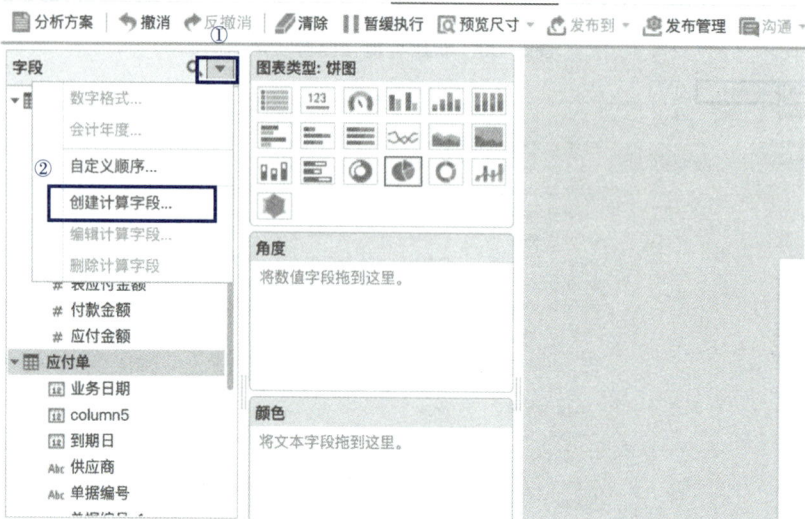

图5-37　创建计算字段

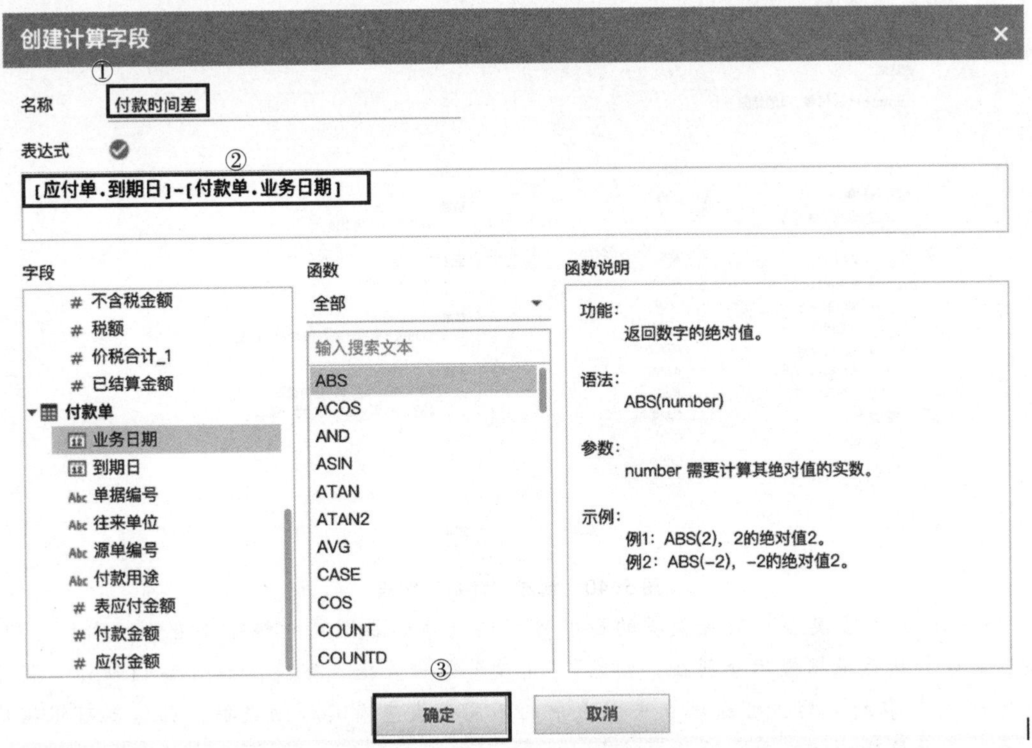

创建计算字段　　　　　　　　　　　　　　　　　　　　　　　　　　×

名称　①　付款时间差

表达式　✅　②

[应付单.到期日]-[付款单.业务日期]

字段

不含税金额
税额
价税合计_1
已结算金额
▼ ▦ 付款单
　　🗓 业务日期
　　🗓 到期日
　　Abc 单据编号
　　Abc 往来单位
　　Abc 源单编号
　　Abc 付款用途
　　# 表应付金额
　　# 付款金额
　　# 应付金额

函数

全部　　　　　　　▼

输入搜索文本

ABS
ACOS
AND
ASIN
ATAN
ATAN2
AVG
CASE
COS
COUNT
COUNTD

函数说明

功能：
　　返回数字的绝对值。

语法：
　　ABS(number)

参数：
　　number 需要计算其绝对值的实数。

示例：
　　例1：ABS(2)，2的绝对值2。
　　例2：ABS(−2)，−2的绝对值2。

③　确定　　　取消

图 5-38　创建"付款时间差"字段

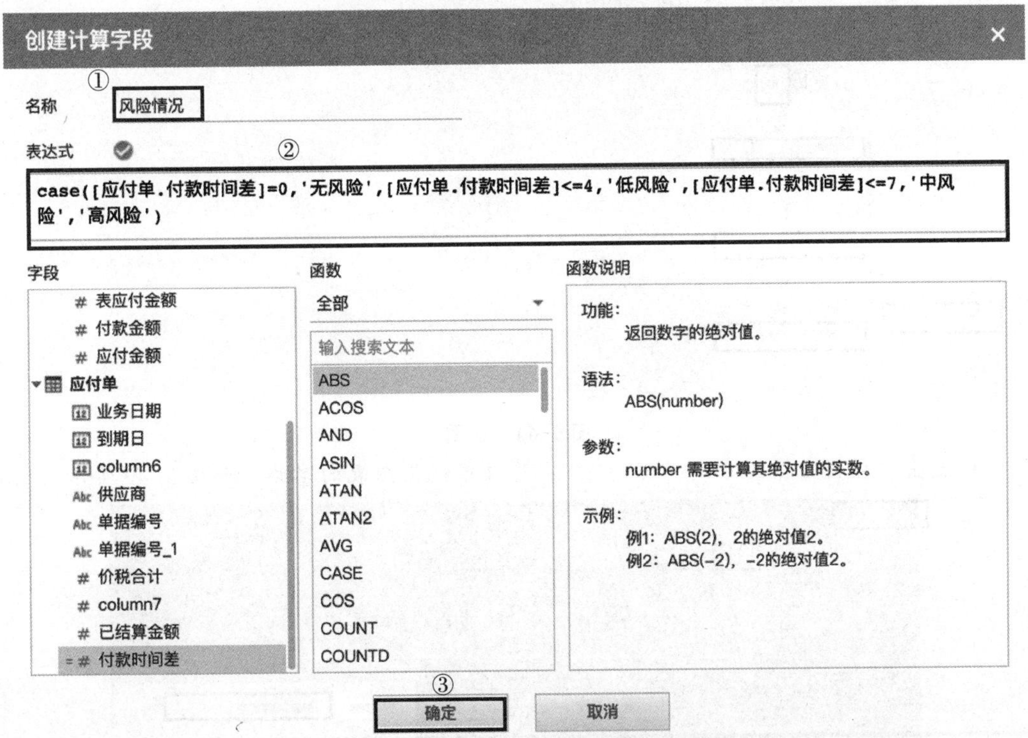

创建计算字段　　　　　　　　　　　　　　　　　　　　　　　　　　×

名称　①　风险情况

表达式　✅　②

case([应付单.付款时间差]=0,'无风险',[应付单.付款时间差]<=4,'低风险',[应付单.付款时间差]<=7,'中风险','高风险')

字段

表应付金额
付款金额
应付金额
▼ ▦ 应付单
　　🗓 业务日期
　　🗓 到期日
　　🗓 column6
　　Abc 供应商
　　Abc 单据编号
　　Abc 单据编号_1
　　# 价税合计
　　# column7
　　# 已结算金额
　　= # 付款时间差

函数

全部　　　　　　　▼

输入搜索文本

ABS
ACOS
AND
ASIN
ATAN
ATAN2
AVG
CASE
COS
COUNT
COUNTD

函数说明

功能：
　　返回数字的绝对值。

语法：
　　ABS(number)

参数：
　　number 需要计算其绝对值的实数。

示例：
　　例1：ABS(2)，2的绝对值2。
　　例2：ABS(−2)，−2的绝对值2。

③　确定　　　取消

图 5-39　创建"风险情况"字段

图5-40　创建"计数"字段

9.先选择图表类型，数据太多的情况可以通过筛选器设置一些筛选条件，比如日期、供应商等。然后根据提示分别在"颜色""角度"等位置拖入字段，如图5-41所示。将字段拖入"钻取到"后，可通过点击图表中的不同分类查看其详细数据；筛选器可根据拖入的字段对呈现的数据内容进行筛选。

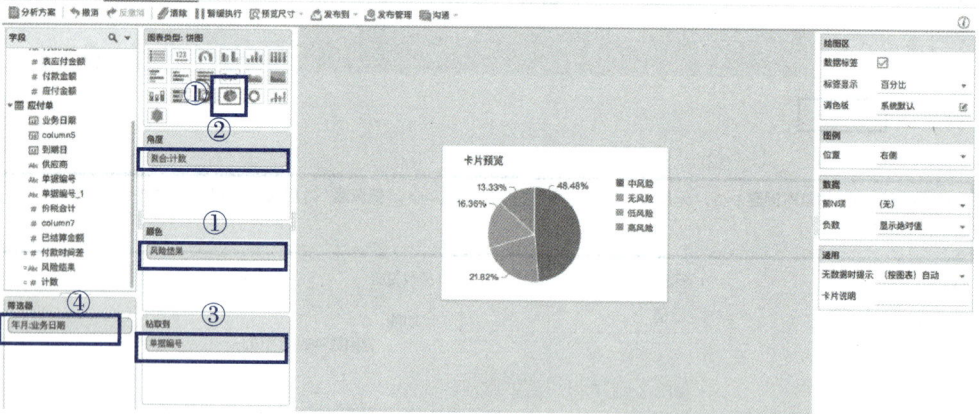

图5-41　饼图

10.点击"分析方案"中的"保存"，输入该可视化图表的名称，如图5-42所示。

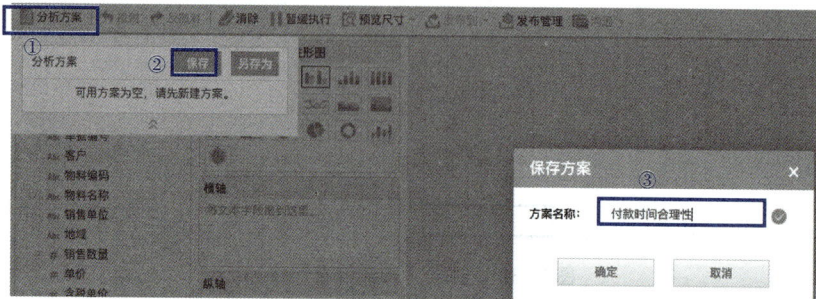

图5-42　保存数据斗方方案

11.参考风险评估报告模板的内容，编写采购付款环节的风险评估报告，如图5-43所示。

图5-43 采购付款环节大数据风险评估报告

课程思政

2020年，在包括欧盟国家、部分"一带一路"沿线国家以及二十国集团（G20）成员国在内的46个参评国中，中国的人工智能创新指数排名相较于2019年上升了一个名次，超过韩国，仅排在美国之后，成为第二名。可以看出，中国的人工智能创新指数在发展中国家里非常突出，是唯一进入前十的发展中国家。从具体的指标上看，在基础支撑、产业与应用、科技研发等几个主要评判指标中，中国都挤进了前十。数据统计显示，在过去的10年里，全球申请过人工智能专利的产品超过52万件，并且呈现持续上升的状态。其中，我国申请过人工智能专利的产品数量高达38.9571万件，位居全球第一，这个数值是排名第二的美国的申请量的8.2倍。按照这样的发展速度，我国人工智能产业将有望进一步缩小与美国之间的差距。

要求：试着和同学们讨论一下，在大数据和人工智能领域，中国与西方发达国家相比存在哪些发展优势？

资料来源：改编自：张建琳，曾艺：最新！中国人工智能创新指数排名升至第二位，成功超越韩国〔EB/OL〕.（2021-07-08）. https://baijiahao.baidu.com/s?id=1704709052345466595&wfr=spider&for=pc.

本章习题自测

第6章 销售业务大数据风控

━━━━━━ ◼ 【学习目标】 ◼ ━━━━━━

1.熟悉制造业的销售业务总体流程；

2.理解销售业务各环节的基本控制要求；

3.熟悉销售业务各环节潜在的风险因素；

4.掌握针对销售业务不同风险点的风险评估指标设计方法；

5.掌握典型的销售业务大数据风控实施的流程、步骤与具体内容。

思维导图+
课前预习

【案例场景6-1】

崭露头角识风险

经过一番磨练，实习生家桐已经掌握了部门业务，细细梳理了业务流程，这也算是稳稳地迈出了大数据风控的第一步。蛮先进公司的CRO（首席风险官）兼大数据智能风控部的负责人Mr.Cheng为了进一步锻炼家桐，专门安排了中级风控专员万梦竹带领家桐一起到销售部实施大数据风控。此刻的家桐，虽然已经体验了采购业务的大数据风控，但是心里还是有些忐忑。万梦竹看出了家桐的心思，主动开口说道："你好家桐，我是中级风控专员万梦竹，大家都叫我老万。之前听你们汇报，感觉你们在采购部门实施的大数据风控还不错，你是不是收获良多呀？"家桐不好意思地笑着说："没有啦，我还有很多不懂的，还好有楠姐一直提醒我、教我，这次去销售部也要麻烦您多指教了。""哈哈哈，大家互相帮助吧！"说罢，老万便带着家桐一起到了销售部。

在销售部等待他们的是销售专员汤远萍，她一边用刚买的秀山茶叶给老万和家桐泡茶，一边还让同事拿了一些磁器口麻花出来。老万见状，连忙说："小汤，你也太客气啦，我们来也是要麻烦你们配合工作的。"小汤笑着说："没事，我们这里经常要招待客户，约客户洽谈，这点东西不算什么。你们来实施大数据风控也是为了整个公司，我们一定积极配合！那我先给你们介绍一下销售部的业务流程怎么样？"突然，老万打断道："等等，先让我们的实习生家桐来说说看吧。家桐说说看，你对销售部的业务流程了解得怎么样？"家桐听到后立刻站起身来，清了清嗓子，翻开"蛮好用"笔记本，井井有条地说道："销售部门的流程一般从制订销售计划开始，销售计划审批通过后，就会寻找客户，然后对意向客户报价，客户购买产品的数量不同，享受的折扣就不同。和客户谈好之后就会签合同。之后，客户会向我们公司下订单，公司会在业务系统里面生成发货通知单、出库单、应收单等一系列单据。财务部会根据应收单核查客户是否按时打款，如果客户没有按时打款，那么销售部就需要去催收欠款。你们看是不是这么个流程？"老万和小汤听完对望了一眼，点了点头。要知道，家桐前几天一直在上网查资料、问同事，就是想在来之前做好充足的准备。

虽然家桐能够大概讲出销售部门的整个业务流程，但对于每个环节有什么风险他却只字未提。老万笑着对他说："能够梳理业务流程很重要，但更重要的是我们要清楚每个环

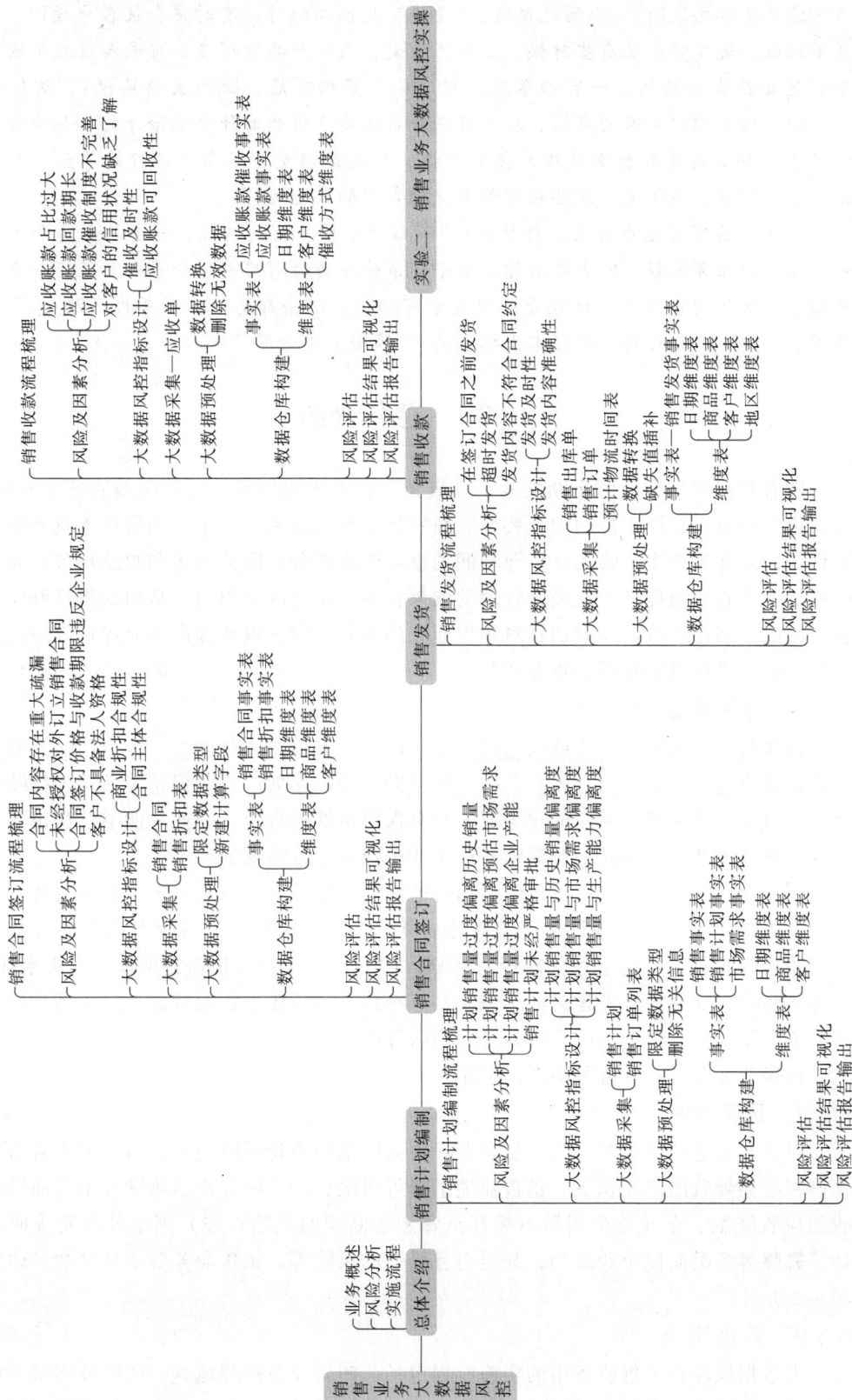

【思维导图】

销售业务大数据风控

- **总体介绍**
  - 业务概述
  - 风险分析
  - 实施流程

- **销售计划编制**
  - 销售计划编制流程梳理
  - 风险及因素分析
    - 计划销售量过度偏离历史销量
    - 计划销售量过度偏离市场需求
    - 计划销售量过度偏离企业产能
    - 销售计划未经严格审批
  - 大数据风控指标设计
    - 计划销售量与历史销量偏离度
    - 计划销售量与市场需求偏离度
    - 计划销售量与生产能力偏离度
  - 大数据采集——销售计划
  - 大数据预处理
    - 限定数据类型
    - 删除无关信息
  - 数据仓库构建
    - 事实表——销售计划事实表 / 市场需求事实表
    - 维度表——日期维度表 / 商品维度表 / 客户维度表
  - 风险评估
  - 风险评估结果可视化
  - 风险评估报告输出

- **销售合同签订**
  - 销售合同签订流程梳理
  - 风险及因素分析
    - 合同内容存在重大疏漏
    - 未经授权对外订立销售合同
    - 合同签订价格与收款期限违反企业规定
    - 客户不具备法人资格
  - 大数据风控指标设计——商业折扣合规性
  - 大数据采集——销售合同
  - 大数据预处理
    - 限定数据类型
    - 新建合同计算字段
  - 数据仓库构建
    - 事实表——销售合同事实表 / 销售合同折扣事实表
    - 维度表——日期维度表 / 商品维度表 / 客户维度表
  - 风险评估
  - 风险评估结果可视化
  - 风险评估报告输出

- **销售发货**
  - 销售发货流程梳理
  - 风险及因素分析
    - 在签订合同之前发货
    - 超时发货
    - 发货内容不符合合同约定
  - 大数据风控指标设计
    - 发货及时性
    - 发货内容准确性
  - 大数据采集
    - 销售订单
    - 销售出库单
  - 大数据预处理
    - 预计物流时间
    - 数据转换
    - 缺失值插补
  - 数据仓库构建
    - 事实表——销售发货事实表
    - 维度表——商品维度表 / 客户维度表 / 地区维度表
  - 风险评估
  - 风险评估结果可视化
  - 风险评估报告输出

- **销售收款**
  - 销售收款流程梳理
  - 风险及因素分析
    - 应收账款占比过大
    - 应收账款回款期长
    - 应收账款催收制度不完善
    - 对客户的信用状况缺乏了解
  - 大数据风控指标设计
    - 催收款及时性
    - 应收账款可回收性
  - 大数据采集——应收收单
  - 大数据预处理
    - 数据转换
    - 删除无效数据
  - 数据仓库构建
    - 事实表——应收账款催收事实表
    - 维度表——日期维度表 / 客户维度表 / 催收方式维度表
  - 风险评估
  - 风险评估结果可视化
  - 风险评估报告输出

- **实验二　销售业务大数据风控实操**

节可能发生哪些风险。"小汤也说道:"没错,我们部门呀,有时候会被客户投诉,说我们货不对版、乱发货。还有些时候,业绩压力大,我们产品卖得多,部长却说我们优惠给多了,还要罚我们的钱。一言难尽呀,哎……"家桐听后,恍然大悟地说:"啊!我明白了,除了知道你们要做的事情,我还得去分析这些事情会有什么风险才行。如果你们优惠给多了,那公司就可能少赚钱,甚至亏钱。如果你们发货发错了被投诉甚至涉及诉讼的话,公司可能赔违约金。这些应该都是你们部门的风险吧!"

老万听后轻轻地点着头,称赞道:"不错呀家桐,就是这样,一会儿你再和小汤沟通一下详细的业务流程,回去之后你要逐个环节地分析会有哪些风险存在。还有一点,是哪些因素导致了这些风险,也就是风险因素有哪些。这些都是你要思考的问题哟。"家桐一边听,一边在"蛮好用"笔记本上记录着:"风险、风险因素……"

6.1　总体介绍

随着我国贸易行业的不断发展,零售企业在不断地创新、完善内部的各项体系建设,企业也开始意识到风险控制的重要性。在零售企业的发展过程中,销售业务具有很大的推动作用,该环节产生的收入是企业利润的重要组成部分。降低销售和收款环节风险发生的概率,才能有效地提升企业经营管理的效果,强化企业的竞争力,从而获得良好的经济收益。因此,利用大数据技术加强对销售业务的风险管控,以此提高企业经营效率是大数据时代下企业进行风险管理的重要环节。

6.1.1　业务概述

销售是指以出售、租赁或其他任何方式向第三方提供实物产品、虚拟产品或服务等的行为,同时包括与促进该行为有关的一些辅助活动,比如广告、促销等活动。持续的销售活动能给企业带来源源不断的现金流,只有保留足够的现金,企业才能继续从市场上获取生产资料和劳动力,因此销售活动对于企业来说是十分重要的。

一般来说,企业的销售过程包括销售商品或提供劳务,以及销售过程中发货、收款等活动,具体包括:(1)制订年度销售计划并分配到每个月,经过财务部审核以及部门领导、总经理审批后,再下达年度经营计划;(2)由销售部开拓销售渠道,发掘潜在客户,与客户商谈,最后签订销售合同;(3)签订销售合同后还要将发货信息同步到仓储部,同时要关注是否存在退货、应收账款是否到账等问题。

销售业务总体业务流程如图6-1所示。

6.1.2　风险分析

对于蛮先进公司这样的制造型企业,主要面临的销售风险包括:(1)因未对市场做出准确判断而导致的产品积压、销售业绩下降等风险;(2)因客户信用管理不当而导致难以收回应收账款、企业资金周转不畅甚至资金链断裂的风险;(3)因未及时发货或发生欺诈、舞弊等情况而使企业违约,甚至声誉受损的风险等。销售业务各个环节的具体风险如图6-2所示。

6.1.3　实施流程

大数据风控在销售业务中的实施流程包括:销售业务流程梳理、风险及因素分析、销售业务大数据风险评估指标设计、销售业务大数据采集、销售业务大数据预处理、销售业

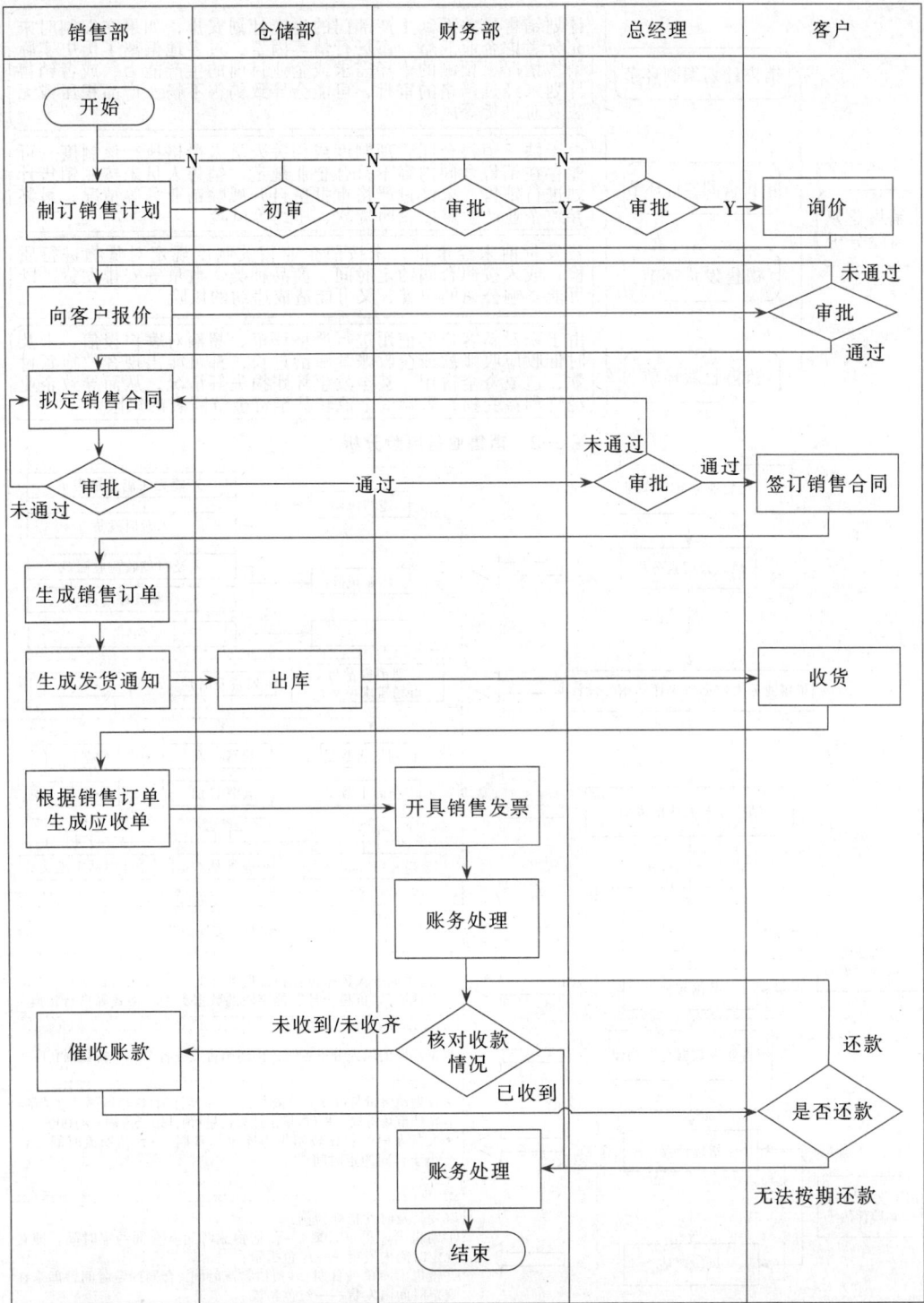

图 6-1　销售业务总体流程图

务数据仓库构建、销售业务大数据风险评估、风险评估结果可视化以及销售业务大数据风险评估报告输出，如图 6-3 所示。

销售业务
风险分析

销售计划编制环节 | 计划销售量关系到生产部门的生产计划安排，如果在编制时未充分考虑企业战略、市场行情等因素，过多地偏离了历史实际销售情况、预测的市场需求或企业目前的生产能力，或者销售计划未经过严格的审批，可能会导致销售不畅、产品积压或无法及时供货等风险。

销售合同签订环节 | 由于缺乏销售合同管理制度或相关人员未严格执行该制度，可能存在销售合同内容不符合企业规定，销售人员未按照销售计划进行销售，未经过严格审批擅自开展赊销业务等情况，最终导致企业产生难以收回货款、违约等风险。

销售发货环节 | 若发货前未经审批，未按照企业相关制度规定对货物进行质检，或未按照合同约定时间、商品种类、数量等安排发货，既可能影响公司的声誉，又可能造成违约的风险。

销售收款环节 | 由于未对新客户的信用进行严格评审、超额对客户授信、未及时催收应收账款或应收账款账龄过长，都可能出现客户拖延付款，造成资金占用，甚至发生坏账损失等情况，从而导致企业经济利益受损，影响资金流转甚至资金链断裂的风险。

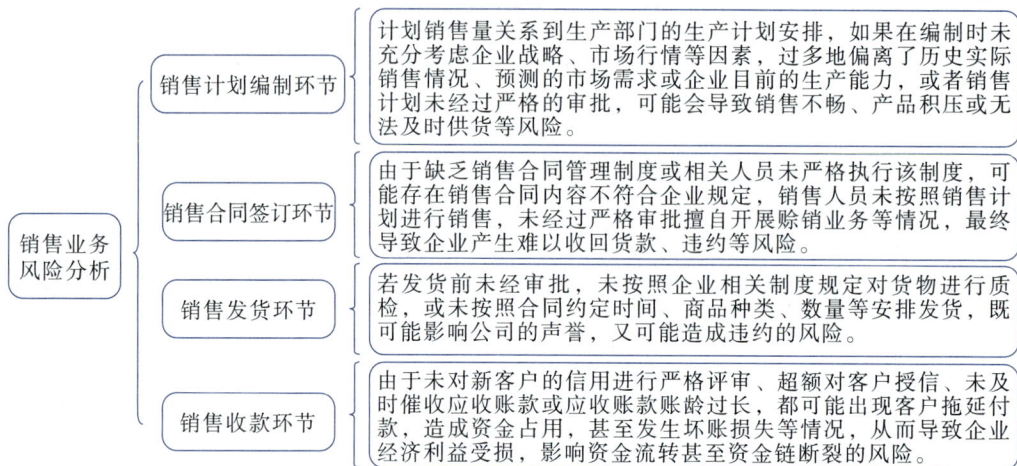

图 6-2　销售业务风险分析

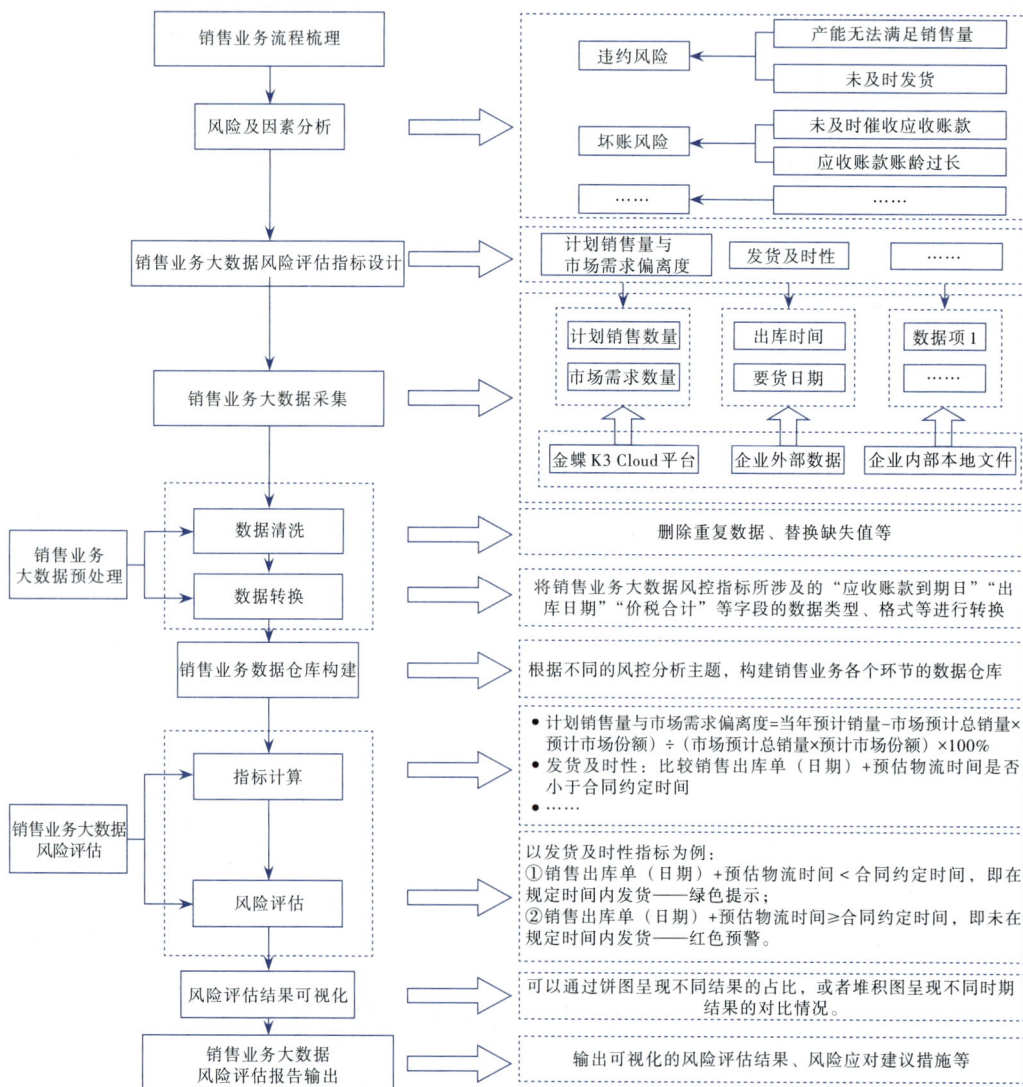

销售业务流程梳理

风险及因素分析 ⇒
违约风险 ← 产能无法满足销售量
违约风险 ← 未及时发货
坏账风险 ← 未及时催收应收账款
坏账风险 ← 应收账款账龄过长
…… ←

销售业务大数据风险评估指标设计 ⇒
计划销售量与市场需求偏离度 | 发货及时性 | ……

销售业务大数据采集 ⇒
计划销售数量 / 市场需求数量 | 出库时间 / 要货日期 | 数据项1
↑ | ↑ | ↑
金蝶K3 Cloud平台 | 企业外部数据 | 企业内部本地文件

销售业务
大数据预处理
数据清洗 ⇒ 删除重复数据、替换缺失值等
数据转换 ⇒ 将销售业务大数据风控指标所涉及的"应收账款到期日""出库日期""价税合计"等字段的数据类型、格式等进行转换

销售业务数据仓库构建 ⇒ 根据不同的风控分析主题，构建销售业务各个环节的数据仓库

销售业务大数据
风险评估
指标计算 ⇒
- 计划销售量与市场需求偏离度=当年预计销量−市场预计总销量×预计市场份额)÷（市场预计总销量×预计市场份额）×100%
- 发货及时性：比较销售出库单（日期）+预估物流时间是否小于合同约定时间
- ……

风险评估 ⇒
以发货及时性指标为例：
①销售出库单（日期）+预估物流时间＜合同约定时间，即在规定时间内发货——绿色提示；
②销售出库单（日期）+预估物流时间≥合同约定时间，即未在规定时间内发货——红色预警。

风险评估结果可视化 ⇒ 可以通过饼图呈现不同结果的占比，或者堆积图呈现不同时期结果的对比情况。

销售业务大数据
风险评估报告输出 ⇒ 输出可视化的风险评估结果、风险应对建议措施等

图 6-3　销售业务大数据风控实施流程

6.2 销售计划编制

【案例场景6-2】

"今年的销售计划就这么定了，大家加油！散会！"会议室里清晰地传来销售总监姜亭杉的声音。

生产部车间主任常吉正好路过会议室，听到销售部新一年的销售计划都定了，心想："销售计划直接影响到我们今年的生产计划，我可得提前了解今年的工作。"她一把拉住刚出来的销售部专员汤远萍，满脸笑容地问道："小汤呀，你们姜总今年给你们定了多少销售计划呀？"小汤把常吉拉到一旁，叹了一口气，小声说道："哎……去年那500万元的销售额，是我们东奔西走，费了不少力气才勉强完成的。今年可倒好，有几个同事提了一些促销的新想法，弄得姜总信心倍增，一下子把今年的目标翻了一倍！我都不知道今年该怎么办了！"

常吉一听今年的销售计划要比去年翻一倍，心里大惊，深深地叹息道："再见了，我的假期……"

【思考】 销售计划的制订会涉及哪些部门？当中要注意哪些风险？如何避免这些风险？

6.2.1 销售计划编制流程梳理

销售计划是指导企业在计划期内进行产品销售活动的计划。它规定了企业在计划期内产品销售的品种、数量、销售价格、销售对象、销售渠道、销售期限、销售收入、销售费用、销售利润等。它是企业编制生产计划和财务计划的重要依据。企业的销售计划，是在进行市场调查和预测、摸清社会需要和企业生产能力的基础上，根据国家下达的收购任务、已签订的长期供货协议和订货合同、需求预测资料等，由销售部门或由销售部门会同生产部门来编制的。

销售计划的编制流程如图6-4所示。

6.2.2 风险及因素分析

【案例场景6-3】

对于销售总监姜亭杉确定的销售计划，销售专员小汤和生产部车间主任常吉都感觉"压力山大"，两人在公司的茶水间里端着苦涩的咖啡，一筹莫展。

这时，来茶水间泡茶的大数据智能风控部负责人Mr.Cheng看到忧郁的两人，关切地问："怎么了，美好的一年才刚开始，你俩怎么愁眉苦脸的？""哎……您可不知道，我们今年的计划销售量是去年的两倍，也不知道上哪儿找那么多客户来买我们的产品……"小汤苦恼地说。"对呀，他们计划销售量增多，我们这边的生产量也要大增，工作量一下就增加了好多，我的头发呀……"常吉摸着自己本就稀疏的头发。

"两倍？行业内是有什么大的利好消息吗？"Mr.Cheng惊讶地问道。小汤回答说："哪有什么利好消息，只不过是其他几个同事有一些不错的促销想法，姜总十分认同他们的想法，觉得我们今年肯定能销量大增。"Mr.Cheng听了摇了摇头，说道："那这可有风险呀，销售计划一般要结合去年的销售情况和未来的市场需求预估来综合考虑，这样盲目地决定，不仅你们销售人员有压力，生产部门也未必能满足激增的产品需求。你们这个销售计

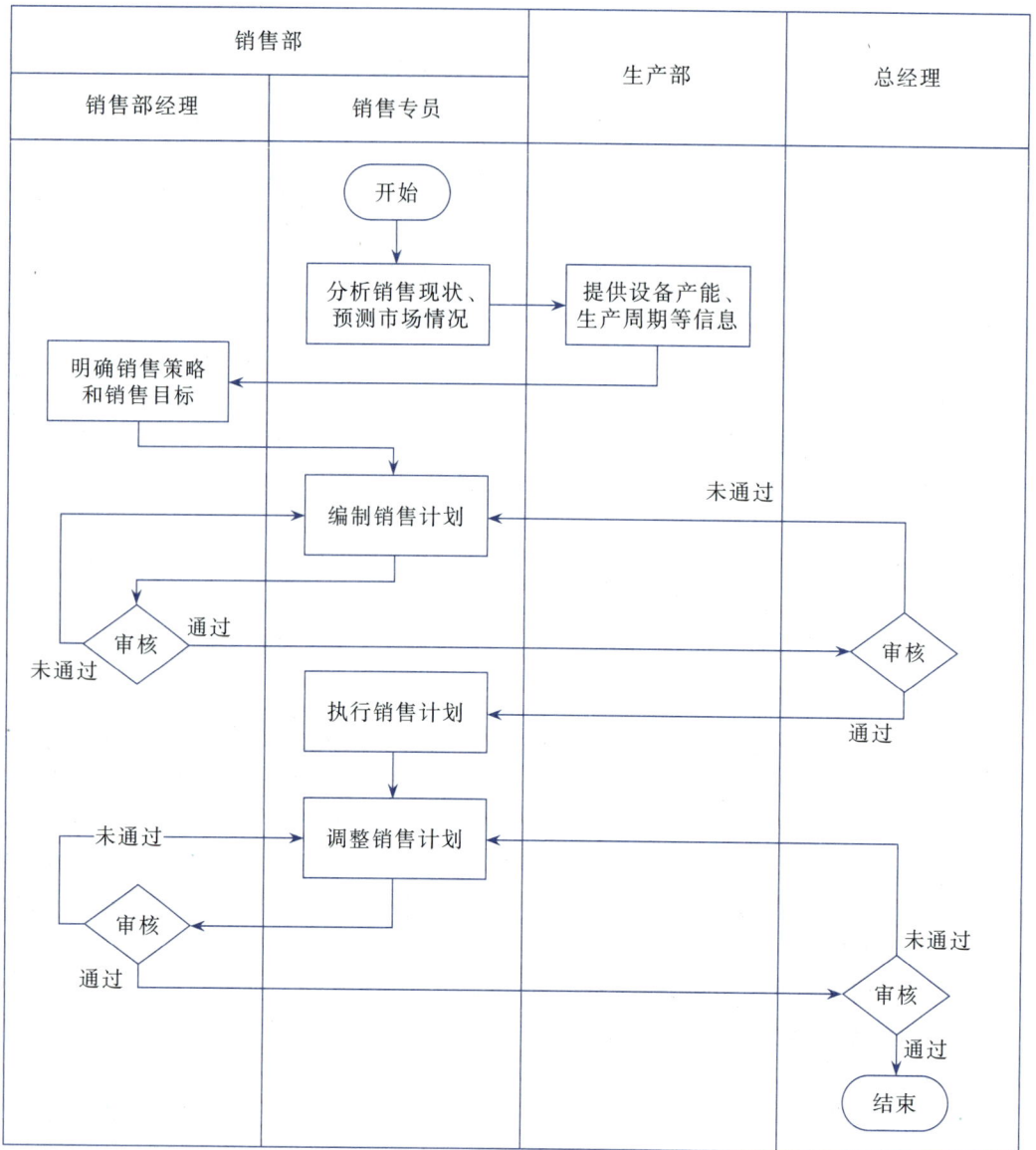

图6-4   销售计划编制流程

划，还是草率了点。"“您说得太对了，Mr.Cheng，您能给我们展开说说吗？下次和领导沟通的时候，我也能说上几句。"小汤用渴望的眼神看着Mr.Cheng。

"好的，等我把家桐也叫来听听。"说罢，Mr.Cheng便给实习生家桐打了个电话……

"好了，下面来说说编制销售计划的风险以及风险因素。企业的计划销售量关系到生产部门的生产计划安排，如果销售部在编制销售计划时没有充分考虑企业战略、市场行情、企业产能等因素，或者销售计划未经过严格的审批，就可能导致企业销售不畅、产品积压或无法及时供货等风险。而导致这些风险的因素主要包括……

1.计划销售量过度偏离历史实际销售量、预估市场需求或超出企业产能。企业如果盲目编制销售计划，未考虑客户和市场的需求，也未考虑计划的可行性和合理性，就会使销售计划的制订流于形式，无法达到预期效果。

2.销售计划未经严格审批。企业未制定销售管理制度或销售管理制度中未明确审批流程、各岗位职责，致使销售计划没有经过严密的审批程序或得到对应权限的管理层审批，从而导致销售不畅、产品积压或无法及时供货而违约等风险。

要注意，这些并不是导致销售计划编制环节发生风险的全部因素，要尽量消除这些风险因素，才能尽可能地避免该环节产生风险。"

6.2.3　大数据风控指标设计

【案例场景6-4】

Mr.Cheng说完，小汤和常吉泯了一口咖啡，便各自陷入沉思，而家桐却在一旁默默地记笔记，一脸求知若渴的样子。

企业如果盲目制订销售计划，可能导致产品过剩或无法及时供货，从而造成存货难以变现或销售合同违约等风险。因此，企业可以在考虑历史销量、市场需求和生产能力等方面后，确定相应的风险控制指标来识别企业在销售计划制订阶段可能产生的风险。鉴于此，本部分将以计划销售量与历史销量售偏离度、计划销售量与市场需求偏离度、计划销售量与生产能力偏离度三个指标为例，分别从三个方面来进行销售计划编制环节的风控指标设计，见表6-1、表6-2和表6-3。

表6-1　　　　　　　风险评价指标——计划销售量与历史销量偏离度

指标名称	计划销售量与历史销售量偏离度	对应环节	销售计划编制
指标频率	每季度	风险责任部门/岗位	销售部
指标类型	定量指标		
指标功能	该指标旨在判断计划销售量是否偏离历史销售情况		
指标运用	计划销售量与历史销量偏离度=（计划销售数量−去年销售量）÷去年销售量×100%		

表6-2　　　　　　　风险评价指标——计划销售量与市场需求偏离度

指标名称	计划销售量与市场需求偏离度	对应环节	销售计划编制
指标频率	每季度	风险责任部门/岗位	销售部
指标类型	定量指标		
指标功能	该指标旨在判断计划销售量是否偏离市场预估需求		
指标运用	计划销售量与市场需求偏离度=（当年预计销量−市场预计总销量×预计市场份额）÷（市场预计总销量×预计市场份额）×100%		

表6-3　　　　　　　风险评价指标——计划销售量与生产能力偏离度

指标名称	计划销售量与生产能力偏离度	对应环节	销售计划编制
指标频率	每季度	风险责任部门/岗位	销售部
指标类型	定量指标		
指标功能	该指标旨在判断计划销售量是否偏离企业最大生产能力		
指标运用	计划销售量与生产能力偏离度=（计划销售量−产能−基本单位结存数量）÷（产能+基本单位结存数量）×100%		

6.2.4　大数据采集

在销售计划编制环节，一般会使用到计划销售量、历史销售量、市场需求量、生产能力等数据，而这些数据基本是以表格的形式呈现的。它们可能来源于企业的业务系统或本地的文件，也可能是线下的纸质单据。

以"计划销售量与历史销售量偏离度"这一指标为例，该指标会涉及"计划销售量"和"去年销售量"两个字段，分别来自销售计划表和上一年的销售统计表。在蛮先进公司，该指标所涉及的计划销量来自业务人员在本地编制的销售计划表，上一年的实际销售数量可以从业务系统导出的销售订单中获取。采集到的数据见表6-4和表6-5。

表6-4　　　　　　　　　　　　　　　**年度销售计划表**

产品名称	计划销售数量（台）												
	1月	2月	3月	4月	5月	6月	7月	8月	9月	10月	11月	12月	全年合计
面包片油炸机	706	515	640	640	640	640	640	640	640	640	770	589	7 700
漂洗机	582	424	529	529	529	529	529	529	529	529	635	477	6 350
提升机	1 119	813	1 017	1 017	1 017	1 017	1 017	1 017	1 017	1 017	1 220	912	12 200
无锈宽网带传送机（机架可拆）	414	300	375	375	375	375	375	375	375	375	450	336	4 500
圆筒式撒粉机	1 142	831	1 037	1 037	1 037	1 037	1 037	1 037	1 037	1 037	1 245	936	12 450
中级油油炸机（20＃电）	848	616	772	772	772	772	772	772	772	772	925	685	9 250
真空油炸机	322	322	322	322	322	322	322	322	322	322	322	338	3 880
合计	5 133	3 821	4 692	4 692	4 692	4 692	4 692	4 692	4 692	4 692	5 567	4 273	56 330

表6-5　　　　　　　　　　　　　　　**上一年度销售订单列表**　　　　　　　　　　　金额单位：元

日期	单据编号	客户	物料编码	物料名称	销售单位	销售数量	单价	含税单价
12月10日	XSDD058646	天津家乐园食品公司	7.02.DBBZ100LD-JB-C	中级油油炸机（20＃电）	台	900	17 031.469	19 245.56
12月31日	XSDD057123	昆明香园过桥米线连锁店	7.30.MBQ	面包片油炸机	台	2	16 725.664	18 900
12月31日	XSDD057100	山东俏媳妇食品加工厂	7.27.02	提升机	台	2	17 079.646	19 300
12月31日	XSDD054593	金华宏发肉制品加工厂	7.08.DBTW78/80	圆筒式撒粉机	台	5	20 707.965	23 400
⋮	⋮	⋮	⋮	⋮	⋮	⋮	⋮	⋮

6.2.5　大数据预处理

由于"计划销售量与历史销售量偏离度"这一指标涉及的两个字段均为数量，即数值型数据，所以在进行预处理时需要先检查两个字段的数据是否带有计量单位。带有计量单位的数据属于字符串类型，无法进行计算或对比大小。具体的预处理思路见表6-6。

表6-6 计划销售量与历史销售量偏离度指标数据预处理方式

处理方式	举例
限定数据类型	销售订单、销售计划表中的数量必须为整数型，若出现"数值"+计量单位，则将计量单位删除
删除无关信息	（1）由于在导入数据时，会识别表头，所以应将表名、公司名、日期等无关信息删除； （2）销售订单包含了包装费、服务费等非产品的内容，分析时不需要使用，可删除

6.2.6 数据仓库构建

1.数据模型设计

创建销售计划编制数据仓库模型，包括三个事实表——销售事实表、销售计划事实表和市场需求事实表，三个维度表——日期维度表、客户维度表和商品维度表，相关内容如图6-5所示。

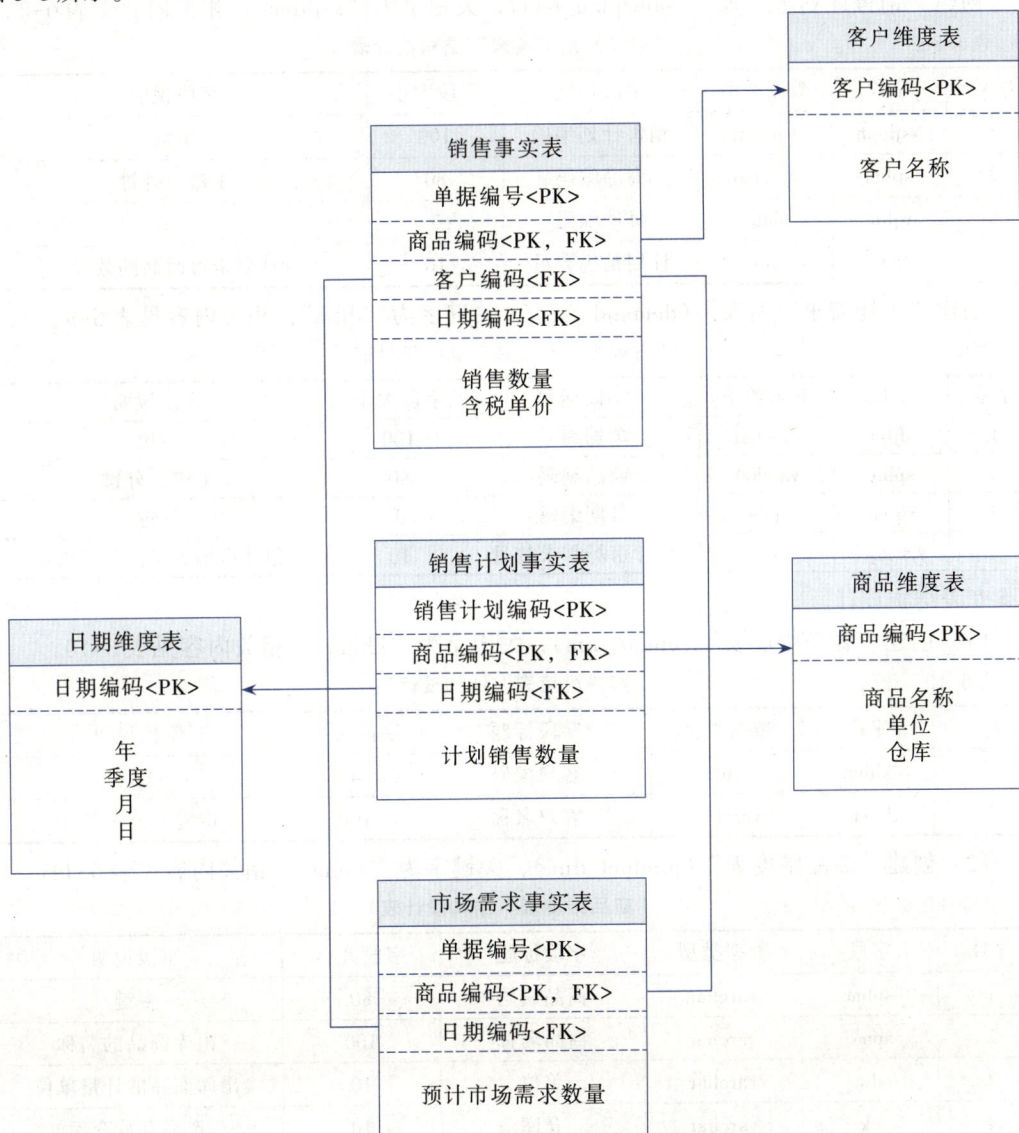

图6-5 销售计划编制数据仓库模型

2.事实表结构设计

创建"销售事实表"（sale_fact），关键字为"djbh"，相关内容见表6-7。

表6-7　　　　　　　　　　　　　"销售事实表"结构设计表

序号	字段	数据类型	字段标题	字段大小	字段说明
1	djbh	varchar	单据编号	100	主键
2	spbm	varchar	商品编码	80	主键，外键
3	khbm	int	客户编码	4	外键
4	rqbm	date	日期编码	3	外键
5	xssl	int	销售数量	10	实际销售商品的数量
6	hsdj	decimal	含税单价	23，10	销售商品的含税单价

创建"销售计划事实表"（salesplan_fact），关键字为"xsjhbm"，相关内容见表6-8。

表6-8　　　　　　　　　　　　"销售计划事实表"结构设计表

序号	字段	数据类型	字段标题	字段大小	字段说明
1	xsjhbm	varchar	销售计划编码	100	主键
2	spbm	varchar	商品编码	80	主键，外键
3	rqbm	date	日期编码	3	外键
4	jhxssl	int	计划销售数量	10	计划销售商品的数量

创建"市场需求事实表"（demand_fact），关键字为"djbh"，相关内容见表6-9。

表6-9　　　　　　　　　　　　"市场需求事实表"结构设计表

序号	字段	数据类型	字段标题	字段大小	字段说明
1	djbh	varchar	单据编号	100	主键
2	spbm	varchar	商品编码	80	主键，外键
3	rqbm	date	日期编码	3	外键
4	yjscxqsl	int	预计市场需求数量	10	预计市场需求商品的数量

3.维度表结构设计

（1）创建"客户维度表"（client_dim），关键字为"khbm"，相关内容见表6-10。

表6-10　　　　　　　　　　　　"客户维度表"结构设计表

序号	字段	数据类型	字段标题	字段大小	字段说明
1	khbm	int	客户编码	4	主键
2	khmc	varchar	客户名称	100	供应商公司名称

（2）创建"商品维度表"（product_dim），关键字为"spbm"，相关内容见表6-11。

表6-11　　　　　　　　　　　　"商品维度表"结构设计表

序号	字段	数据类型	字段标题	字段大小	字段说明
1	spbm	varchar	商品编码	80	主键
2	spmc	varchar	商品名称	100	出库商品的名称
3	dw	varchar	单位	10	出库商品的计量单位
4	ck	varchar	仓库	10	产品存放仓库

（3）创建"日期维度表"（date_dim），关键字为"rqbm"，相关内容见表6-12。

表6-12   "日期维度表"结构设计表

序号	字段	数据类型	字段标题	字段大小	字段说明
1	rqbm	date	日期编码	3	主键
2	years	varchar	年	4	年
3	quarters	varchar	季度	4	季
4	months	varchar	月份	2	月
5	dates	varchar	日	2	日

6.2.7 风险评估

本小节还是以"计划销售量与历史销售量偏离度"为例，展示如何进行指标计算以及风险评价。首先需要使用预处理好的"20×3年销售计划汇总表"和"销售订单列表"中的数据进行指标计算，再结合指标评价标准来评估风险。

1.指标计算

运用"计划销售量与历史销售量偏离度"这一指标时，首先要将今年的计划销售量和去年的计划销售量作差，然后除以去年的销售量，得到今年的计划销售量与去年实际销售量的偏离情况。指标的计算公式见表6-13。

表6-13   "计划销售量与历史销售量偏离度"指标运用

指标名称	指标运用
计划销售量与历史销售量偏离度	计划销售量与历史销量偏离度=（计划销售数量−去年销售量）÷去年销售量×100%

2.风险评价

通过上一步的公式计算出的结果可能为正，也可能为负，所以在设计评价标准时要充分考虑不同的情况。并且，由于计算出的结果是一个百分比，一般可以分区间进行评价，见表6-14。

表6-14   "计划销售量与历史销量售偏离度"指标评价标准

指标名称	评价标准
计划销售量与历史销售量偏离度	（1）−30%≥偏离度或偏离度≥30%，即计划销售量偏离历史实际销售量的情况很严重——红色预警； （2）20%≤偏离度<30%或−30%<偏离度≤−20%，即计划销售量偏离历史实际销售量的情况较严重——橙色预警； （3）10%≤偏离度<20%或−20%<偏离度≤−10%，即计划销售量偏离历史实际销售量的情况略严重——黄色预警； （4）−10%<偏离度<10%，即计划销售量未偏离去年历史销售量——绿色提示

6.2.8 风险评估结果可视化

"计划销售量与历史销售量偏离度"这一指标在运用时，是以每一个产品为对象的。由于蛮先进公司的产品种类不多，每种产品的计划销量偏离情况都需要被关注，所以适合使用能够呈现单独个体数值大小，同时能够使用户快速关注到异常对象的图形，比如条形图、树形图、散点图等，如图6-6所示。

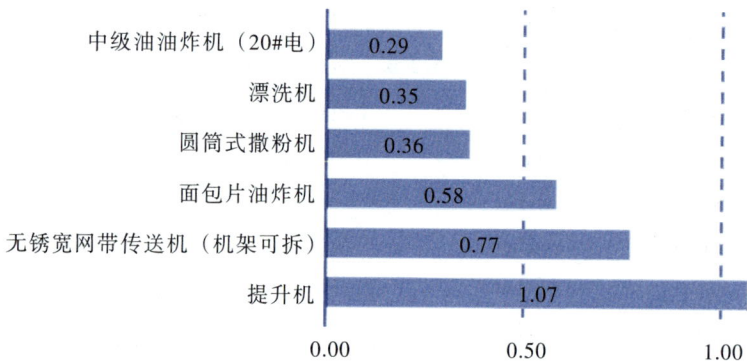

图6-6 20×3年各商品计划销售量与20×2年实际销售量偏离情况条形图

6.2.9 风险评估报告输出

销售计划编制环节大数据风险评估报告的大致内容包括：风险评估目的、风险评估思路、大数据风控指标、风险评估标准、风险评估结果以及该环节风险应对措施等内容，如图6-7所示。

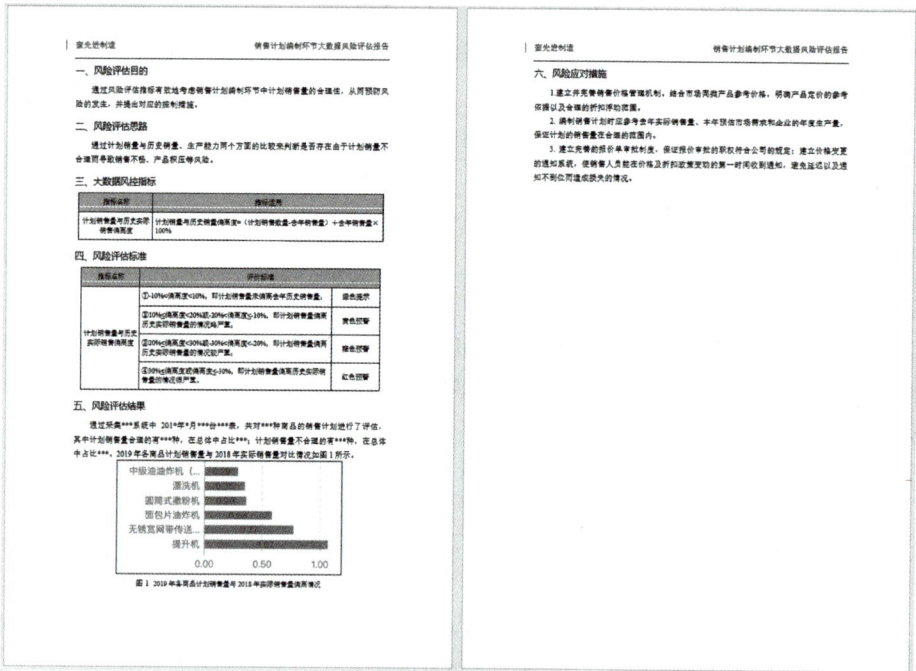

图6-7 销售计划编制环节大数据风险评估报告示例

6.3 销售合同签订

【案例场景6-5】

"咚，咚，咚"，大数据智能风控部负责人Mr.Cheng办公室的门被敲响了。"请进！"他好奇地看着门外，还有十分钟就下班了，谁那么急着来找自己？这时，销售专员小汤快步走了进来，焦急地说道："Mr.Cheng，这次您可得帮帮我啊！""你别急，我这也没什么事了，你先坐下，慢慢说。"说着，Mr.Cheng让家桐给小汤泡了一杯茶。

"上次得到您的指点之后，我在部门会议上提出了对今年销售计划的修改意见，姜总和同事们都十分认可。后来，姜总给我介绍了一个新客户，说是客户人挺好的，很有购买力，让我务必谈成。"说完，小汤喝了一口新泡的永川秀芽，继续说道："现在我们也谈得差不多了，要开始准备签合同了。但是这位客户希望我们能延长收款时间，说他们后面还会来采购其他几款机器，需求大得很。我拿不定主意，总感觉哪里怪怪的，又不敢去问我们领导，所以想来请教请教您。"

"原来是这样，签合同的确是很容易出错的事情，稍有不慎，就会出大差错。那就让我来仔细跟你聊一聊销售合同的事情吧。"Mr.Cheng回答道。

【思考】如果销售专员按照客户的要求签订了这份销售合同，对蛮先进公司来说，会存在什么风险？在销售合同签订环节还会出现哪些风险？如何避免这些风险？

6.3.1　销售合同签订流程梳理

签订销售合同是销售过程的重要环节，交易双方通过销售合同对机械设备的数量、质量、价格、货款结算方式、交货方式、违约责任等进行严格约定，使双方的合法权益得到保障。

销售合同的签订流程一般如图6-8所示。

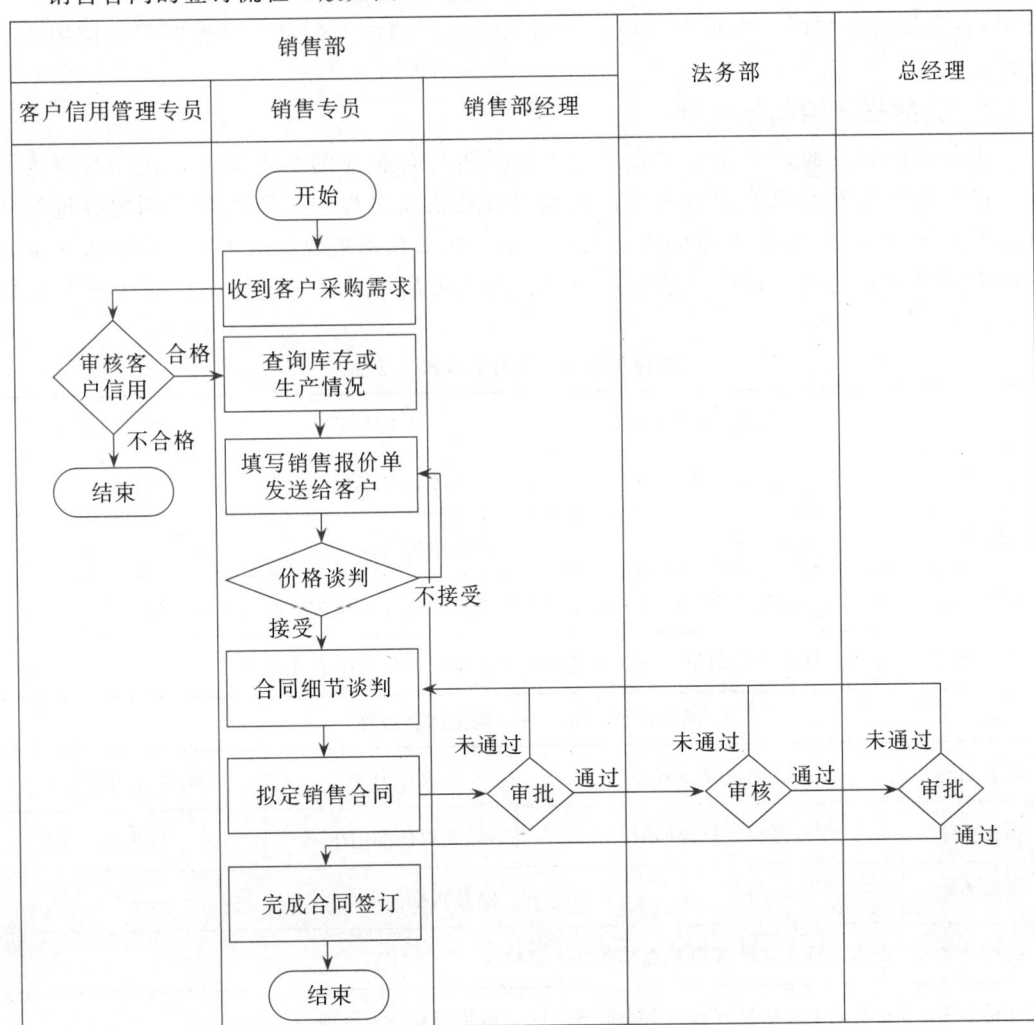

图6-8　销售合同签订流程

6.3.2　风险及因素分析

在销售合同签订环节，由于缺乏销售合同管理制度或相关人员未严格执行该管理制度的规定，可能导致销售合同内容不符合企业要求，销售人员未按照销售计划进行销售，未经过严格审批擅自开展赊销业务等情况，最终导致企业产生难以收回销售款项、利益受损等风险。导致上述风险的因素主要包括：

1.合同内容存在重大疏漏。如未明确规定买卖双方的权利与义务、缺少对买方违约责任的惩罚性条款等，这些都会使企业处于劣势地位，利益很有可能受损。

2.未经授权对外订立销售合同。企业的销售管理制度能够规范销售流程、提高管理效率，若销售人员未经授权便与客户签订销售合同，则可能存在无法及时供货、货款难以收回等风险。

3.合同签订价格与收款期限等违反企业销售制度规定。销售人员给予客户的折扣和收款条件等应当按照部门规定在一定范围内变动，以便保证企业的利润水平和现金流。若违反部门规定，则可能导致企业利益受损，甚至资金链断裂。

4.客户不具备法人资格。不具备法人资格的客户，可能存在相对较高的风险（如分公司）。在签订合同时，应该取得该客户所属母公司的法人信息，确保客户的信用状况良好。

6.3.3　大数据风控指标设计

从合同内容方面，可以考虑合同的主体是否符合企业的基本要求，比如是否为法人，以往是否存在有风险的行为等；购销双方在洽谈过程中，可能对合同内容进行变更，因此还可以对变更后的合同内容进行分析，比如在销售数量变更后，需检查之前确定的折扣是否有更改，目前的销售折扣是否与销售数量对应。具体指标设计见表6-15和表6-16。

表6-15　　　　　　　　　　**风险评价指标——商业折扣合规性**

指标名称	商业折扣合规性	对应环节	销售合同签订
指标频率	每次签订合同时	风险责任部门/岗位	销售部
指标类型	定量指标		
指标功能	该指标旨在核对合同的销售量是否与其所享受商业折扣对应的销售量相符		
指标运用	检查合同中销售数量与其对应的折扣是否符合销售折扣表规定		

表6-16　　　　　　　　　　**风险评价指标——合同主体合规性**

指标名称	合同主体合规性	对应环节	销售合同签订
指标频率	每次签订合同时	风险责任部门/岗位	销售部
指标类型	定量指标		
指标功能	该指标旨在判断客户是否具备法人资格		
指标运用	在企业工商信息查询表中查询该合同主体是否有法人资格		

6.3.4 大数据采集

在销售合同签订环节，需要基于客户的信用等级与其商谈赊销日期、额度、折扣等条款，其中便会涉及客户编码、合同的单据编号、销售数量、折扣率等数据，这些数据来自与客户签订的销售合同。

以"商业折扣合规性"这一指标为例，该指标运用时使用销售合同列表和销售折扣表两种表单，并从中获取数量和折扣率数据。在蛮先进公司，"销售合同列表"和"销售折扣表"都来自公司内部业务系统。采集到的数据见表6-17和表6-18。

表6-17　　　　　　　　　　　　销售合同列表　　　　　　　　　金额单位：元

单据编号	客户	日期	物料编码	物料名称	单位	数量	含税单价
XSHT037150	承德新方食品加工有限公司	20×2/12/13	7.02.DBBZ100LD-JB-C	中级油油炸机（20#电）	台	800	19 245.560000
XSHT037150	承德新方食品加工有限公司	20×2/12/13	7.07.01.DBWS200/60-B	无锈宽网带传送机（机架可拆）	台	300	22 744.120000
XSHT037150	承德新方食品加工有限公司	20×2/12/13	7.08.DBTW78/80	圆筒式撒粉机	台	1 200	21 694.320000
XSHT037150	承德新方食品加工有限公司	20×2/12/13	7.13.PX	漂洗机	台	500	22 160.640000
XSHT037150	承德新方食品加工有限公司	20×2/12/13	7.27.02	提升机	台	1 000	17 495.120000
XSHT037150	承德新方食品加工有限公司	20×2/12/13	7.30.MBQ	面包片油炸机	台	500	18 662.080000
XSHT037148	天津家乐园食品公司	20×2/12/9	7.02.DBBZ100LD-JB-C	中级油油炸机（20#电）	台	900	19 245.560000
XSHT037148	天津家乐园食品公司	20×2/12/9	7.07.01.DBWS200/60-B	无锈宽网带传送机（机架可拆）	台	300	22 744.120000
⋮	⋮	⋮	⋮	⋮	⋮	⋮	⋮

表6-18　　　　　　　　　　　　　　　　20×2年销售折扣表

折扣明细	物料编码	物料名称	单位	从	至	折扣率（%）
100001	7.02.DBBZ100LD-JB-C	中级油油炸机（20＃电）	台	2	5	2
100002	7.07.01.DBWS200/60-B	无锈宽网带传送机（机架可拆）	台	2	5	2
100003	7.08.DBTW78/80	圆筒式撒粉机	台	2	5	2
100004	7.13.PX	漂洗机	台	2	5	2
100005	7.27.02	提升机	台	2	5	2
100006	7.30.MBQ	面包片油炸机	台	2	5	2
100007	8.10.ZKYZJ	真空油炸机	台	2	5	2
100008	7.02.DBBZ100LD-JB-C	中级油油炸机（20＃电）	台	6	10	6.9
100009	7.07.01.DBWS200/60-B	无锈宽网带传送机（机架可拆）	台	6	10	6.9
100010	7.08.DBTW78/80	圆筒式撒粉机	台	6	10	6.9
100011	7.13.PX	漂洗机	台	6	10	6.9
100012	7.27.02	提升机	台	6	10	6.9
100013	7.30.MBQ	面包片油炸机	台	6	10	6.9
100014	8.10.ZKYZJ	真空油炸机	台	6	10	6.9
100015	7.02.DBBZ100LD-JB-C	中级油油炸机（20＃电）	台	11	999 999	16.21
⋮	⋮	⋮	⋮	⋮	⋮	⋮

6.3.5　大数据预处理

　　"商业折扣合规性"这一指标涉及的两个字段是：（1）数量——整数型数据；（2）折扣率——浮点型数据（轻分析平台上为"数值型"）。在使用前均需要判断相应字段的格式是否正确。并且，根据采集到的数据可以发现，销售合同中并未列出折扣率，只有含税单价，因此需要新建一个计算字段，借助产品的建议零售价和含税单价计算出折扣率。建议的预处理方式见表6-19。

表6-19　　　　　　　　　　　"商业折扣合规性"指标数据预处理方式

处理方式	举例
限定数据类型	（1）销售订单中的"数量"必须为整数型，若出现"数值"＋"台"，则将"台"删除； （2）销售折扣表中的"折扣率"必须为百分数，若出现"数值"＋"折"，则需要将该数据转换成百分数
新建计算字段	在销售合同表中新建一个"折扣率"字段，通过产品的含税单价和建议零售价计算出每件商品的折扣率

6.3.6　数据仓库构建

1.数据模型设计

创建销售合同签订数据仓库模型，该模型包括两个事实表——销售合同事实表、销售折扣事实表，三个维度表——日期维度表、客户维度表和商品维度表，相关内容如图 6-9 所示。

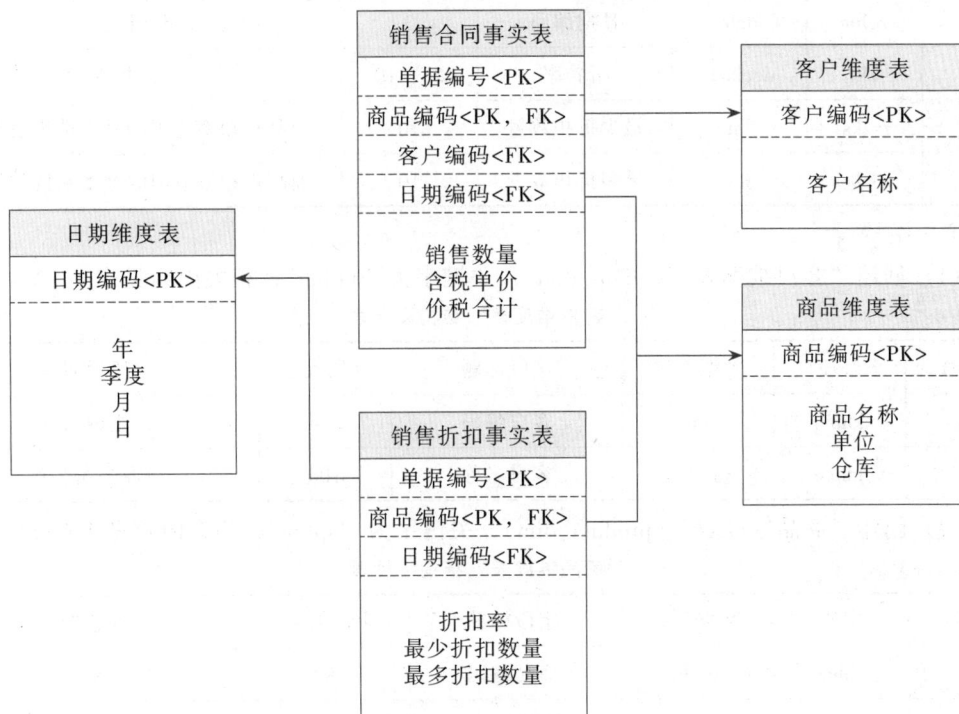

图 6-9　销售合同签订数据仓库模型

2.事实表结构设计

创建"销售合同事实表"（salescontract_fact），关键字为"djbh"，相关内容见表 6-20。

表 6-20　　　　　　　　　　　　"销售合同事实表"结构设计表

序号	字段	数据类型	字段标题	字段大小	字段说明
1	djbh	varchar	单据编号	100	主键
2	spbm	varchar	商品编码	80	主键，外键
3	khbm	int	客户编码	4	外键
4	rqbm	date	日期编码	3	外键
5	xssl	int	销售数量	10	实际销售商品的数量
6	hsdj	decimal	含税单价	23，10	销售商品的含税单价
7	jshj	decimal	价税合计	23，10	销售商品的总价

创建"销售折扣事实表"（discount_fact），关键字为"djbh"，相关内容见表 6-21。

表6-21   "销售折扣事实表"结构设计表

序号	字段	数据类型	字段标题	字段大小	字段说明
1	djbh	varchar	单据编号	100	主键
2	spbm	varchar	商品编码	80	主键，外键
3	rqbm	date	日期编码	3	外键
4	zkl	decimal	折扣率	23，10	商品折扣率
5	zxzksl	int	最少折扣数量	10	商品折扣率适用的最少销售数量
6	zdzksl	int	最多折扣数量	10	商品折扣率适用的最多销售数量

3.维度表结构设计

（1）创建"客户维度表"（client_dim），关键字为"khbm"，相关内容见表6-22。

表6-22   "客户维度表"结构设计表

序号	字段	数据类型	字段标题	字段大小	字段说明
1	khbm	int	客户编码	4	主键
2	khmc	varchar	客户名称	100	供应商公司名称

（2）创建"商品维度表"（product_dim），关键字为"spbm"，相关内容见表6-23。

表6-23   "商品维度表"结构设计表

序号	字段	数据类型	字段标题	字段大小	字段说明
1	spbm	varchar	商品编码	80	主键
2	spmc	varchar	商品名称	100	出库商品的名称
3	dw	varchar	单位	10	出库商品的计量单位
4	ck	varchar	仓库	10	产品存放仓库

（3）创建"日期维度表"（date_dim），关键字为"rqbm"，相关内容见表6-24。

表6-24   "日期维度表"结构设计表

序号	字段	数据类型	字段标题	字段大小	字段说明
1	rqbm	date	日期编码	3	主键
2	years	varchar	年	4	年
3	quarters	varchar	季度	4	季
4	months	varchar	月份	2	月
5	dates	varchar	日	2	日

6.3.7 风险评估

本小节还是以"商业折扣合规性"为例，展示如何进行指标计算以及风险评价。首先需要使用预处理好的"销售合同列表"和"20×2年销售折扣表"中的数据进行指标计算，再结合指标评价标准来评估风险。

1. 指标计算

在运用"商业折扣合规性"这一指标时，首先要根据销售合同中的物料编码在销售折扣表中找到该产品的折扣数据，然后根据销售价目表中的产品价格计算出销售合同的折扣率，判断该折扣率是否与销售折扣表对应数量范围的折扣相符。相符和不相符应该进行不同的标记，如1和0、True和False等。指标的运用见表6-25。

表6-25　　　　　　　　　　　　　　**"商业折扣合规性"指标运用**

指标名称	指标运用
商业折扣合规性	检查合同中销售数量与其对应的折扣是否符合销售折扣表规定

2. 风险评价

通过上一步的指标计算能够得到两种不同的结果——符合或不符合。有"符合"标记的物料可以认为其折扣率符合企业销售制度规定，暂不存在风险或风险对企业的影响非常小；有"不符合"标记的物料可以认为其折扣率不符合企业销售制度规定，存在一定的风险，需要予以关注。"商业折扣合规性"指标评价标准见表6-26。

表6-26　　　　　　　　　　　　　　**"商业折扣合规性"指标评价标准**

指标名称	评价标准
商业折扣合规性	（1）符合，即合同的销售量与其享受的折扣符合相关规定——绿色提示； （2）不符合，即合同的销售量与其享受的折扣不符合相关规定——红色预警

6.3.8　风险评估结果可视化

"商业折扣合规性"在运用时虽然会对销售合同中的每种产品进行标记，但最终是以销售合同为对象的，因为对于企业而言，存在风险的合同需要格外关注。由于销售合同只会存在符合要求和不符合要求两种情况，所以在进行可视化时可以通过饼图先直观地了解有风险的销售合同的占比，然后通过钻取功能来具体呈现是哪些合同存在风险。除此之外，为了重点控制某种产品的利润，还可以专门筛选出某种产品，查看该产品折扣的合规性。20×2年1月销售产品商业折扣合规情况多系列柱状图如图6-10所示。

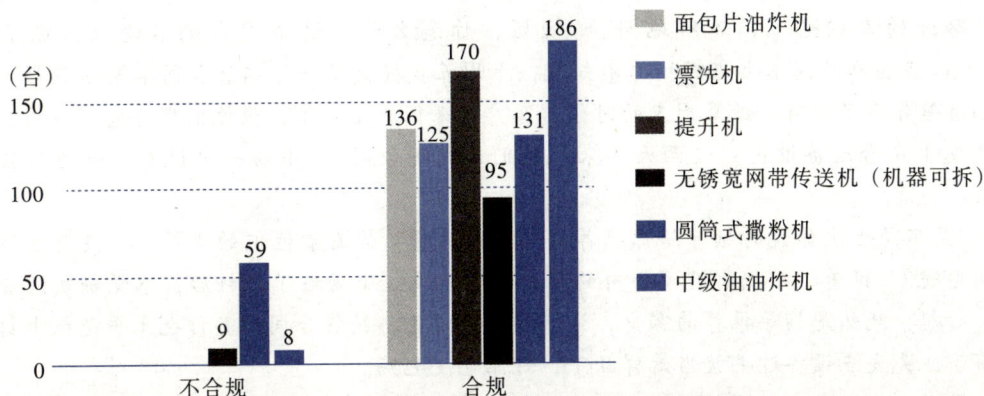

图6-10　20×2年1月销售产品商业折扣合规情况多系列柱状图

6.3.9　风险评估报告输出

销售合同签订环节大数据风险评估报告的大致内容包括：风险评估目的、风险评估思路、大数据风控指标、风险评估标准、风险评估结果以及该环节风险应对措施，如图6-11所示。

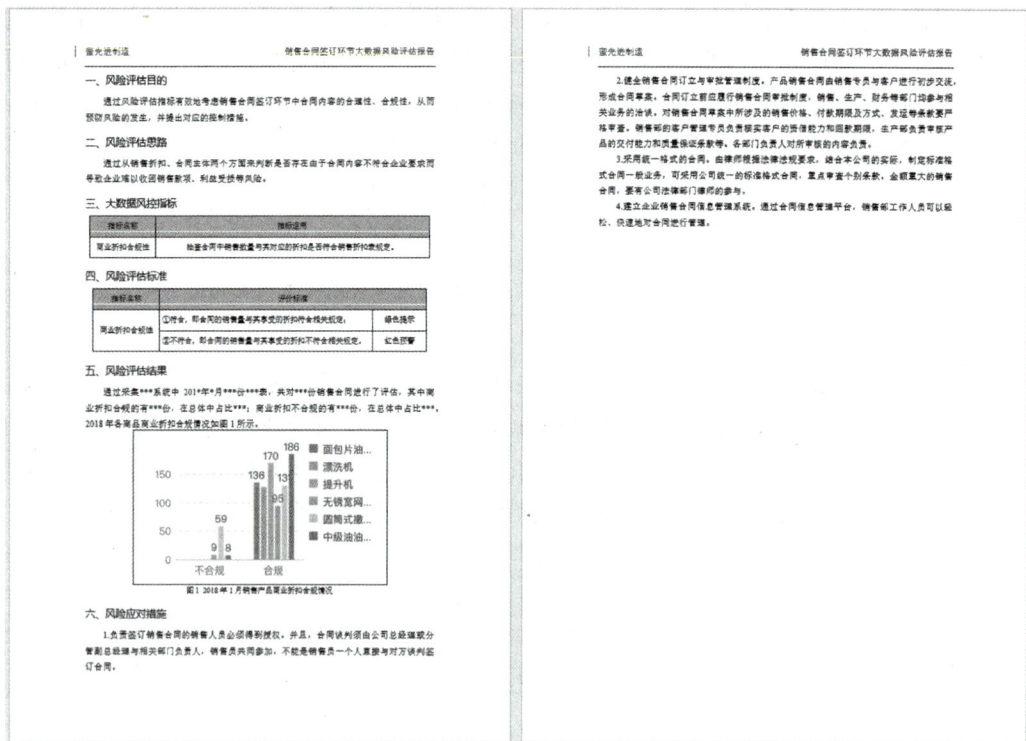

图6-11　销售合同签订环节大数据风险评估报告示例

6.4　销售发货

【案例场景6-6】

周一早上九点，销售专员小汤坐在工位上发愁，他双眼无神，一个劲儿叹气。

路过的家桐见了，不解地问："汤姐，你怎么了？过个周末就不适应上班了？""哎……我还真的想不上班呢！你不知道，上周五我提交了一份销售合同草案给领导，也不知道领导看了没有。结果周末的时候，客户就来催我发货了，说他们那边急等着用，让我先发十几台设备过去，过两天再来跟我们正式签合同。"小汤一边说着，一边皱紧了眉头。

"是不是上次你说的领导给你推荐的那个客户呀？你看看他们的资料，有没有发现什么问题呢？"说着，家桐打开了公司的客户管理系统。小汤看了资料后，感觉确实没啥问题，心想，既然是领导推荐的客户，资料审核也过关，销售合同的签订也几乎是板上钉钉的事了，先发点设备过去就当看样品了，好像也没毛病。

于是，小汤拨通了客户的电话："张总，我再和您确认一下收货地址和联系电话，今天就把您要的设备先发过去……"

【思考】 如果按照案例中小汤的做法，公司会产生什么风险？销售发货的过程中还会出现哪些风险？企业应该如何避免这些风险？

6.4.1　销售发货流程梳理

销售发货是指将货物发向客户，销售发货单是销售发货的信息载体，销售发货业务是销售流程的核心，通过销售发货向库存、存货、应收等系统传递信息来实现企业物流的运转。销售发货的主要流程如图6-12所示。

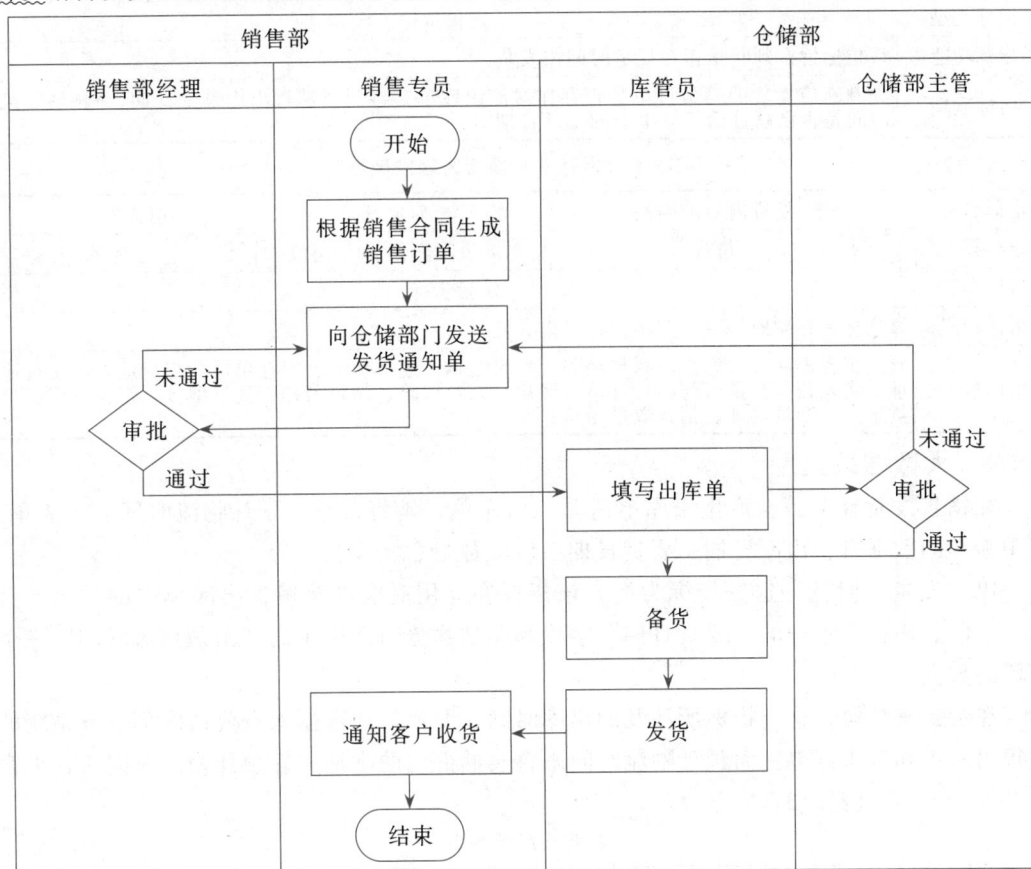

图 6-12　销售发货流程

6.4.2　风险及因素分析

若发货前未经审批，未按照企业相关制度规定对货物进行质检，或未按照合同约定时间、商品种类、数量等安排发货，既可能影响公司的声誉，又可能造成违约风险。导致这些风险的因素主要包括：

1. 在签订合同之前已经发货。签订合同之前发货，可能由于没有合法依据而导致企业无法收回销售款项，造成损失。

2. 超过合同约定时间发货。若合同中规定了发货时间，并且双方明确约定将超时发货视为违约，采购方会因此收取违约金，则会给企业造成不必要的支出。

3. 发货数量、种类不符合合同约定。发货内容不符合合同约定则应视为违约，同样会使企业产生支付违约金甚至被退货的风险。

6.4.3　大数据风控指标设计

签订销售合同后，若未能按照客户的要求及时、准确地发货，既有可能影响公司的声誉，又可能违约从而进行赔偿。因此，在销售发货环节，可以从时间和内容两个方面来进行指标设计，见表6-27和表6-28。

表6-27　　　　　　　　　　　　风险评价指标——发货及时性

指标名称	发货及时性	对应环节	销售发货
指标频率	每月	风险责任部门/岗位	仓储部
指标类型	定量指标		
指标功能	该指标旨在判断是否在规定时间内发货		
指标运用	先判断应发货的销售订单是否存在对应出库单，再判断销售出库单（日期）+预估物流时间是否已超过销售订单中的要货日期		

表6-28　　　　　　　　　　　　风险评价指标——发货内容准确性

指标名称	发货内容准确性	对应环节	销售发货
指标频率	每月	风险责任部门/岗位	仓储部
指标类型	定量指标		
指标功能	该指标旨在判断是否按照销售订单内容发货		
指标运用	判断销售出库单（客户、物料编码、物料名称、规格型号、库存单位、交货地点、交货地址、实发数量）是否与销售订单（客户、物料编码、物料名称、规格型号、销售单位、交货地点、交货地址、销售数量相符）		

6.4.4　大数据采集

在销售发货环节，会产生出库申请单、出库单、销售订单、预计物流时间表等表单，其中涉及的数据有：出库日期、要货日期、应发数量、实发数量等。

以"发货及时性"这一指标为例，该指标在运用时会涉及销售出库单中的"出库日期"字段、销售订单中的"要货日期"字段和预估物流时间表中的"预估物流时间"三个字段的数据。

在蛮先进公司，这一指标所涉及的出库时间、要货时间数据来自公司内部业务系统的销售出库单和销售订单，而预计物流时间来自仓储部门的本地文件预计物流时间表，见表6-29、表6-30和表6-31。

表6-29　　　　　　　　　　　　销售出库单列表

日期	单据编号	客户	物料编码	物料名称	库存单位	实发数量
20×2/12/10	XSCKD061889	内蒙古好吃牛肉干加工厂	7.27.02	提升机	台	1 000
20×2/12/10	XSCKD061889	内蒙古好吃牛肉干加工厂	7.30.MBQ	面包片油炸机	台	500
20×2/12/11	XSCKD061890	天津家乐园食品公司	7.02.DBBZ100LD-JB-C	中级油油炸机（20#电）	台	900
20×2/12/11	XSCKD061890	天津家乐园食品公司	7.07.01.DBWS200/60-B	无锈宽网带传送机（机架可拆）	台	300
20×2/12/11	XSCKD061890	天津家乐园食品公司	7.30.MBQ	面包片油炸机	台	500
20×2/12/14	XSCKD061892	承德新方食品加工有限公司	7.27.02	提升机	台	1 000
20×2/12/14	XSCKD061892	承德新方食品加工有限公司	7.30.MBQ	面包片油炸机	台	500
20×2/12/31	XSCKD060347	老陕西食味馆	7.13.PX	漂洗机	台	3
⋮	⋮	⋮	⋮	⋮	⋮	⋮

表6-30　　　　　　　　　　　　20×2年销售订单列表　　　　　　　　　　金额单位：元

日期	单据编号	客户	物料编码	物料名称	销售单位	销售数量	单价	含税单价
20×2/12/10	XSDD058646	天津家乐园食品公司	7.02.DBBZ100LD-JB-C	中级油油炸机（20#电）	台	900	17 031.46903	19 245.56
20×2/12/31	XSDD057123	昆明香园过桥米线连锁店	7.30.MBQ	面包片油炸机	台	2	16 725.66372	18 900
20×2/12/31	XSDD057100	山东俏媳妇食品加工厂	7.27.02	提升机	台	2	17 079.64602	19 300
20×2/12/31	XSDD054593	金华宏发肉制品加工厂	7.08.DBTW78/80	圆筒式撒粉机	台	5	20 707.9646	23 400
⋮	⋮	⋮	⋮	⋮	⋮	⋮	⋮	⋮

表6-31　　　　　　　　　　　　　　预计物流时间表

客户	省份	预计物流时间（天）
吉春食品有限公司	陕西省	4
福中荣食品有限公司	陕西省	4
生德食品有限公司	陕西省	4
鸿泰食品公司	陕西省	4
怡润食品有限公司	宁夏回族自治区	5
株洲湘味馆连锁店	湖南省	2
润康食品加工厂	宁夏回族自治区	5
哈尔滨云海食品有限公司	黑龙江省	5
成都麻辣休息吧连锁店	四川省	3
江西乐士食品加工有限公司	江西省	2

6.4.5　大数据预处理

"发货及时性"这一指标所涉及的三个字段中，有两个为日期字段。由于字符串类型的数据彼此之间无法进行计算，因此在采集完数据后，首先需要确保两个日期字段是日期类型。由于预计物流时间表是由仓储部门相关人员人工统计、编制的，存在缺漏的可能，所以相关人员需要先检查是否有缺漏的情况，再进行相应插补操作，"发货及时性"指标数据预处理方式见表6-32。

表6-32　　　　　　　　"发货及时性"指标数据预处理方式

处理方式	举例
数据转换	（1）预计物流时间表中的"天数"必须为整数型，若出现"数值"＋"天"，则将"天"删除；（2）销售订单中的"日期""要货日期"和销售出库单中的"日期"字段格式应设置为日期
缺失值插补	预计物流时间表中"天数"不能为空，若该数据为空，则设为平均值
删除无关数据	若销售订单中部分订单的要货日期远大于风险评估日期（即暂不涉及发货业务），可将该部分数据行删除

6.4.6 数据仓库构建

1.数据模型设计

创建销售发货数据仓库模型，包括一个事实表——销售发货事实表，四个维度表——日期维度表、客户维度表、商品维度表和地区维度表，相关内容如图6-13所示。

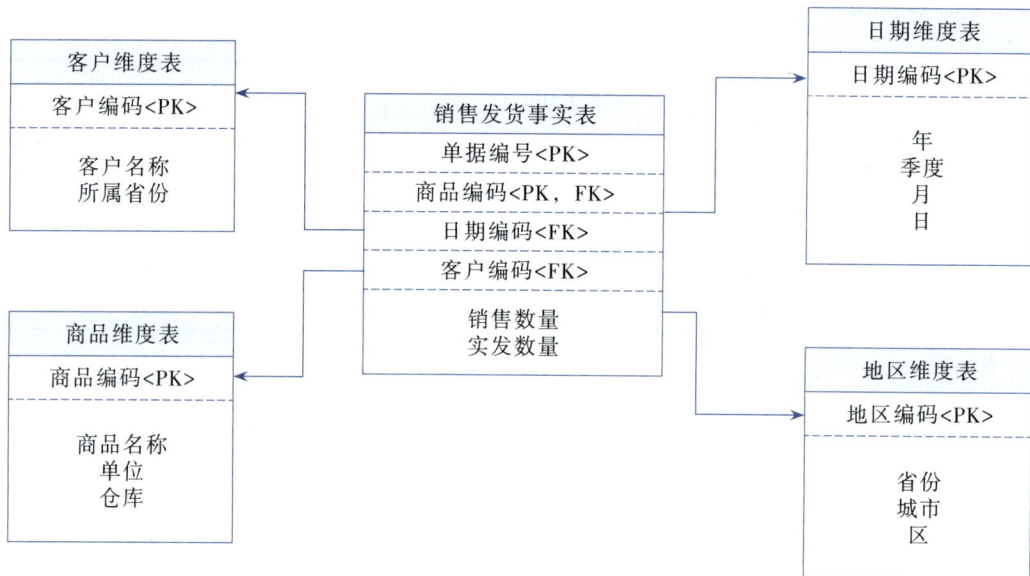

图6-13　销售发货数据仓库模型

2.事实表结构设计

创建"销售发货事实表"（delivery_fact），关键字为"djbh"，相关内容见表6-33。

表6-33　　　　　　　　　　　　"销售发货事实表"结构设计表

序号	字段	数据类型	字段标题	字段大小	字段说明
1	djbh	varchar	单据编号	100	主键，出库单的编号
2	spbm	varchar	商品编码	80	主键，外键
3	rqbm	date	日期编码	3	外键
4	khbm	int	客户编码	4	外键
5	xssl	int	销售数量	10	销售订单记录的销售数量
6	cksl	int	实发数量	10	出库单记录的发出数量

3.维度表结构设计

（1）创建"日期维度表"（date_dim），关键字为"rqbm"，相关内容见表6-34。

表6-34　　　　　　　　　　　　"日期维度表"结构设计表

序号	字段	数据类型	字段标题	字段大小	字段说明
1	rqbm	date	日期编码	3	主键
2	years	varchar	年	4	年
3	quarters	varchar	季度	4	季
4	months	varchar	月份	2	月
5	dates	varchar	日	2	日

（2）创建"客户维度表"（customer_dim），关键字为"khbm"，相关内容见表6-35。

表 6-35　　　　　　　　　　　　　"客户维度表"结构设计表

序号	字段	数据类型	字段标题	字段大小	字段说明
1	khbm	int	客户编码	4	主键
2	khmc	varchar	客户名称	20	客户名称
3	sssf	varchar	所属省份	10	所属省份

（3）创建"商品维度表"（product_dim），关键字为"spbm"，相关内容见表 6-36。

表 6-36　　　　　　　　　　　　　"商品维度表"结构设计表

序号	字段	数据类型	字段标题	字段大小	字段说明
1	spbm	varchar	商品编码	80	主键
2	spmc	varchar	商品名称	100	出库商品的名称
3	dw	varchar	单位	10	出库商品的计量单位
4	ck	varchar	仓库	10	产品存放仓库

（4）创建"地区维度表"（area_dim），关键字为"dqbm"，相关内容见表 6-37。

表 6-37　　　　　　　　　　　　　"地区维度表"结构设计表

序号	字段	数据类型	字段标题	字段大小	字段说明
1	dqbm	varchar	地区编码	100	主键
2	province	varchar	省份	20	省份
3	city	varchar	城市	20	城市
4	district	varchar	区	20	行政区

6.4.7　风险评估

本小节还是以"发货及时性"为例，展示如何进行指标计算以及风险评价。首先需要使用预处理好的"销售出库单列表"、"销售订单列表"和"预计物流时间表"中的数据进行指标计算，再结合指标评价标准来评估风险。

1.指标计算

在运用"发货及时性"这一指标时，使用者先在销售出库单列表中判断是否存在应发货销售订单对应的出库单，若存在，再用销售出库单中的出库日期加上预计物流天数，再将得到的结果与销售订单中的要货日期进行大小对比；若不存在，则视为未及时发货。"发货及时性"指标运用见表 6-38。

表 6-38　　　　　　　　　　　　　"发货及时性"指标运用

指标名称	指标运用
发货及时性	先判断应发货的销售订单是否存在对应出库单，再判断销售出库单（日期）+预估物流时间是否已超过销售订单中的要货日期

2.风险评价

两个日期进行对比，结果有三种情况。为了谨慎起见，可以认为出库日期加上预估物流天数等于客户的要货日期时，也是存在风险的，相关部门应予以关注。"发货及时性"指标的评价标准见表 6-39。

表 6-39　　　　　　　　　　　　　"发货及时性"指标评价标准

指标名称	评价标准
发货及时性	（1）销售出库单（日期）+预估物流天数<销售订单（要货日期），即在规定时间内发货——绿色提示； （2）销售出库单（日期）+预估物流天数≥销售订单（要货日期），即未在规定时间内发货——红色预警； （3）不存在应发货销售订单对应的销售出库单——红色预警

6.4.8　风险评估结果可视化

"发货及时性"这一指标的运用是以销售订单为对象的。对于企业来说，每笔销售订单都值得被关注，逾期发货可能导致企业违约从而造成损失。由于只有逾期和未逾期两种情况，所以分析人员在进行可视化时可以先用饼图、柱状图等呈现逾期发货和未逾期发货的数量对比情况，再通过钻取功能具体查看逾期发货的销售订单，如图6-14所示。

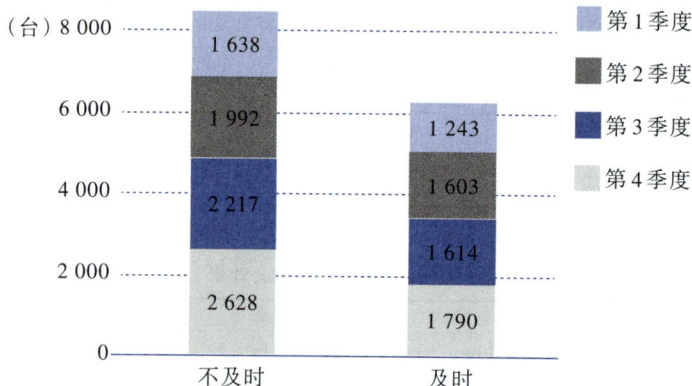

图6-14　20×2年四个季度发货及时情况堆积柱状图

6.4.9　风险评估报告输出

销售发货环节大数据风险评估报告的大致内容包括：风险评估目的、风险评估思路、大数据风控指标、风险评估标准、风险评估结果以及该环节风险应对措施，如图6-15所示。

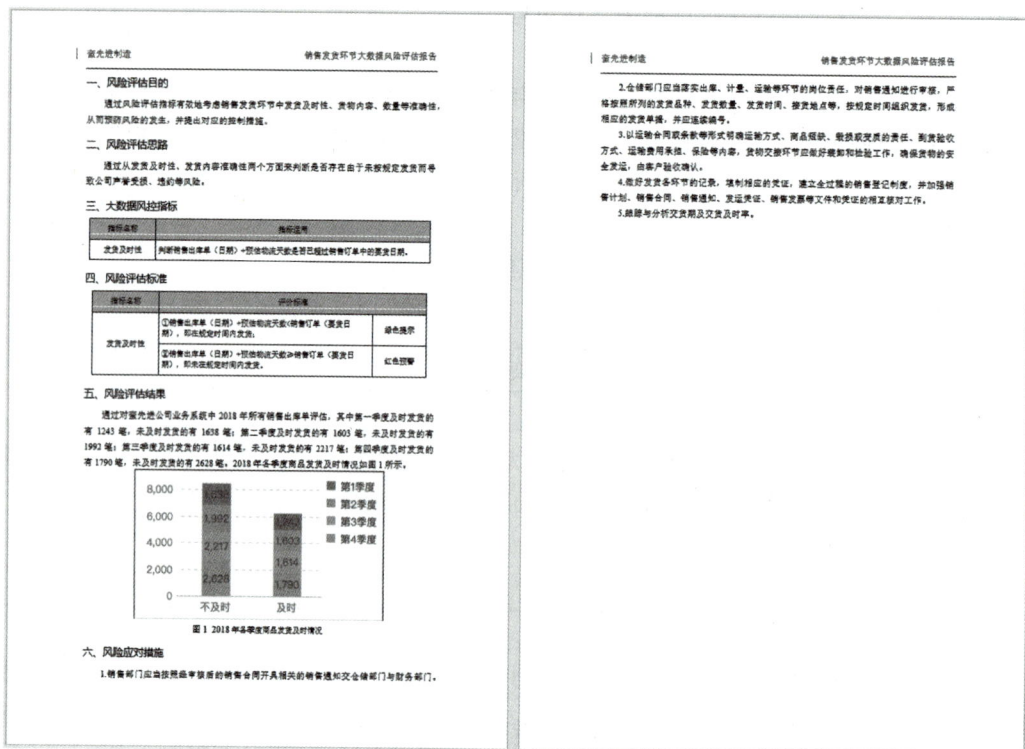

图6-15　销售发货环节大数据风险评估报告示例

6.5　销售收款

周五快下班的时候，大数据智能风控部实习生家桐见小汤一个人坐在工位，又是一副焦头烂额的样子，便走过去问道："你又怎么了？上次的事情不是已经搞定了吗？""哎……上次的事儿是搞定了，不过事情是一件接着一件呀。正好，你都我查查上次那个客户，在我们这还有多少笔款没收回来。"

家桐在系统中进行操作，查到这位客户的资料后，问小汤："汤姐，这家公司挺好的呀，你看，最近连着好几笔大单子呢，都是你签的，你最近的奖金可不少吧。"听到这话，小汤更焦虑了，叹息道："哎……这家公司确实和我们签了好几个大单子，但是他们一直还没付款，这不，他们今天又说要采购一批设备，但是又要赊购，我都不知道怎么办才好了！""一直没付款？！那你怎么不催催他们，这样下去很容易变成坏账吧？"家桐疑惑地问道。

"我也不是没催过，每次发了邮件过去，他们都回复会尽快安排打款。如果不签这份新的合同，我又怕完不成这个月的销售目标……"小汤无奈地说。

【思考】如果你是销售专员，你会怎么做？在应收账款管理时会发生哪些风险？该如何避免这些风险？

6.5.1　销售收款流程梳理

销售收款一般是指应收账款。应收账款是指企业在正常的生产经营过程中因销售商品、产品或者提供劳务应收未收款项而形成的债权。资产负债表中应收账款的余额可以反映出企业在一段时期内产品的销售情况和经营状况，进而说明该企业的产品在市场上的竞争力和未来的发展潜力。但是，应收账款在一定程度上也加大了企业的经营风险，只有采取切实可行的措施加强应收账款的管理，企业才可以在市场中获得先机，有效利用信用政策，促进销售，增强产品的市场竞争力。

销售收款的流程如图6-16所示。

6.5.2　风险及因素分析

未对新客户的信用进行严格评审、超额对客户授信、未及时催收应收账款或应收账款账龄过长，这些因素都可能引发客户拖延付款，造成资金占用，甚至发生坏账损失等情况，从而导致企业经济利益受损，影响资金流转甚至产生资金链断裂的风险。导致上述风险的因素主要包括：

1.应收账款占比过大。如果企业不能按时收回账款，就可能导致自身资金链断裂，这对企业的经营会产生致命的影响。

2.应收账款回款期长。在企业的经营过程中，可能出现各种各样的问题，而有关应收账款方面比较值得注意的问题则包括其账龄的时间长短。应收账款的账龄过长将会加剧企业资金难以顺利回流的不利情况。

3.没有建立完善的应收账款催收制度。蛮先进公司仅采用了事后催收货款的方式来收回拖欠的款项，对应收账款的收回方式单一，没有建立完善的应收账款催收制度，应收账

财务部		销售部	
财务部经理	财务人员	销售专员	销售部经理

开始

未通过

根据销售订单生成应收单

审批

通过

未通过

审批 ← 开具销售发票

通过

账务处理

客户答应还款

核对收款情况

已收到

未收到/未收齐

催收货款

无法联系到客户/客户无法按期还款

计提坏账准备

账务处理

结束

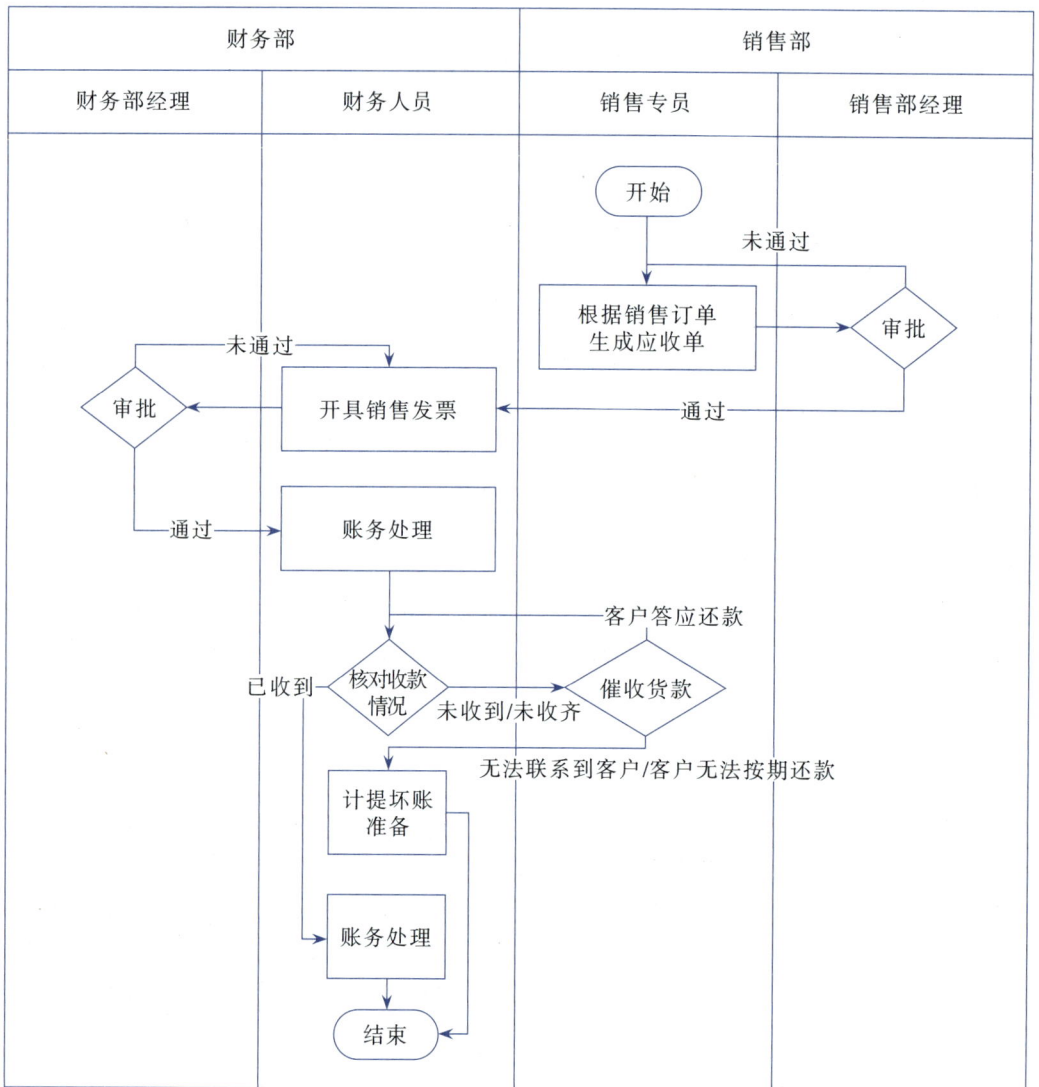

图6-16　销售收款流程

款风险转移机制不健全，缺乏第三方协调催款。客户可能一开始只是暂时的资金周转紧张导致不能按时支付款项，但若企业催收账款的员工态度和催收的方式不妥，则会导致合作方不想再与企业合作，这对企业来说得不偿失。所以，第三方协调催款机制就显得十分重要了，该公司缺乏有效的第三方协调催款机制来提醒相关人员收回账款，没有深入分析款项无法顺利收回的原因。

4.对客户的信用状况缺乏深入了解。企业可能缺乏完善的客户信用风险监管机制和政策，在接待客户时，大多依据相关负责人员的主观判断，但是许多情况下，相关负责人员对客户的信用状况无法进行全面了解，当客户故意隐瞒一些情况时，公司往往不能及时得知。一旦客户的真实信用状况和财务状况很差，而公司没有及时察觉并与之继续发生业务往来，则会导致企业无法收回应收账款。

6.5.3 大数据风控指标设计

企业采用赊销的方式进行销售时，若未及时催收欠款，则可能导致客户拖延付款，造成资金占用或形成坏账；同时，应收账款的账龄过长也容易导致企业发生坏账。因此，可以从及时催收和应收账款账龄两个角度设计销售收款环节的指标，见表6-40和表6-41。

表6-40　　　　　　　　　风险评价指标——催收及时性

指标名称	催收及时性	对应环节	销售收款
指标频率	每月	风险责任部门/岗位	销售部
指标类型	定量指标		
风险点	未及时催收欠款，可能导致客户拖延付款，造成资金占用或形成坏账		
指标功能	该指标旨在判断相关部门是否及时对尚未收到的货款进行催收或催收未果		
指标运用	先查找是否存在催收记录（包括往来函电），再将催收记录中的日期与相关应收款日期进行对比		

表6-41　　　　　　　　　风险评价指标——应收账款可回收性

指标名称	应收账款可回收性	对应环节	销售收款
指标频率	每月	风险责任部门/岗位	销售部
指标类型	定量指标		
风险点	应收账款的账龄过长从而导致发生坏账		
指标功能	该指标旨在判断应收账款的账龄是否过长		
指标运用	账龄=应收单到期日-应收单业务日期		

6.5.4 大数据采集

在销售收款环节，会涉及应收单、催收记录明细表、坏账计提准备单等单据，其中涉及的数据有：应收单业务日期（即单据生成日期）、应收单到期日、催收记录日期等。以"应收账款可回收性"这一指标为例。在蛮先进公司，这一指标所涉及的应收单到期日数据来自公司内部业务系统的应收单，而系统日期可通过Python函数自动生成或手动输入。采集到的应收单数据见表6-42。

表6-42　　　　　　　　　应收单列表　　　　　　　　　金额单位：元

单据编号	业务日期	客户	价税合计	到期日	物料编码	物料名称	计价单位	计价数量
AR00089849	20×2/12/14	承德新方食品加工有限公司	86 159 348	20×2/12/14	7.30.MBQ	面包片油炸机	台	500
AR00089847	20×2/12/10	天津家乐园食品公司	78 720 337.60	20×2/12/10	7.02.DBBZ100LD-JB-C	中级油油炸机（20#电）	台	900
AR00089847	20×2/12/10	天津家乐园食品公司	78 720 337.6	20×2/12/10	7.07.01.DBWS200/60-B	无锈宽网带传送机（机架可拆）	台	300
AR00089847	20×2/12/10	天津家乐园食品公司	78 720 337.6	20×2/12/10	7.08.DBTW78/80	圆筒式撒粉机	台	1 000
AR00089847	20×2/12/10	天津家乐园食品公司	78 720 337.6	20×2/12/10	7.13.PX	漂洗机	台	500
AR00089847	20×2/12/10	天津家乐园食品公司	78 720 337.6	20×2/12/10	7.27.02	提升机	台	1 000
AR00089847	20×2/12/10	天津家乐园食品公司	78 720 337.6	20×2/12/10	7.30.MBQ	面包片油炸机	台	500

续表

单据 编号	业务 日期	客户	价税 合计	到期日	物料 编码	物料 名称	计价 单位	计价 数量
AR00089846	20×2/12/10	内蒙古好吃牛肉 干加工厂	83 856 910.40	20×2/12/10	7.02.DBBZ100LD-JB-C	中级油油炸机 （20＃电）	台	800
AR00089846	20×2/12/10	内蒙古好吃牛肉 干加工厂	83 856 910.4	20×2/12/10	7.07.01.DBWS200/60-B	无锈宽网带传送 机（机架可拆）	台	200
AR00089846	20×2/12/10	内蒙古好吃牛肉 干加工厂	83 856 910.4	20×2/12/10	7.08.DBTW78/80	圆筒式撒粉机	台	1 300
AR00089846	20×2/12/10	内蒙古好吃牛肉 干加工厂	83 856 910.4	20×2/12/10	7.13.PX	漂洗机	台	600
AR00089846	20×2/12/10	内蒙古好吃牛肉 干加工厂	83 856 910.4	20×2/12/10	7.27.02	提升机	台	1 000
AR00089846	20×2/12/10	内蒙古好吃牛肉 干加工厂	83 856 910.4	20×2/12/10	7.30.MBQ	面包片油炸机	台	500
⋮	⋮	⋮	⋮	⋮	⋮	⋮	⋮	⋮

6.5.5 大数据预处理

"应收账款可回收性"这一指标所涉及的两个字段均为日期字段。由于字符串类型的数据彼此之间无法进行计算，所以在采集完数据后首先需要确保这些日期字段是日期类型，见表6-43。

表6-43 **应收账款可回收性数据预处理方式**

处理方式	举例
数据转换	应收单中"业务日期""到期日"字段应统一将数据类型设置为日期
删除无效数据	应收单中包含产品、财务等多方面信息，但指标计算只需要每张应收单的"业务日期"和"到期日"，所以可以删掉不含日期信息的行

6.5.6 数据仓库构建

1.数据模型设计

创建销售收款数据仓库模型，包括两个事实表——应收账款催收事实表和应收账款事实表，三个维度表——日期维度表、客户维度表和催收方式维度表，相关内容如图6-17所示。

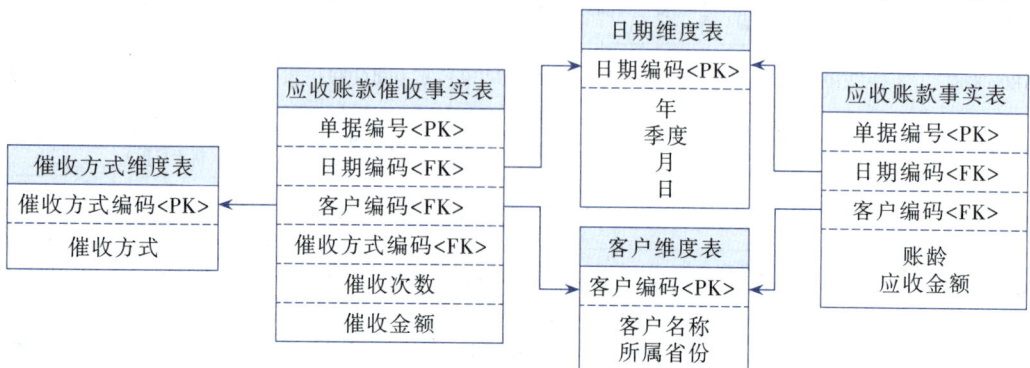

图6-17 销售收款数据仓库模型

2.事实表结构设计

（1）创建"应收账款事实表"（receivables_fact），关键字为"djbh"，相关内容见表6-44。

表6-44　　　　　　　　　　"应收账款事实表"结构设计表

序号	字段	数据类型	字段标题	字段大小	字段说明
1	djbh	varchar	单据编号	100	主键，出库单的编号
2	rqbm	date	日期编码	3	外键
3	khbm	int	客户编码	4	外键
4	zl	int	账龄	10	应收账款的时间长度
5	ysje	decimal	应收金额	23，10	应向客户收取的应收款项

（2）创建"应收账款催收事实表"（collection_fact），关键字为"djbh"，相关内容见表6-45。

表6-45　　　　　　　　　　"应收账款催收事实表"结构设计表

序号	字段	数据类型	字段标题	字段大小	字段说明
1	djbh	varchar	单据编号	100	主键，催收记录的编号
2	rqbm	date	日期编码	3	外键
3	khbm	int	客户编码	4	外键
4	csfsbm	varchar	催收方式编码	20	外键
5	cscs	int	催收次数	2	向客户催收应收账款的次数
6	csje	decimal	催收金额	23，10	应向客户收取的应收款项

3.维度表结构设计

（1）创建"日期维度表"（date_dim），关键字为"rqbm"，相关内容见表6-46。

表6-46　　　　　　　　　　"日期维度表"结构设计表

序号	字段	数据类型	字段标题	字段大小	字段说明
1	rqbm	date	日期编码	3	主键
2	years	varchar	年	4	年
3	quarters	varchar	季度	4	季
4	months	varchar	月份	2	月
5	dates	varchar	日	2	日

（2）创建"客户维度表"（customer_dim），关键字为"khbm"，相关内容见表6-47。

表6-47　　　　　　　　　　"客户维度表"结构设计表

序号	字段	数据类型	字段标题	字段大小	字段说明
1	khbm	int	客户编码	4	主键
2	khmc	varchar	客户名称	80	客户名称
3	province	varchar	所属省份	80	所属省份

（3）创建"催收方式维度表"（collectionmethod_dim），关键字为"csfsbm"，相关内容见表6-48。

表6-48　　　　　　　　　　"催收方式维度表"结构设计表

序号	字段	数据类型	字段标题	字段大小	字段说明
1	csfsbm	int	催收方式编码	4	主键
2	csfs	varchar	催收方式	20	向客户催收应收账款的方式

6.5.7　风险评估

本小节还是以"应收账款可回收性"为例，展示如何进行指标计算以及风险评价。首先需要使用预处理好的"应收单列表"中的数据进行指标计算，再结合指标评价标准来评估风险。

1.指标计算

在运用"应收账款可回收性"这一指标时，分析人员通过计算应收单到期日与应收单创建日期的差，来计算该笔应收账款的账龄长短，见表6-49。

表6-49　　　　　　　　　　"应收账款可回收性"指标运用

指标名称	指标运用
应收账款可回收性	账龄=应收单到期日-应收单业务日期

2.风险评价

上一步计算出来的账龄数值可能有大有小，在制定评价标准时需要充分考虑各种情况。账龄小于等于180天，应视为暂无风险；账龄大于180天但小于等于360天，应视为低风险；账龄大于360天但小于等于720天，应视为中风险；账龄大于720天，应视为高风险。指标评价标准见表6-50。

表6-50　　　　　　　　　　应收账款可回收性指标评价标准

指标名称	评价标准
应收账款可回收性	（1）账龄>720天，即应收账款回收风险很高——红色预警； （2）360天<账龄≤720天，即应收账款回收风险较高——橙色预警； （3）180天<账龄≤360天，即应收账款存在较小的回收风险——黄色预警； （4）账龄≤180天，即应收账款暂不存在回收风险——绿色提示

6.5.8　风险评估结果可视化

"应收账款可回收性"在运用时是以每一笔应收账款为对象的。风险控制部门既需要了解应收账款账龄的总体情况，也需要了解具体是哪些应收账款的账龄过长。所以在进行可视化时可以采用散点图、饼图等，先了解整体情况，再了解个体细节。20×2年四个月份应收账款可回收风险情况堆积条形图，如图6-18所示。

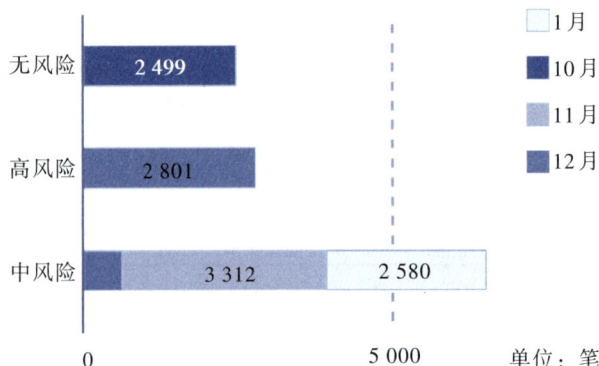

图6-18　20×2年四个月份应收账款可回收风险情况堆积条形图

6.5.9　风险评估报告输出

销售收款环节大数据风险评估报告的大致内容包括：风险评估目的、风险评估思路、大数据风控指标、风险评估标准、风险评估结果以及该环节风险应对措施，如图 6-19 所示。

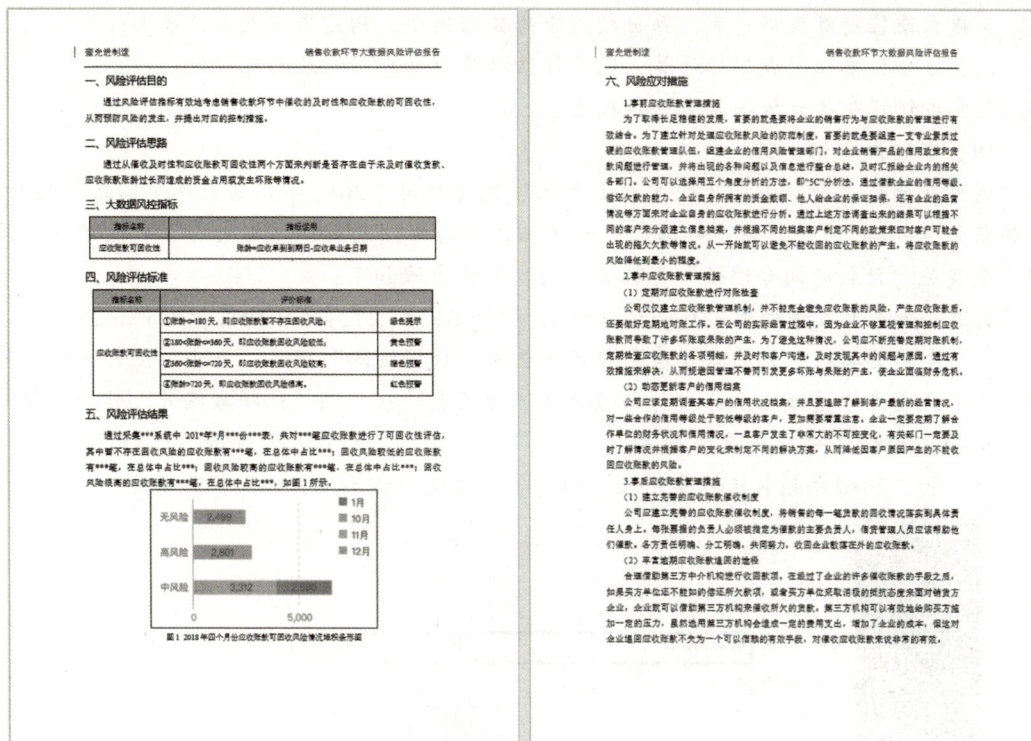

图 6-19　销售收款环节大数据风险评估报告示例

实验二 --

销售业务大数据风控实操

一、实验目的

1.熟练掌握销售业务大数据风控的实施流程；

2.熟悉销售发货环节相关表单、数据项；

3.掌握"发货及时性"指标从数据采集、预处理、指标计算到风险评估和可视化整个流程和步骤的技术实现；

4.掌握如何编写销售业务大数据风险评估报告。

二、实验环境

1.软件平台：金蝶大数据智能风控实训平台、轻分析平台；

2.硬件教具：大数据智能风控物理模拟教学沙盘；

3.浏览器：建议使用 Google Chrome（谷歌浏览器）。

三、实验要求

1.明确指标"发货及时性"旨在评估什么样的风险，可能导致企业有何损失；

2.使用大数据智能风控物理模拟教学沙盘完成销售业务大数据风控流程推演；

3.在大数据智能风控实训平台完成指标"发货及时性"所需数据的采集；

4.基于"发货及时性"指标应用的要求，在大数据智能风控实训平台完成采集数据的预处理操作；

5.建立销售发货数据仓库，画出数据仓库数据模型，构建事实表和维度表；

6.在轻分析平台完成指标计算、风险评估以及指标应用结果的可视化；

7.完成销售业务大数据风险评估报告。

四、实验内容和步骤

通过在金蝶大数据智能风控平台上导入蛮先进公司"20×2年销售出库单列表""20×2年销售订单列表""预计物流时间表"的数据，并进行预处理、指标计算、风险评估等操作，来实施"付款时间合理性"指标的应用。具体步骤如下：

1.进入金蝶大数据处理实践平台（http：//116.63.167.113：11050/KtpDataming/index）。

2.在左侧菜单栏"大数据处理"目录下选择"数据清洗"项目，点击"上传文件"按钮。在本地文件中选择已准备文件"预计物流时间表"后，在"选择数据源"处的下拉列表中选择"20×2年销售出库单列表"，点击"下一步"，如图6-20所示。"20×2年销售订单列表"和"20×2年销售出库单列表"的上传、清洗操作类似，此处不再赘述。

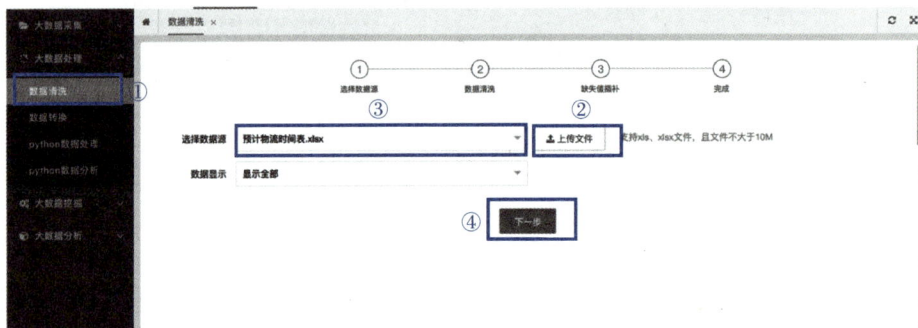

图6-20　上传待清洗的数据表

3.通过对源数据进行检查，可能发现有些字段的内容不符合后续的指标计算要求，如原本应该是整数的字段却带有单位，单位为字符串类型，带有字符的字段无法进行计算，所以需要删除字符。在数据清洗页面点击"添加规则"，选择"局部清洗"项目中的"字符替换"，点击"+"按钮，在字段列表中勾选"预计物流时间表"字段，最后点击"执行清洗"，如图6-21所示。

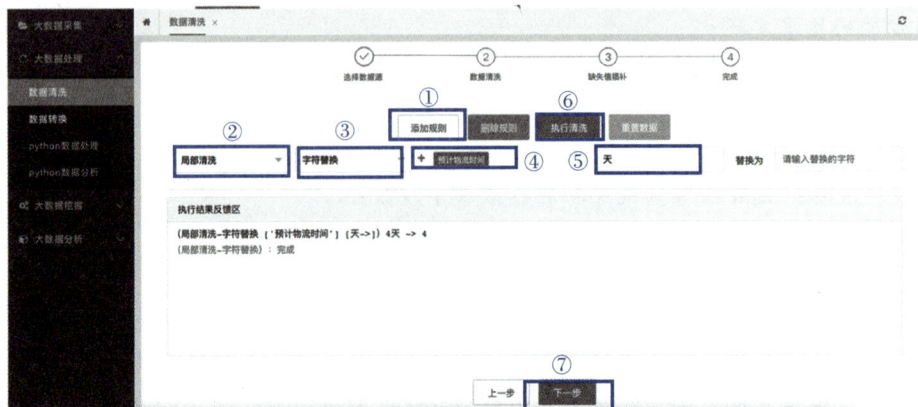

图6-21　执行局部清洗——字符替换

4.执行完成后，滑动到页面下方的"数据预览"板块，点击"下载"，即可将预处理后的数据下载到本地，如图6-22所示。

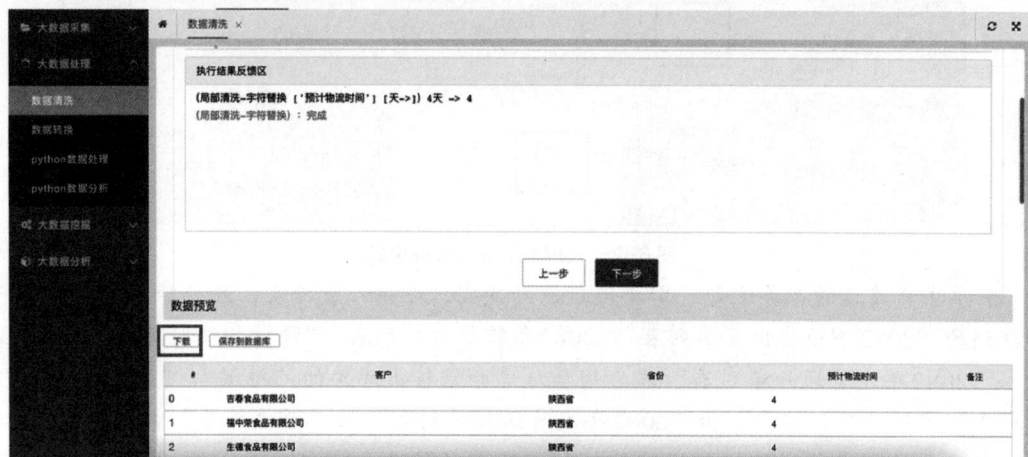

图6-22 下载清洗后的数据

5.在左侧菜单栏"大数据分析"目录下选择"轻分析"，跳转到金蝶云星空平台，登录后，选择"轻分析"，如图6-23和图6-24所示。

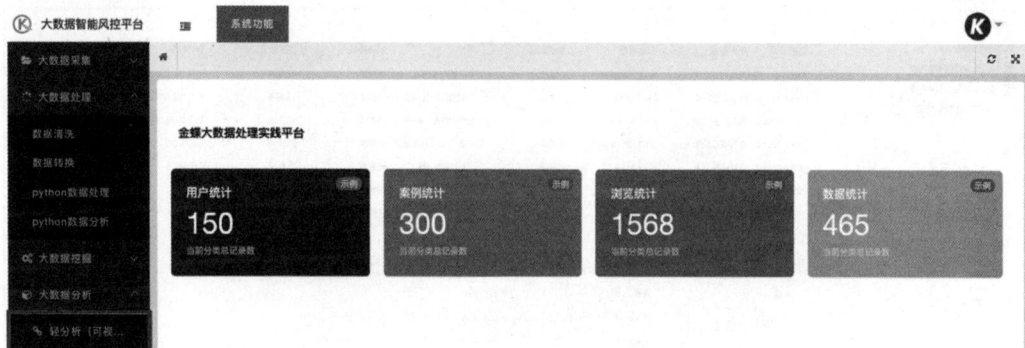

图6-23 大数据智能风控平台"轻分析"入口

图6-24 金蝶云星空平台"轻分析"入口

6.在轻分析页面单击"新建"，选择新建业务主题后命名，如图6-25所示。

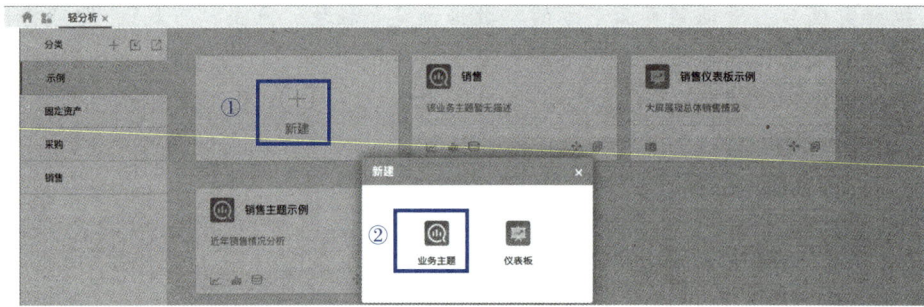

图 6-25　新建可视化业务主题

7.单击新建好的业务主题，需要进行数据建模，即导入数据表。此处除了需要导入前面提到的"20×2年销售出库单列表""20×2年销售订单列表""预计物流时间表"，还需要导入"20×2年发货通知单列表"作为销售订单和销售出库单的"桥梁"。"20×2年销售订单列表"通过"单据编号"和"20×2年发货通知单列表"的"源单编号"相连接，"20×2年发货通知单列表"通过"单据编号"和"20×2年销售出库单列表"的"源单编号"相连接，"20×2年销售出库单列表"通过"客户"和"预计物流时间表"的"客户"相连接，操作完后单击"保存"，如图6-26和图6-27所示。

图 6-26　轻分析新建数据表

图 6-27　新建数据表关系

8.建模完成后，进入数据斗方页面制作可视化图表，如图6-28所示。由于源数据中不包含"发货及时性"这一字段，所以需要先在数据斗方页面左侧选中任意工作表，选择"创建计算字段"，如图6-29所示。

图6-28 数据斗方入口

图6-29 创建"发货及时性"字段

9.先选择图表类型为"堆积柱形图"，将"发货及时性"字段拖入横轴和纵轴，纵轴中的"发货及时性"改为"度量"与"计数"，如图6-30所示。

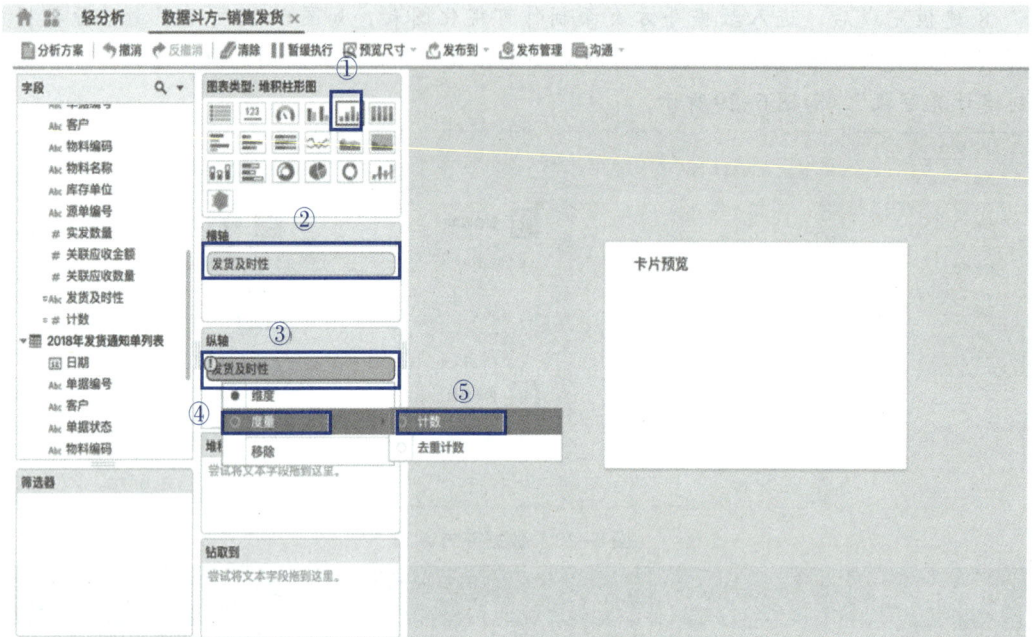

图6-30   选择堆积柱形图

将"日期"字段拖入"堆积",并将维度改为季度,出库单的"单据编号"字段拖入"钻取到"后,可通过点击图表中的不同区域查看其详细数据,如图6-31所示。

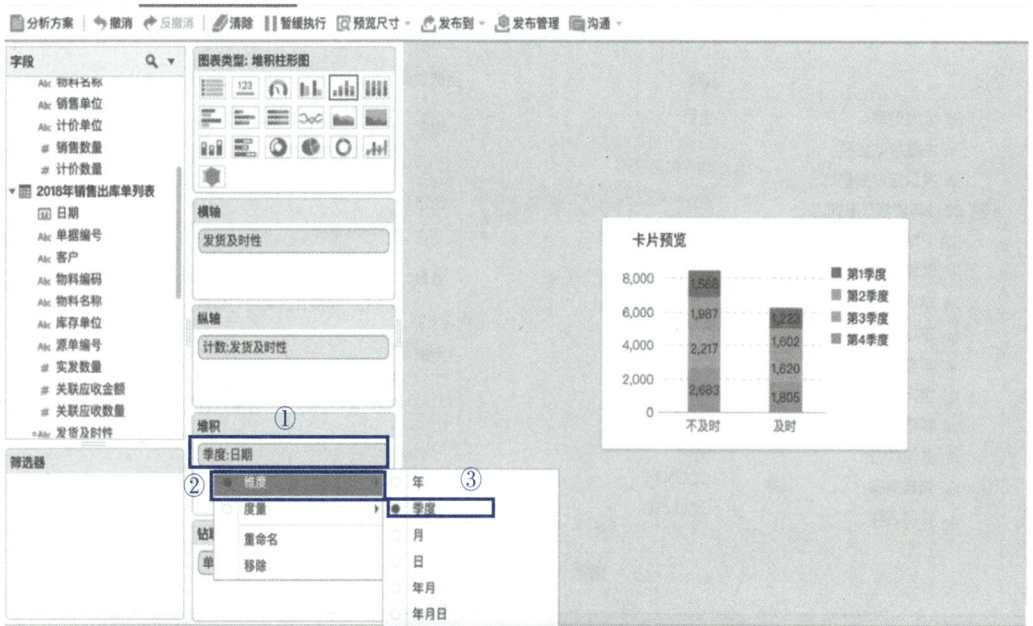

图6-31   制作堆积柱形图

10.点击"分析方案"中的"保存",输入该可视化图表的名称。

11.参考风险评估报告模板的内容,编写销售发货环节的风险评估报告,如图6-32所示。

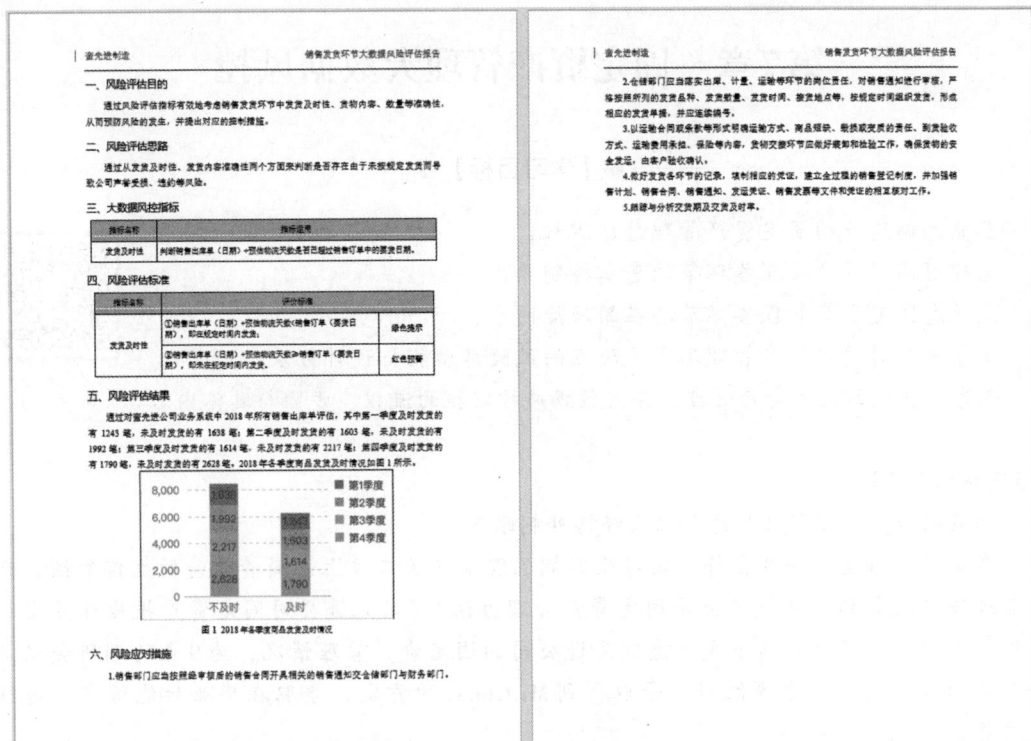

图 6-32　销售发货风险评估报告

课程思政

随着大数据、人工智能的应用与普及，保险公司在筛选客户时不再仅仅依靠传统的健康调查问卷，而是更多地利用大数据风控技术，实现对优质客户的甄别。保险公司对客户的大数据智能风控方向见表 6-51。

表 6-51　　　　　　　　　保险公司筛选客户的大数据智能风控方向

风控方向	内容
健康数据	医保卡使用记录、就诊频率、就诊费用、药店消费记录、线上问诊记录等
保险数据	之前买过的保险、理赔记录、核保记录等
信用数据	是否为失信人员、是否有金融平台的贷款逾期
生活习惯	是否经常买烟酒、是否经常熬夜等
经济数据	通过职业、转账数据、收入记录、消费地点等对客户进行经济能力画像
网络行为	网上搜索过的一些关键词，如"有某某病如何投保""骗保后果"等

要求：参照保险公司的风控方向，试着反过来从个人的角度想一想，日常生活、工作和学习中我们应该做什么，不应该做什么？

本章习题自测

第7章 固定资产管理大数据风控

1. 熟悉制造业的固定资产管理总体流程；
2. 理解固定资产管理各环节的基本控制要求；
3. 熟悉固定资产管理各环节潜在的风险因素；
4. 掌握针对固定资产管理不同风险点的风险评估指标设计方法；
5. 掌握典型的固定资产管理业务大数据风控实施的流程、步骤与具体内容。

思维导图+
课前预习

【案例场景7-1】

四月的重庆，早晨8点的太阳已经格外刺眼了。

蛮先进公司还是一片寂静，实习生家桐已经坐在了工位上，喝着最爱的生椰拿铁，开始整理昨日收集的《蛮先进公司固定资产管理办法》《蛮先进公司固定资产报废处置实施细则》等制度，家桐必须事先熟悉蛮先进公司的固定资产管理情况，为9点的调研会议做好充足的准备，争取事事做好，争取得到Mr.Cheng的肯定，争取在毕业后能留在公司继续工作。

看看手表，不觉间已经8：50了，342会议室的大屏幕上播放着家桐准备好的PPT，参会人员已经陆陆续续就座了。今天参会的有大数据智能风控部、资产管理部、财务部相关人员，会议由Mr.Cheng主持，家桐负责做会议记录。

会议9点准时开始，Mr.Cheng先喝了一口深度赋能茶，说："我们大数据智能风控部已经成立快半年了，这段时间我们已经为公司的采购和销售业务设计了一套完善的大数据风控方案，通过不断实践，我们部门已经积累了很多宝贵的经验。今天会议的主题是对公司固定资产管理现状进行调研，共同努力设计一套适合固定资产管理的大数据风控方案，来防范和控制风险的发生。新星，你介绍一下情况吧。"

"好的，我们公司对固定资产的实物管理由我们资产管理部负责，账务方面也就是对固定资产的核算由财务部负责。很多人不明白为什么要专门设立固定资产管理部，觉得对固定资产的管理只需要每年进行盘点，确保账实一致就可以了。但是回归到资产的基本属性，它是预期会给企业带来经济利益的资源，因为固定资产通常不跟业务直接关联，我们不容易看到其产生的直接影响，所以很容易在实际工作中忽略资产管理这项工作。我很高兴我们公司的高层领导很重视固定资产管理工作，能够设立我们部门，加强了对公司固定资产的风险管理。"

财务部詹凯棋连连点头，说："是的，以前固定资产管理是由我们部门负责，但我们核算人员往往偏向于对其进行账务管理，忽略了对实物的管理。我们以前进行年末盘点的时候就发现，缺少了对固定资产全生命周期的管理，在期末发现账实不一致的情况时，也很难追溯，这间接造成了企业利润的流失。高层领导单独设立资产管理部，可以有效防止公司资产流失。"

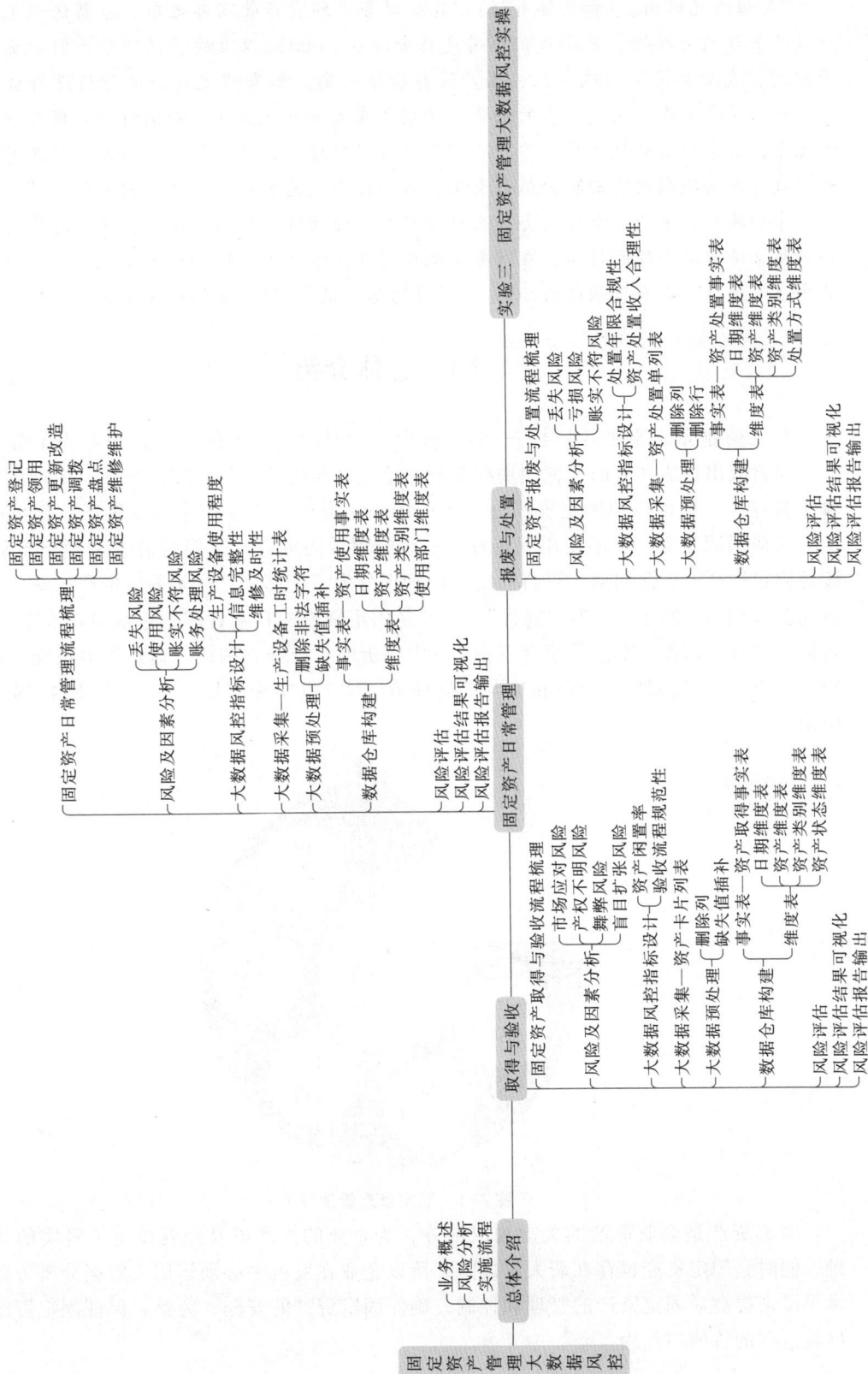

【思维导图】

固定资产管理大数据风控

- 总体介绍
  - 业务概述
  - 风险分析
  - 实施流程

- 取得与验收
  - 固定资产取得与验收流程梳理
  - 风险及因素分析
    - 市场应对风险
    - 权不明确风险
    - 舞弊风险
    - 盲目扩张风险
  - 大数据风控指标设计
    - 资产验收流程规范性
    - 资产卡片完整性
  - 大数据采集
  - 大数据预处理
    - 删除列
    - 缺失值插补
  - 数据仓库构建
    - 资产取得事实表
    - 日期维度表
    - 资产类别维度表
    - 资产状态维度表
  - 风险评估
  - 风险评估结果可视化
  - 风险评估报告输出

- 实验二 固定资产日常管理
  - 固定资产日常管理流程梳理
    - 固定资产登记
    - 固定资产领用
    - 固定资产更新改造
    - 固定资产调拨
    - 固定资产盘点
    - 固定资产维修维护
  - 风险及因素分析
    - 丢失风险
    - 使用实不符风险
    - 账务处理风险
  - 大数据风控指标设计
    - 生产设备使用程度
    - 生产设备完整性
    - 信息维修及时性
    - 生产设备工时统计表
  - 大数据采集
  - 大数据预处理
    - 删除非法字符
    - 缺失值插补
  - 数据仓库构建
    - 资产使用事实表
    - 日期维度表
    - 资产维度表
    - 资产类别维度表
    - 使用部门维度表
  - 风险评估
  - 风险评估结果可视化
  - 风险评估报告输出

- 实验三 固定资产管理大数据风控实操 报废与处置
  - 固定资产报废与处置流程梳理
  - 风险及因素分析
    - 丢失风险
    - 亏损风险
    - 账实不符风险
  - 大数据风控指标设计
    - 处置年限合规性
    - 资产处置收入合理性
    - 资产处置单列表
  - 大数据采集
  - 大数据预处理
    - 删除列
    - 删除行
  - 数据仓库构建
    - 资产处置事实表
    - 日期维度表
    - 资产类别维度表
    - 处置方式维度表
  - 风险评估
  - 风险评估结果可视化
  - 风险评估报告输出

"英雄所见略同。"新星接着说："我从财务部到资产管理部之后，重新认识了固定资产风险管理的重要性。目前我们公司是将金额在5 000元以上的资产划分为固定资产进行管理的，我们公司是制造企业，生产设备价值较高，如果固定资产的价值没有被充分发挥，那么对公司来说就是极大的浪费。特别是在大量资产闲置，而同时公司现金流紧张的情况下，日常经营必然步履艰难。要避免这种情况发生，就需要在新增固定资产时谨慎分析，确保在回报期内将回收价值最大化，另一方面就是要让资产持续创造价值。"

家桐默默记录着，今日的会议又让他对资产管理有了新的认识，在学校时他对固定资产的印象是对其价值的核算、在财务系统中用资产卡片对其进行记录和管理……但没想到其中还有这么多没有接触过的知识。"学习的路还很长啊！"家桐陷入了沉思……

7.1　总体介绍

在《企业会计准则第4号——固定资产》中对固定资产的定义是企业为了劳务、生产、经营或出租所拥有的，使用周期超过一个会计年度的实物，比如房屋、生产设备、运输工具等。一般可以把固定资产分为生产用固定资产、非生产用固定资产；租出固定资产、未使用固定资产、不需用固定资产；融资租赁固定资产、接受捐赠固定资产等类别。按照固定资产的生命周期，可将固定资产管理分为三个部分：一是固定资产的新增，即取得与验收环节（图7-1中为"取得"）；二是固定资产的日常管理，包括验收入库、领用、折旧、维修、调拨、盘点等事项（图7-1中将折旧、维修、调拨、盘点等事项统一由"维修"代表）；三是固定资产的报废与处置环节（图7-1中为"处置"），大致内容如图7-1所示。

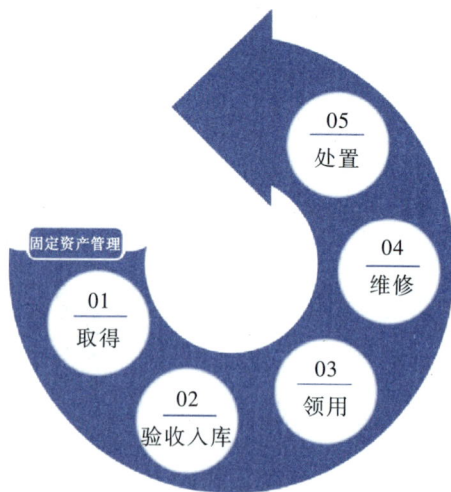

图7-1　固定资产管理环节

固定资产是企业资产的关键构成部分，为企业的生产以及经营奠定了坚实的物质基础，同时，固定资产也存在着大量风险，所以企业在发展中必须运用大数据分析等新兴技术手段来提高对固定资产的管理和控制，确保固定资产的安全、完整，保证固定资产发挥出其应有的价值与作用。

7.1.1　业务概述

在经营过程中，企业应当采取有效的方式为企业的固定资产投资制订计划，针对生产经营过程中各种支出进行科学的评估，然后编制预算表。企业一般通过内部自行建造、对外采购或是融资租赁等方式取得固定资产，以外购为例，其基本流程包括提出采购申请、审批、采购方式选择及方案实施。验收环节则主要是指对固定资产的规格型号、技术参数、数量等进行检查验收，验收合格后的固定资产应在企业资产管理系统及财务系统中及时入账。

在日常生产运营中，企业应当具备完善的固定资产管理制度，应当明确固定资产的责任人和责任单位，特别是生产型设备，应当配置专人对设备定期进行调试、维修、保养和升级改造，以保证固定资产的正常运行，避免企业的生产活动受到影响。每年期末，需由资产管理部门负责安排对固定资产进行盘点，由财务部配合资产管理部门对相关账目进行核查，明确企业固定资产的盘盈、盘亏情况。同时，财务部门应每期对固定资产进行评估，及时调整账面价值，做到实物、账目、资产卡片相符，保障固定资产的安全性和完整性。

固定资产的报废与处置是其生命周期中的最后一个环节，通常分为因丧失使用价值而正常报废以及因事故、自然灾害等原因造成不可修复的损毁而提前报废两种情况。一般的流程为：使用部门提出申请、鉴定与评估，审批通过后对相关固定资产进行处置，最后由财务部进行账务处理。

固定资产管理总体业务流程如图7-2所示。

7.1.2　风险分析

固定资产业务活动存在以下潜在风险：

（1）业务活动违反国家法律法规，未经适当审批或超越授权审批，造成产权不清。例如，未办理土地出让手续、未取得车辆过户手续等，导致企业产生出资风险甚至法律风险，使企业蒙受经济损失和信誉损失。

（2）固定资产购买、建造决策发生失误，造成产能过剩、资金不合理占用、资源浪费、偿债能力和资产盈利水平下降。

（3）固定资产不按有关规定计提折旧，经常变更折旧方法，滥用会计估计政策，导致固定资产净值、成本、利润等指标失真。

（4）基础管理工作不扎实，导致固定资产账实不符，盘盈、盘亏、毁损现象频发，原因不明，责任不清，减值损失现象严重。

7.1.3　实施流程

大数据风控在固定资产业务中的实施流程包括固定资产管理业务流程梳理、风险及因素分析、固定资产管理业务大数据风险评估指标设计、固定资产管理业务风控大数据采集、固定资产管理业务大数据预处理、数据仓库创建、固定资产管理业务大数据风险评估、风险评估结果可视化以及固定资产管理业务大数据风险评估报告输出，固定资产管理大数据风控技术路线图如图7-3所示。

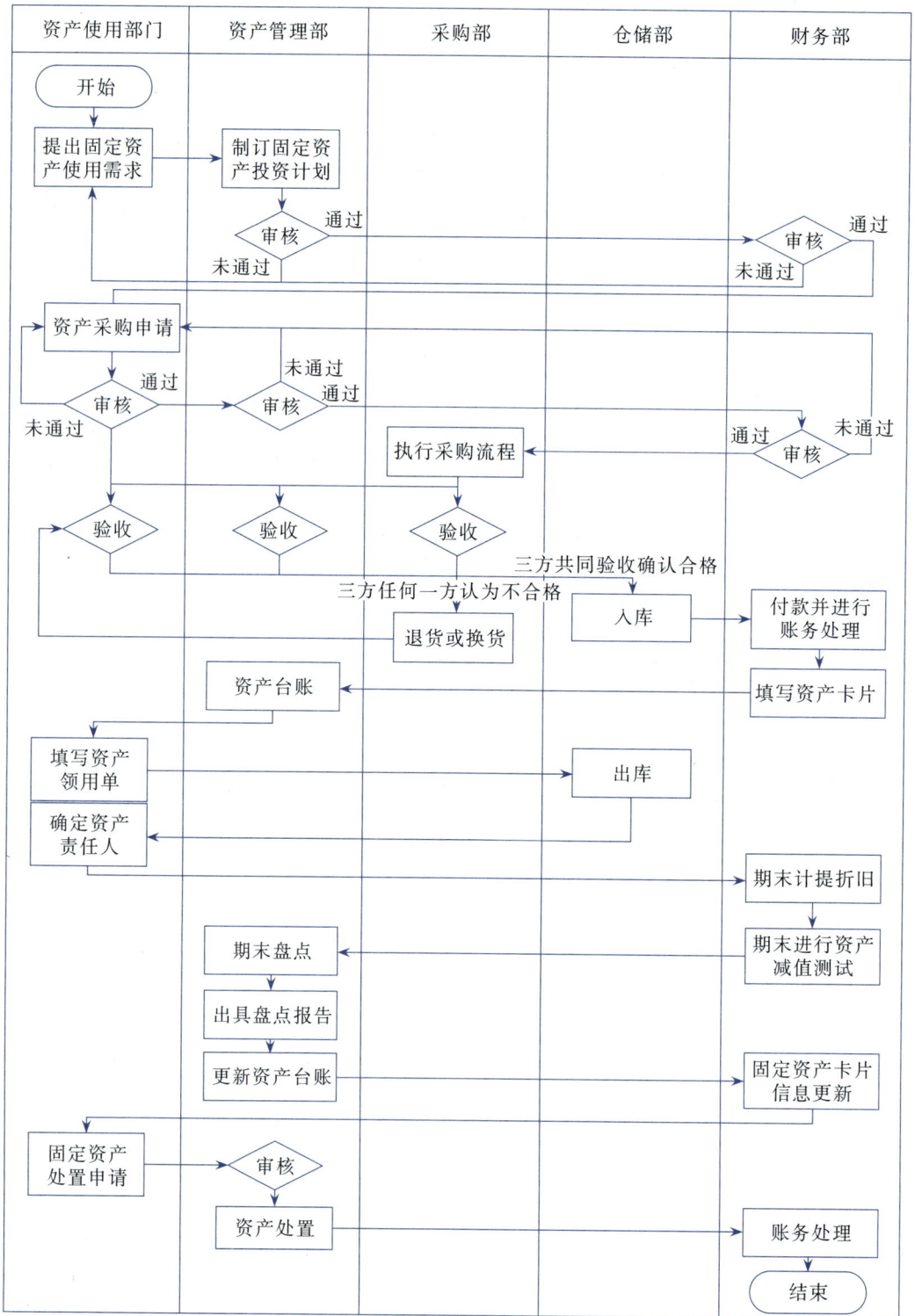

图7-2 固定资产管理总体业务流程

固定资产管理业务流程梳理

丢失风险 ← 员工恶意侵占 ／ 账实不符

风险及因素分析 ⇒

损失风险 ← 未及时检修 ／ 未按规定报废

… ← …

固定资产管理业务大数据风险评估指标设计 ⇒

生产设备使用程度　资产处置收入合理性　…

设备实际工时 ／ 设备预计最大工时　　评估价值 ／ 处置收入　　数据项1 ／ 数据项2 ／ …

固定资产管理业务风控大数据采集 ⇒

金蝶K3 Cloud平台　企业外部数据　企业内部本地文件

固定资产管理业务大数据预处理

数据清洗 ⇒ 删除重复数据、替换缺失值等

数据转换 ⇒ 删除固定资产管理业务大数据风控指标所涉及的"处置收入""设备实际工时"等字段所带单位,保证其数据格式为数值类型

数据仓库创建 ⇒ 根据不同的风控分析主题,构建固定资产管理业务各个环节的数据仓库

固定资产管理业务大数据风险评估

指标计算 ⇒
- 生产设备使用程度=设备实际工时÷设备预计最大工时
- 资产处置收入合理性:通过处置收入与评估价值偏离度的值来判断。处置收入与评估价值偏离度=(评估价值-残值收入)/评估价值×100%
- ……

风险评估 ⇒ 以生产设备使用程度指标为例:
① 大于0.8,生产设备使用程度非常高——红色预警;
② (0.6,0.8],生产设备使用程度高——橙色预警;
③ (0.4,0.6],生产设备使用程度较高——黄色预警;
④ (0,0.4],生产设备使用程度正常——绿色提示。

风险评估结果可视化 ⇒ 可以通过饼图呈现不同使用程度设备的比例,也可以通过散点图呈现各设备的使用程度分布情况。

固定资产管理业务大数据风险评估报告输出 ⇒ 输出可视化的风险评估结果、风险应对建议措施等

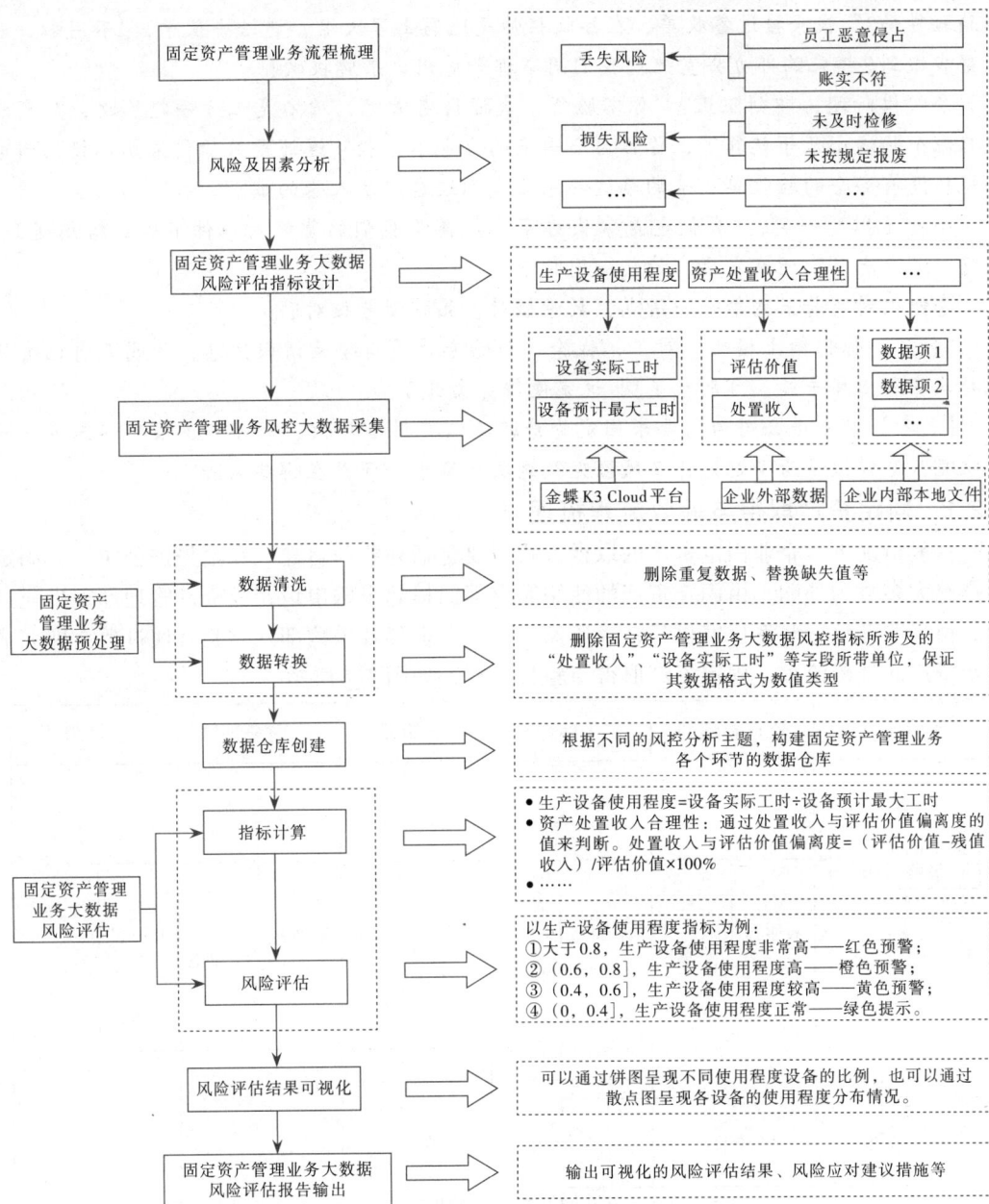

图 7-3　固定资产管理大数据风控技术路线图

7.2　取得与验收

【案例场景7-2】

蛮先进公司门口,财务部核算专员詹凯棋和采购部采购专员钱涂已经等在公司门口,两人一直望向马路的尽头,等得都快不耐烦了。

"滴滴……滴滴……"逆风速运的货车伴随着喇叭声终于驶入了公司大门。车上下来一个小伙子,问道:"请问是蛮先进公司的钱涂吗?请签收贵公司购买的5台电脑。需要

开箱验货吗?"钱涂接过签收单,在签收栏帅气地写上了大名,递给小伙子,"不用啦,麻烦帮我搬到2楼采购部办公室吧!我们同事都等着用这果牌机呐!"

詹凯棋听闻,即刻阻止:"你不验货,我还得看看呢,咱本是三方一起签收,厂商那边只派个物流小伙子就算了,你作为公司采购方也不验验?这还是给你们采购部换的新电脑呢!没有齐全的验收单、采购单这些东西我们这边没法入账的哦。"

小伙子尴尬一笑,"我们也是拿钱办事,厂商给我们的货绝对一件不少的给您送到。哎呀,差点忘了,还有发票,请您一同收下。"

詹凯棋对照着采购单一一清点,数量核对,品牌型号核对……

"行了,你们搬上楼吧。对了,钱涂,仓储专员聂琦今天请假休息,你明天自己去找她补入库和出库手续,可别忘了!"说完便转身离开了。

【思考】蛮先进公司为何要求固定资产验收需要供货厂商、财务部、采购部三方一同验收呢?这样做是为了避免什么风险呢?这次验货中,还存在哪些风险呢?

7.2.1 固定资产取得与验收流程梳理

一般情况下,企业固定资产的取得方式主要包括外购与自建。在蛮先进公司,其固定资产绝大多数为外购,由固定资产的使用需求部门提起采购申请,经资产管理部审批通过后,由采购部负责联系厂家供货,经厂家、资产管理部及采购部三方验货通过后,即完成固定资产的外购流程。固定资产取得与验收流程,如图7-4所示。

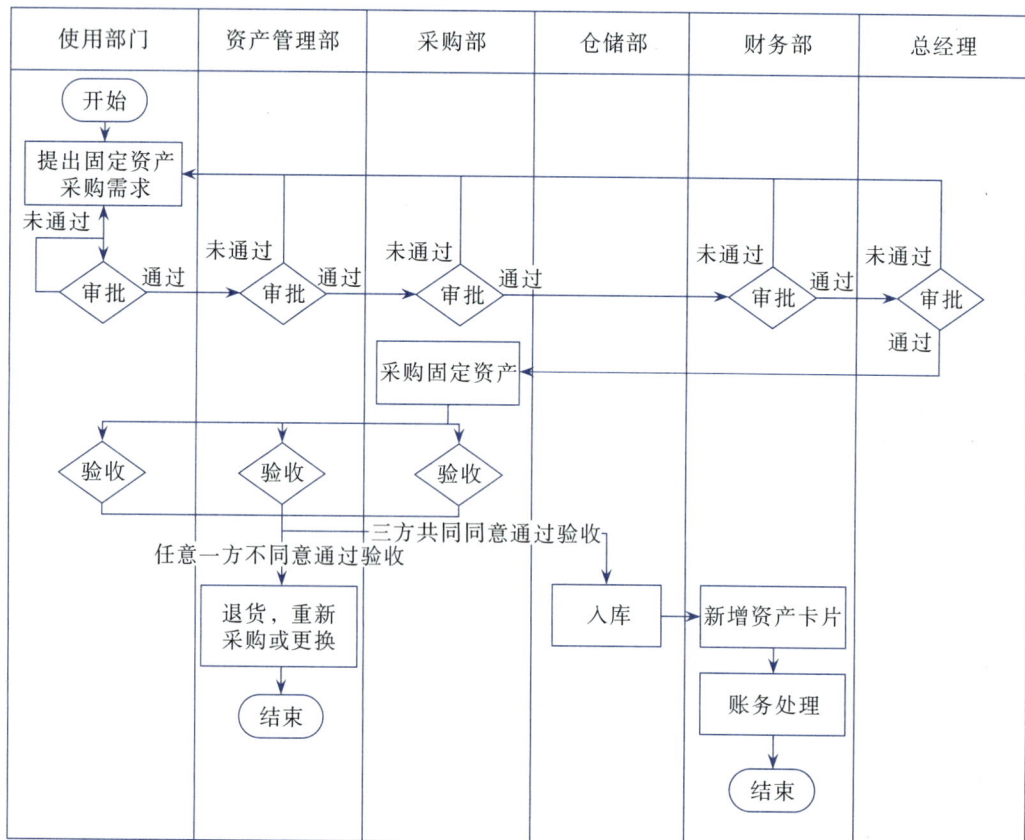

图 7-4 固定资产取得与验收流程

企业固定资产的购置需求提出部门需要与固定资产购置部门相分离,负责固定资产预算管理的部门需要和固定资产审核部门相分离。外购固定资产应当经过下列验收程序:

1.检查订货合同协议、供货企业提供的材质证明、合格证、运单、提货通知单等原始单据与待检验货物是否相符,资产实际交货期与订购单中的交货期是否一致。

2.对待验货物进行数量复核和质量检验,对于难度较大的技术指标的检验,可聘请外部专家协助进行。

3.对验收后数量相符、质量合格的固定资产出具验收单或检验报告,办理交付使用手续;对验收不合格的固定资产,及时办理退货、换货或索赔手续。

4.对验收合格的固定资产应当及时办理入库、编号、建卡、调配等手续。对需要办理产权登记手续的固定资产,应当及时到相关部门办理。

针对企业自建的固定资产,应当由制造部门、资产管理部门、使用部门共同填制固定资产移交验收单,严格把握工程项目概算、招投标、价款支付、竣工决算等环节,重点关注施工质量。通过检验合格的固定资产才能办理交付使用手续,验收不合格的应及时查明原因,落实责任,报告有关部门处理。

对于通过其他方式(如接受投资、接受捐赠、债务重组、企业合并、非货币性资产交换等)取得的固定资产,企业应重点关注固定资产的来源途径、产权关系、质量状况、实际价值是否符合有关合同或协议的约定等。

7.2.2 风险及因素分析

在固定资产的取得与验收环节,主要涉及市场应对风险、产权不明风险、盲目扩张风险和舞弊风险,如图 7-5 所示。固定资产的使用部门若一味追求高配置或互相攀比,忽略自身实际需求,未考虑好设备的最佳配置参数就盲目采购,则会给企业造成不必要的固定资产取得与验收风险。

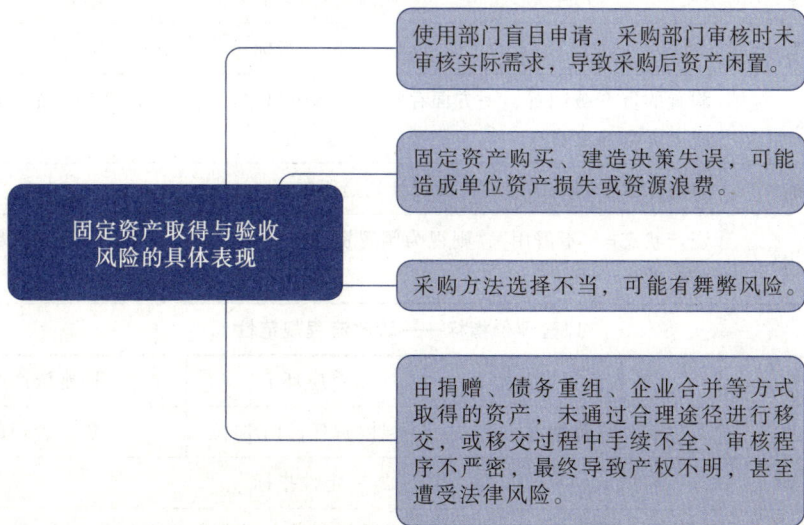

固定资产取得与验收风险的具体表现

- 使用部门盲目申请,采购部门审核时未审核实际需求,导致采购后资产闲置。
- 固定资产购买、建造决策失误,可能造成单位资产损失或资源浪费。
- 采购方法选择不当,可能有舞弊风险。
- 由捐赠、债务重组、企业合并等方式取得的资产,未通过合理途径进行移交,或移交过程中手续不全、审核程序不严密,最终导致产权不明,甚至遭受法律风险。

图 7-5 固定资产取得与验收环节风险

(1)市场应对风险。该风险是指由于信息不对称导致公司获取信息和预测市场的能力不够,造成不能灵活应对市场的不确定性。例如,固定资产在投资决策过程中未经过充分论证,资产的工艺或参数因市场变化太快而无法满足新产品的工艺,导致固定资产闲置和浪费。

（2）产权不明风险。业务活动违反国家法律法规、未经适当审批或超越授权审批，造成产权不清（如未办理土地出让手续、未取得车辆过户手续等），导致出资风险甚至法律风险，使企业蒙受经济损失和信誉损失。

（3）舞弊风险。固定资产的购置活动不但关系到设备能否满足生产需要，而且大量的资金支付极易给个别工作人员提供贪污舞弊的机会，从而给企业造成巨大损失。例如，个别企业在采购固定资产前未经管理层集体审批决策，未进行可行性分析，不但容易造成固定资产无法适合企业生产经营需要，也为工作人员利用采购"吃回扣"提供了机会。再如，采购过程由经办人一人完成，未将谈判人员与最终确定采购的审批人员进行彻底分离，极易造成资产采购贪腐行为的发生。

（4）盲目扩张风险。部分企业把资本运营的目标定位在追求公司规模和利润上，不仅没有考虑自身发展的核心竞争力，也没有对未来的市场潜力进行一定的考量，这就导致公司盲目地通过资本运作来扩大规模经济，资本运作能力低，造成了内耗，导致公司无法聚焦主业，降低了公司的核心竞争力。

7.2.3　大数据风控指标设计

在企业的日常管理中，固定资产购置决策若发生失误，会造成资产闲置浪费的现象。另外，验收时程序不规范，可能导致实际购置资产与需求不相符，进而影响公司正常的生产、运营活动，或导致资金的浪费。因此，可以从资产是否闲置以及验收流程是否规范两个方面进行指标设计，具体指标设计见表7-1、表7-2。

表7-1　　　　　　　　　　　　风险评价指标——资产闲置率

指标名称	资产闲置率	流程环节	固定资产取得
指标频率	每年	风险责任部门/岗位	资产管理部门
指标类型	定量指标		
风险点	购置的资产被闲置，一方面存在财务舞弊风险，另一方面增加了企业的费用，造成了资金的浪费		
指标功能	该指标旨在判断固定资产投资计划是否准确		
指标运用	资产状态="不需用"，则视为闲置资产。资产闲置率=闲置固定资产数量/总固定资产数量		

表7-2　　　　　　　　　　　　风险评价指标——验收流程规范性

指标名称	验收流程规范性	对应环节	固定资产取得
指标频率	每年	风险责任部门/岗位	资产管理部门
指标类型	定性指标		
风险点	验收程序不规范，可能导致资产质量不符合要求，进而影响公司正常的生产、运营活动，或导致资金的浪费		
指标功能	该指标旨在判断固定资产的验收流程是否符合规定		
指标运用	判断验收单中的"验收部门"和"验收人"是否符合制度规定		

7.2.4　大数据采集

在固定资产的取得与验收环节，通常会涉及资产卡片、资产验收单等表单，其中包含的数据有资产类别、卡片编码、资产状态、验收日、验收部门、验收人等。下面以"资产闲置率"这一指标为例来展示已经采集到的数据。

在蛮先进公司，这一指标所涉及的"资产状态"数据项来自公司内部业务系统的资产卡片，该数据项的具体呈现内容包括使用中、未使用、不需用三种，其中使用中又分为正常使用、融资租入、季节性停用、经营性租出、大修理停用等五种情况。分析人员将采集到的数据形成资产卡片列表，见表7-3。

表7-3　　　　　　　　　　　　　　资产卡片列表　　　　　　　　　　金额单位：元

资产类别	卡片编码	资产名称	计量单位	资产数量	资产状态	变动方式	开始使用日期	资产原值	⋮
其他设备	ZCKP002	六门书柜	套	10	正常使用	购入	20×2-06-30	28 200	⋮
电子设备	ZCKP003	笔记本	台	50	正常使用	购入	20×2-06-30	385 500	⋮
其他设备	ZCKP004	平台	Pcs	1	正常使用	购入	20×2-06-30	4 000	⋮
机器设备	ZCKP005	32K摇臂钻	台	10	正常使用	购入	20×2-06-30	57 000	⋮
机器设备	ZCKP006	1.5米车床	台	8	正常使用	购入	20×2-06-30	136 800	⋮
机器设备	ZCKP007	点焊机	台	12	正常使用	购入	20×2-06-30	44 400	⋮
机器设备	ZCKP008	折弯、剪板机	台	8	正常使用	购入	20×2-06-30	480 000	⋮
机器设备	ZCKP009	铣床	台	8	正常使用	购入	20×2-06-30	200 000	⋮
机器设备	ZCKP010	水切割机	台	10	正常使用	购入	20×2-06-30	100 000	⋮
电子设备	ZCKP011	打印机	台	8	正常使用	购入	20×2-06-30	19 200	⋮
电子设备	ZCKP012	复印机	台	8	正常使用	购入	20×2-06-30	8 800	⋮
机器设备	ZCKP014	亚弧焊机	台	8	正常使用	购入	20×2-06-30	39 600	⋮
电子设备	ZCKP015	传真机	台	8	正常使用	购入	20×2-06-30	8 107	⋮
其他设备	ZCKP016	液化气取暖炉	台	5	正常使用	购入	20×2-06-30	6 250	⋮
⋮	⋮	⋮	⋮	⋮	⋮	⋮	⋮	⋮	⋮

7.2.5　大数据预处理

下面以"资产闲置率"指标为例介绍大数据预处理的应用。采集到的资产卡片列表中有许多指标计算不需要的字段，因此可以通过预处理将这些字段及其内容删除；若"资产状态"字段为空，则将其设为默认值，或删掉该行数据，见表7-4。

表7-4 资产闲置率指标数据预处理方式

处理方式	举例
删除列	如资产卡片中的"卡片来源""资产类别""条形码""资产位置"等字段
删除缺失值记录	删除资产卡片中的"资产状态"为null的记录

7.2.6 数据仓库构建

1.数据模型设计

创建资产取得数据仓库模型,包括资产取得事实表和四个维度表——日期维度表、资产维度表、资产类别维度表和资产状态维度表,相关内容如图7-6所示。

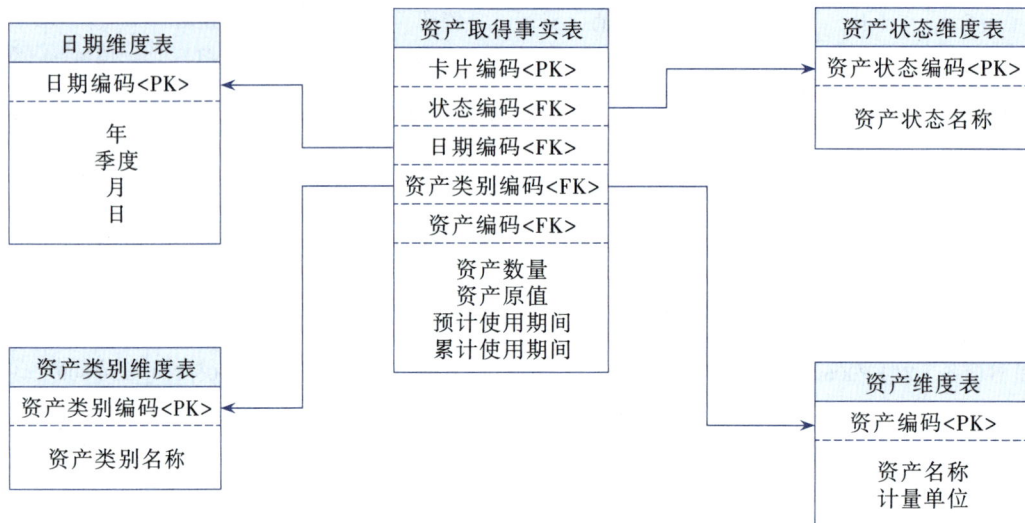

图7-6 资产取得数据仓库模型

2.事实表结构设计

创建"资产取得事实表"(receivables_fact),关键字为"kpbm",相关内容见表7-5。

表7-5 "资产取得事实表"结构设计表

序号	字段	数据类型	字段标题	字段大小	字段说明
1	kpbm	varchar	卡片编码	80	主键,出库单的编号
2	ztbm	varchar	状态编码	30	外键
3	rqbm	date	日期编码	3	外键
4	zclbbm	varchar	资产类别编码	30	外键
5	zcbm	varchar	资产编码	100	外键
6	zcsl	decimal	资产数量	23,10	资产的数量
7	zcyz	decimal	资产原值	23,10	资产的原值
8	yjsyqj	int	预计使用期间	20	资产预计使用的月数
9	ljsyqj	int	累计使用期间	20	资产累计使用的月数

3.维度表结构设计

(1)创建"日期维度表"(date_dim),关键字为"rqbm",相关内容见表7-6。

表7-6 "日期维度表"结构设计表

序号	字段	数据类型	字段标题	字段大小	字段说明
1	rqbm	date	日期编码	3	主键
2	years	varchar	年	4	年
3	quarters	varchar	季度	4	季
4	months	varchar	月份	2	月
5	dates	varchar	日	2	日

（2）创建"资产维度表"（fixedasset_dim），关键字为"zcbm"，相关内容见表7-7。

表7-7 "资产维度表"结构设计表

序号	字段	数据类型	字段标题	字段大小	字段说明
1	zcbm	varchar	资产编码	80	主键
2	zcmc	varchar	资产名称	100	资产的名称
3	jldw	varchar	计量单位	10	资产的计量单位

（3）创建"资产类别维度表"（assetkind_dim），关键字为"zclbbm"，相关内容见表7-8。

表7-8 "资产类别维度表"结构设计表

序号	字段	数据类型	字段标题	字段大小	字段说明
1	zclbbm	int	资产类别编码	4	主键
2	zclbmc	varchar	资产类别名称	100	资产类别的名称

（4）创建"资产状态维度表"（assetstatus_dim），关键字为"zcztbm"，相关内容见表7-9。

表7-9 "资产状态维度表"结构设计表

序号	字段	数据类型	字段标题	字段大小	字段说明
1	zcztbm	int	资产状态编码	4	主键
2	zcztmc	varchar	资产状态名称	20	固定资产的状态

7.2.7 风险评估

本小节还是以"资产闲置率"为例，展示如何进行指标计算以及风险评价。首先需要使用预处理好的资产卡片进行指标计算，然后结合指标评价标准来评估风险。

1.指标计算

在运用"资产闲置率"这一指标之前，由于在原始数据表——"资产卡片列表"中，资产的状态为"不需用"时才记为1个闲置资产，因此需首先获取"闲置固定资产"的数量，且需乘以同行表示的资产数量即得到闲置的资产总数量；同时获取总固定资产数量，得到这2个数值后，资产闲置率的计算公式见表7-10。

表7-10   "资产闲置率"指标运用

指标名称	指标运用
资产闲置率	资产闲置率=闲置固定资产数量÷总固定资产数量×100%

2.风险评价

资产闲置率的计算结果为一个百分数，在不同区间数值对应不同的风险评估结果，其判断标准见表7-11。

表7-11   资产闲置率指标评价标准

指标名称	评价标准
资产闲置率	(0，10%]，闲置资产占比低，固定资产投资计划准确性高，绿色提示； (10%，20%]，闲置资产占比较低，固定资产投资计划准确性较高，黄色预警； (20%，30%]，闲置资产占比较高，固定资产投资计划准确性较低，橙色预警； (30%，100%]，闲置资产占比高，固定资产投资计划准确性低，红色预警

7.2.8 风险评估结果可视化

资产闲置率是以公司所有的固定资产为对象进行计算，其结果表示在公司所有固定资产中闲置资产所占百分比，因此在进行可视化结果展示时，通常使用饼图直接展示计算结果，如图7-7所示。

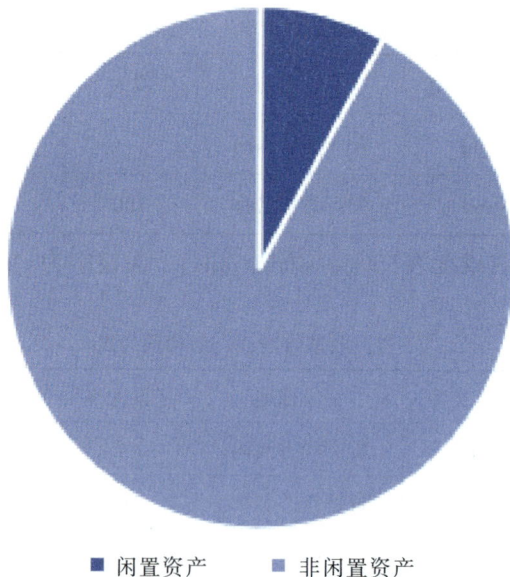

■ 闲置资产   ■ 非闲置资产

图7-7 资产闲置率饼图

7.2.9 风险评估报告输出

固定资产取得与验收环节大数据风险评估报告的大致内容包括：风险评估目的、风险评估思路、大数据风控指标、风险评估标准、风险评估结果以及该环节风险应对措施，如图7-8所示。

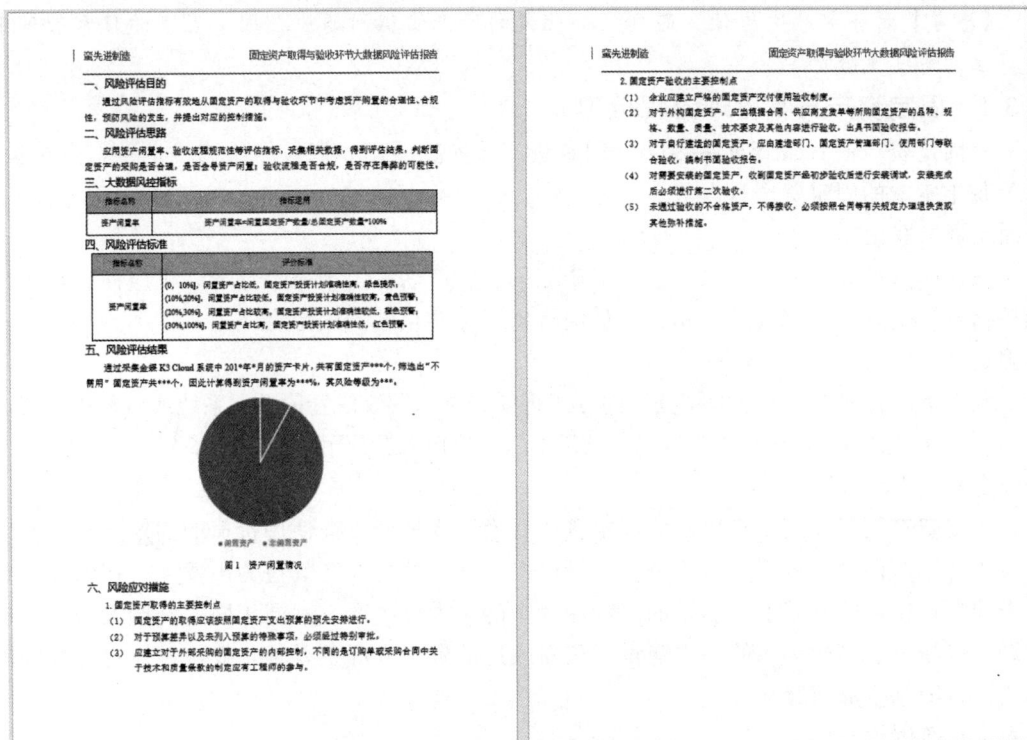

图7-8　固定资产取得与验收环节大数据风险评估报告示例

7.3　固定资产日常管理

【案例场景7-3】

又是每周熟悉的财务部例会，财务部部长章聂琳一脸严肃，看着今年的固定资产盘点表一筹莫展，办公室一片沉寂……

突然，章部长看着固定资产盘点表说道："固定资产盘点表中30余项盘亏，20余项盘盈，你们说说，这一年固定资产管理为何一团糟？"

资产管理专员赵新星低着头，小声回答道："领导，今年受疫情的影响，这个月我们接到通知，公司高层决定对公司进行组织架构调整、人员缩减，5个部门重组，30多个工人被辞退。您知道，我们公司90%的固定资产都在生产部，固定资产的直接负责人都是一线工人，他们在进行离职交接时我们正在进行盘点，部分固定资产信息未及时更新，资产盘点表上记录的位置与去年盘点时发生了变动，相关负责人又已经离职，我们还未联系上对应的离职人员。"赵新星抬起头看了一眼章部长，见其还未发火，便继续说道："还有维修厂送回来了几件设备，设备上的资产标识已模糊不清，现在暂时以盘盈记录在盘点表中，生产部正在核对。呃……领导，现在生产部还有一部分待修的设备在厂里堆着，需要我们立刻发通知让生产部赶紧落实责任人，报修、送修，不然会影响生产的。"

章部长摘下眼镜，扶着头，"小赵啊，两天之内你必须将本次盘点发现的所有问题以书面报告的形式交给我，我要问题，也要建议。发给生产部的通知，你也赶紧去写吧，今天交给我审核。""好的，领导，我马上去办！"

【思考】财务部此次为什么遇到了如此大的资产管理问题？在固定资产的日常管理中应该注意哪些风险？

7.3.1　固定资产日常管理流程梳理

对固定资产的日常管理主要包含固定资产入库、领用、调拨、维修维护及信息维护，以及每年年末的固定资产盘点等。

1.固定资产登记

录入购入的固定资产信息，包括资产编码、资产名称、规格、型号、供应商、购进日期等信息。信息录入完成后，相关人员应将资产标签粘贴到固定资产上。

2.固定资产领用

固定资产管理人员通过领用登记的方式将固定资产发放信息记录在系统或台账中，资产领用需要登记的信息包括：资产编码、领用部门、使用人、领用时间、经办人、审核人等。

3.固定资产更新改造

固定资产更新改造是指以新的固定资产替换因磨损而丧失使用价值的固定资产，或以新技术对原有的设备进行技术改造。它是以提高社会综合经济效益为出发点，在保证固定资产简单再生产的基础上，实现的以内涵为主的扩大再生产，不同于固定资产大修理，也不同于以新建、扩建为主的基本建设。更新改造的资金来源主要是企业按照规定计提的固定资产折旧基金的留存部分。

4.固定资产调拨

固定资产调拨是固定资产在独立核算企业或单位之间的调出和拨入。它分为有偿转让和无偿调拨两种形式。采取有偿转让方式时，相关人员要对转让的固定资产按质论价，经双方协商同意后办理有关手续，进行结算。采取无偿调拨方式时，相关人员对调拨的固定资产经由财政转账，不进行结算，根据上级有关部门的调拨命令或经双方同意，主管部门批准之后，办理调拨手续。拨出单位（企业）要向拨入单位（企业）提供调出固定资产的必要资料，并将其原始价值、已提折旧额等信息告知拨入单位。

5.固定资产盘点

固定资产盘点是对固定资产进行实物清点，以确定各种财产在一定时期的实存数。盘点的做法是，先将"固定资产"账户的余额与固定资产明细账（固定资产卡片）的原始价值金额之和核对相符，然后由固定资产管理部门、使用部门和财务部门共同盘点。

6.固定资产维修维护

对固定资产维修保养时要对其过程进行记录，首先应当记录送修资产的使用部门或使用人以及资产送修的原因、送修时间、维修公司等信息。其次，固定资产送修后应对其进行跟踪记录，需要记录的信息包括资产编码、资产维修维护的结果、完成时间等。

7.3.2　风险及因素分析

固定资产日常管理不规范会导致以下几方面的风险：

（1）固定资产丢失风险。企业个别生产车间或管理部门由于资产管理人员调动或资产管理工作存在漏洞，致使固定资产实物与账务记录不一致，经常出现企业固定资产被恶意侵占的事件。

（2）固定资产使用风险。固定资产使用风险主要包括：①企业生产车间工作人员由于对固定资产操作流程与注意事项缺少了解，导致固定资产生产出残次品，也大大降低了设备的使用寿命；②由于生产车间工作人员未能及时对机器设备进行检验与维修，使企业生产设备存在安全风险；③未能定期对大型生产设备缴纳财产保险，一旦大型设备出现故障，将给企业带来极大的经济损失；④未及时发现即将报废的设备，可能导致企业临时停工、交付产品不及时等风险。

（3）账实不符风险。在资产调拨时，未严格审批固定资产调拨事项，未认真审核调拨凭证，未及时办理调入资产手续并进行相应的账务处理，未规范办理调拨资产出库、交接、入库手续。在固定资产信息发生变化时，未及时维护固定资产系统，造成资产卡片信息与账务、实物不符。

（4）账务处理风险。账务处理风险主要包括三个方面：①固定资产入账不及时，个别企业在新建办公用房达到使用状态时以工程尚未竣工决算为由，拒绝以暂估价值对其进行入账，不但造成企业资产不实，也影响企业成本、费用的准确性；②对固定资产随意进行折旧，个别企业为了达到调节当期应税会计利润的目的，随意调整固定资产折旧的计提方法，不仅使各个会计期间缺少可比性，也严重扰乱了国家税收管理秩序；③未计提固定资产减值准备，企业会计准则规定，企业应于期末对各项资产预计可回收净额计提减值准备，以使企业财务报表可以真实反映企业资产价值。个别企业因预计可回收净额计算的复杂性等因素，而未能按照准则规定计提固定资产减值准备。

7.3.3　大数据风控指标设计

企业的生产设备一般有预计使用工时，若未及时关注即将达到报废状态的生产设备，则可能使企业出现设备更换不及时，存在临时停工、停产的风险。同时，固定资产管理制度不完善，保管责任不明确，都会使企业资产在出现毁损或丢失时难以追责，也不利于企业管理。因此，分析人员可以从设备使用和资产管理责任两个角度进行指标设计，具体内容见表 7-12、表 7-13、表 7-14。

表 7-12　　　　　　　　　　风险评价指标——生产设备使用程度

指标名称	生产设备使用程度	对应环节	固定资产升级改造
指标频率	每年	风险责任部门/岗位	生产车间
指标类型	定量指标		
风险点	未及时关注即将达到报废状态或应进行升级改造的生产设备，存在临时停工、耽误生产的风险		
指标功能	该指标旨在通过生产设备的累计使用程度来判断其是否达到报废状态		
指标运用	生产设备使用程度=设备实际工时÷设备预计最大工时		

表 7-13　　　　　　　　　　风险评价指标——信息完整性

指标名称	信息完整性	对应环节	资产卡片录入
指标频率	每年	风险责任部门/岗位	资产管理部门
指标类型	定量指标		
风险点	在进行固定资产信息录入时，若信息存在缺失，则将对日后的管理造成风险，如无法确认资产责任部门或责任人等		
指标功能	该指标旨在判断填写资产卡片时，相关人员是否完整地填写了规格型号、使用部门、责任人等关键信息		
指标运用	判断资产卡片中的规格型号、使用部门、数量、金额等字段是否为空		

表7-14　　　　　　　　　　　　风险评价指标——维修及时性

指标名称	维修及时性	对应环节	固定资产维修
指标频率	每月	风险责任部门/岗位	维修部
指标类型	定量指标		
风险点	固定资产的维修不及时，会影响企业日常生产活动进度		
指标功能	该指标旨在判断资产损坏送修后，维修是否及时		
指标运用	维修日期差=维修完成日期–报修日期		

7.3.4　大数据采集

在固定资产的日常管理中，通常会涉及资产卡片、入库单、领用单、调拨单、盘点表等表单，其中包含的数据有资产编码、业务日期、领用人、生产能力等。

下面以"生产设备使用程度"这一指标为例来展示已经采集到的数据。在蛮先进公司，这一指标所涉及的"设备实际工时"和"设备预计最大工时"数据项均来自公司本地文件中的"生产设备工时统计表"，采集到的数据见表7-15。

表7-15　　　　　　　　　　　　生产设备工时统计表

资产名称	在用设备数量 （台）	每台预计最大工时 （小时）	预计最大工时 （小时）	实际工时 （小时）
32K摇臂钻	30	6 820	204 600	146 511
1.5米车床	35	8 200	287 000	147 208
点焊机	52	7 500	390 000	255 986
折弯、剪板机	32	8 500	272 000	262 098
铣床	34	8 000	272 000	206 606
水切割机	32	8 500	272 000	159 094
亚弧焊机	36	8 075	290 700	277 386
液压车	23	7 780	178 940	116 500

7.3.5　大数据预处理

下面以"生产设备使用程度"指标为例介绍大数据预处理的应用。在"生产设备工时统计表"中会存在"设备预计最大工时"为空或数值字段附带单位的情况，具体处理方式见表7-16。

表7-16　　　　　　　　　生产设备使用程度指标数据预处理方式

处理方式	举例
缺失值插补	若采集到的生产设备工时统计表中"预计最大工时"字段为空，则将其设为"=在用设备数量×每台预计最大工时"；若"每台预计最大工时"或"实际工时"字段为空，则将其设为该列数据的平均值
删除非法字符	指标计算所需的字段均应该为数值类型，若数据带有单位，则会变成字符串类型，无法进行计算，所以应当将"单位"视为非法字符，予以删除

7.3.6　数据仓库构建

1.数据模型设计

创建固定资产日常管理数据仓库模型，包括资产使用事实表和四个维度表——日期维度表、资产维度表、资产类别维度表和使用部门维度表，相关内容如图7-9所示。

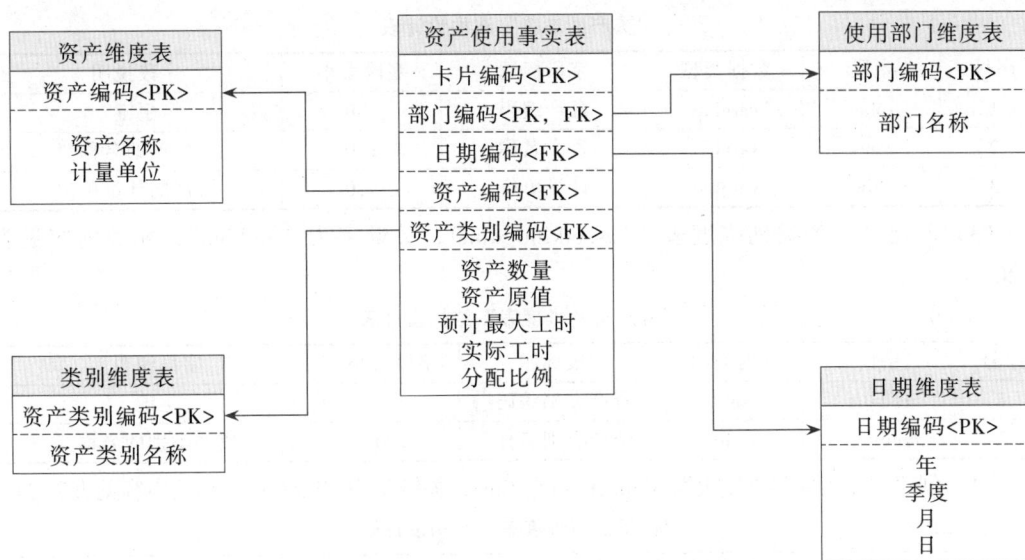

图 7-9　固定资产日常管理数据仓库模型

2.事实表结构设计

创建"资产使用事实表"（assetuse_fact），关键字为"kpbm"，相关内容见表 7-17。

表 7-17　　　　　"资产使用事实表"结构设计表

序号	字段	数据类型	字段标题	字段大小	字段说明
1	kpbm	varchar	卡片编码	80	主键，资产卡片的编号
2	bmbm	varchar	部门编码	30	主键，外键
3	rqbm	date	日期编码	3	外键
4	zcbm	varchar	资产编码	80	外键
5	zclbbm	varchar	资产类别编码	10	外键
6	zcsl	int	资产数量	10	资产的数量
7	zcyz	decimal	资产原值	23，10	资产的原值
8	yjzdgs	decimal	预计最大工时	23，10	预计的最大工时
9	sjgs	decimal	实际工时	23，10	实际使用工时
10	fpbl	decimal	分配比例	23，10	固定资产在各部门中的分配比例

3.维度表结构设计

（1）创建"日期维度表"（date_dim），关键字为"rqbm"，相关内容见表 7-18。

表 7-18　　　　　"日期维度表"结构设计表

序号	字段	数据类型	字段标题	字段大小	字段说明
1	rqbm	date	日期编码	3	主键
2	years	varchar	年	4	年
3	quarters	varchar	季度	4	季
4	months	varchar	月份	2	月
5	dates	varchar	日	2	日

（2）创建"资产维度表"（fixedasset_dim），关键字为"zcbm"，相关内容见表 7-19。

表7-19   **"资产维度表"结构设计表**

序号	字段	数据类型	字段标题	字段大小	字段说明
1	zcbm	varchar	资产编码	80	主键
2	zcmc	varchar	资产名称	100	资产的名称
3	jldw	varchar	计量单位	10	资产的计量单位

（3）创建"资产类别维度表"（assetkind_dim），关键字为"zclbbm"，相关内容见表7-20。

表7-20   **"资产类别维度表"结构设计表**

序号	字段	数据类型	字段标题	字段大小	字段说明
1	zclbbm	int	资产类别编码	4	主键
2	zclbmc	varchar	资产类别名称	100	资产类别的名称

（4）创建"使用部门维度表"（department_dim），关键字为"bmbm"，相关内容见表7-21。

表7-21   **"使用部门维度表"结构设计表**

序号	字段	数据类型	字段标题	字段大小	字段说明
1	bmbm	int	部门编码	4	主键
2	bmmc	varchar	部门名称	100	使用部门的名称

7.3.7 风险评估

本小节以"生产设备使用程度"为例，展示如何进行指标计算以及风险评价。首先需要使用预处理好的"生产设备工时统计表"中的数据进行指标计算，再结合指标评价标准来评估风险。

1.指标计算

在使用"生产设备使用程度"这一指标时，通过设备实际工时除以设备预计最大工时来得到生产设备使用程度这一比例，见表7-22。

表7-22   **"生产设备使用程度"指标运用**

指标名称	指标运用
生产设备使用程度	生产设备使用程度=设备实际工时÷设备预计最大工时

2.风险评价

由于指标计算结果是一个比例，且实际会存在较多不同的情况，所以应该分区间对该比例进行讨论。当生产设备使用程度大于0.8时，视为使用程度非常高；当生产设备使用程度大于0.6且小于等于0.8时，视为使用程度高；当生产设备使用程度大于0.4且小于等于0.6时，视为使用程度较高；当生产设备使用程度大于0且小于等于0.4时，视为使用程度正常，具体见表7-23。

表7-23   **"生产设备使用程度"指标评价标准**

指标名称	评估标准
生产设备使用程度	大于0.8，生产设备使用程度非常高——红色预警； （0.6，0.8]，生产设备使用程度高——橙色预警； （0.4，0.6]，生产设备使用程度较高——黄色预警； （0，0.4]，生产设备使用程度正常——绿色提示

7.3.8　风险评估结果可视化

以"生产设备使用程度"为例，首先确定该指标的应用对象为企业生产车间的各种生产设备，因此，可以使用柱形图，通过柱的长度来直观地了解各种生产设备的使用情况，如图7-10所示。

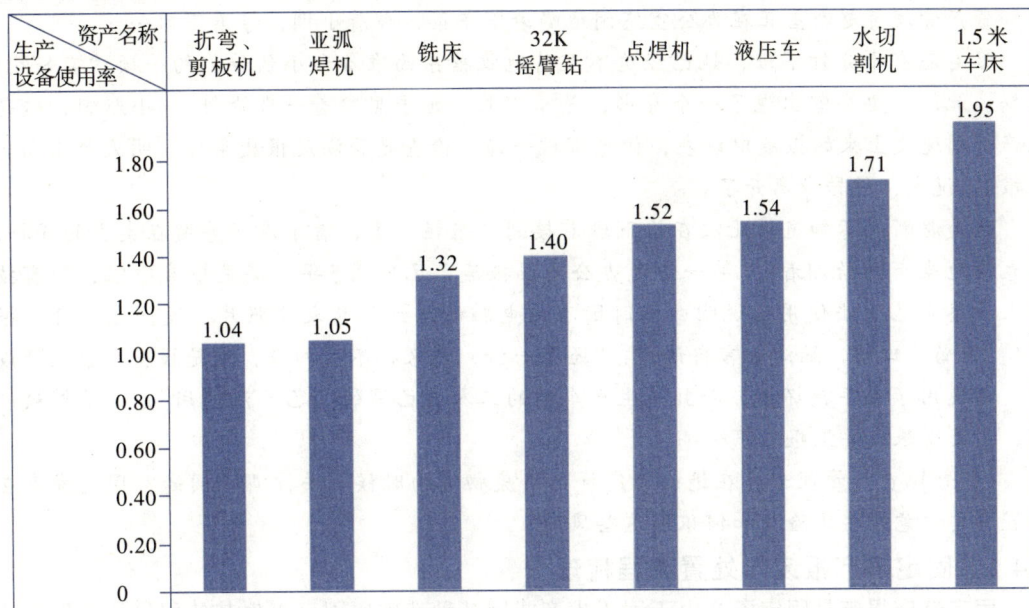

图7-10　生产设备使用程度

7.3.9　风险评估报告输出

固定资产日常管理环节大数据风险评估报告的大致内容包括：风险评估目的、风险评估思路、大数据风控指标、风险评估标准、风险评估结果以及该环节风险应对措施，如图7-11所示。

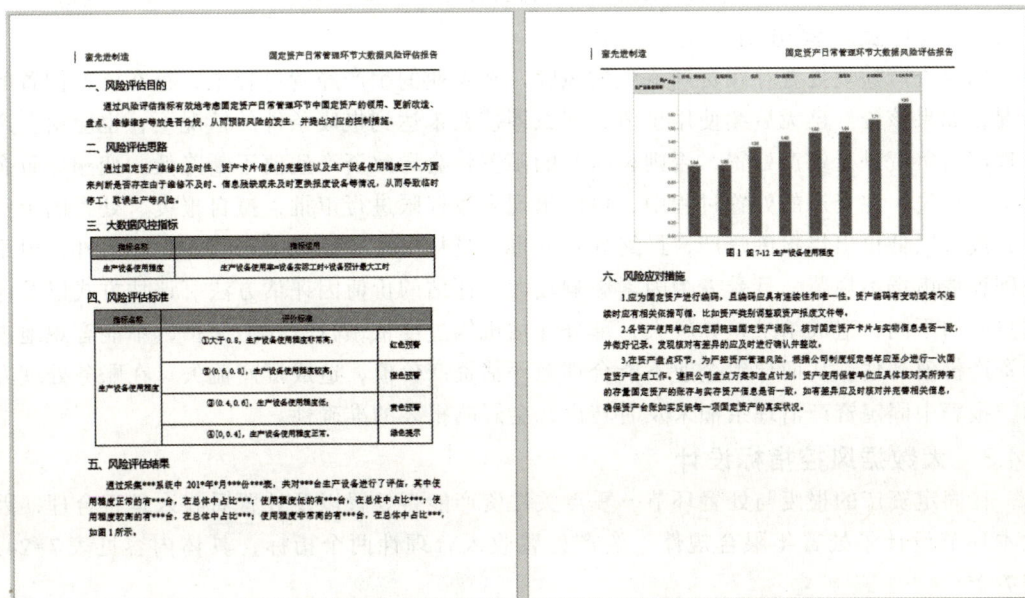

图7-11　固定资产日常管理环节大数据风险评估报告示例

7.4　报废与处置

【案例场景7-4】

　　资产管理员赵新星正在办公室悠闲地喝着下午茶，哼着小调，等着下班……

　　眼看还有十分钟下班，她已经迫不及待地收拾东西准备和小伙伴们约一顿"蛮好吃"火锅，此时，办公室出现了一个身影，是章部长。她手里拿着一沓资料，"小赵啊，这是生产部刚递交上来的报废申请表，你先审核一遍，检查是否满足报废条件，明天早上向我汇报。"说完，便转身离开了。

　　这是赵新星不知道第几次在临下班前接到"噩耗"了，看了看领导留在桌上的资料，她无奈地坐下开始翻看。"第一份是办公电脑报废，已使用5年，满足报废年限，附有技术人员鉴定已无法使用的说明，同时附有该电脑的详细信息表及照片，没问题，可以报废！"她喝了口茶，继续自言自语道："还有一份，看来也不用加班，这是报废一台生产设备，刚使用了半年就坏了，而且是生产车间的工人自己写的"已无法使用"，这不够权威啊，明天得跟领导汇报一下……"

　　【思考】 资产管理专员在进行固定资产报废初审的时候应关注哪些问题？固定资产在处置中要注意哪些风险？如何识别这些风险？

7.4.1　固定资产报废与处置流程梳理

　　固定资产报废是固定资产由于用于生产或因某种特殊原因，丧失其使用价值而发生的废弃。固定资产报废时，应先由使用部门和固定资产管理部门提出申请，按报废清理对象填制"固定资产报废单"，详细说明固定资产的技术状况和报废原因，经有关部门进行技术鉴定，经企业领导或上级部门批准后作为企业进行固定资产清理业务的凭证，据以进行清理。经有关部门审查批准后的"固定资产报废单"应送交会计部门一份，作为组织固定资产清理核算的依据。固定资产报废与处置流程如图7-12所示。

7.4.2　风险及因素分析

　　固定资产违规处置存在资产流失的风险。在企业的生产经营过程中，存在资产闲置的情况，如果该资产已无后续使用价值，那么即使在未达到报废条件的情况下，也应由资产管理部门负责进行资产处置，否则长时间的闲置将会导致资产残值不断降低，变相导致企业资产损失。在资产的处置过程中，可能出现未按权限进行审批，擅自报废、处置固定资产，或者以低价出售报废资产，最终导致办事人员从中牟利的舞弊风险发生。另外，由于我国评估市场不规范，且受人为因素影响较大，评估的价值因评估方法、评估方式以及评估目的的不同，造成结果差异较大，部分评估机构过度依赖行政权力保护，不能客观地进行资产价值评估，从而导致企业不能合理地评估资产价值，造成资产流失。在账务处理方面，报表中固定资产清理余额未及时转出，会影响报表的准确性。

7.4.3　大数据风控指标设计

　　在固定资产的报废与处置环节，重点关注资产能否处置以及处置后收入是否合理，因此本环节设计了处置年限合规性、资产处置收入合理性两个指标，具体内容见表7-24、表7-25。

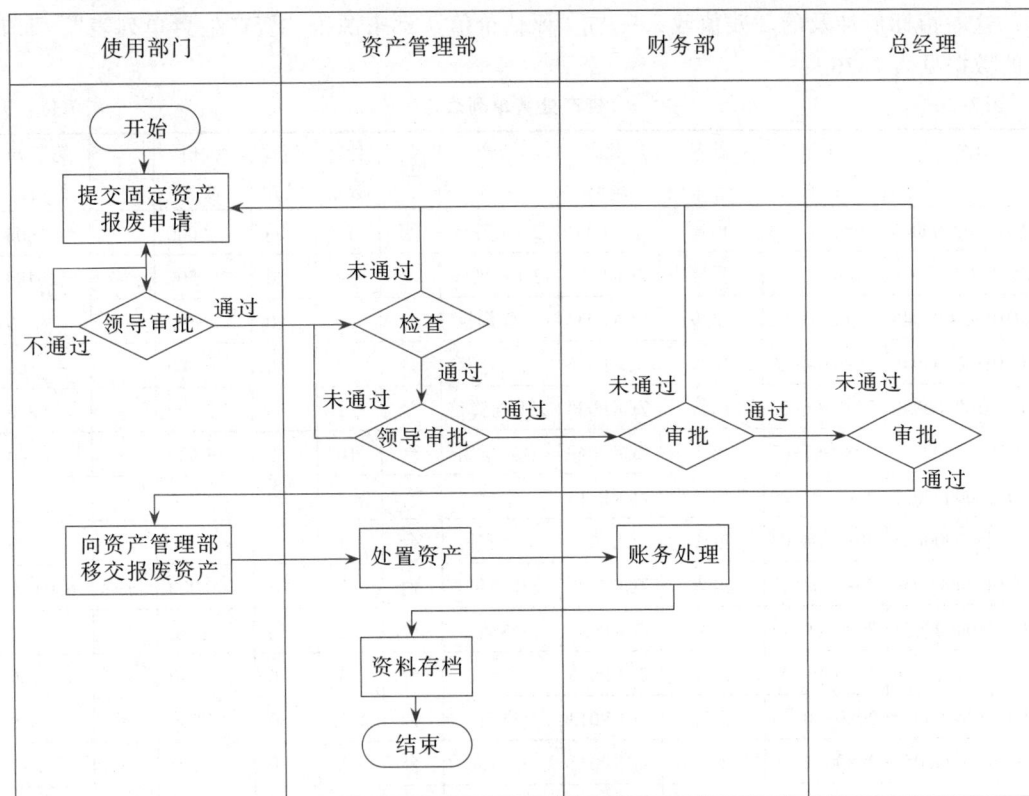

图 7-12　固定资产报废与处置流程

表 7-24　　　　　　风险评价指标——处置年限合规性

指标名称	处置年限合规性	对应环节	固定资产处置
指标频率	每月	风险责任部门/岗位	资产管理部
指标类型	定量指标		
风险点	固定资产的实际使用年限小于预计使用年限，存在固定资产未合理利用的风险		
指标功能	该指标旨在判断固定资产处置的年限是否达到规定的年限		
指标运用	将"已使用年限"与该资产所对应类别的资产的"可报废年限"进行比较		

表 7-25　　　　　　风险评价指标——资产处置收入合理性

指标名称	资产处置收入合理性	对应环节	固定资产处置
指标频率	每月	风险责任部门/岗位	资产管理部
指标类型	定量指标		
风险点	资产处置收入若严重偏离评估值，则在处置过程中存在舞弊风险		
指标功能	该指标旨在判断固定资产剩余价值是否合理		
指标运用	用处置收入与评估价值的偏离度来评价资产剩余价值的合理性 处置收入与评估价值偏离度=（评估价值−残值收入）÷评估价值×100%		

7.4.4　大数据采集

在固定资产的报废与处置环节，通常会涉及资产盘点表、资产处置单等表单，其中包含的数据有资产编码、业务日期、领用人、生产产能、残值收入、评估价值等。

下面以"资产处置收入合理性"这一指标为例来展示已经采集到的数据。在蛮先进公司，这一指标所涉及的"残值收入"与"评估价值"都来源于"资产处置单列表"，采集到的数据见表7-26。

表7-26 　　　　　　　　　　　　 **资产处置单列表** 　　　　　　　　　 金额单位：元

单据编号	业务日期	处置方式	卡片编码	资产名称	单位	处置数量	清理费用	残值收入	⋯	第三方评估价
PRODIS00000045	20×0-01-03	出售	ZCKP001	2.4米班台	套	10	200	2 000	⋯	1 600
PRODIS00000046	20×0-02-23	报废	ZCKP001	2.4米班台	套	4	0	500	⋯	480
PRODIS00000048	20×0-03-22	出售	ZCKP033	亚弧焊机	台	1	0	0	⋯	0
PRODIS00000049	20×0-04-28	出售	ZCKP025	台式电脑	台	20	0	6 000	⋯	5 300
PRODIS00000050	20×0-06-02	出售	ZCKP038	32K摇臂钻	台	1	0	2 000	⋯	1 800
PRODIS00000051	20×0-07-07	出售	ZCKP040	台式电脑	台	10	0	3 600	⋯	4 500
PRODIS00000052	20×0-07-20	其他减少	ZCKP013	空调	台	2	0	0	⋯	0
PRODIS00000053	20×0-08-03	报废	ZCLB021	水切割机	台	1	0	500	⋯	520
PRODIS00000054	20×0-08-11	出售	ZCKP029	金杯面包车	辆	2	0	700 000	⋯	680 000
PRODIS00000055	20×0-09-13	报废	ZCKP034	空调	台	2	0	0	⋯	0
PRODIS00000056	20×0-09-23	出售	ZCKP013	空调	台	3	0	1 000	⋯	1 050
PRODIS00000057	20×0-10-13	出售	ZCKP013	空调	台	3	0	900	⋯	800
PRODIS00000058	20×0-12-20	其他减少	ZCKP035	复印机	台	1	0	100	⋯	90
PRODIS00000059	20×0-12-25	报废	ZCKP047	2.4米班台	套	3	0	500	⋯	480
PRODIS00000060	20×1-02-07	出售	ZCKP051	点焊机	台	1	0	400	⋯	390
PRODIS00000061	20×1-03-12	报废	ZCKP021	饮水机	台	1	0	0	⋯	0
PRODIS00000062	20×1-05-09	出售	ZCKP067	2.4米班台	套	2	0	500	⋯	490
PRODIS00000063	20×1-05-15	报废	ZCKP053	笔记本	台	2	0	500	⋯	510
PRODIS00000064	20×1-06-01	出售	ZCKP001	2.4米班台	套	5	0	800	⋯	800
PRODIS00000065	20×1-06-15	出售	ZCKP072	台式电脑	台	5	0	1 200	⋯	1 100
PRODIS00000066	20×1-06-28	出售	ZCKP029	金杯面包车	辆	1	0	3 000	⋯	2 600
PRODIS00000067	20×1-06-29	出售	ZCKP075	饮水机	台	1	0	0	⋯	0
PRODIS00000068	20×1-07-30	其他减少	ZCKP051	点焊机	台	1	0	0	⋯	0
PRODIS00000069	20×1-10-16	报废	ZCKP067	2.4米班台	套	3	0	0	⋯	0
PRODIS00000070	20×1-11-01	报废	ZCKP001	2.4米班台	套	4	0	600	⋯	590
PRODIS00000071	20×1-12-17	报废	ZCLB0313	打印机	台	1	0	100	⋯	90

7.4.5 　大数据预处理

下面以"资产处置收入合理性"指标为例介绍大数据预处理的具体内容。在"资产处置单列表"中会存在"（资产）残值收入"为0的情况，此时资产已不具备剩余价值，对其进行"资产处置收入合理性"指标的计算已无意义，所以应当删除相关内容；当"资产处置单列表"中存在太多与指标计算无关的字段时，也可以在预处理时进行删除，见表7-27。

表 7-27　　　　　　　　　　　**资产处置收入合理性指标数据预处理方式**

处理方式	举例
删除列	如"处置方式""单位"等与指标计算无关的字段
删除行	删除残值收入为"0"的记录

7.4.6　数据仓库构建

1.数据模型设计

创建资产报废与处置数据仓库模型，包括资产处置事实表和四个维度表——日期维度表、资产维度表、资产类别维度表和处置方式维度表，相关内容如图 7-13 所示。

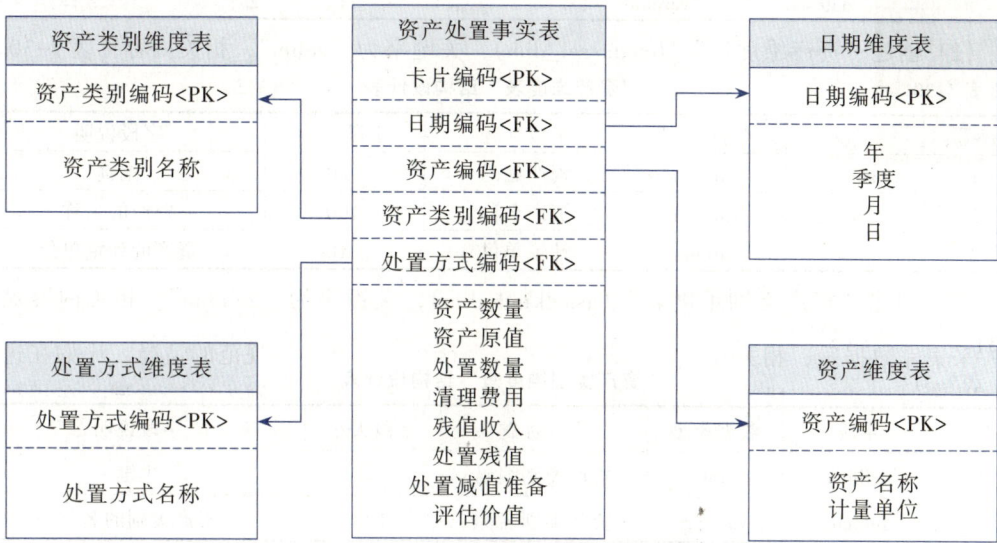

图 7-13　资产报废与处置数据仓库模型

2.事实表结构设计

创建"资产处置事实表"（assetdisposal_fact），关键字为"kpbm"，相关内容见表 7-28。

表 7-28　　　　　　　　　　　　　　　**资产处置事实表**

序号	字段	数据类型	字段标题	字段大小	字段说明
1	kpbm	varchar	卡片编码	80	主键，资产卡片的编号
2	rqbm	date	日期编码	3	外键
3	zcbm	varchar	资产编码	80	外键
4	zclbbm	varchar	资产类别编码	10	外键
5	czfsbm	varchar	处置方式编码	10	外键
6	zcsl	int	资产数量	10	资产的数量
7	zcyz	decimal	资产原值	23，10	资产的原值
8	czsl	decimal	处置数量	23，10	处置固定资产的数量
9	qlfy	decimal	清理费用	23，10	处置固定资产的清理费用
10	czsr	decimal	残值收入	23，10	处置固定资产的残值收入
11	czcz	decimal	处置残值	23，10	固定资产的残值
12	czjzzb	decimal	处置减值准备	23，10	固定资产的减值准备

3.维度表结构设计

（1）创建"日期维度表"（date_dim），关键字为"rqbm"，相关内容见表7-29。

表7-29　　　　　　　　　　　"日期维度表"结构设计表

序号	字段	数据类型	字段标题	字段大小	字段说明
1	rqbm	date	日期编码	3	主键
2	years	varchar	年	4	年
3	quarters	varchar	季度	4	季
4	months	varchar	月份	2	月
5	dates	varchar	日	2	日

（2）创建"资产维度表"（fixedasset_dim），关键字为"zcbm"，相关内容见表7-30。

表7-30　　　　　　　　　　　"资产维度表"结构设计表

序号	字段	数据类型	字段标题	字段大小	字段说明
1	zcbm	varchar	资产编码	80	主键
2	zcmc	varchar	资产名称	100	资产的名称
3	jldw	varchar	计量单位	10	资产的计量单位

（3）创建"资产类别维度表"（assetkind_dim），关键字为"zclbbm"，相关内容见表7-31。

表7-31　　　　　　　　　　　"资产类别维度表"结构设计表

序号	字段	数据类型	字段标题	字段大小	字段说明
1	zclbbm	int	资产类别编码	4	主键
2	zclbmc	varchar	资产类别名称	100	资产类别的名称

（4）创建"处置方式维度表"（disposal_dim），关键字为"czfsbm"，相关内容见表7-32。

表7-32　　　　　　　　　　　"处置方式维度表"结构设计表

序号	字段	数据类型	字段标题	字段大小	字段说明
1	czfsbm	int	处置方式编码	4	主键
2	czfsmc	varchar	处置方式名称	100	处置方式的名称

7.4.7　风险评估

本小节以"资产处置收入合理性"为例展示如何进行指标计算以及风险评价，其过程分为两个步骤，首先需要使用预处理好的"资产处置单列表"中的数据进行指标计算，再结合指标评价标准来评估风险。

1.指标计算

在运用"资产处置收入合理性"这一指标时，应当计算处置收入与评估价值的偏离度，具体的指标运用见表7-33。

表7-33　　　　　　　　　　　"资产处置收入合理性"指标运用

指标名称	指标运用
资产处置收入合理性	处置收入与评估价值的偏离度=（评估价值-残值收入）÷评估价值×100%

2.风险评价

通过上一步公式计算出的结果可能为正，也可能为负，其表示的残值收入与评估价值的关系不同，所以在设计评价标准时要充分考虑不同的情况。一般不同区间的数值表示不同的风险情况，具体评价标准见表 7-34。

表 7-34　　　　　　　　　"资产处置收入合理性"指标评价标准

指标名称	评价标准
资产处置收入合理性	(−∞，0]，残值收入比评估价值大或与评估价值相等，则表示该金额合理，绿色提示； (0，10%]，残值收入稍低于评估价值，黄色预警； (10%，20%]，残值收入低于评估价值，橙色预警； (20%，100%]，残值收入严重低于评估价值，红色预警

7.4.8　风险评估结果可视化

"资产处置收入合理性"这一指标的运用是以当期进行处置的每个固定资产为计算对象的。在进行可视化展示时，对于数据量大且类型较多的情况，可以使用散点图或条形图来呈现数据的聚集与分布情况，如图 7-14 所示。

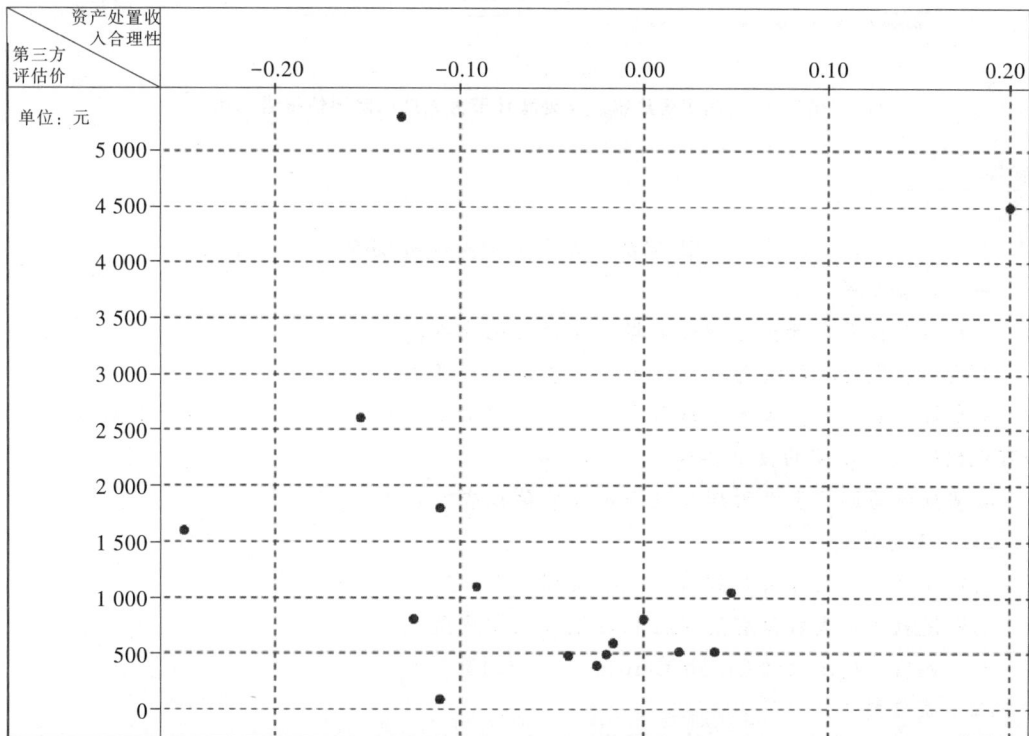

图 7-14　资产处置收入偏离度情况散点图

7.4.9　风险评估报告输出

固定资产报废与处置环节大数据风险评估报告的大致内容包括：风险评估目的、风险评估思路、大数据风控指标、风险评估标准、风险评估结果以及该环节风险应对措施，如图 7-15 所示。

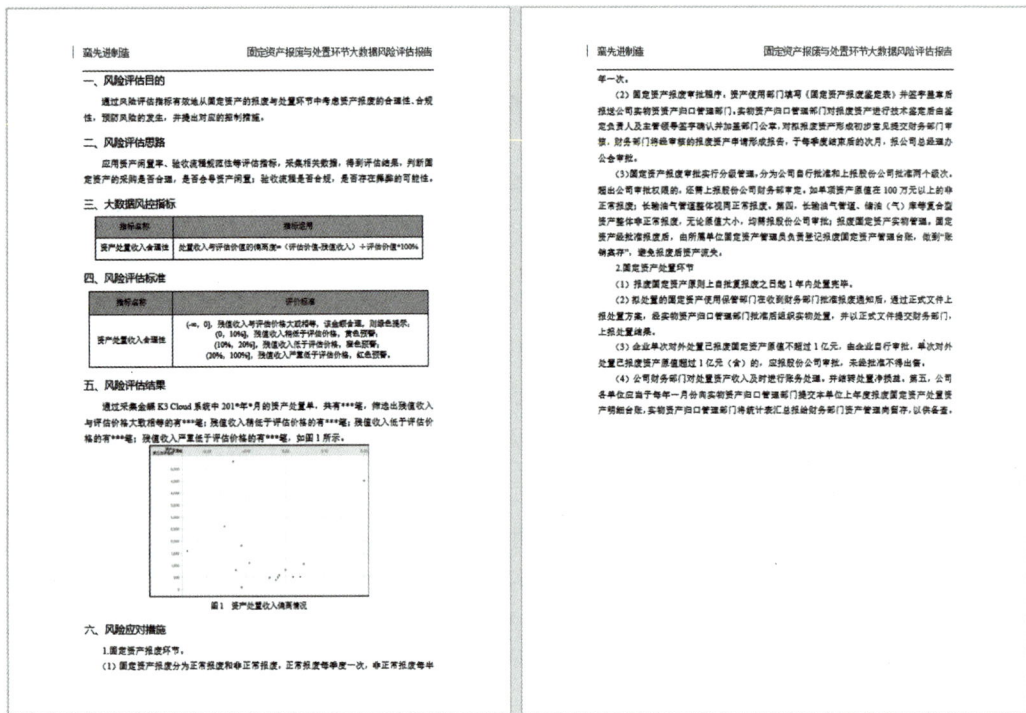

图 7-15 固定资产报废与处置环节大数据风险评估报告示例

实验三

固定资产管理大数据风控实操

一、实验目的

1.熟练掌握固定资产管理大数据风控的实施流程；

2.熟悉固定资产报废与处置环节相关表单、数据项；

3.掌握"资产处置收入合理性"指标，掌握数据采集、预处理、指标计算到风险评估和可视化等流程步骤的技术实现；

4.掌握编写固定资产管理大数据风险评估报告的方法。

二、实验环境

1.软件平台：金蝶大数据智能风控实训平台、轻分析平台；

2.硬件教具：大数据智能风控物理模拟教学沙盘；

3.浏览器：建议使用 Google Chrome（谷歌浏览器）。

三、实验要求

1.明确"资产处置收入合理性"指标旨在评估什么样的风险，这样的风险可能导致企业产生何种损失；

2.使用大数据智能风控物理模拟教学沙盘完成固定资产管理大数据风控流程推演；

3.在大数据智能风控实训平台完成"资产处置收入合理性"指标所需数据的采集；

4.基于"资产处置收入合理性"指标应用的要求，在大数据智能风控实训平台完成采集数据的预处理操作；

5.建立固定资产处置数据仓库，建立数据仓库数据模型，构建事实表和维度表。

6.在轻分析平台完成指标计算、风险评估以及指标应用结果的可视化；

7.完成固定资产管理大数据风险评估报告。

四、实验内容和步骤

通过在金蝶大数据智能风控平台上导入蛮先进公司的"资产处置单列表"数据，并进行预处理、指标计算、风险评估等操作，来实施"资产处置收入合理性"指标的应用。具体步骤如下：

1.进入金蝶大数据处理实践平台（http：//116.63.167.113：11050/KtpDataming/index）。

2.在左侧菜单栏"大数据处理"目录下选择"数据清洗"，点击"上传文件"。在本地文件中选择准备文件"资产处置单列表"后，在"选择数据源"处的下拉列表中选择"资产处置单列表"，点击"下一步"，如图7-16所示。

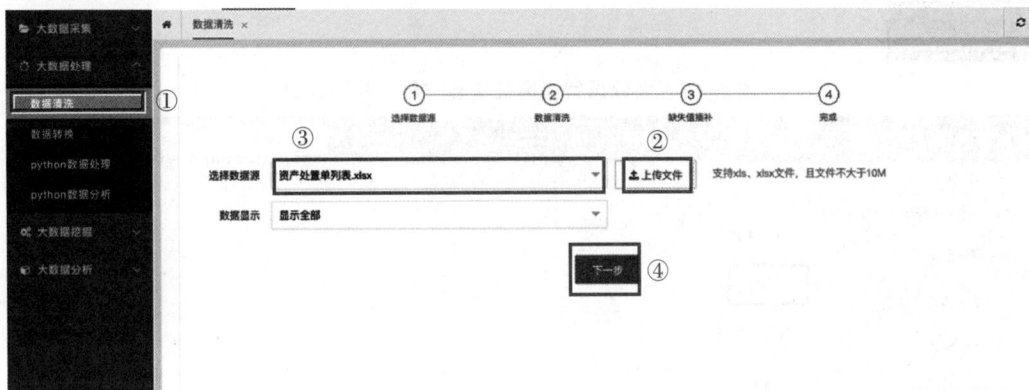

图7-16　上传待清洗的数据表

3.通过对源数据进行检查，可能发现有些字段的内容不符合后续的指标计算要求，如原本应该是整数的字段却带有单位，单位为字符串类型，带有字符的字段无法进行计算，所以需要删除相应字符。在数据清洗页面点击"添加规则"，选择"局部清洗"中的"字符替换"，点击"+"按钮，在字段列表中勾选"处置收入"和"第三方评估价"字段，然后点击"执行清洗"，如图7-17所示。

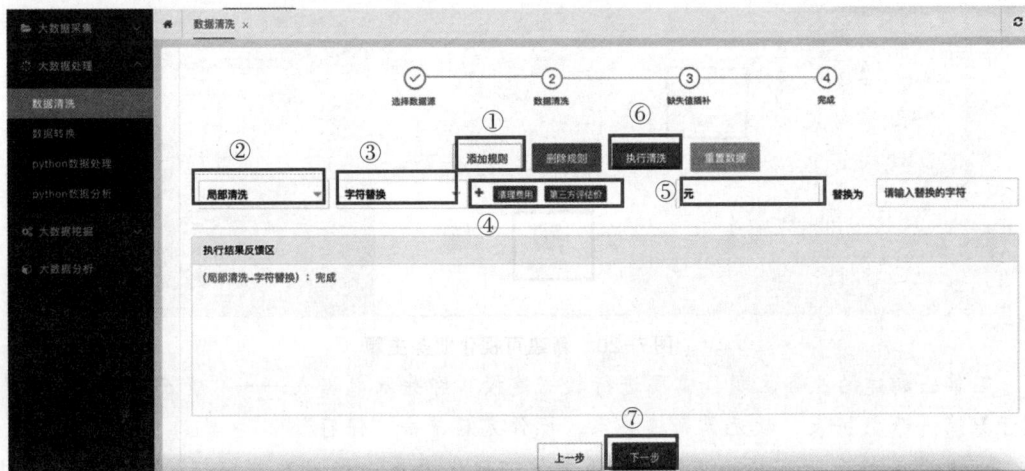

图7-17　执行局部清洗——字符替换

4.执行完成后滑动到页面下方的"数据预览"板块，点击"下载"，即可将预处理后的数据下载到本地。

5.在左侧菜单栏"大数据分析"目录下选择"轻分析"，跳转到金蝶云星空平台，登录后，选择"轻分析"，如图7-18和图7-19所示。

图7-18　大数据智能风控平台"轻分析"入口

图7-19　金蝶云星空平台"轻分析"入口

6.在轻分析页面单击"新建"，选择新建业务主题后命名，如图7-20所示。

图7-20　新建可视化业务主题

7.单击新建的业务主题，需要进行数据建模，即导入数据表——"资产处置单列表"。由于只有一张数据表，故无需新建关系，操作完后单击"保存"。

8.建模完成后，进入数据分析页面制作可视化图表，如图7-21所示。由于源数据中不包含"资产处置收入合理性"这一字段，所以需要先在数据斗方页面左侧选中"资产处置单列表"，选择"创建计算字段"，如图7-22所示。

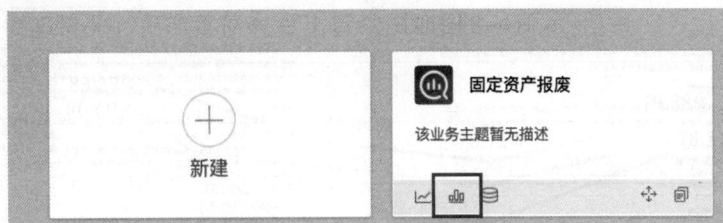

图7-21 数据分析入口

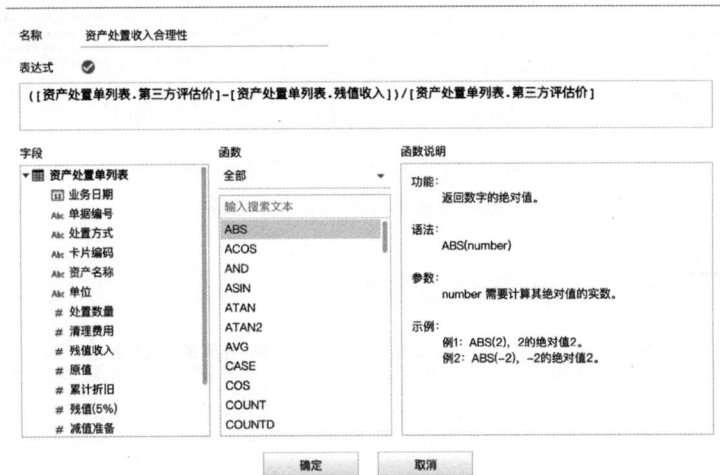

图7-22 创建"资产处置收入合理性"字段

9.在数据分析页面左下角选择图表类型"散点图"，将"资产处置收入合理性"字段拖入"列（横轴）"，"第三方评估价"字段拖入"行（纵轴）"，"单据编号"字段拖入"值展现方式"，此时图中每一个圆点均代表一张单据。如果图表呈现效果不佳，则可将"单据编号"或"日期"等字段拖入筛选器，选择需要呈现的内容，如图7-23所示。

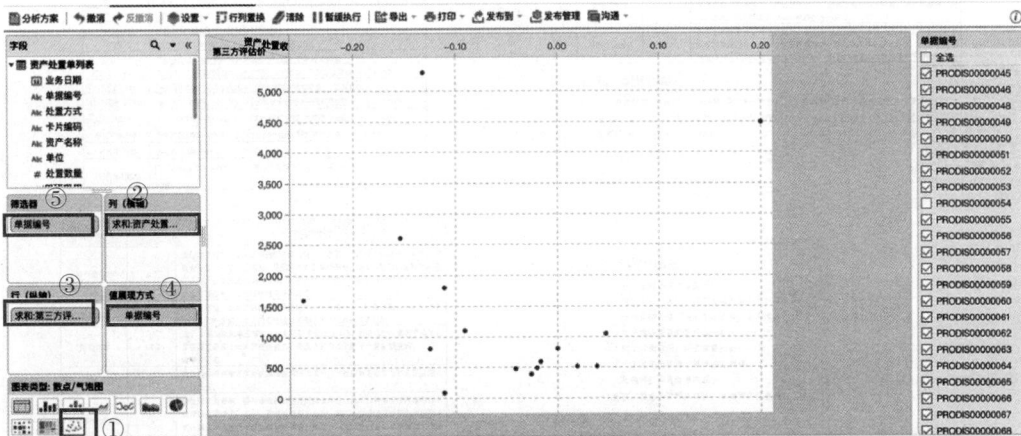

图7-23 制作散点图

10.点击"分析方案"中的"保存"，输入该可视化图表的名称。

11.参考风险评估报告模板的内容，编写固定资产报废与处置环节的风险评估报告，如图7-24所示。

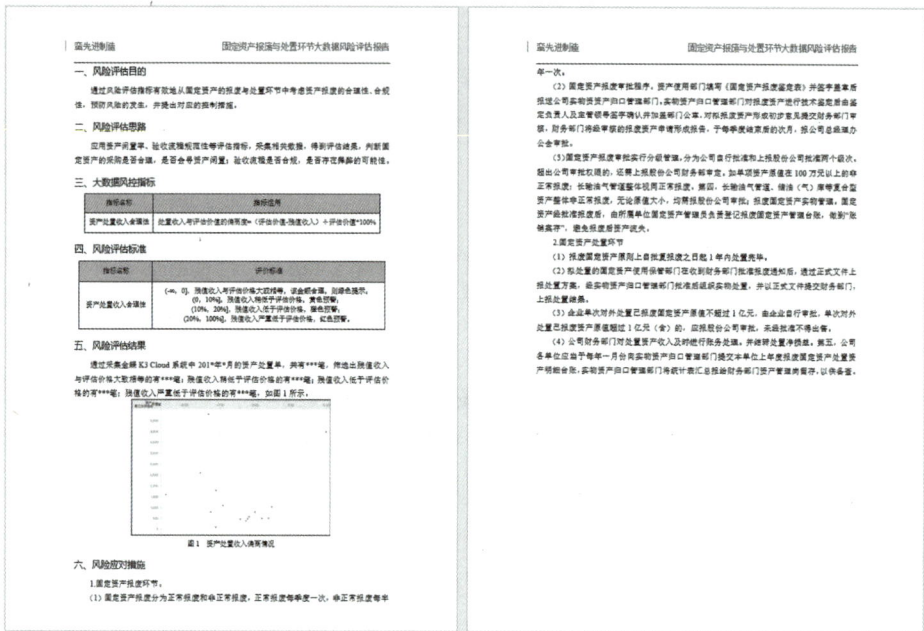

图 7-24 固定资产报废与处置环节大数据风险评估报告

课程思政

要求：阅读二维码中资料。

企业内部控制
应用指引第 8
号——资产管理

本章习题自测

第8章 财务风险管理大数据风控

思维导图+
课前预习

■【思维导图】■

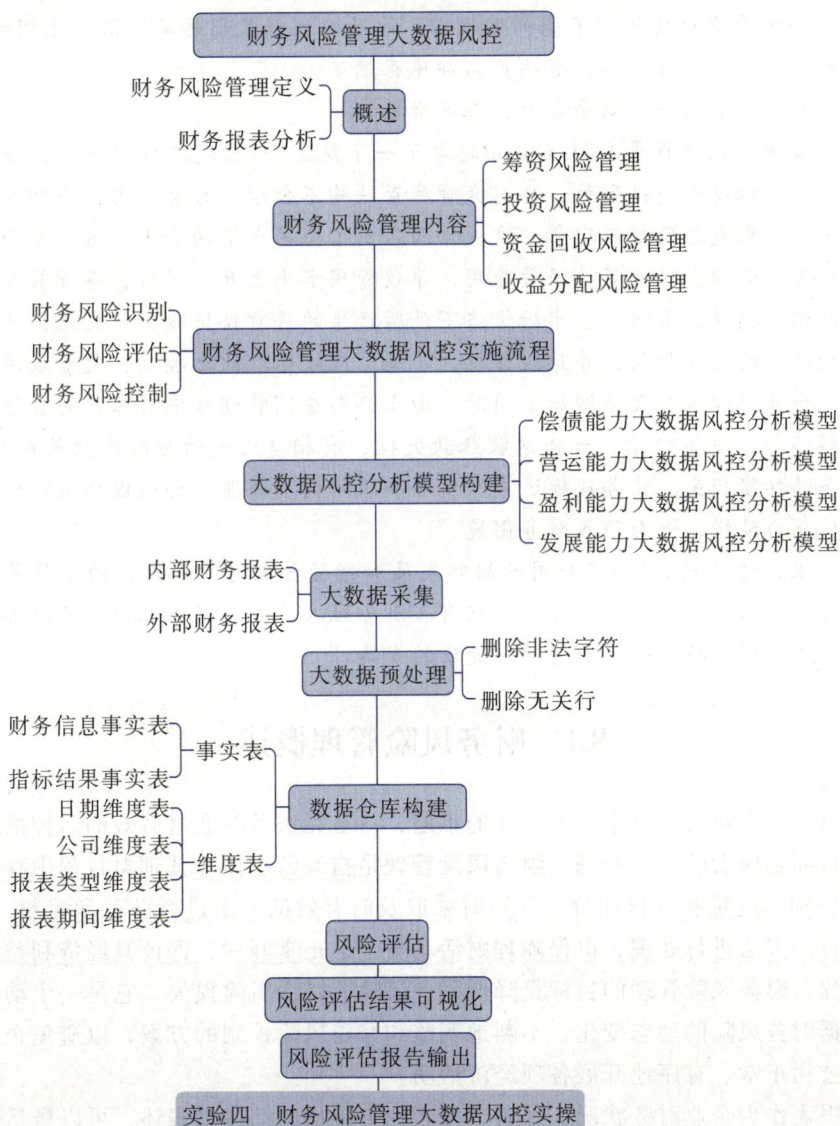

【案例场景8-1】

周一，阳光明媚的早上，鸟儿叽叽喳喳地唱着歌儿，蛮先进公司中高层领导例会上的气氛却显得十分紧张，CFO傅博阴着脸，对公司的中高层干部说道："为什么上个季度实现的利润比预期少了10个百分点？其原因出在哪里？为什么公司的偿债能力下降了？"。

"因为公司某品类库存不足，导致上周一笔订单未实现销售，致使利润有所下滑。"销售总监姜亭杉小心翼翼地解释道。

傅博愤愤地说道："库存不足？为什么没有进行预判？"

生产部负责人张菁慌忙解释道："傅总，公司的库管上周刚刚离职，一些工作还没有交接清楚，新入职的库管不熟悉产品，搞错了产品库存量。"

财务部部长章聂琳紧张地扶了扶镜框汇报说："傅总，上一季度的各项指标环比下降，在疫情的影响下应收账款不能如期收回，导致应收账款周转率下降。上周经过盘点，我们发现大部分产品库存积压，有些产品却库存不足……"

傅总紧紧地皱着眉头，双手合十，若有所思。

大数据智能风控部负责人Mr.Cheng思考了一下说道："出现这样的问题，是因为公司各部门的沟通协调没有衔接到位，公司存货库存结构不合理，存货所占比重相对较大，存货周转率不高，形成超储积压现象。这一方面占用了公司大量的资金，另一方面，公司为保管这些存货还必须支付大量的保管费用，导致费用水平上升。同时，存货长期积压，还会增加商品储存损耗，承担由于市场价格下跌所产生的存货跌价损失。反之，产品库存不足则会影响公司的营业收入，导致经营效益下降。应收账款缺乏控制，大量采用赊销方式销售产品，企业应收账款大量增加。同时，由于公司在销售过程中对客户的资信情况、偿债能力了解不够，盲目赊销，致使应收账款失控，有相当比例的应收账款长期无法收回，造成了较多的坏账损失。债务规模过大、债务期限结构不合理，会造成公司偿债能力急剧下降、支付压力陡增，进而陷入财务困境。"

听到这里，傅总发言了："公司的战略发展和经营管理与财务部门的工作是息息相关的，财务部门应该发挥更重要的作用，只有当财务融入业务，财务部门和其他部门协同起来，公司才能实现可持续的、长远的、健康的发展。"

8.1 财务风险管理概述

财务风险是企业长久以来一直存在的难题，一旦无法及时通过有效的防控措施化解风险，企业将面临极大的生存问题。**财务风险管理**是指经营主体对其理财过程中存在的各种风险进行识别、度量和分析评价，并适时采取及时有效的方法进行防范和控制，以经济、合理、可行的方法进行处理，以保障理财活动安全、正常开展，保证其经济利益免受损失的管理过程。财务风险管理的目标是降低财务风险，减少风险损失，它是一个动态的管理过程，根据财务风险的动态变化，不断地调整和修正风险控制的方案，以避免企业利益受损，保障公司正常、有序地开展各项经济活动。

财务报表作为企业财务状况、经营成果和现金流量的结构性表述，可以概括性地揭示出企业各项经济活动的财务后果。同时，企业的各种管理活动（包括战略管理、投融资管理、人力资源管理、营销管理以及运营管理等）作为保证企业各项经济活动更加有序、高效运行的措施和手段，其管理理念和管理结果也会形成一定的财务后果，体现在财务报表中（不会直接体现为报表中的一个个财务数据，而是隐藏在这些财务数据的背后）。这就是说，企业的财务状况是企业状况的外在财务表现和综合体现，企业不同层面或者不同部门所开展的各种经济活动和管理活动均会最终反映在企业财务状况的某些方面。

具体地说，企业的战略实施和投资管理质量将决定企业资产的结构和质量，企业的营销管理质量将在企业利润表的营业收入、销售费用的规模与构成中得到反映，企业的融资管理、内部资金管理模式与管理质量则会反映在企业的资本结构以及"其他应收款""其他应付款""短期借款""财务费用"等一系列特定项目上。因此，有效的财务报表分析可以从企业的财务数据中提取出潜藏的内部管理信息，有助于信息使用者透视企业的管理理念，了解企业战略的制定与实施状况，挖掘出有关企业管理质量和治理效率的信息，对企业风险管理和未来发展方向做出更科学的判断。

鉴于此，基于财务报表的大数据风控路径是立足于公司所处的经营环境，结合公司的经营战略，充分利用财务报表数据和业务数据之间的关系，识别和分析公司财务风险。因此，与传统的重视企业财务信息的结果不同，大数据风控的重要思路就是强化对管理活动的分析与评价，分析财务报表的各要素与经营活动数据之间的内在联系。这样建立的分析路径能够从公司的财务报表回归到管理的经营活动中，从公司的财务状况透视公司的采购、销售、投资、融资等管理活动，从而更加全面、清晰、科学地评价企业风险。

8.2　财务风险管理内容

8.2.1　筹资风险管理

企业的筹资风险来源于两个方面：（1）偿债风险。由于借入资金严格规定了借款方式、还款期限和还款金额，如果企业负债较多，而经营管理和现金管理不善，则可能导致企业不能按时还本付息，从而产生偿债风险。偿债风险如果不能得到及时化解，则可能进一步导致企业产生破产清算的风险。（2）收益变动风险。收益变动风险主要来源于资金使用效益的不确定性，这种不确定性会由于负债的财务杠杆作用产生放大效应。在资本结构一定的条件下，企业从息税前利润中支付的债务利息是相对固定的，当息税前利润增多时，每一元息税前利润所负担的债务利息就会相应降低，从而给企业所有者带来额外的收益，即财务杠杆利益。相反，当税前利润下降时，会给企业所有者造成更大的损失。

8.2.2　投资风险管理

投资活动是企业资金运动的重要组成部分，当企业存在闲置资金时，可以通过对外或者对内投资来获取额外的收益。但是，收益和风险往往相伴而生，企业对内投资主要是对企业的固定资产和无形资产进行投资，回收期越长投资风险越大；企业对外投资主要是对其他企业的投资（项目投资）或对金融资产的投资（证券投资），无论是项目投资还是证券投资，都不能保证一定达到预期收益，这种投入资金的实际使用效果偏离预期结果的可能性就是投资风险。与项目投资相关的风险主要是指企业外部经济环境和企业经营方面的问题所导致的经营风险，与证券投资相关的风险则是证券投资收益的不确定性。

8.2.3　资金回收风险管理

资金回收风险主要是指应收账款的回收在时间上和金额上的不确定所导致的风险。资金回收风险主要包括：（1）时间上的不确定性。其表现为拖欠风险，即客户超过规定的信用期限付款的风险。企业资金运动的一般过程是：货币资金—生产资金—结算资金—货币资金。应收账款的拖欠风险使上述资金循环的"结算资金"环节发生中断，造成企业结算资金不能及时回收和再生产资金相对不足。（2）金额上的不确定性。它是指应收账款无法收回，形成坏账的风险。显而易见，如果应收账款无法收回而成为坏账，则必然对企业的现金流量产生直接的影响。此外，与这部分坏账相关的已纳税款不能退回，因此企业会承受较大的损失。

8.2.4　收益分配风险管理

收益分配是企业资本的提供者将企业收益分配给各利益主体的过程，企业的利润分配一般包括两部分：保留利润和税后利润的分配。公司的自我保留资本是企业资金来源的重要组成部分，剩余利润的投资一般很低。**收益分配风险**是由于企业收益的不稳定或者企业的收益分配政策、分配方式不合理给公司后续的经营造成的风险。如果企业收益分配得过多，那么企业后续经营所需的资金就要从外部筹集，而外部筹资的成本较高则可能给企业带来财务风险；如果企业收益分配得过少，就会使投资人丧失信心，甚至撤资，也可能使企业面临资金链断裂的风险。简单来说，收益分配的风险一方面取决于能否把利润这块"蛋糕"做得足够大，有充足的资金进行分配，另一方面取决于能否把"蛋糕"切得合理（分配得合理）。

8.3　财务风险管理大数据风控实施流程

财务风险管理大数据风控人员应当采用指标分析的基本方法对蛮先进公司进行财务风险识别与分析，从筹资风险、投资风险、资金回收风险与现金流量风险四个方面构建分析模型，在企业内部和外部分别采集财务数据和业务数据识别和分析财务风险，结合企业财务状况及制造行业特点，对风险进行评估，再应用可视化图表进行风险评估结果展现，最后输出大数据风险评估报告。财务风险管理大数据风控实施流程如图8-1所示。

企业财务风险管理始于财务风险的发现，即对财务风险的识别。**财务风险识别**主要是指根据企业所处的经济环境，对企业运营过程中涉及资金运动的各个环节进行定期的数据测算与对比分析。通过企业内部、外部信息的收集，发现各种可能的损失和不利影响，形成对财务风险的定量了解。通常可以运用财务报表分析法、指标分析法对财务风险进行分析与识别。财务风险识别的内容主要包括企业面临何种财务风险，财务风险的成因等。财务风险识别可分别从企业外部环境和内部环境进行识别。外部环境主要是国家的经济政策变化、通货膨胀、利率等宏观环境；内部环境主要是与产品、技术和管理等相关的筹资、投资决策因素。在进行风险识别时，可分别从筹资风险、投资风险、资金回收风险和收益分配风险四个方面进行识别。

评估财务风险是对公司的财务风险进行识别之后的风险指标的量化过程。在此过程中应用大数据技术手段时，首先要建立财务风险管理大数据风控评价指标体系，可分别对应风险识别时的四个方面构建指标模型，结合企业实际的财务数据，测算企业发生财务风险的可能性以及相应带来的损失大小，进而确定财务风险的高低。

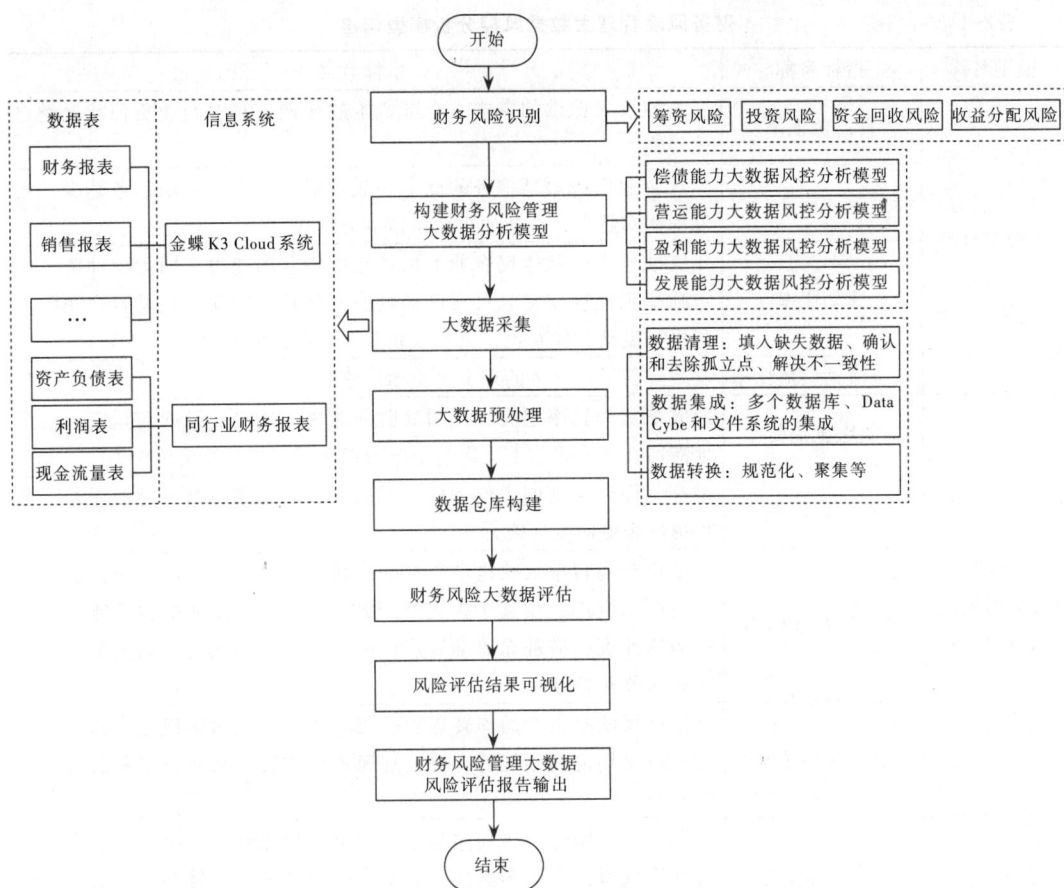

图 8-1　财务风险管理大数据风控实施流程

　　有了对财务风险的定性了解和定量评估，企业需要结合自身的目标，对财务风险矩阵中的风险选择合适的控制办法。控制办法一般有四大类：（1）忽略风险，也就是此种风险可以接受；（2）避免风险，降低风险发生的可能性；（3）降低风险，把风险的影响削减；（4）转移风险，此类风险超出企业的能力范围，可通过转移的方式在外部寻求解决，比如保险。

8.4　大数据风控分析模型构建

　　对企业财务风险进行分析评估时，首先需要构建对应的财务指标，财务指标众多，在选择时应根据制造企业的性质选择能够直接或间接反映企业财务状况的指标，且所选指标必须能够反映企业偿债能力、营运能力、盈利能力、发展能力四个方面的能力。分析时所选取的财务指标应当能够和制造业其他企业进行对比或者同蛮先进公司不同时期的数据进行对比，还应当能够和企业绩效评价标准值进行对比，这样才能对相应的财务指标进行评价，进而评价企业的财务风险。本书构建的财务风险管理大数据风控分析模型具体内容见表 8-1。

表 8-1 财务风险管理大数据风控分析模型构建

模型名称	指标名称	指标意义
偿债能力大数据风控分析模型	资产负债率	反映债权人提供的资本占全部资本的比例，是对企业负债状况的总体反映
	流动比率	体现企业偿还短期债务的能力。流动资产越多，短期债务越少，则流动比率越大，企业的短期偿债能力越强
	速动比率	比流动比率更能体现企业的偿还短期债务的能力。因为流动资产中包括变现速度较慢且可能已经贬值的存货，因此将流动资产扣除存货再与流动负债对比，以衡量企业的短期偿债能力
	现金流动负债比率	反映经营活动产生的现金对流动负债的保障程度
营运能力大数据风控分析模型	应收账款周转率	应收账款周转率越高，说明其收回越快；反之，说明营运资金过多地滞留在应收账款上，影响企业的正常资金周转及偿债能力
	存货周转率	是存货周转速度的主要指标，提高存货周转率，缩短营业周期，可以提高企业的变现能力
	流动资产周转率	流动资产周转率反映流动资产的周转速度，周转速度越快，会相对节约流动资产，相当于扩大资产的投入，增强企业的盈利能力；延缓周转速度，需补充流动资产以维持周转，形成资产的浪费，降低企业的盈利能力
	总资产周转率	该指标反映总资产的周转速度，周转越快，说明销售能力越强。企业可以采用薄利多销的方法，加速资产周转，从而带来利润绝对额的增加
盈利能力大数据风控分析模型	净资产报酬率	把企业一定期间的净利润与企业的资产相比较，表明企业资产的综合利用效果。该比率越高，表明资产的利用效率越高，说明企业在增加收入和节约资金等方面取得了良好的效果；否则相反
	销售净利率	该指标反映每一元销售收入带来的净利润是多少，表示销售收入的收益水平
	净资产收益率	该指标反映公司所有者权益的投资报酬率，也称净值报酬率或权益报酬率，具有很强的综合性，是十分重要的财务比率
发展能力大数据风控分析模型	销售收入增长率	该指标是分析企业成长状况和发展能力的基本指标，反映了企业营业收入的变化情况，可以衡量企业竞争力的高低。该比率越高，企业的成长能力越好
	总资产增长率	该指标是分析企业当年资本积累能力和发展能力的主要指标，反映了企业总资产规模的增长情况，消除了资产短期波动的影响，反映了企业较长时期内的资产增长情况。该比率越高，企业的竞争力越强
	营业利润增长率	该指标是衡量企业经营效率的指标，反映了在不考虑非营业成本的情况下，企业管理者通过经营获取利润的能力。该比率越高，说明企业商品销售额提供的营业利润越多，企业的盈利能力越强；反之，说明企业的盈利能力越弱

8.5　大数据采集

大数据风控工作从采集风险评估分析所需要的数据项开始，在财务风险管理中，数据的来源分为内部数据和外部数据。

8.5.1　内部数据采集

在该过程中，相关人员需要从财务核算系统中采集财务数据，同时需要从业务系统中采集部分业务数据。财务数据主要来源于近几年蛮先进公司的财务报表，需要采集的数据见表 8-2 和表 8-3。

表 8-2　　　　　　　　　　　20×0—20×3 年资产负债表（简表）

资　　产	20×0 年	20×1 年	20×2 年	20×3 年
流动资产：				
货币资金	56 686 153.07	45 761 738.53	32 421 784.33	25 776 452.60
交易性金融资产	21 038 661.00	40 219 900.00	40 765 514.00	41 627 317.00
衍生金融资产				
应收票据		230 000.00	500 000.00	430 000.00
应收账款	2 795 255.05	8 722 290.05	12 365 460.00	24 790 044.39
应收款项融资				
预付账款	9 400.00	19 400.00	300 844.92	354 997.00
其他应收款	20 196.00	15 304.00	890 016.86	203 628.51
存货	190 782 892.00	282 077 000.74	287 956 614.48	350 163 774.55
…	…	…	…	…
流动资产合计	271 332 557.12	377 045 633.32	375 200 234.59	443 346 214.05
非流动资产：	…	…	…	…
…	…	…	…	…
固定资产	81 394 339.82	165 553 354.56	216 837 379.63	268 642 265.40
在建工程	37 048.00	1 338 376.35	1 954 029.47	74 963 234.85
生产性生物资产				
油气资产				
使用权资产				
无形资产	37 759 114.04	33 605 611.49	30 581 106.46	28 134 617.94
…	…	…	…	…
递延所得税资产	20 949.70	57 567.11	27 078.19	106 580.56
其他非流动资产				
非流动资产合计	119 211 451.56	200 554 909.51	249 399 593.75	371 846 698.75
资产总计	390 544 008.68	577 600 542.83	624 599 828.34	815 192 912.80

续表

负债和所有者权益（或股东权益）	20×0年	20×1年	20×2年	20×3年
流动负债：				
短期借款	4 500 000.00	48 970 000.00	54 290 000.00	74 230 000.00
…	…	…	…	…
应付账款	79 407 770.81	86 676 261.88	163 489 145.65	235 940 425.00
预收款项	700 000.00			
…	…	…	…	…
应付职工薪酬	522 999.69	640 219.64	766 861.37	883 547.51
应交税费	8 003 645.83	15 529 258.17	17 473 976.99	17 294 620.82
其他应付款	12 105 595.44	40 120 003.78	32 038 650.08	26 693 217.89
…	…	…	…	…
流动负债合计	105 240 011.77	191 935 743.47	268 058 634.09	355 041 811.22
非流动负债：				
长期借款	200 000 000.00	250 000 000.00	200 000 000.00	285 000 000.00
应付债券				
其中：优先股				
永续债				
…	…	…	…	…
非流动负债合计	200 000 000.00	250 000 000.00	200 000 000.00	285 000 000.00
负债合计	305 240 011.77	441 935 743.47	468 058 634.09	640 041 811.22
所有者权益（或股东权益）：				
实收资本（或股本）	50 000 000.00	50 000 000.00	50 000 000.00	50 000 000.00
其他权益工具				
其中：优先股				
永续债				
资本公积	56 841.00	56 841.00	56 841.00	56 841.00
…	…	…	…	…
盈余公积	1 099 800.00	6 135 880.24	8 223 519.73	10 084 510.47
未分配利润	34 147 355.91	79 472 078.12	98 260 833.52	115 009 750.11
所有者权益（或股东权益）合计	85 303 996.91	135 664 799.36	156 541 194.25	175 151 101.58
负债和所有者权益（或股东权益）总计	390 544 008.68	577 600 542.83	624 599 828.34	815 192 912.80

表 8-3　　　　　　　　　　　　20×0—20×3年利润表（简表）

项　目	20×0年	20×1年	20×2年	20×3年
一、营业总收入	397 464 358.34	701 058 716.95	612 673 647.84	619 758 893.00
其中：营业收入	397 464 358.34	701 058 716.95	612 673 647.84	619 758 893.00
减：营业总成本	368 350 923.34	641 567 811.05	576 428 357.79	588 076 794.27
其中：营业成本	300 890 556.86	545 101 176.26	462 066 109.33	467 613 781.28
税金及附加	5 137 129.21	9 114 147.33	7 985 247.90	8 080 949.60
销售费用	12 266 028.51	14 496 849.38	18 611 755.31	18 685 823.42
管理费用	42 569 834.42	51 407 107.21	64 354 476.18	60 634 262.85
研发费用	557 409.87	7 556 047.88	10 969 841.47	10 740 859.05
财务费用	6 929 964.47	13 892 482.99	12 440 927.60	22 321 118.07
其中：利息费用	9 100 250.00	17 190 775.00	13 858 805.00	19 757 650.00
利息收入	…	…	…	…
加：其他收益				
投资收益（损失以"-"号填列）	-2 841 768.00	1 098 068.00	1 550 284.00	1 528 295.00
…	…	…	…	…
资产减值损失（损失以"-"号填列）	-99 760.52	-284 985.73	-161 179.73	-612 532.01
资产处置收益（损失以"-"号填列）		6 000.00	73 523.00	-33 796.00
二、营业利润（亏损以"-"号填列）	26 171 906.48	60 309 988.17	37 707 917.32	32 564 065.72
加：营业外收入	3 856 938.04	4 796 948.33	1 714 955.09	4 453 026.30
减：营业外支出	3 119 842.49	1 358 842.52	3 984 830.03	2 826 445.21
三、利润总额（亏损以"-"号填列）	26 909 002.03	63 748 093.98	35 438 042.38	34 190 646.81
减：所得税费用	6 899 694.68	13 387 291.53	14 561 647.49	15 580 739.48
四、净利润	20 009 307.35	50 360 802.45	20 876 394.89	18 609 907.33
（一）持续经营净利润（净亏损以"-"号填列）	20 009 307.35	50 360 802.45	20 876 394.89	18 609 907.33
（二）终止经营净利润（净亏损以"-"号填列）	…	…	…	…
五、其他综合收益的税后净额	…	…	…	…
…	…	…	…	…

8.5.2　外部数据采集

相关人员通常利用"网络爬虫"从互联网公开信息中提取同行业的财务报表数据、交易数据等。采集到的数据结果如图 8-2 所示。

图 8-2　部分同行业财务数据

8.6　大数据预处理

采集完数据后，相关人员需要先观察其是否存在不标准、不规范的情况，比如在进行指标计算时用到的字段均应该为数值类型，若该数值带有单位，则为字符类型，在预处理时应该将单位作为非法字符删除；公司财务报表上有些项目数据为0，若与指标计算无关，则可考虑将其删除。财务数据预处理方式示例见表8-4。

表 8-4　　　　　　　　　　　　　财务数据预处理方式示例

处理方式	举　　例
删除非法字符	与金额相关字段的类型仅允许为数值。如果出现万、亿等数词时，则应将"万"改为"0000"，将"亿"改为"00000000"
删除无关列	由于在导入数据时，会识别表头，所以应将表名、公司名、日期等无关信息删除

8.7　数据仓库构建

8.7.1　数据模型设计

创建财务管理数据仓库模型，包括两个事实表——财务信息事实表和指标结果事实表，以及四个维度表——公司维度表、报表类型维度表、日期维度表和报表期间维度表，具体如图8-3所示。

8.7.2　事实表结构设计

1. 创建"财务信息事实表"（finance_fact），其关键字为"bbbh"，相关内容见表8-5。
2. 创建"指标结果事实表"（result_fact），其关键字为"djbh"，相关内容见表8-6。

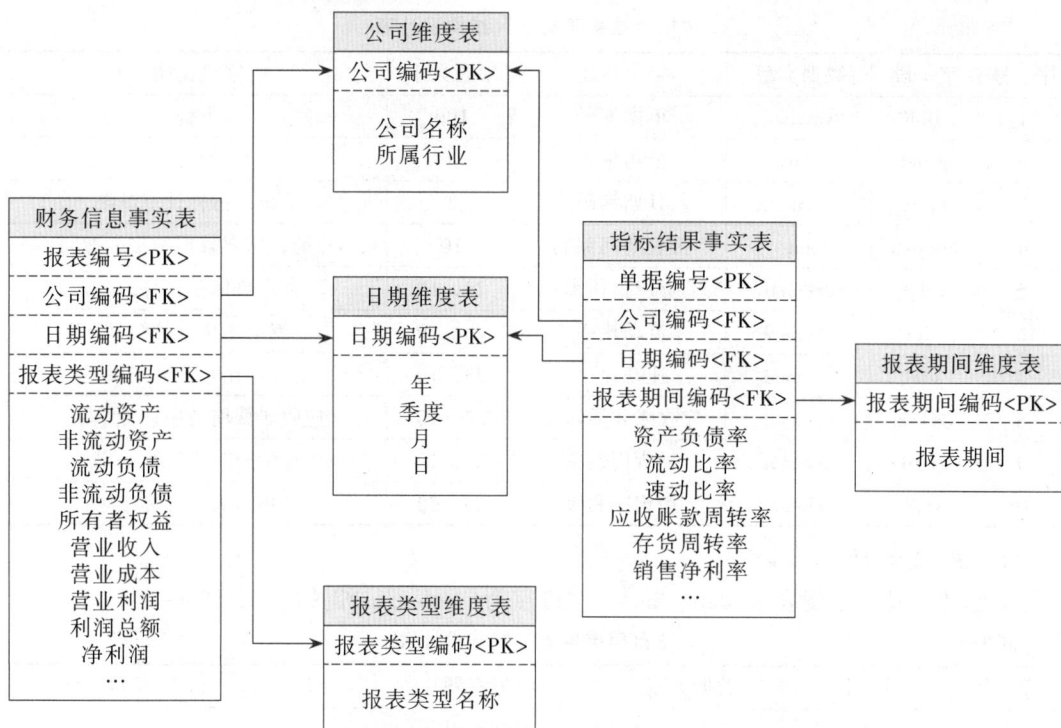

图 8-3　财务管理数据仓库模型

表 8-5
"财务信息事实表"结构设计表

序　号	字　段	数据类型	字段标题	字段大小	字段说明
1	bbbh	varchar	报表编号	100	主键
2	gsbm	int	公司编码	10	外键
3	rqbm	date	日期编码	3	外键，报表截止日期
4	bblxbm	int	报表类型编码	10	外键，报表类型：年报、季报、月报
5	ldzc	decimal	流动资产	23，10	流动资产总额
6	fldzc	decimal	非流动资产	23，10	非流动资产总额
7	ldfz	decimal	流动负债	23，10	流动负债总额
8	fldfz	decimal	非流动负债	23，10	非流动负债总额
9	syzqy	decimal	所有者权益	23，10	所有者权益总额
10	yysr	decimal	营业收入	23，10	营业收入金额
11	yycb	decimal	营业成本	23，10	营业成本金额
12	yylr	decimal	营业利润	23，10	营业利润金额
13	lrze	decimal	利润总额	23，10	利润总额
14	jlr	decimal	净利润	23，10	净利润金额

表 8-6   **"指标结果事实表"结构设计表**

序 号	字 段	数据类型	字段标题	字段大小	字段说明
1	djbh	varchar	单据编号	100	主键
2	gsbm	int	公司编码	10	外键
3	rqbm	date	日期编码	3	外键，指标计算日期
4	bbqjbm	int	报表期间编码	10	外键，所用数据的报表期间
5	zcfzl	decimal	资产负债率	23，10	资产负债率计算结果
6	ldbl	decimal	流动比率	23，10	流动比率计算结果
7	sdbl	decimal	速动比率	23，10	速动比率计算结果
8	yszkzzl	decimal	应收账款周转率	23，10	应收账款周转率计算结果
9	chzzl	decimal	存货周转率	23，10	存货周转率计算结果
10	xsjll	decimal	销售净利率	23，10	销售净利率计算结果

8.7.3 维度表结构设计

1.创建"日期维度表"（date_dim），关键字为"rqbm"，相关内容见表 8-7。

表 8-7   **"日期维度表"结构设计表**

序 号	字 段	数据类型	字段标题	字段大小	字段说明
1	rqbm	date	日期编码	3	主键
2	years	varchar	年	4	年
3	quarters	varchar	季度	4	季
4	months	varchar	月份	2	月
5	dates	varchar	日	2	日

2.创建"公司维度表"（company_dim），关键字为"gsbm"，相关内容见表 8-8。

表 8-8   **"公司维度表"结构设计表**

序 号	字 段	数据类型	字段标题	字段大小	字段说明
1	gsbm	int	公司编码	4	主键
2	gsmc	varchar	公司名称	100	公司名称
3	sshy	varchar	所属行业	100	公司所属行业

3.创建"报表类型维度表"（kind_dim），关键字为"bblxbm"，相关内容见表 8-9。

表 8-9   **"报表类型维度表"结构设计表**

序 号	字 段	数据类型	字段标题	字段大小	字段说明
1	bblxbm	varchar	报表类型编码	10	主键
2	bblxmc	varchar	报表类型名称	10	年报、季报、月报

4.创建"报表期间维度表"（period_dim），关键字为"bbqjbm"，相关内容见表 8-10。

表 8-10   **"报表期间维度表"结构设计表**

序 号	字 段	数据类型	字段标题	字段大小	字段说明
1	bbqjbm	varchar	报表期间编码	10	主键
2	bbqj	varchar	报表期间	100	指标数据涉及的报表期间

8.8　风险评估

8.8.1　指标计算

由于需要对财务指标进行横向对比和纵向对比，所以本环节需要对所有财务指标进行计算，分别计算蛮先进公司近几年的数据和同行业近几年的数据。财务风险大数据风控指标计算公式及指标意义具体见表8-11。

表8-11　　　　　　　　　　　财务风险大数据风控指标计算公式及指标意义

指标名称	计算公式
资产负债率	资产负债率=负债总额÷资产总额
流动比率	流动比率=流动资产÷流动负债
速动比率	速动比率=（流动资产−存货）÷流动负债
现金流动负债比	现金流动负债比=年经营活动现金净流量÷期末流动负债
应收账款周转率	应收账款周转率=销售收入÷［（期初应收账款+期末应收账款）÷2］
存货周转率	存货周转率=产品销售成本÷［（期初存货+期末存货）÷2］
流动资产周转率	流动资产周转率=销售收入÷［（期初流动资产+期末流动资产）÷2］
总资产周转率	总资产周转率=销售收入÷［（期初资产总额+期末资产总额）÷2］
净资产报酬率	净资产报酬率=净利润÷［（期初资产总额+期末资产总额）÷2］×100%
销售净利率	销售净利率=净利润÷销售收入×100%
净资产收益率	净资产收益率=净利润÷［（期初所有者权益合计+期末所有者权益合计）÷2］×100%
销售收入增长率	销售收入增长率=（本期营业收入−上期营业收入）÷上期营业收入×100%
总资产增长率	总资产增长率=（期末资产总额−期初资产总额）÷期初资产总额×100%
营业利润增长率	营业利润增长率=（期初营业利润−上期营业利润）÷上期营业利润×100%

8.8.2　风险评价

目前，蛮先进公司处于发展阶段，相关人员对其财务风险从偿债能力、营运能力、盈利能力和发展能力四个方面进行分析，将上一节中得到的计算结果从横向对比、纵向对比、标准值比较三个方面进行对比分析。首先，得到每个财务指标的同行业平均值后，将蛮先进公司同年的数据与其进行对比分析，得到横向比较分析结果。然后，将本年的财务指标计算结果与往年的财务指标计算结果进行对比分析，得到纵向比较分析结果。最后，本年的财务指标计算结果还需与标准值进行比较，分析本年的经营成果是否达到年初制定的财务目标。蛮先进公司20×2年财务风险管理风控指标参考标准值及分析提示具体见表8-12。

表8-12   蛮先进公司20×2年财务风险管理风控指标参考标准值及分析提示

指标名称	参考标准值	评估分析提示
资产负债率	0.7	负债比率越大，企业面临的财务风险越大。如果企业资金不足，依靠欠债维持运转，导致资产负债率特别高，那么企业的偿债风险会很高。资产负债率在60%～70%，比较合理、稳健；达到85%及以上时，应发出预警信号，企业应给予足够的注意
流动比率	2.0	低于正常值，企业的短期偿债风险较大。一般情况下，营业周期、流动资产中的应收账款数额和存货的周转速度是影响流动比率的主要因素
速动比率	1/0.8	低于1的速动比率通常被认为是企业短期偿债能力偏低的表现。影响速动比率可靠性的重要因素是应收账款的变现能力，账面上的应收账款不一定都能变现，也不一定非常可靠
现金流动负债比	1.5	企业能够用来偿还债务的资金，除来源于借新债还旧债外，主要来源于经营活动的现金流入
应收账款周转率	3	应收账款周转率要与企业的经营方式结合起来看，以下几种情况下，使用该指标不能反映企业的实际情况：（1）季节性经营的企业；（2）大量使用分期收款结算方式的企业；（3）大量使用现金结算的销售业务；（4）年末大量销售或年末销售大幅度下降
存货周转率	3	存货周转率反映企业的存货管理水平，存货周转率越高，存货的占用水平越低，流动性越强，存货转换为现金或应收账款的速度就越快。它不仅影响企业的短期偿债能力，而且是整个企业管理活动中的重要内容
流动资产周转率	1	流动资产周转率要结合存货周转率、应收账款周转率等指标一并进行分析，和反映企业盈利能力的指标结合在一起使用，可全面评价企业的盈利能力
总资产周转率	0.8	总资产周转率用于衡量企业运用资产赚取利润的能力，经常和反映企业盈利能力的指标一起使用，全面评价企业的盈利能力
净资产报酬率	无标准值	净资产报酬率是一个综合指标。企业产生净利润的多少与企业的资产规模、资产结构、经营管理水平等有着密切的关系。影响净资产报酬率（或称"资产净利率"）高低的原因有：产品的价格、单位产品成本的高低、产品的产量和销售数量、资金占用量的大小。分析人员可以结合杜邦财务分析体系来分析企业在经营中存在的问题
销售净利率	0.1	企业在增加销售收入的同时，必须相应地获取更多的净利润才能使销售净利率保持不变或有所提高。分析人员可以将销售净利率分解为销售毛利率、销售税金率、销售成本率、销售期间费用率等指标进行分析
净资产收益率	0.08	利用杜邦分析体系，分析人员可以将这一指标分解成多种因素，进一步剖析影响所有者权益报酬的各个方面。如资产周转率、销售利润率、权益乘数等。另外，在分析该指标时，还应结合对"应收账款""其他应收款""长期待摊费用"等指标的分析
销售收入增长率	10%	销售收入增长率是衡量企业经营状况和市场占有能力、预测企业经营业务拓展趋势的重要指标，也是企业扩张增量资本和存量资本的重要前提。该指标越大，表明其增长速度越快，企业市场前景越好
总资产增长率	5%	总资产增长率越高，表明企业一定时期内资产经营规模扩张的速度越快。在分析时，分析人员需要关注资产规模扩张的质和量的关系，以及企业的后续发展能力，避免盲目扩张
营业利润增长率	10%	营业利润增长率综合反映一个企业或一个行业的营业效率。营业利润增长率在各个行业以及同一行业的各个企业之间差异很大，而且不是所有企业每年都能获取利润

8.9 风险评估结果可视化

因为是要对比不同公司不同年份的资产负债率，所以分析人员应该选择能够体现出变化趋势的图表来呈现数据，比如采用折线图，既能够体现出变化的趋势，又能够对比不同公司的资产负债率情况。资产负债表对比折线图如图 8-4 所示。

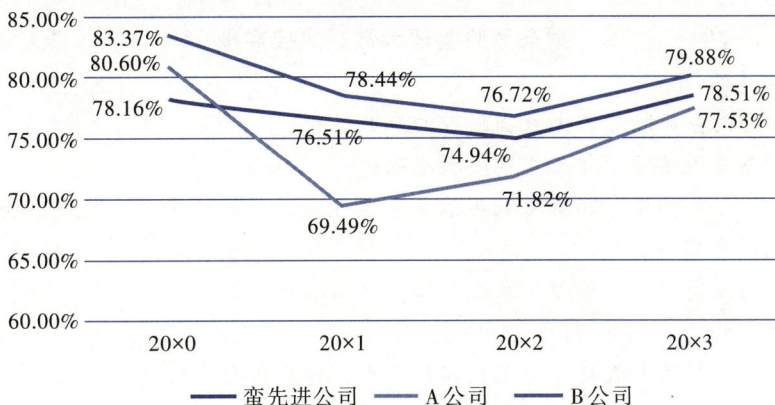

图 8-4　资产负债表对比折线图

8.10　风险评估报告输出

财务管理大数据风险评估报告的大致内容包括：风险评估目的、风险评估思路、大数据风控指标、风险评估标准、风险评估结果以及该环节风险应对措施。财务管理风控报告示例如图 8-5 所示。

图 8-5　财务管理风控报告示例

实验四

财务风险管理大数据风控实操

一、实验目的

1.熟练掌握财务风险管理大数据风控的实施流程；

2.熟悉财务管理活动中相关表单、数据项；

3.掌握"资产负债率"指标从数据采集、预处理、指标计算到风险评估和可视化整个流程和步骤的技术实现；

4.掌握如何编写财务风险管理大数据风险评估报告。

二、实验环境

1.软件平台：金蝶大数据智能风控实训平台、轻分析平台；

2.硬件教具：大数据智能风控物理模拟教学沙盘；

3.浏览器：建议使用 Google Chrome（谷歌浏览器）。

三、实验要求

1.明确"资产负债率"指标旨在评估何种风险，可能导致企业有何损失；

2.使用大数据智能风控物理模拟教学沙盘完成财务风险管理大数据风控流程推演；

3.在大数据智能风控实训平台完成指标"资产负债率"所需数据的采集；

4.基于"资产负债率"指标应用的要求，在大数据智能风控实训平台完成采集数据的预处理操作；

5.建立财务管理数据仓库和指标结果数据仓库，画出数据仓库数据模型，构建事实表和维度表。

6.在轻分析平台完成指标计算、风险评估以及指标应用结果的可视化；

7.完成财务风险管理大数据风险评估报告。

四、实验内容和步骤

通过在金蝶大数据智能风控实训平台上导入蛮先进公司的资产负债表数据，并进行预处理、指标计算、风险评估等操作，完成对"资产负债率"指标的应用。具体步骤如下：

1.进入金蝶大数据处理实践平台（http：//116.63.167.113：11050/KtpDataming/index）。

2.在左侧菜单栏"大数据处理"目录下选择"数据清洗"，点击"上传文件"。在本地文件中选择准备文件"资产负债表"后，在"选择数据源"处的下拉列表中选择"资产负债表"，点击"下一步"，如图8-6所示。

3.通过对源数据进行检查，发现一张资产负债表中包含了多个年份的数据（如图8-7所示），不利于进行后续的分析，所以需要根据分析年份，删除其他多余年份的数据。以20×3年为例，在数据清洗页面点击"添加规则"，选择"局部清洗"中的"列删除"，点击"+20×0年 20×1年 20×2年"，在字段列表中勾选"20×0"、"20×1"和"20×2"字段，最后点击"执行清洗"（如图8-8所示）。清洗后的资产负债表，如图8-9所示。其他年份、其他公司资产负债表预处理过程可参考20×3年相关资料，可视化时在轻分析平台可将多个数据表合并。

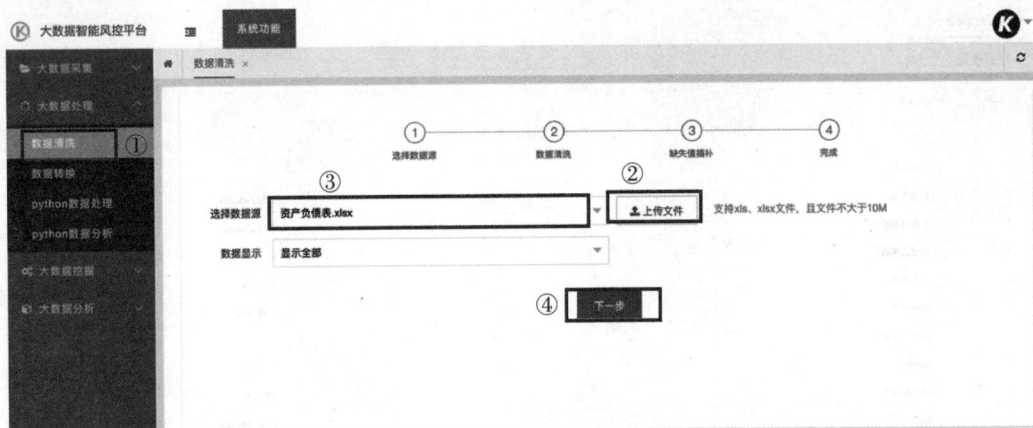

图 8-6　上传待清洗的数据表

图 8-7　需要进行清洗的资产负债表数据

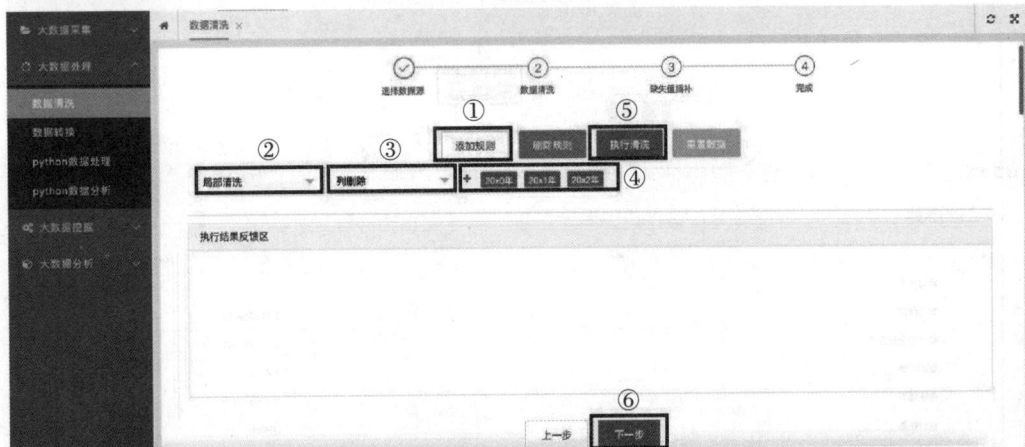

图 8-8　执行数据清洗

4.由于分析平台只能将第一行识别为表头，所以需要进行转置。转置前，需要删除"应收款项融资""流动资产""非流动资产"等无用字段，如图 8-10 所示。

5.执行完成后滑动到页面下方的"数据预览"板块，点击"下载"，即可将预处理后的数据下载到本地，如图 8-11 所示。

图8-9 清洗后的资产负债表

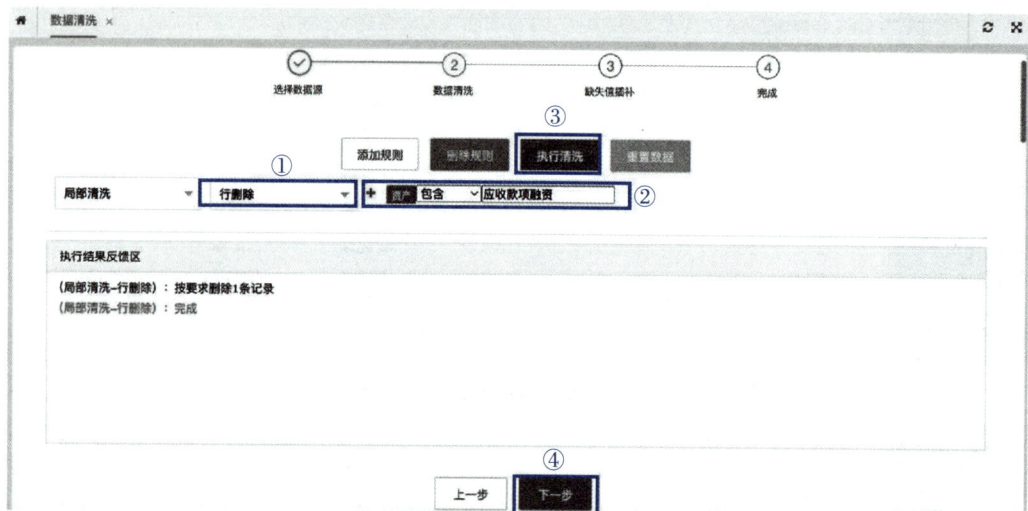

图8-10 删除无用行

图8-11 下载清洗后的数据

6.在左侧菜单栏"大数据处理"目录下选择"数据转换",上传上一步的数据清洗结果,如图8-12所示。

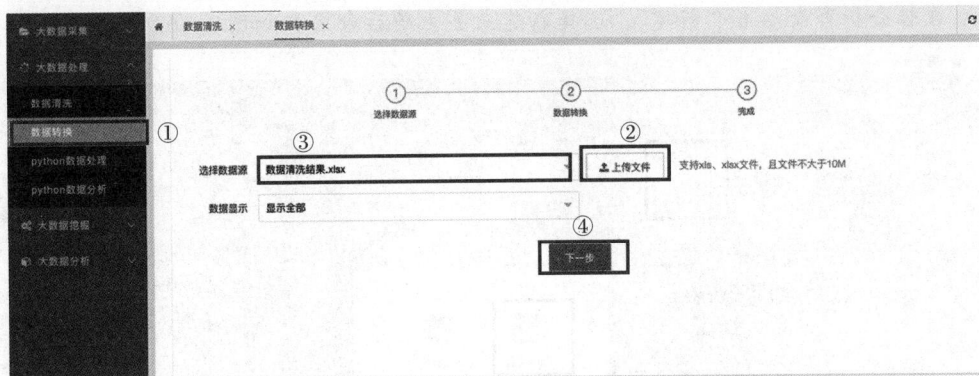

图 8-12　上传待转换的数据

7.在数据转换页面点击"添加规则",选择"数据转置",再点击"执行转换",运行成功后可下拉页面查看预览数据。转置后的资产负债表,如图 8-13 所示。再次点击"下载",保存数据表。

图 8-13　转置后的资产负债表

8.在左侧菜单栏"大数据分析"目录下选择"轻分析",跳转到金蝶云星空平台,登录后选择"轻分析",如图 8-14 和图 8-15 所示。

图 8-14　大数据智能风控平台"轻分析"入口

图 8-15　金蝶云星空平台"轻分析"入口

9. 在轻分析页面单击"新建"，选择新建业务主题后命名，如图8-16所示。

图8-16　新建可视化业务主题

10. 单击新建好的业务主题，需要进行数据建模，导入"资产负债表"，单击"保存"。

11. 建模完成后，进入数据分析页面制作可视化图表。由于源数据中不包含"资产负债率"这一字段，所以需要先选择"创建计算字段"，如图8-17所示。

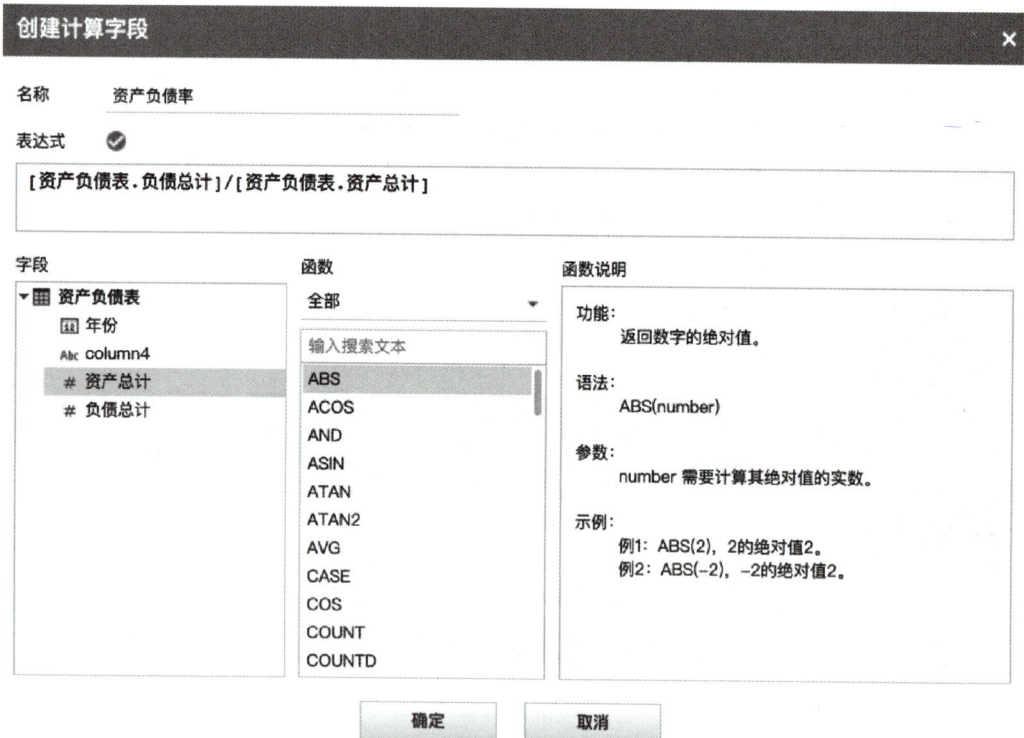

图8-17　创建"资产负债率"字段

12. 先选择图表类型"条形图"，将"资产负债率"字段拖入"纵轴"，将"年份"字段拖入横轴，如图8-18所示。

13. 点击"分析方案"中的"保存"，输入该可视化图表的名称。

14. 参考风险评估报告模板的内容，编写财务管理大数据风控评估报告，如图8-19所示。

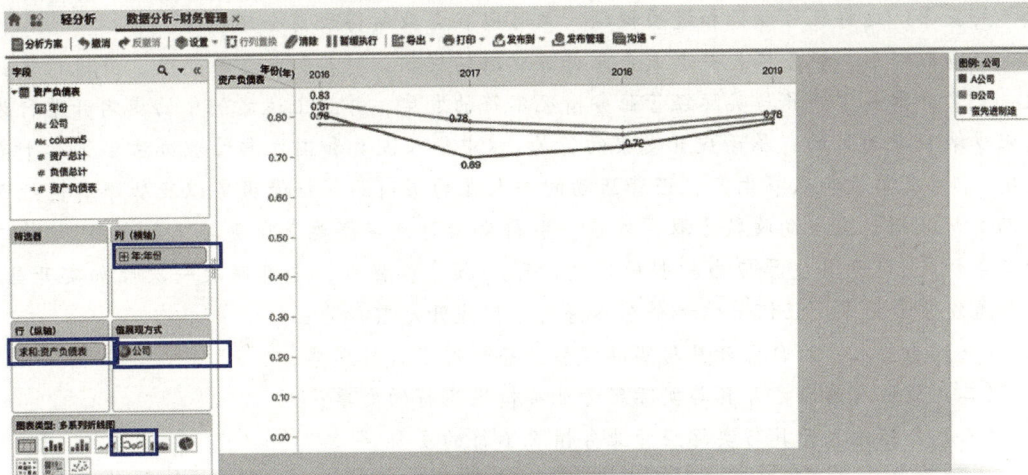

图 8-18　20×0—20×3 年资产负债率对比

壹先进制造　　财务管理大数据风险评估报告

一、风险评估目的

通过财务管理大数据风控评价指标有效地从偿债能力、营运能力、盈利能力和发展能力四个方面评估资产的发生，从而预防风险的发生，并提出对应的控制措施。

二、风险评估思路

通过纵向对比企业近 3 年的数据、横向对比同期同行业的数据以及对比本年年初制定的绩效标准，来发现企业的筹资风险、投资风险、资金回收风险和资金分配风险等。

三、大数据风控指标

指标名称	计算公式
资产负债率	资产负债率=负债总额÷资产总额×100%
流动比率	流动比率=流动资产÷流动负债×100%
速动比率	速动比率=（流动资产-存货）÷流动负债×100%
现金流动负债比	现金流动负债比=年经营活动现金净流量÷期末流动负债
应收账款周转率	应收账款周转率=销售收入÷[（期初应收账款+期末应收账款）÷2]×100%
存货周转率	存货周转率=产品销售成本÷[（期初存货+期末存货）÷2]×100%
流动资产周转率	流动资产周转率=销售收入÷[（期初流动资产+期末流动资产）÷2]×100%
总资产周转率	总资产周转率=销售收入÷[（期初资产总额+期末资产总额）÷2]×100%
净资产报酬率	净资产报酬率=净利润÷[（期初资产总额+期末资产总额）÷2]×100%
销售净利率	销售净利率=净利润÷销售收入×100%
净资产收益率	净资产收益率=净利润÷[（期初所有者权益合计+期末所有者权益合计）/2×100%

四、风险评估标准

指标名称	参考标准值	评估分析提示
资产负债率	0.7	负债比率越大，企业面临的财务风险越大，获取利润的能力也越强。如果企业资金不足，依靠欠债维持，导致资产负债率特别高，偿债风险就应该特别注意了。资产负债率在 60%—70%，比较合理、稳健；达到 85%及以上时，应视为发出预警信号，企业应提起足够的注意。
流动比率	2.0	低于正常值，企业的短期偿债风险较大。一般情况下，营业周期、流动资产中的应收账款数额和存货的周转速度是影响流动比率的主要因素。
速动比率	1/0.8	低于 1 的速动比率通常被认为是短期偿债能力偏低。影响速动比率的可信性的重要因素是应收账款的变现能力，账面上的应收账款不一定都能变现，也不一定非常可靠。
现金流动负债比	1.5	企业能够用来偿还债务的除借新债还旧债外，一般应当是经营活动的现金流入才能还债。
应收账款周转率	3	应收账款周转率，要与企业的经营方式结合考虑。以下几种情况使用该指标不能反映实际情况：第一，季节性经营的企业；第二，大量使用分期收款结算方式；第三，大量使用现金结算的销售；第四，年末大量销售或年末销售大幅度下降。
存货周转率	3	存货周转速度反映存货管理水平，存货周转率越高，存货的占用水平越低，流动性越强，存货转换为现金或应收账款的速度越快。它不仅影响企业的短期偿债能力，也是整个企业管理的重要内容。
流动资产周转率	1	流动资产周转率要结合存货、应收账款一并进行分析，和反映盈利能力的指标结合在一起使用，可全面评价企业的盈利能力。
总资产周转率	0.8	总资产周转指标用于衡量企业运用资产赚取利润的能力。经常和反映盈利能力的指标一起使用，全面评价企业的盈利能力。
净资产报酬率	无标准值	资产净利率是一个综合指标。净利的多少与企业的资产的多少、资产的结构、经营管理水平有着密切的关系。影响资产净利率高低的原因有：产品的价格、单位产品成本的高低、产品的产量和销售的数量、资金占用量的大小。可以结合杜邦财务分析体系来分析经营中存在的问题。
销售净利率	0.1	企业在增加销售收入的同时，必须要相应获取更多的净利润才能使销售净利率保持不变或有所提高。销售净利率可以分解成为销售毛利率、销售税金率、销售成本率、销售期间费用率等指标进行分析。
净资产收益率	0.08	杜邦分析体系可以将这一指标分解成相联系的多种因素，进一步剖析影响所有者权益报酬的各个方面。如资产周转率、销售利润率、权益乘数。另外，在使用该指标时，还应结合对"应收账款"、"其他应收款"、"待摊费用"进行分析。

五、风险评估结果

通过采集***系统中 201*年*月***份财务报表，共对***家同行业企业进行了对比分析，通过对 14 个指标的对比分析，发现企业偿债能力***，企业营运能力***，盈利能力***，发展能力***。指标的对比情况见下图。

图 1 资产负债率对比情况

六、风险应对措施

1.合理安排长短期借款比例；
2.确定筹资规模时，应考虑盈利能力和利率水平；
3.合理安排资金，提前做好还款计划和准备；
4.做好投资项目的可行性分析；
5.树立风险意识，切勿盲目投资；
6.应注重对流动资产管理性的管理；
7.正确的权衡风险与收益；
8.建立健全全面预算体系，合理预测现金流收支情况

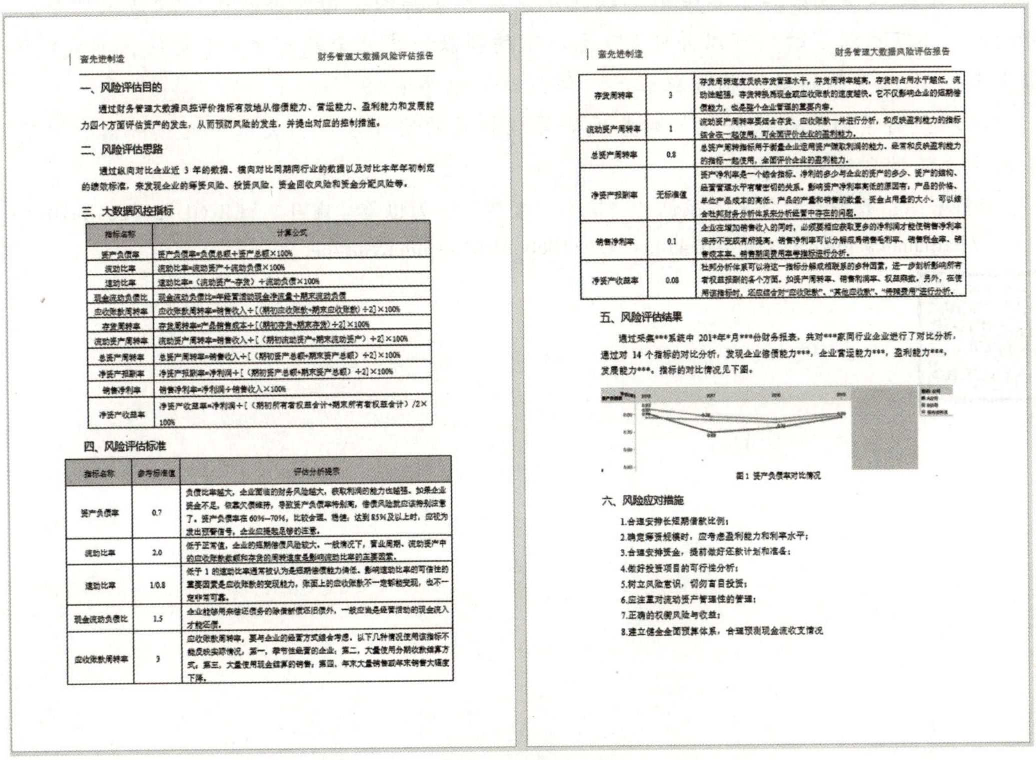

图 8-19　财务管理大数据风控评估报告

课程思政

税务稽查部门在某次检查过程中发现，某企业将给员工发放的福利品和其他集体福利支出开成"办公用品""住宿费"发票，金额有 90 万元之多。经检查人员调查核实，原来是因为集体福利支出取得增值税专用发票后不能抵扣进项税额，企业所得税税前扣除会受到扣除比例的限制，所以企业要求开票方将集体福利支出开成品名为"办公用品""住宿

费"的发票。这样既可以抵扣进项税额，又可以在企业所得税前全额扣除。

调查取证后，税务机关要求该企业补缴少缴的税款，对其加收了滞纳金，并进行了罚款。变名开票属于开具与实际经营业务情况不符的发票，并且上述案例中的变名开票行为是以少缴税款为目的，属于虚开发票的行为。《中华人民共和国发票管理办法》第二十条规定："所有单位和从事生产、经营活动的个人在购买商品、接受服务以及从事其他经营活动支付款项，应当向收款方取得发票。取得发票时，不得要求变更品名和金额。"第二十二条规定："开具发票应当按照规定的时限、顺序、栏目，全部联次一次性如实开具，并加盖发票专用章。任何单位和个人不得有下列虚开发票行为：

（一）为他人、为自己开具与实际经营业务情况不符的发票；

（二）让他人为自己开具与实际经营业务情况不符的发票；

（三）介绍他人开具与实际经营业务情况不符的发票。"

这种开票行为可能会带来什么后果呢？《中华人民共和国发票管理办法》第三十七条规定："违反本办法第二十二条第二款的规定虚开发票的，由税务机关没收违法所得；虚开金额在1万元以下的，可以并处5万元以下的罚款；虚开金额超过1万元的，并处5万元以上50万元以下的罚款；构成犯罪的，依法追究刑事责任。"

要求：同学们一起找一找与财务风险管理相关的法律法规，大家一起读一读，只有知法懂法才能做到遵纪守法。

资料来源：改编自：佚名．案例——这类"变票"行为也是"虚开"[EB/OL]．(2018-10-19)．https：//baijiahao.baidu.com/s?id=1614725455291106002&wfr=spider&for=pc．

本章习题自测

第9章　人工智能理论基础

1. 理解人工智能的概念；
2. 熟悉机器学习、图像识别、自然语言处理、语音识别4种技术在财务中的
3. 理解"K-means聚类""随机森林"等常见的机器学习算法的原理、步骤

思维导图+
课前预习

■【思维导图】■

人工智能理论基础

人工智能的概念

人工智能的内容
- 机器学习
- 图像识别
- 自然语言处理
- 语音识别

机器学习算法
- K-means聚类
- 随机森林
- 支持向量机
- 岭回归
- 逻辑回归

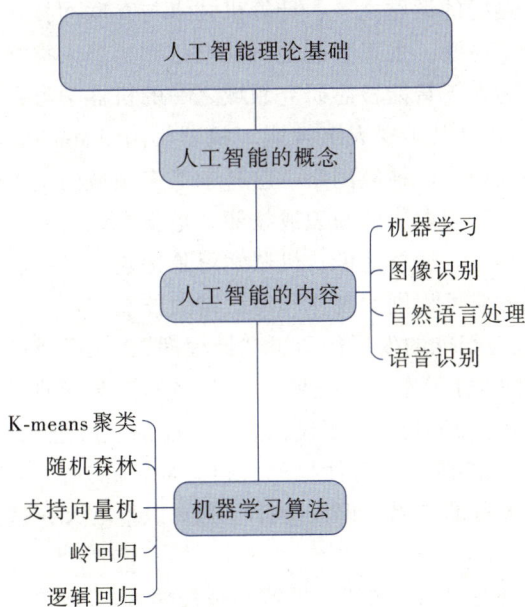

9.1　人工智能的概念

　　人工智能作为驱动第四次工业革命的重要引擎，深刻影响着世界经济、产业和各技术学科的发展。**人工智能（Artificial Intelligence，缩写为AI），是研究、开发用于模拟、延伸和扩展人的智能的理论、方法、技术及应用系统的一门新的学科。**

　　人工智能是计算机科学的一个分支，它旨在探索智能的实质，并生产出一种新的能以与人类智能相似的方法做出反应的智能机器，该领域的研究包括机器人、语言识别、图像识别、自然语言处理和问答系统等。人工智能不是人的思维，而是对人的意识、思维的信息过程的模拟，使得机器能够像人那样思考，也可能让机器拥有超过人的智能。随着人工

智能的应用，企业的数据采集、信息分析及信息披露能力进一步增强，数据驱动的监督管理体系逐步形成，公司治理更加科学。

随着互联网技术的蓬勃发展，人工智能在风控领域的实施条件逐渐成熟，图像识别、自然语音处理、语义识别等技术的场景应用开始变得丰富，为人工智能在企业风控中的有机融合创造了有利环境。人工智能在企业风险管理中的应用颠覆了对传统数据的运用，人工智能技术融入到数据采集、处理、分析的工作中，能够帮助企业更好地了解市场、行业以及自身产品在公众心中的地位，并有效识别出风险与机遇。管理者可以通过复杂的大数据和时间序列模型，搜索数以万计的交易，发现其异常和风险，从而有针对性地制定解决策略，大大提高数据的多元性和实用性，减小决策失误和不确定性，从而为企业未来的经营发展提供更科学、更可行的决策支持。

9.2　人工智能的内容

9.2.1　机器学习

人工智能是当前最热门的话题之一，计算机技术与互联网技术的快速发展更是将人们对人工智能的研究推向了高潮。人工智能是研究模拟和扩展人类智能的理论与方法及其应用的一门新兴学科。作为人工智能核心研究领域之一的机器学习，其研究动机是为了使计算机系统具有人的学习能力以实现人工智能。机器学习（Machine Learning）是一门涉及统计学、系统辨识、逼近理论、神经网络、脑科学等多领域的交叉学科，通过计算机模拟和模仿人类的学习行为，以获取新的知识或技能，重新组织已有的知识结构，使之不断改善，是人工智能技术的核心。通俗地说，机器学习是构建人工智能的本质，它能够在信息的不断获取过程中逐渐形成可识别的规律和可总结的技能。

20世纪50年代，人工智能的发展经历了"推理期"，人们通过赋予机器逻辑推理能力使机器获得智能，当时的AI程序能够证明一些著名的数学定理，但由于机器缺乏知识，远不能实现真正的智能化。20世纪70年代，人工智能的发展进入了"知识期"，即将人类的知识总结出来"教"给机器，从而使机器获得智能。在这一时期，大量的专家系统问世，在很多领域取得了大量的成果，但人类社会的知识量巨大，这一时期人工智能领域出现了"知识工程瓶颈"。

无论是"推理期"还是"知识期"，机器都是按照人类设定的规则和总结的知识运作的，无法超越其创造者，而且耗费的人力成本太大。一些学者想到：如果机器能够自我学习，问题不就迎刃而解了吗！于是，机器学习方法应运而生，人工智能进入了"机器学习时期"。"机器学习时期"也分为三个阶段，20世纪80年代，连接主义较为流行，具有代表性的有"感知机"（Perceptron）和"神经网络"（Neural Network）。20世纪90年代，统计学习方法开始占据主流，具有代表性的方法是"支持向量机"（Support Vector Machine）。进入21世纪，"深度神经网络"的概念被提出，连接主义卷土重来，随着数据量和计算能力的不断提升，以"深度学习"（Deep Learning）为基础的诸多AI应用逐渐成熟。

机器学习是一类算法的总称，这些算法旨在从大量历史数据中挖掘出其中隐含的规律，并用于预测或者分类，更具体地说，可以将机器学习看作是在寻找一个函数，"输入"

是样本数据，"输出"是期望的结果，只是这个函数过于复杂，以至于不太方便形式化表达。需要注意的是，机器学习的目标是使学到的函数很好地适用于"新样本"，而不仅仅是在训练样本中表现得很好。机器学习最基本的做法是使用算法来解析数据，从中学习，然后对真实世界中的事件做出决策和预测。与传统的为解决特定任务、硬编码的软件程序不同，机器学习是用大量的数据来"训练"，通过各种算法从数据中学习如何完成任务。

9.2.2　图像识别

图像识别（Image Recognition）是人工智能的一个重要领域，是指利用计算机对图像进行处理、分析和理解，以识别各种不同模式的目标和对象的技术。图像识别的基本过程是抽取代表未知样本模式的本质表达形式（如各种特征）和预先存储在机器中的标准模式表达形式的集合（称为字典）逐一匹配，用一定的准则进行判别，在机器存储的标准模式表达形式的集合中，找到最接近输入样本子模式的表达形式，该表达模式对应的类别就是识别结果。因此，图像识别技术是一种从大量信息和数据出发，在已有经验和认识的基础上，利用计算机和数学推理的方法自动完成图像中物体的识别和评价的技术。图像识别的过程包括图像采集（特征分析）、图像预处理、特征提取、模式匹配四个环节。

图像识别技术是立体视觉、运动分析、数据融合等实用技术的基础，在导航、地图与地形配准、自然资源分析、天气预报、环境监测、生理病变研究等许多领域具有重要的应用价值，是一种被广泛用作数据记录的信息输入形式，适用于对发票、银行对账单等文件的数据记录。智能会计应用图像识别技术能够改进会计业务处理过程，实现对发票金额、代码、开票日期等信息的自动识别，方便进行发票管理和核对，也为电子档案提供原始数据，通过提取图片中的关键数据可以自动生成标准化或自定义的电子档案，方便财务人员查询和审核。

图像识别过程可分为图像处理和图像识别两个部分。图像处理（Image Processing）是利用计算机对图像进行分析，以达到所需的结果，可分为模拟图像处理和数字图像处理，其目的是去除干扰，将原始图像变为适用于计算机进行特征提取的形式，主要包括图像采样、图像增强、图像复原、图像编码与压缩、图像分割。根据不同的条件做完了图像处理工作后，接着就是识别的过程了。图像识别将图像处理部分得到的图像进行特征提取和特征分类。

图像识别的过程归纳起来主要包括获取信息、信息预处理、抽取及选择特征、设计分类器及分类决策四个步骤。首先，将声音和光等信息通过传感器转换为电信号，也就是对识别对象的基本信息进行获取，并将其向计算机可识别的信息转换。然后，采用去噪、变换及平滑等操作对图像进行处理，基于此使图像的重要特点提高。特征抽取和选择在图像识别过程中是非常关键的技术之一，主要是在模式识别中抽取及选择图像特征。最后，设计分类器就是根据训练对识别规则进行制定，基于识别规则，计算机能够区分特征的主要种类，进而使自身的图像辨识率不断提高，此后再通过识别特殊特征，最终实现对图像的评价和确认。

图像处理与识别过程，如图 9-1 所示。

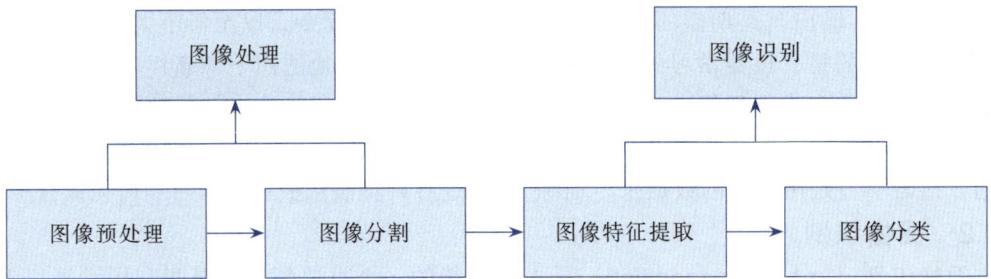

图 9-1　图像处理与识别过程

9.2.3　自然语言处理

自然语言处理（Natural Language Processing，简称 NLP），是指计算机对用户输入的自然语言通过一系列规定的算法进行加工、计算、处理，然后模拟人类对自然语言的理解，对用户做出反馈。NLP 技术的实现，使得计算机能够代替人工来处理大批量的自然语言信息，促进了各行各业的发展。NLP 的最终目标是实现计算机对人类语言的准确理解，使其能顺畅地与人进行沟通。NLP 整体上可以划分为自然语言理解和自然语言生成两个方向，从它的应用上又可以划分为几个部分，有些部分单独应用到了自然语言理解或自然语言生成，而有些部分是两者结合应用的。比如信息检索、信息抽取、信息过滤、文本挖掘、舆情分析等只用到了自然语言理解；比如文本生成只用到了自然语言生成。另外，机器翻译、对话系统、问答系统等对自然语言理解和自然语言生成都有一定的应用。

语义理解是指利用计算机技术实现理解文本内容并回答与文本内容相关的问题的过程。语义理解更注重于把控对上下文的理解以及答案的精准程度，该技术在近年来受到诸多关注，出现了大量相关数据集和对应的神经网络模型，被大量运用于智能客服、产品自动问答等相关领域，使问答与企业对话系统的精度得到了进一步的提高。问答系统是指让计算机像人类一样用自然语言与人交流的技术，人们用自然语言与之进行交流时，系统会给出关联性较高的反馈，这是人机交互技术中最常见的一种方式，是语义理解技术的机器表现形式，也是人与机器接触的语言终端应用技术。

9.2.4　语音识别

语音识别是让机器通过识别和理解过程，把语音信号转变为相应的文本命令的技术。语音识别技术主要包括特征提取技术、模式匹配准则及模型训练技术 3 个方面，其一般过程可以总结为"预处理—特征提取—基于语音模型库下的模式匹配—基于语言模型库下的语言处理—完成识别"几个步骤。根据识别对象的不同，语音识别任务大体可分为 3 类，即孤立词识别、关键词识别（或称关键词检出）和连续语音识别。其中，孤立词识别的任务是识别事先已知的孤立的词，如"开机""关机"等；连续语音识别的任务则是识别任意的连续语音，如一个句子或一段话；连续语音流中的关键词检测针对的是连续语音，但它并不能识别全部文字，而只是检测已知的若干关键词在何处出现，如在一段话中检测"计算机""世界"这两个词。

根据可识别的发音人不同，可以把语音识别技术分为特定人语音识别和非特定人语音识别，前者只能识别一个或几个人的语音，而后者则可以被任何人使用。显然，非特定人语音识别系统更符合实际需要，但它要比针对特定人的识别困难得多。另外，根据语音设备和通道，可以分为桌面（PC）语音识别、电话语音识别和嵌入式设备（手机、掌上电脑等）语音识别。不同的采集通道会使声音的声学特性发生变形，因此需要构建各自的识别系统。

语音识别的应用领域非常广泛，相对于键盘输入方法，它更符合人们的日常习惯，也更自然、更高效；语音控制（即用语音来控制设备的运行）相对于手动控制来说更加快捷、方便，可以用在诸如工业控制、语音拨号系统、智能家电、声控智能玩具等许多领域；智能对话查询系统，根据客户的语音进行操作，为用户提供自然、友好的数据库检索服务，例如家庭服务、宾馆服务、旅行社服务系统、订票系统、医疗服务、银行服务、股票查询服务等。

智能财务应用语音识别技术能够快速提取语音中的关键信息，自动对信息进行整理和存储。财务人员只需要发出语音指令即可完成记账、核算和财务报表编制等一系列工作，例如在进行会计核算时发起语音指令，可以将语音自动转换为结构化信息，简化了会计核算流程，使得财务工作变得更简单、更快速、更高效。

9.3　机器学习算法

智能风控使用的核心技术是各种机器学习算法，这些算法就像提炼工具，将数据这种"原油"转化为"石油"（模型）。在本章我们只选取了本书后面将要用到的 K-means 聚类、随机森林、支持向量机、岭回归、逻辑回归五种算法进行具体介绍。

9.3.1　K-means 聚类算法

K-means 聚类算法又叫 K 均值聚类算法，目前已经成为数理统计、模式识别、机器学习和数据挖掘等领域应用最普遍的聚类算法之一。从 1967 年由 MacQueen 首次发表至今，k 均值算法已经衍生出了多种变形算法，组成了"k 均值算法家族"。该算法希望每个簇内样本距离簇中心的平均距离尽可能小。对于样本集 $D = \{C_1, C_2, \cdots, C_k\}$，定义误差平方和：

$$E = \sum_{i=1}^{k} \sum_{x \in C_i} \| x - \mu_i \|_2^2$$

其中 μ_i 是簇 C_i 的均值向量（有时也称为质心），其表达式为：

$$\mu_i = \frac{1}{|C_i|} \sum_{x \in C_i} x$$

K-means 聚类算法的原理较为简单，可用一组图形描述，如图 9-2 所示。

最小化误差平方和是一个迭代优化的过程，首先选取 k 个样本作为初始簇中心 μ_i，根据损失函数 E 的定义将其他样本划分到距离最近簇 C_i 中。然后根据簇 C_i 重新计算新的簇中心 μ_i，将其他样本重新划分簇。之后重复迭代，直至 $\{C_i\}$ 和 $\{\mu_i\}$ 收敛，损失函数 E 达到最小为止。K-means 聚类算法在实际操作中需要注意的是：（1）簇个数 k 的确定；（2）初始簇中心的选取。对于簇个数 k 的确定，可以基于建模人员的经验或者具体业务需求来确定，也可以利用"手肘法"，画出簇个数 k 与误差平方和 E 的曲线，随着 k 的增大 E 不断降低，当 E 的降低趋势逐渐平滑时，拐点附近对应的 k 可以作为合适的簇个数。对于因初始簇中心没有选取好而影响模型效能的问题，可以运用改进后的 K-means 聚类算法，第一个簇中心通过随机的方法确定第 n+1 个簇中心时，距离当前 n 个簇中心越远的点会有更高的概率被选中，这样可以使初始的簇间距离尽可能大。

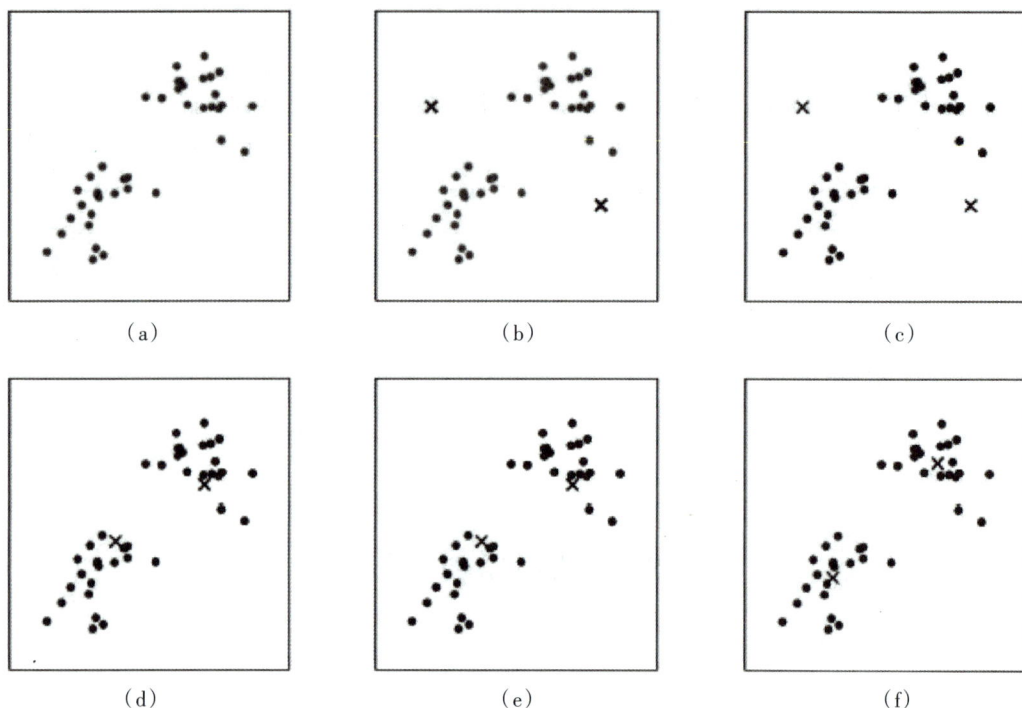

(a)　　　　　　　　　　(b)　　　　　　　　　　(c)

(d)　　　　　　　　　　(e)　　　　　　　　　　(f)

图 9-2　K-means聚类算法原理

K-means 聚类算法可以总结为以下四个步骤：

1.选择初始化的 k 个样本作为初始聚类中心：$a = a_1, a_2, \cdots, a_k$；

2.计算数据集中每个样本 x_i 到 k 个聚类中心的距离，并将其分到距离最小的聚类中心所对应的类中；

3.重新计算每个类别 a_j 的聚类中心：$a_j = \dfrac{1}{|c_i|} \sum_{x \in c_i} x$（即属于该类的所有样本的质心）；

4.重复上面第2、3两步操作，直至达到上述的某个中止条件（比如迭代次数、最小误差变化等）。

K-means 聚类算法是一种较为简单却很实用的聚类算法，具有收敛速度快、聚类效果优、调节参数仅为簇族 k 等一些优势。但是，其劣势也较为明显，如 k 值的选取不好把握，且如果各隐含类别的数据不平衡，则聚类效果不佳，对噪音和异常点比较敏感等。

9.3.2　随机森林算法

随机森林（Random Forest，简称 RF）算法是一种新兴的、高度灵活的机器学习算法，它是由里奥·布莱曼（Leo Breiman）和卡特勒·阿黛尔（Cutler Adele）在2001年开发完成的一种数据挖掘方法。随机森林算法是一种灵活、易于使用的机器学习算法，即使没有超参数调整，也能在大多数情况下生成准确的结果。随机森林算法是一种监督学习算法，也是最常用的算法之一，因为它简单，并且可以用于分类和回归任务。随机森林算法就是通过集成学习的思想将多棵树集成的一种算法，它的基本单元是决策树。随机森林算法具有在数据集上表现良好、有很好的抗噪声能力、能够处理高纬度数据等优点。

随机森林算法可以总结为以下四个步骤：

1.一个样本容量为 N 的样本，有放回地抽取 N 次，每次抽取 1 个，最终形成了 N 个样本。用这选择好了的 N 个样本训练一个决策树，作为决策树根节点处的样本。

2.当每个样本有 M 个属性时，在决策树的每个节点需要分裂时，随机从这 M 个属性中选取出 m 个属性（满足条件 m < M），然后从这 m 个属性中采用某种策略（比如说信息增益）来选择 1 个属性作为该节点的分裂属性。

3.决策树形成过程中每个节点都要按照步骤 2 来分裂，直到不能够再分裂为止。

4.按照步骤 1 至步骤 3 建立大量的决策树，这样就构成随机森林了。

9.3.3 支持向量机

在机器学习中，**支持向量机**（Support Vector Machine，简称 SVM）也被称为支持向量网络，是使用分类与回归分析来分析数据的监督学习模型及其相关的学习算法。支持向量机属于一般化线性分类器，这种分类器的特点是能够同时最小化经验误差与最大化几何边缘区，因此支持向量机也被称为最大边缘区分类器。支持向量机将向量映射到一个更高维的空间里，在这个空间里建立有一个最大间隔超平面。在分开数据的超平面的两边建有两个相互平行的超平面，分隔超平面使两个平行超平面的距离最大化。假定平行超平面间的距离或差距越大，分类器的总误差越小。SVM 被广泛应用于诸如文本分类、图像分类、生物序列分析和生物数据挖掘、手写字符识别等领域。

SVM 在处理分类问题时，既可以处理线性可分问题，又可以处理非线性可分问题。针对线性可分问题，SVM 可以通过间隔最大化寻找最优分离超平面，来实现对数据样本的正确划分。针对非线性可分问题，SVM 将数据变换成更高维空间里的数据，在这个空间里，使用处理线性可分的方式来处理分类问题。

假设训练集 $T = \{(X_1, y_1), (X_2, y_2), \cdots, (X_n, y_n)\}$，其中 $X_i \in R^m$，$y_i \in \{-1, 1\}$，$i = 1, 2, \cdots, n$，若训练集 T 下可以找到一个超平面：$\omega \cdot X + b = 0$，判定下列式子中的条件是否成立，若成立，则该训练集 T 是线性可分的，否则为线性不可分。

$$y_i(\omega \cdot X_i + b) \geqslant 1, i = 1, 2, \cdots, n$$

上式中 $\omega \cdot X_i$ 代表两个向量 ω 和 X_i 的内积。

根据此策略（即间隔最大化原则），给定训练集 T 和 (ω, b)，则计核间隔为：

$$\gamma_i = \frac{y_i(\omega \cdot X_i + b)}{\|\omega\|}, i = 1, 2, \cdots, n$$

进一步，可将问题具体写为：

$$\min_{\omega, b} \gamma_i$$

$$s.t. \frac{y_i(\omega \cdot X_i + b)}{\|\omega\|} \geqslant \gamma, i = 1, 2, \cdots, n$$

SVM 由于拥有较高的预测准确率和较好的数据实用性，因此在企业信用评估领域也得到了推广和应用，其地位仅次于逻辑回归模型。然而，它的不足之处是在模型参数的寻找和核函数的选择上仍有待完善。

9.3.4 岭回归

岭回归（Ridge Regression）是一种专用于共线性数据分析的有偏估计回归方法，其实质上是一种改良的最小二乘估计法，通过放弃最小二乘法的无偏性，以损失部分信息、降低精度为代价获得回归系数更为符合实际、更可靠的回归方法，对病态数据的拟合要强于最小二乘法。

对于有些矩阵，矩阵中某个元素的一个很小的变动就会导致计算结果产生巨大的误差，这种矩阵被称为"病态矩阵"。有些时候不正确的计算方法也会使一个正常的矩阵在运算中表现出病态。对于高斯消元法来说，如果主元（即对角线上的元素）上的元素很小，在计算时就会表现出病态的特征。

岭回归通过对最小二乘估计进行改进来消除共线性影响。实际上，消除多重共线性的过程是一个自变量选元的过程。岭回归实际上是在线性回归的损失函数后加一个L_2正则化项。

$$
\begin{cases}
\min\|y - Xw\|_2^2 \\
s.t.\|w\|_2^2 \leqslant C
\end{cases}
\qquad\text{（式9-1）}
$$

式9-1中，X是输入的特征矩阵；y是输出矩阵；w是模型的参数向量；C是大于零的常数。在式9-1中加入拉格朗日乘子法，将有约束的优化问题转换为式9-2中无约束的惩罚函数优化问题。

$$
\begin{cases}
\min_w\|y - Xw\|_2^2 + \lambda\|w\|_2^2 \\
s.t.\|w\|_2^2 = \sqrt{\sum_i x_i^2} \\
\lambda > 0
\end{cases}
\qquad\text{（式9-2）}
$$

岭回归的解为：

$$
w = \arg\min_w\|y - Xw\|_2^2 + \lambda\|w\|_2^2 = (X^TX + \lambda I)^{-1}X^Ty
\qquad\text{（式9-3）}
$$

岭回归是改良后的普通最小二乘估计，$|X^TX \approx 0|$时，设想把一个正的常数矩阵λI（$\lambda>0$）加到X^TX中，则$X^TX + \lambda I$接近奇异的程度小于X^TX接近奇异的程度。此外，岭回归对最小二乘估计进行了改进，以达到消除共线性影响的效果，使得模型参数的估计值更加准确。岭回归的解析表达式在数值计算上表现得更加稳定，而且可以避免变量之间多重共线性情况的发生。

9.3.5　逻辑回归

逻辑回归（Logistic Regression），是离散选择法模型之一，是一种定量分析模型，即运用数学语言进行描述，依据统计数据构建数学模型以分析各种数量关系和特征。随着SPSS、MATLAB等计算机软件的迅速发展，Logistic模型使用起来更加便捷、高效，在社会学、生物统计学、临床、数量心理学、计量经济学、市场营销等统计市政分析领域得到了广泛的应用，并通过不断完善衍生出了其他离散选择模型，如Probit模型、NL模型（Nest Logistic Model）、Mixed Logistic模型，形成了完整的离散选择模型体系。

线性回归对函数值有较为严格的限制，即必须为定量变量，如果函数值为定性变量则无法进行运算。然而，无论是在现实生活中还是在理论研究中，定性变量都不可或缺，可用于处理分类因变量的统计方法有判别分析（Discriminant Analysis）、Logistic模型、Probit模型和对数线性模型等，其中最常用的是Logistic模型。Logistic模型属于广义线性回归模型，与多重线性回归模型的形式基本相同，都具有$w'x+b$，其中w和b是带求参数，而区别在于它们的因变量不同，多重线性回归直接将$w'x+b$作为因变量，即$y=w'x+b$。Logistic模型利用函数L把$w'x+b$与隐藏状态p相结合，$p=L（w'x+b）$，然后根据p与$1-p$的大小决定因变量的值。根据大量实践总结，Logistic模型使因变量和自变量之间呈线性关系，从根本上解决了因变量不是连续变量的问题。Logistic 模型的自变量既可以是连续变量，也可以是分类变量。

现以逻辑回归模型在银行信贷中的应用来具体说明其公式的运用。假设在银行的信贷申请中，有 n 个客户，$X = (x_1, x_2, \cdots, x_m)$ 是影响客户信用表现的特征变量（即自变量），m 为变量的个数，商业银行根据客户的信用表现给每个客户打上一个标签 y（即因变量），其中 y 表示客户信用表现是否正常的二分类变量（即 0 表示"未违约客户"，1 表示"违约客户"）。若要评估某个客户的信用表现为发生违约的可能性大小，则需要计算模型的预测结果为 y = 1 的发生概率，此时可以用 $p = f(y = 1|x_1, x_2, \cdots, x_m)$ 来表示，其具体表达式为：

$$\text{logit}(p) = \ln \frac{p(y=1)}{1 - p(y=1)} = \beta_0 + \beta_1 x_1 + \beta_2 x_2 + \cdots + \beta_m x_m \tag{式 9-4}$$

$$p(y=1) = 1 - \frac{1}{1 + \exp(\beta_0 + \beta_1 x_1 + \beta_2 x_2 + \cdots + \beta_m x_m)} \tag{式 9-5}$$

上式中 $(\beta_0 + \beta_1 x_1 + \beta_2 x_2 + \cdots + \beta_m x_m)$ 为模型的待定系数。

采用极大似然估计法求解式 9-4 中的待定系数，由此可以根据式 9-5 求出企业客户信用表现的发生概率。

令：

$$p(y=1|X) = 1 - \frac{1}{1 + \exp(\beta_0 + \beta_1 x_1 + \beta_2 x_2 + \cdots + \beta_m x_m)} = \pi \tag{式 9-6}$$

$$P(Y=0)|X = 1 - \pi \tag{式 9-7}$$

可以把 y 的概率函数合并为：

$$p(y_i) = \pi^{y_i}(1 - \pi)^{y_i}, y_i = 0, 1; i = 1, 2, \cdots, n \tag{式 9-8}$$

根据伯努利分布，极大似然函数可以写为：

$$l(\beta; X) = \prod_{i=1}^{n} p(y_i) = \prod_{i=1}^{n} \pi_i^{y_i}(1 - \pi_i)^{1-y_i} \tag{式 9-9}$$

则对数似然函数为：

$$\ln(l(\beta; X)) = \sum_{i=1}^{n} [y_i \ln \pi_i + (1 - y_i)\ln(1 - \pi_i)] = \sum_{i=1}^{n} [y_i \ln \frac{\pi_i}{1 - \pi_i} + \ln(1 - \pi_i)] \tag{式 9-10}$$

对于逻辑回归，将式 9-6 带入式 9-10 中得到式 9-11：

$$\ln(l(\beta; X)) = \sum_{i=1}^{n} \{ y_i(\beta_0 + \beta_1 x_{i1} + \beta_2 x_{i2} + \cdots + \beta_m x_{im}) - \ln[1 + + \exp(\beta_0 + \beta_1 x_{i1} + \beta_2 x_{i2} + \cdots + \beta_m x_{im})] \}$$

$$\tag{式 9-11}$$

上式中分别对待定系数 β_0，β_1，β_2，$\cdots$，β_m 求一阶导并令其等于零，即可求解出方程组中所有的待求参数。

在实际的应用问题中，大部分企业的财务数据很难满足有概率分布的前提假设，而逻辑回归模型没有过于严格的限定条件，拥有良好的可解释性，因此成为了各个领域里应用最为广泛的模型之一。逻辑回归模型在企业信用评估的使用中被应用得较多，该模型的优点有：对数据分布没有过多的限定条件、结构简单、参数易解释、节约算力以及稳健性较好。该模型内部所包含的线性结构使其具有良好的稳定性和可解释性，因而实用性更强，更易于风控人员理解和掌握。但是，逻辑回归模型也具有一定的缺陷：财务因子之间可能存在多重共线，所以逻辑回归对于变量的选取具有相应的约束条件，在复杂条件下的企业信用评估问题中，逻辑回归模型的分类性能也往往不高。

？课程思政

2015年，一位名为Jacky Alcine的黑种人在推特上向谷歌公司提出抗议，因为她和朋友的照片被Google Photos的AI自动识别并贴上了"大猩猩"的标签。谷歌公司第一时间向公众道歉，并着手改进AI算法。

要求：谷歌公司及时处理相关错误的做法值得肯定，请想一想，AI本身没有种族歧视意识，但是如果互联网上充斥着将黑种人和大猩猩联系起来的歧视性信息，那么AI学习了这些信息后会得出什么结论呢？

本章习题自测

第10章　采购业务智能风控

■【思维导图】■

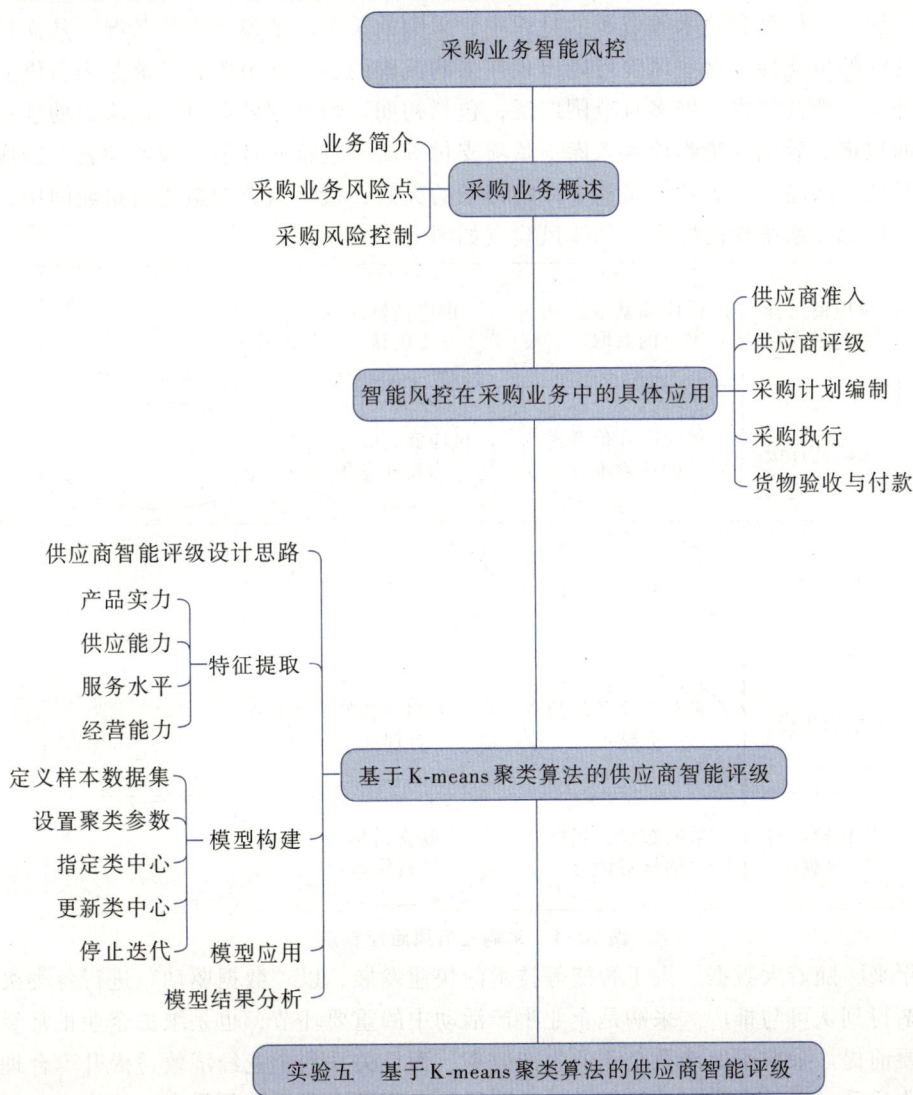

10.1　采购业务概述

采购处于企业整个经营活动的前端，在市场供应链发展成熟的今天，是企业维持整个供应链稳定、安全的重要工作。采购工作的合理开展能够使企业有效提升成本控制工作效率，提高经营活动利润，帮助企业建立足够的竞争优势。全流程的采购活动涉及内容繁多、涉及范围广泛，各个环节的工作开展中都存在许多风险点。因此，探讨目前采购流程中容易遇到的风险，针对风险类型开展不同的管控措施，有效提升当代各类企业的采购效率和质量具有重要的意义。

企业采购业务所面临的**采购风险**，通常指企业在获取以满足企业需求的生产资料、人力资源、服务、信息和技术等资源的过程中，采购的某个环节发生意外状况，从而导致企业利益受损的可能性。这些风险可能出现在采购流程的各个环节中，可能是来自供应链的内部或外部，涉及的内容繁多且范围广泛，包括初期采购计划的制订、供应商的选择、采购合同的拟定、后期的货物检入入库与款项支付等。一旦这些环节出现风险就会造成企业采购质量低、产品不过关甚至是整个采购链条的失效，最终给企业造成直接或间接、有形或无形、局部或系统性的损失，具体风险点如图 10-1 所示。

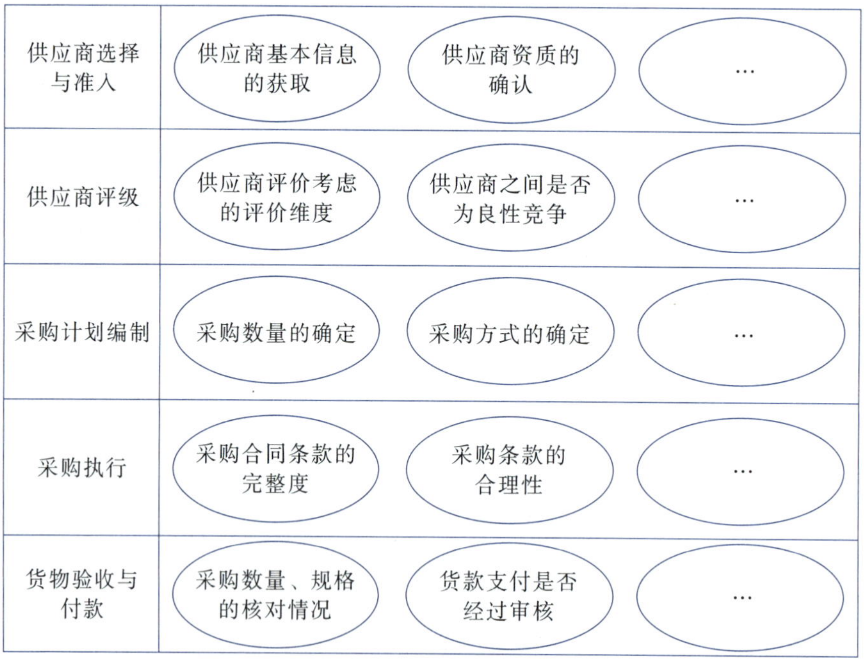

供应商选择与准入	供应商基本信息的获取	供应商资质的确认	…
供应商评级	供应商评价考虑的评价维度	供应商之间是否为良性竞争	…
采购计划编制	采购数量的确定	采购方式的确定	…
采购执行	采购合同条款的完整度	采购条款的合理性	…
货物验收与付款	采购数量、规格的核对情况	货款支付是否经过审核	…

图 10-1　采购业务风险控制点

近年来，随着大数据、人工智能等技术的快速发展，以"数据驱动"进行各类决策的趋势逐渐得到认可与推广。采购是企业生产活动中的重要环节，也是维护企业正常经营活动的重要前提。采购不但涉及企业的生产效率，而且关系到企业经济效益提升。合理、合规的采购活动可以最大程度地降低企业采购风险，帮助企业挑选品质高、价格适中的生产原料或物资。利用大数据及智能技术对采购业务的各个环节进行有效的把控和管理，识别潜在的采购风险，可以有效降低企业运营成本，提升采购质量和效率。智能算法模型的引人可以帮助采购人员更加准确、客观地选择合适的供应商；智能算法模型的引入可以帮助企业完成采购计划方案的智能推荐和套用，推动采购计划方案合规、高效，挖掘和发挥历史采购计划方案的价值；RPA机器人的引入可以帮助企业快速核对需要验收的清单，进而判断付款与否。因此，如何利用人工智能技术进行采购业务的智能风险控制是一个重要的话题。

面对目前海量的业务数据，整合数据渠道，从不同维度、主题对数据进行分析与利用，做出趋势分析，有利于采购决策的制定。建立智能化综合经济分析模型，对采购的价格、供应商等内容进行全面分析，分析采购市场的特征、采购商品的历史价格及需求量等，从而制订更加科学、合理的采购方案。以机器学习等人工智能技术构建语义相似度和词法分析模型，可以实现采购合同文件内容多级溯源、文档差异对比、格式自动纠错等功能，自动检查招标文件编写过程中的不合规、不合理问题，及时发出纠错提醒并提出智能修改建议，有效提升采购合同编制的准确性，对采购文件的质量检查由事后检查变为事中质量控制，提高企业对采购业务的风险控制水平。

10.2 智能风控在采购业务中的具体应用

近年来，人工智能技术突飞猛进，在趋势预测、语义理解、文本生成等场景应用中均有良好表现，并已广泛应用于不同行业。尤其是在当前人工智能技术迅速发展的时代背景下，人工智能技术的应用也将为采购业务智能化管理带来巨大变革。例如，知识图谱、NLP、图像识别等技术在采购招标活动中的应用，有效提升了采购策划、招标、投标、评标以及合同履行等过程中的管控能力和智能化水平。人工智能技术的应用，有效整合了内外部海量数据，建立智能化分析模型，更加科学、合理、准确地制订招标采购方案。如何应用智能技术进行采购业务各环节的风险控制是我们探讨的重点，接下来，本书将从供应商准入、供应商评级、采购计划编制、采购执行和货物验收与付款等环节的智能风控内容进行具体说明，如图10-2所示。

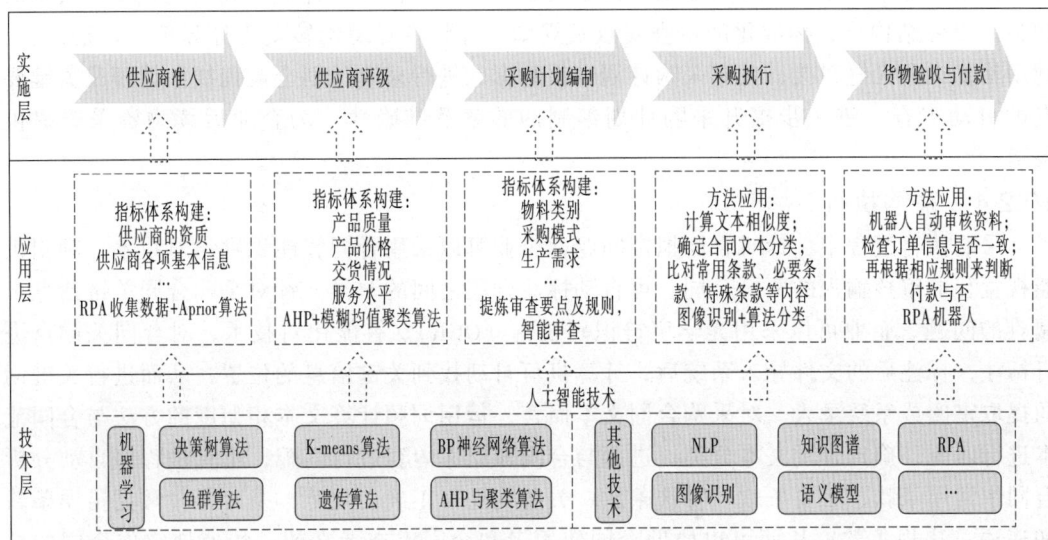

图10-2 采购业务智能风控应用

10.2.1 供应商准入

在供应商准入方面，关注供应商资质与资本信息审查对于企业来说十分关键。如何全面收集供应商的信息，并对数据进行有效分析是控制供应商准入风险的关键。目前对供应商的资质和基本信息进行审查时，可以利用RPA机器人的数据抓取功能登录"天眼查""工商企业信息公示系统"等企业工商信息查询平台，获取供应商名录对应的企业信息，包括企业的登记状态、统一社会信用代码、成立日期、吊销日期、法定代表人信息、经营风险、欠税记录、行政处罚记录、违法记录等，再通过Aprior算法，挖掘数据之间的关联关系，分析筛选出合适的供应商。

10.2.2 供应商评级

在供应商评级方面，企业需要综合考虑自身的需求以及成本，目前对供应商的评价方法较多，如层次分析法、神经网络分析、灰色关联分析、鱼群算法及聚类算法等。能否选择合适的评价方法，关系到供应商选择的好坏。如可以利用"业务数据画像"技术刻画框架内供应商画像，或者以线性加权求和的供应商选择模型为基础，建立基于鱼群算法的供应商选择模型。本书以模糊C均值聚类算法（Fuzzy c-means，FCM）为例进行说明，应用模糊C均值聚类算法对供应商进行分类，能避免普通算法分类的强制性，同时结合层析分析法（AHP）研究供应商评价的指标权重，从产品质量、产品价格、公司实力、交货情况及服务水平五个部分，在各个部分再次细化指标，运用AHP两两比较重要度得到一级指标权重，进而对最优供应商进行分析，找出最优供应商的共同特征，为以后的供应商选择提供参考依据。

10.2.3 采购计划编制

大部分采购计划决策问题都具有多目标、多约束、规模较大、结构复杂等特点，编制采购计划时，企业必须分析采购决策的特点，利用信息化手段（比如智能算法）构建决策模型，对信息繁杂、内容丰富、目标多元的装备采购决策问题做出精确判断和科学定量，运用智能优化算法对采购决策问题进行求解，实现采购保障方面的决策优化。企业可利用采购计划智能审查手段，以历史采购计划及审查数据为依据，针对不同类别、不同级别的物料，提炼结构化、标准化的审查要点及规则，并将审查逻辑转变为计算机可识别语言，利用辅助工具无缝对接，共享采购计划申报数据，进行采购计划全流程线上管理及关键要点的自动审查，进一步提升采购计划编制的效率及准确性，为企业后续物资采购提供保障。

10.2.4 采购执行

采购执行过程中，针对合同拟定问题，企业可以采用合同智能识别比对技术，利用机器视觉智能审核输入的两份合同，可自动标注合同之间的差异。针对采购合同关键信息审阅难的问题，企业可以采用光学字符识别技术（OCR）、智能比对技术，对合同关键点进行标注，标注后的文件导入系统后，计算机可自动找到关键信息的位置，从而进行关键词的提取审阅或系统录入。对采购合同文本而言，运用词频计算文本相似度的方法与合同范本进行匹配，确定合同文本分类，进而与合同知识库内容进行匹配，由算法程序自动分析合同中常用条款、必要条款、特殊条款、关键词是否正确、规范，是否存在常见错误条款和违法、违规条款，从而可以协助合同使用者和合同审查者高效、快速地完成合同的校对、审批等工作，确定采购业务是否按照采购合同文本执行，不断提升企业的采购执行效果，向企业提供更深层次的风险评价、风险控制升级建议。

10.2.5　货物验收与付款

货物验收与付款时，可利用 RPA 机器人将采购订单与送货单进行物料名称、规格、型号以及数量的自动核对，若出现缺少订单号、实际送货数量与订购数量不一致以及资料不符的情况，则 RPA 机器人可以自动通知检验员。在验收无误后启动付款审批流程，企业可以利用审批机器人来检查采购订单、验收单与采购发票的一致性，保证采购业务一定程度上的完整性。企业还可以检查验收单所反映的质量问题是否得到有效解决，制定相应的规则，进一步判断是否应当付款。

10.3　基于 K-means 聚类算法的供应商智能评级

10.3.1　供应商智能评级模型设计思路

在制造业，60%~70% 的产品成本都来自供应商，与供应商的稳定合作对企业的采购、产品定价、产品上市周期等起到了决定性作用。全面、科学、实用的评价标准是供应商管理的基础，但目前制造企业在供应商评价过程中，普遍存在评价特征单一且体系不完整、评价内容抽象、使用方法主观性强、评价结果无反馈等现象。这导致企业供应商管理出现两大问题：（1）企业无法实现对供应商的动态跟踪和定期考核，无法及时实现供应商的优胜劣汰；（2）评价结果无借鉴和参考价值，指标的评价能力缺少反馈修正，没有针对性的等级管理和奖惩措施。这两大问题最终导致企业难以提高原材料供应质量，难以降低产品成本。

制造企业物料种类繁多，通常拥有数量众多的供应商，制造企业对供应商的管理难度较大，企业拥有的资源是有限的，必须对供应商进行科学评级，实施供应商分类管理，从而提高原材料供应质量，提高企业资源利用率。供应商评级的问题本质上属于分类问题，需要提取供应商评价特征，并选取适合的评价方法。聚类分析是研究"物以类聚，人以群分"问题的分析方法，可以对目标群体进行多特征的群体划分，常被用于市场细分、用户细分、类型划分等。企业可以利用聚类分析将供应商数据按其不同特征进行分类，对供应商进行评级。故供应商智能评级系统的设计思路是在全面梳理供应商评价特征的基础上结合制造企业供应商特点，科学、高效地选取供应商评价特征。供应商智能评级系统采取了聚类分析方法对供应商特征进行分类，实现了对供应商的智能评级，然后实行有针对性的等级管理和奖惩措施，从而提升企业供应商管理的效率和效果。

10.3.2　供应商评价特征提取

企业应公平、公正地对供应商进行评价，引导供应商正向发展，紧跟企业的发展步伐。企业对供应商的评价要与供应链的战略方向保持一致，兼顾相关部分的权重，做到价值导向、客观公正、奖惩分明，这样的供应商评级体系才能真正对优选供应商起到正向管理并发挥价值观引导的作用。本书结合制造企业的特点，构建了三个层次的供应商评价特征体系，第一层是目标层，第二层是准则层，由产品实力、供应能力、服务水平和经营能力四个部分构成，与其相关的细分因素建立在第三层特征层，如图 10-3 所示。

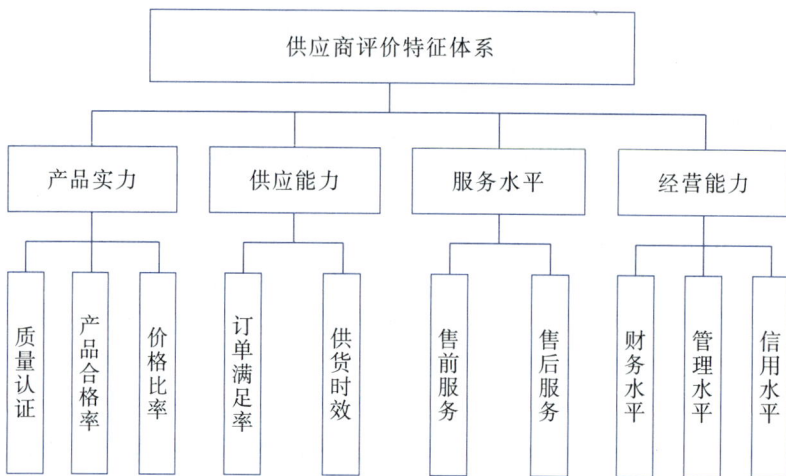

图10-3　供应商评价特征体系

在对供应商进行评级时，评价特征需要明确，对各项特征的定义应当清晰合理，并根据各个特征的类型进行定量计算，方便对各项信息进行统计分析，供应商评价特征的量化说明见表10-1。

表10-1　　　　　　　　　　　　供应商评价特征的量化说明

序号	特征	特征说明	公式或文字描述
1	质量认证	质量认证指的是供应商的产品质量等级和特征，如批量生产的产品，其尺寸、材料和功能检验是否获得了ISO9001、ISO/TS 16949等质量认证，反映了供应商对产品质量的把控能力	初始分值为0，每获得一个质量认证加1分
2	产品合格率	产品合格率用来衡量供应商所提供的产品的质量	产品合格率=抽检的产品合格数量÷全部抽检的产品数量
3	价格比率	价格比率用以衡量供应商提供产品的性价比	价格比率=（产品市场价格-产品采购价格）÷产品市场价格
4	订单满足率	订单满足率用来反映供应商的供货状态	订单满足率=交货数量÷订货数量
5	供货时效	供货时效指的是从公司提出采购需求，到收到产品之间所需的天数，其用来反映供应商的供货速度	供货时效=订货日期-交货日期
6	售前服务	售前服务用来反映供应商在售前的服务态度。企业可通过打分的方式将定性特征转换为定量特征	供应商对待客户具有耐心，认真解答客户的疑问，1分 供应商对待客户比较有耐心，解答客户部分疑问，0.75分 供应商对待客户冷漠，不提供咨询服务，0.5分

续表

序号	特征	特征说明	公式或文字描述
7	售后服务	售后服务用来反映售后业务解答的及时性及满意度，通过收集服务反馈信息来衡量，反馈信息越多代表服务水平越差	初始分值为0，每一条投诉反馈扣1分
8	财务水平	财务水平是衡量供应商经营状况的重要特征，它可以反映出供应商是否具备持续生存的能力，企业可利用资产负债率和流动资产周转率的平均值来衡量供应商的财务水平	资产负债率=负债总额÷资产总额×100% 流动资产周转率=年销售收入÷平均流动资产总额×100% 财务水平=（资产负债率+流动资产周转率）÷2
9	管理水平	供应商的管理水平可以通过其管理制度、经营理念、组织机构和管理方法来衡量，管理水平属于定性特征，企业可以通过打分的方式将定性特征转换为定量特征	企业管理制度完善，各部门合作沟通顺畅，工作效率高，1分 有一定的企业管理制度框架，各部门交流不多，工作效率一般，0.75分 没有企业管理制度，各部门工作无沟通，工作效率低，0.5分
10	信用水平	关于供应商的信用水平，企业可直接采用权威信用评级机构给予供应商的信用评级来衡量，通过打分的方式将定性特征转换为定量特征	AAA信用极好，企业的信用程度高、债务风险小，1分 AA信用优良，企业的信用程度较高，债务风险较小，0.75分 A信用较好，企业的信用程度良好，在正常情况下偿还债务没有问题，0.5分

根据现有供应商的自然属性和动态价值属性情况，企业可将供应商的评价等级分为A级、B级、C级三个级别，具体见表10-2。

表10-2　　　　　　　　　　　　　供应商等级分类

供应商评价等级	等级标准
A级（优秀）	供应商从产品、服务和公司整体层面都表现优秀，各项特征均达到了高等级
B级（较好）	供应商的各项特征综合偏高，某些特征存在不足
C级（中等）	供应商主要特征达到标准，但是部分特征存在不足

10.3.3　供应商智能评级模型的构建

供应商评价需要科学、客观地反映供应商一定时间段内供应活动的运作情况及企业经营情况，在选取供应商评价特征后，企业需要从数据仓库中采集相应数据，然后利用相应的评价方法进行供应商等级评价，最终实现供应商分类管理。企业可以采取聚类分析的方法将供应商数据按其不同特征进行分类，K-means聚类算法作为一种操作简单、快捷的聚类算法，具有优化迭代功能，通过在现有聚类上再次迭代修正来确定样本的聚类，最终将所有的样本数据按照相似性进行分类，克服了少量样本聚类的不确定性。基于K-means聚类算法的供应商智能评级系统，企业可以运用K-means聚类算法进行聚类分析，划分出供应商等级，然后根据不同等级及特征提出针对性的建议，对供应商实施分类管理，最终实现对采购成本的智能管理。

在供应商智能评级中，不需要预先知道每家供应商样本数据的等级，只需要设置数据最终划分的类别数量，将评价等级设置为A级、B级、C级等三个等级，即K=3。利用K-means聚类算法实现供应商智能评级的思想大致为：从供应商样本数据中随机抽取3个数据作为初始类中心，然后计算剩余供应商样本数据到类中心的距离，并将它们分配到距离最近的供应商类中，最后重新计算各个供应商类的类中心，直至将每家供应商按其特征划分到三类中。本书基于K-means聚类算法的步骤，结合企业采购业务及其供应商的特点，构建了供应商智能评级流程，如图10-4所示。

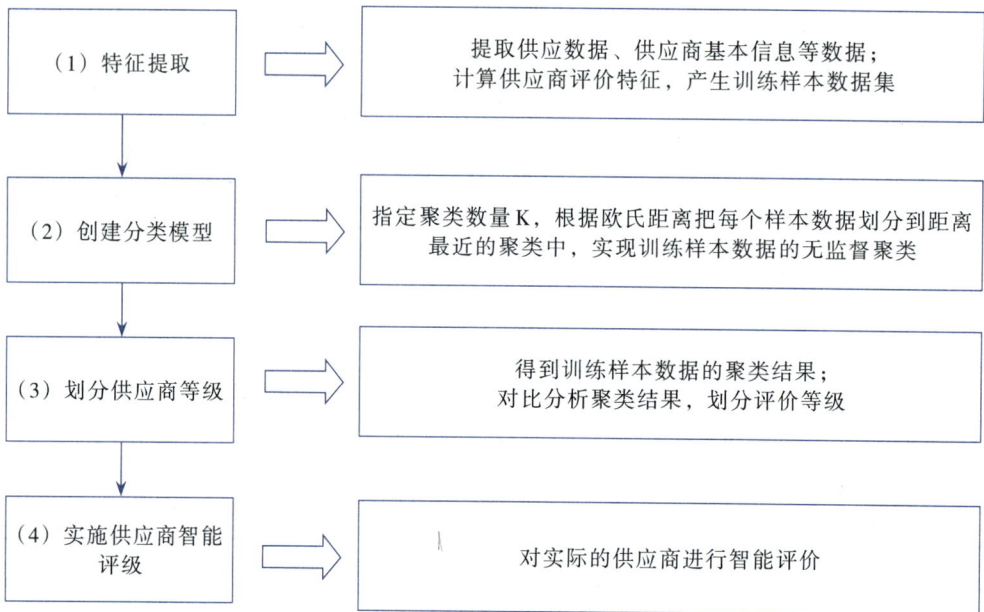

（1）特征提取	⇒	提取供应数据、供应商基本信息等数据； 计算供应商评价特征，产生训练样本数据集
（2）创建分类模型	⇒	指定聚类数量K，根据欧氏距离把每个样本数据划分到距离最近的聚类中，实现训练样本数据的无监督聚类
（3）划分供应商等级	⇒	得到训练样本数据的聚类结果； 对比分析聚类结果，划分评价等级
（4）实施供应商智能评级	⇒	对实际的供应商进行智能评价

图10-4 基于K-means聚类算法的供应商智能评级流程

1.特征提取

从企业的管理信息系统和内部资料中获取相应的供应商特征数据见表10-3。数据来源包含采购管理系统中的供应商信息表、采购订单、采购入库单、检验单等和企业内部的原材料市场参考价格表、供应商售前服务打分表、供应商售后服务反馈表、供应商管理水平打分表等。从相应数据表中提取关键数据，并通过计算供应商特征，得到各个特征数值并存储到定义好的数据表中，最终产生样本集。

2.创建分类模型

（1）定义样本数据集X

将经过清洗转换后的供应商评价数据集定义为样本 $x_{(i)} = \{x_1^{(i)}, x_2^{(i)}, ..., x_n^{(i)}\}$，其中i=1，2，…，m，m表示样本数，n表示特征数。

（2）设置聚类参数K

K-means聚类算法实现聚类的第一步是设置聚类参数，由于本章对供应商绩效评价的划分为A、B、C三个等级，因此设置聚类参数为：K=3。

表 10-3 供应商特征数据表

序号	列名	中文名称	字段类型	数据来源
1	S1	质量认证	Integer	供应商信息表
2	S2	产品合格率	Decimal	检验单
3	S3	价格比率	Decimal	采购订单 原材料市场参考价格表
4	S4	订单满足率	Decimal	采购订单 采购入库单
5	S5	供货时效	Decimal	采购订单 采购入库单
6	S6	售前服务	Decimal	供应商售前服务打分表
7	S7	售后服务	Integer	供应商售后服务反馈表
8	S8	财务水平	Decimal	供应商信息表
9	S9	管理水平	Decimal	供应商管理水平打分表
10	S10	信用水平	Decimal	供应商信息表

（3）指定类中心

聚类数量为 3，因此需指定 3 个类中心，选择类中心的方法有随机法和最远距离法两种，其中最远距离法是在样本数据集中随机指定一个样本作为第一个类中心，然后计算剩余样本到该样本的距离，选择最远距离样本作为第二个类中心，由此类推，直到选出四个类中心，将类中心设为 C，即：

$$C^i = \{C_1^i, C_2^i, \cdots, C_n^i\}, \quad i = 1, 2, 3, 4$$

应用欧氏距离（Euclidean distance）公式依次计算每个样本数据到 3 个类中心的距离，并分配到最近的聚类中，计算公式如下：

$$\mathrm{dist}_{ed}\left(\chi^i + \chi^j\right) = \left\|\chi^i - \chi^j\right\|_2 = \sqrt{\sum\nolimits_{u=1}^{n}\left|\chi_u^{(i)} - \chi^{(j)}\right|^2}$$

（4）更新类中心

将所有的样本数据分配完毕后，需要重新计算 3 类数据的类中心，计算每个类中样本数据的均值，计算公式为：

$$C^i = \frac{1}{n^i}\sum\nolimits_{\chi \in C^i}\chi, \quad i = 1, 2, 3$$

（5）停止迭代

为了保证分类质量，K-means 聚类算法下数据需要经过多次迭代之后类中心才不会发生变化，企业可以通过指定迭代次数和设定类中心变动范围两种方式来判断是否停止迭代。指定迭代次数时，当次数达到指定值后即停止；设定类中心变动范围 ε 时，当新类中心与旧类中心的距离小于 ε 时即停止运行。

3. 划分供应商等级

在 K-means 聚类算法下，企业完成聚类并输出分类结果之后，需要对比分析各类数据的指标聚类值。根据事先设计的供应商等级情况，对被分为同一类的供应商数据标记相同的等级标签，最终将所有的供应商数据划分为 A 级、B 级、C 级。

4.实施供应商智能评级

企业可以利用训练好的基于K-means聚类算法的供应商智能评级模型对实际供应商数据进行评级。

10.3.4 供应商智能评级模型应用

以蛮先进公司为例，该公司可以提取供应商评价数据，根据特征计算公式计算特征数值，对样本数据进行训练，构建基于K-means聚类算法的供应商智能评级模型，导入待预测数据，对供应商进行全面、科学的评价，实现等级预测。

蛮先进公司基于K-means聚类算法的供应商智能评级如下：

1.特征提取

统计每家供应商的供应情况，依次计算质量认证、产品合格率、价格比率、订单满足率、供货时效、售前服务、售后服务、财务水平、管理水平、信用水平等特征，形成19条样本数据和48条待预测数据。其中，主要数据来源为企业的采购管理系统和内部表格。例如，供应商的质量认证可以从采购管理系统中的供应商信息表中获取，产品合格率等于检验单中的合格数除以检验数，售前服务来自企业内部的供应商售前服务打分表等。

在K-means聚类算法中，评价特征的数量级不同会严重影响聚类效果，因此需要对数量级不同的指标进行归一化处理。故对所有特征进行归一化处理，其计算公式如下：

$$X_i = \frac{x_i - x_{min}}{x_{max} - x_{min}}$$

其中，x_i代表数据样本中任意一条数据的某一指标项，x_{max}、x_{min}分别代表该指标变量中的最小值和最大值，经过处理后的训练样本数据见表10-4。

表10-4　　　　　　　　　　归一化处理的供应商训练样本数据表

序号	S1	S2	S3	S4	S5	S6	S7	S8	S9	S10
1	0.50	0.60	0.96	1.00	0.00	0.50	1.00	0.99	0.50	1.00
2	1.00	0.95	1.00	1.00	0.17	0.50	0.83	0.19	1.00	0.50
3	0.50	0.50	0.74	0.63	0.54	0.00	0.67	0.01	0.50	1.00
4	0.50	0.82	0.82	0.78	0.54	0.00	0.67	0.00	0.50	0.50
5	0.50	0.55	0.99	0.59	0.46	1.00	1.00	0.19	0.50	0.00
6	0.50	0.55	0.76	0.44	0.46	1.00	0.67	0.63	0.50	1.00
7	1.00	0.87	0.88	1.00	0.08	1.00	1.00	1.00	1.00	0.50
8	0.00	0.45	0.28	0.16	0.92	0.50	0.00	0.03	0.50	0.50
9	0.50	0.60	0.71	0.54	0.23	0.00	0.50	0.13	0.50	1.00
10	0.50	0.59	0.31	0.49	0.20	0.00	0.33	0.21	0.00	0.50
11	1.00	1.00	0.47	1.00	0.23	1.00	0.83	0.56	1.00	0.50
12	0.50	0.89	0.57	0.44	0.42	1.00	0.83	0.59	1.00	1.00
13	0.00	0.45	0.10	0.34	0.38	0.50	0.67	0.39	0.50	0.00
14	0.50	0.72	0.66	0.68	0.38	0.50	0.50	0.53	0.50	1.00
15	0.50	0.60	0.33	0.63	0.46	0.00	0.33	0.31	1.00	0.50
16	0.50	0.96	0.35	0.95	0.21	1.00	0.83	0.26	1.00	1.00
17	0.00	0.00	0.00	0.39	1.00	0.00	0.17	0.13	0.50	0.00
18	1.00	1.00	0.73	0.91	0.22	1.00	1.00	0.13	0.50	1.00
19	0.50	0.78	0.45	0.00	0.38	0.50	0.67	0.20	1.00	0.50

2.创建分类模型

利用 K-means 聚类算法创建分类模型，金蝶大数据处理实践平台中内嵌了 K-means 聚类算法，可直接使用数据挖掘模块中的聚类算法"K-means"构建供应商智能评级模型，导入训练样本数据后，设置 K 值为 3，构建模型，输出供应商智能评级聚类中心，如图 10-5 所示。

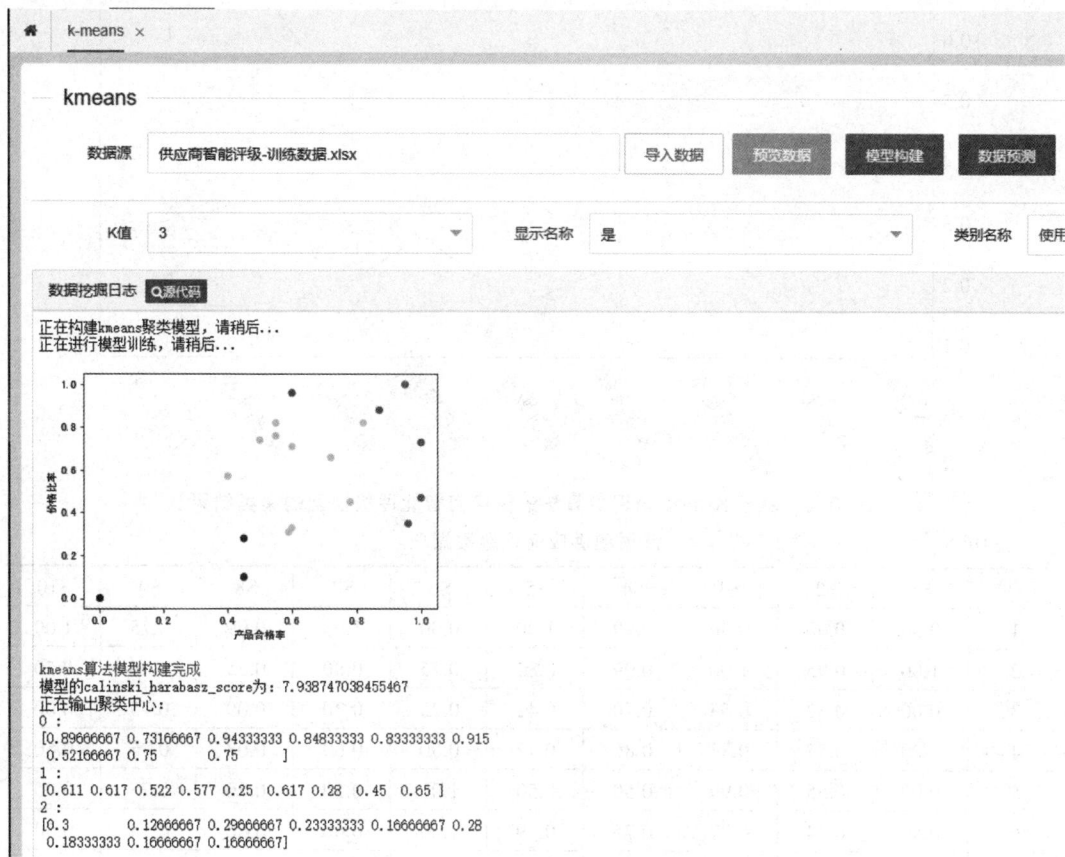

图 10-5　创建基于 K-means 聚类算法的供应商智能评级模型

3.划分供应商等级

模型训练完成后，输出聚类结果，如图 10-6 所示。

结合图 10-4 和图 10-5 加以分析，对供应商进行等级划分。分析发现，在曲线 0 中，各项特征聚类中最高，供应商的质量认证、产品合格率、价格比率、订单满足率都很好，代表此类供应商提供的产品质量好、性价比高，且服务质量优良，在经营层面也表现良好，企业可将其标记为 A 级供应商；在曲线 1 中，供应商的特征聚类中心相对较高，故标记为 B 级供应商；在曲线 2 中，供应商的各特征聚类中心都较低，代表此类供应商的供应质量不佳，故标记为 C 级供应商。

10.3.5　供应商智能评级模型结果分析

利用训练好的供应商智能评级模型对实际的供应商数据进行评级，导入待预测的供应商评级数据共计 48 条，利用模型进行预测分析。待预测的供应商评级数据见表 10-5。

利用训练好的供应商智能评级模型进行供应商评级，部分预测结果如图 10-7 所示。

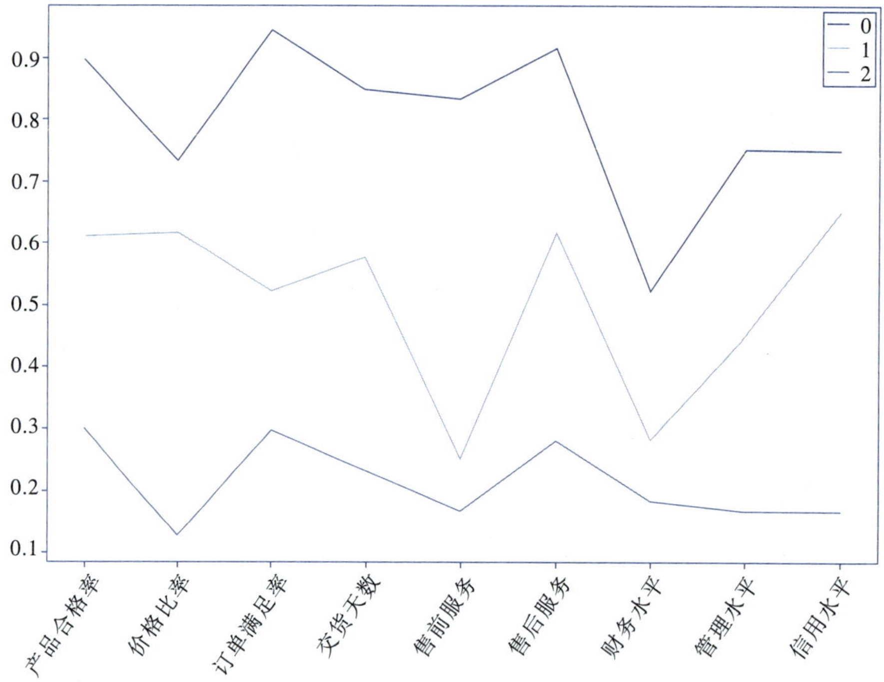

图 10-6　基于 K-means 聚类算法的供应商智能评级模型的聚类结果

表 10-5　　　　　　　　　　　　　待预测供应商评级数据表

序号	S1	S2	S3	S4	S5	S6	S7	S8	S9	S10
1	0.50	0.60	0.96	0.99	1.00	0.00	1.00	0.99	0.75	1.00
2	1.00	0.95	1.00	0.99	0.82	0.75	0.80	0.25	1.00	0.50
3	0.00	0.32	0.53	0.70	0.42	0.75	0.20	0.09	0.75	0.00
4	0.00	0.57	0.83	0.86	0.42	0.50	0.60	0.08	0.75	0.50
5	0.00	0.55	0.99	0.50	0.50	1.00	0.60	0.26	0.75	0.00
6	0.50	0.74	0.77	0.75	0.59	1.00	0.60	0.66	0.75	0.50
7	1.00	0.87	0.88	0.99	0.92	1.00	1.00	1.00	1.00	0.50
8	0.50	0.75	0.46	0.82	0.00	0.75	0.60	0.11	0.75	0.00
9	0.00	0.47	0.74	0.50	0.75	0.50	0.40	0.20	0.75	1.00
10	0.50	0.59	0.35	0.99	0.79	0.50	0.20	0.27	0.75	0.00
11	1.00	1.00	0.50	0.99	0.75	1.00	0.80	0.59	1.00	0.50
12	0.50	0.89	0.59	0.72	0.54	1.00	0.80	0.62	0.50	0.00
13	0.50	0.77	0.15	0.86	0.58	0.75	0.60	0.44	0.75	0.50
14	0.00	0.72	0.68	0.75	0.42	0.50	0.40	0.56	0.75	1.00
15	0.00	0.60	0.37	0.96	0.75	0.50	0.20	0.36	0.50	0.50
16	0.50	0.96	0.39	0.98	0.78	1.00	0.80	0.32	1.00	1.00
17	1.00	0.93	0.06	0.99	1.00	1.00	1.00	0.53	1.00	0.50
18	1.00	1.00	0.26	0.98	0.76	1.00	1.00	0.20	0.75	1.00
19	0.50	0.78	0.48	0.50	0.58	0.75	0.60	0.26	0.50	0.00
⋮	⋮	⋮	⋮	⋮	⋮	⋮	⋮	⋮	⋮	⋮

下载表格	质量认证	产品合格率	价格比率	订单满足率	供货时效	售前服务	售后服务	财务水平	管理水平	信用水平	预测结果
0	0.5	0.60	0.96	0.99	1.00	0.00	1.0	0.99	0.75	1.0	0
1	1.0	0.95	1.00	0.99	0.82	0.75	0.8	0.25	1.00	0.5	0
2	0.0	0.32	0.53	0.70	0.42	0.75	0.2	0.09	0.75	0.0	2
3	0.0	0.57	0.83	0.86	0.42	0.50	0.6	0.08	0.75	0.5	1
4	0.0	0.55	0.99	0.50	0.50	1.00	0.6	0.26	0.75	0.0	1
5	0.5	0.74	0.77	0.75	0.59	1.00	0.6	0.66	0.75	0.5	0
6	1.0	0.87	0.88	0.99	0.92	1.00	1.0	1.00	1.00	0.5	0
7	0.5	0.75	0.46	0.82	0.00	0.75	0.6	0.11	0.75	0.0	0
8	0.0	0.47	0.74	0.50	0.75	0.50	0.4	0.20	0.75	1.0	1
9	0.5	0.59	0.35	0.99	0.79	0.50	0.2	0.27	0.75	0.5	0
10	1.0	1.00	0.50	0.99	0.75	1.00	0.8	0.59	1.00	0.5	0
11	0.5	0.89	0.59	0.72	0.54	1.00	0.8	0.62	0.50	0.0	0
12	0.5	0.77	0.15	0.86	0.58	0.75	0.6	0.44	0.75	0.0	0
13	0.0	0.72	0.68	0.75	0.42	0.50	0.4	0.56	0.75	1.0	1
14	0.0	0.60	0.37	0.96	0.75	0.50	0.4	0.36	0.50	0.5	1
15	0.5	0.96	0.39	0.98	0.78	1.00	0.8	0.32	1.00	1.0	0
16	1.0	0.93	0.06	0.99	1.00	1.00	1.0	0.53	1.00	0.5	0
17	1.0	1.00	0.26	0.98	0.76	1.00	1.0	0.20	0.75	1.0	0
18	0.5	0.78	0.48	0.50	0.58	0.75	0.6	0.26	0.50	0.0	1
19	0.5	0.75	0.14	0.97	0.75	1.00	1.0	0.09	1.00	0.5	0

图 10-7　基于 K-means 的供应商智能评级模型的部分预测结果

　　经过供应商智能评级模型预测，企业可将供应商划分为 3 个等级，图 10-7 中"预测结果"一栏为"0"代表 A 级供应商，为"1"则代表 B 级供应商，为"2"则代表 C 级供应商。经过进一步分析发现，A 级、B 级供应商是企业的主要供应商。对于企业来说，A 级供应商能够满足企业的采购需求，产品质量可靠，并且能够提供更优质的售后服务，建议企业加大 A 级供应商的采购量，并且对该类供应商的产品实施免检或者放宽检验标准；B 级供应商也是合格的供应商，但整体上仍有进步的空间，建议企业维持正常采购量；C 级供应商属于即将被淘汰的供应商，企业应该敦促供应商建立更好的质量认证体系，提高产品质量，并优化售后服务，企业需要减少 C 级供应商的采购量，并对其执行更加严格的采购审批流程和产品检验标准。

实验五

基于 K-means 聚类算法的供应商智能评级

一、实验目的

1. 熟练掌握金蝶大数据智能风控实训平台智能风控功能的使用；

2. 掌握金蝶大数据智能风控实训平台中 K-means 聚类算法模型的应用方法；

3.掌握基于K-means聚类算法的供应商智能评级预测流程和步骤；

4.掌握供应商评级从数据采集、预处理、模型构建到结果分析的技术实现。

二、实验环境

1.软件平台：金蝶大数据智能风控实训平台；

2.硬件教具：大数据智能风控物理模拟教学沙盘；

3.浏览器：建议使用Google Chrome（谷歌浏览器）。

三、实验要求

1.使用大数据智能风控物理模拟教学沙盘完成供应商智能评级流程推演；

2.完成供应商评级样本数据的导入；

3.完成基于K-means聚类算法的供应商智能评级模型的构建；

4.完成基于K-means聚类算法的供应商智能评级模型构建的结果分析；

5.完成供应商等级的评定。

四、实验内容和步骤

通过导入蛮先进公司的供应商评级样本数据来验证基于K-means聚类算法的供应商智能评级模型的可行性，其具体步骤如下：

1.进入金蝶大数据处理实践平台（http：//116.63.167.113：11050/KtpDataming/index）。

2.依次单击"大数据挖掘""聚类""K-means"，如图10-8所示。

图10-8 选择K-means聚类算法

3.单击"导入数据"，选择Excel表格"供应商智能评级-训练数据.xlsx"，输入K值为"3"，在"显示名称"一栏选择"是"，如图10-9所示。

4.样本数据导入后，单击"模型构建"，平台开始构建模型，模型构建完成后，生成数据挖掘日志，如图10-10所示。

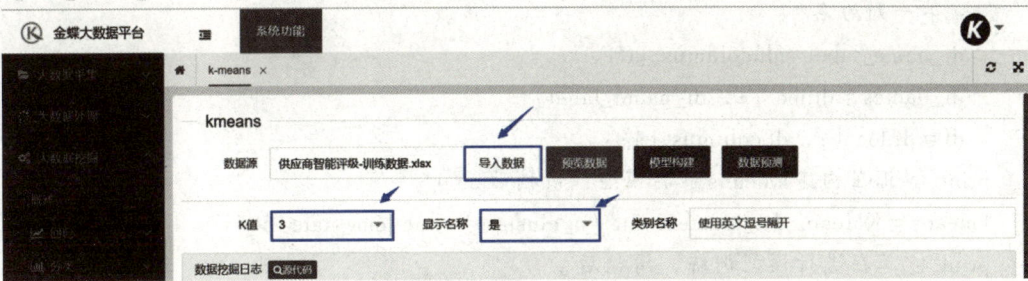

图 10-9 单击"导入数据"

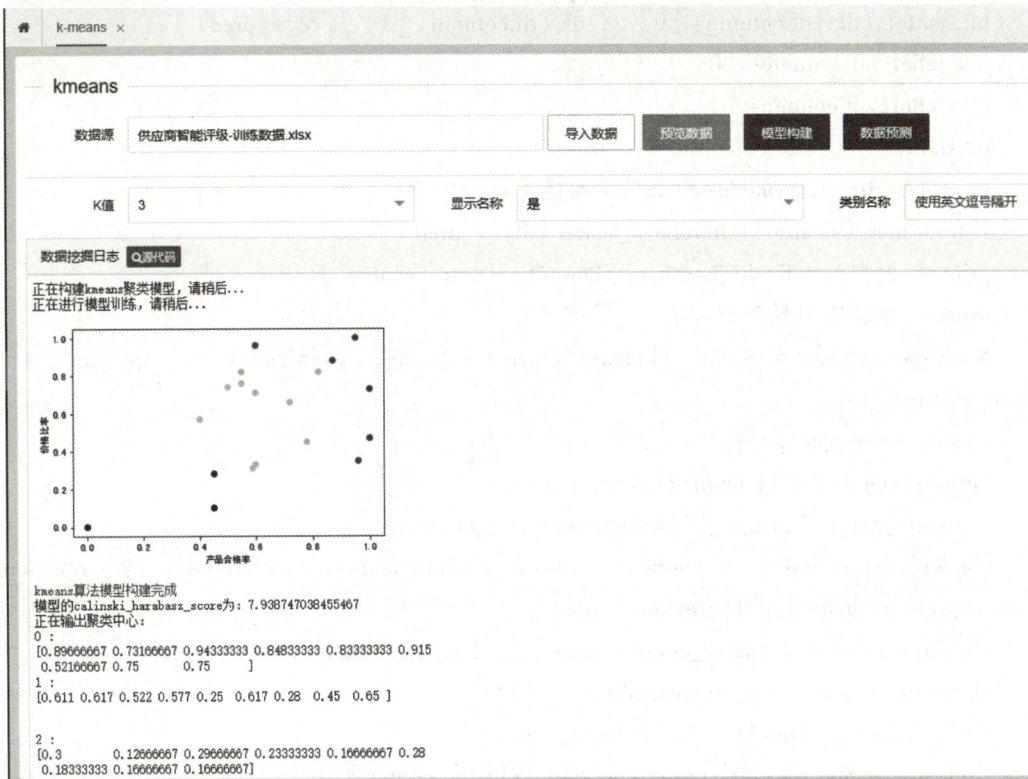

图 10-10 构建基于 K-means 聚类算法的供应商智能评级模型

基于 K-means 聚类算法的供应商智能评级模型构建的源代码如下：

```
import numpy as np
import pandas as pd
import matplotlib
from matplotlib import pylab as plt
from sklearn.cluster import KMeans
from sklearn import metrics
matplotlib.rcParams［'font.family'］ = 'SimHei'
df_name_label = None
df_names = None
if include_name == 1:
```

```
        # 第一列为名称
        df_name_label = df.columns [0]
        df_names = df.loc [:, df_name_label]
        df = df.loc [:, df.columns [1:]]
    print ('正在构建 kmeans 聚类模型，请稍后 ...')
    kmeans = KMeans (n_clusters=int (n_clusters), random_state=666)
    print ('正在进行模型训练，请稍后 ...')
    y_pred = kmeans.fit_predict (df)
    plt.scatter (df [df.columns [0]], df [df.columns [1]], c=y_pred)
    plt.xlabel (df.columns [0])
    plt.ylabel (df.columns [1])
    plt.show ()
    print ('[0; 32mkmeans 算法模型构建完成 [0m')
    score = metrics.calinski_harabasz_score (df, y_pred)
    print ('模型的 calinski_harabasz_score 为：'+str (score))
    print ('正在输出聚类中心：')
    # cluster_centers = sorted (kmeans. cluster_centers_, key=lambda v: np. sum (v),
reverse=True)
    cluster_centers_map = {}
    for _ in range (len (kmeans.cluster_centers_)):
        cluster_centers_map [_] = kmeans.cluster_centers_ [_]
    cluster_centers_index = sorted (cluster_centers_map, key=lambda v: np. sum
(cluster_centers_map [v]), reverse=True)
    cluster_centers = [cluster_centers_map [_] for _ in cluster_centers_index]
    cluster_names = cluster_names.split (',')
    if len (cluster_names)! = len (cluster_centers):
        cluster_names = [i for i in range (len (cluster_centers))]
    for _ in range (len (cluster_centers)):
        print (cluster_names [_], ':')
        print (cluster_centers [_])
    # 聚类中心
    clusterCenterData = pd. DataFrame (cluster_centers, columns=df. columns, index=
cluster_names)
    rangeData = clusterCenterData
    clusterCenterData = clusterCenterData.T
    rangeData = clusterCenterData
    plt.figure (figsize= (15, 10))
    plt.plot (rangeData)
    plt.legend (rangeData.columns)
```

```
plt.xticks（rotation=70）
plt.show（）
pd.set_option（'display.max_columns'，None）
pd.set_option（'display.max_rows'，None）
pd.set_option（'display.max_colwidth'，200）
df_kmeans = pd.DataFrame（df）
if df_names is not None：
    df_kmeans.insert（0，df_name_label，df_names）
df_kmeans_labels = ［］
for l in kmeans.labels_：
    for _ in range（len（cluster_centers_index））：
        if l == cluster_centers_index［_］：
            df_kmeans_labels.append（cluster_names［_］）
            break
df_kmeans［'label'］ = df_kmeans_labels
df_kmeans
```

5.模型训练完成后，得到基于 K-means 聚类算法的供应商智能评级模型，通过导入相应特征数据，可实现供应商等级预测。单击"数据预测"，选择 Excel 文件"供应商智能评级 .xlsx"，如图 10-11 所示。

图 10-11　单击"数据预测"

基于 K-means 的供应商智能评级模型预测部分结果，如图 10-12 所示。

基于 K-means 聚类算法的供应商智能评级的新样本数据预测的源代码如下：

```
print（'\n\n\n'）
print（'正在进行数据预测 ...'）
predict_X = df_predict
df_name_label = None
df_names = None
if include_name == 1：
    df_name_label = df_predict.columns［0］
    df_names = df_predict.loc［:，df_name_label］
    df_predict = df_predict.loc［:，df_predict.columns［1:］］
    predict_X = df_predict
predict_y = kmeans.predict（predict_X）
df_predict_labels = ［］
```

正在进行数据预测...

预测结果如下:

下载表格	质量认证	产品合格率	价格比率	订单满足率	供货时效	售前服务	售后服务	财务水平	管理水平	信用水平	预测结果
0	0.5	0.60	0.96	0.99	1.00	0.00	1.0	0.99	0.75	1.0	0
1	1.0	0.95	1.00	0.99	0.82	0.75	0.8	0.25	1.00	0.5	0
2	0.0	0.32	0.53	0.70	0.42	0.75	0.2	0.09	0.75	0.0	2
3	0.0	0.57	0.83	0.86	0.42	0.50	0.6	0.08	0.75	0.5	1
4	0.0	0.55	0.99	0.50	0.50	1.00	0.6	0.26	0.75	0.0	1
5	0.5	0.74	0.77	0.75	0.59	1.00	0.6	0.66	0.75	0.5	0
6	1.0	0.87	0.88	0.99	0.92	1.00	1.0	1.00	1.00	0.5	0
7	0.5	0.75	0.46	0.82	0.00	0.75	0.6	0.11	0.75	0.0	1
8	0.0	0.47	0.74	0.50	0.75	0.50	0.4	0.20	0.75	1.0	1
9	0.5	0.59	0.35	0.99	0.79	0.50	0.2	0.27	0.75	0.0	1
10	1.0	1.00	0.50	0.99	0.75	1.00	0.8	0.59	1.00	0.5	0
11	0.5	0.89	0.59	0.72	0.54	1.00	0.8	0.62	0.50	0.0	0
12	0.5	0.77	0.15	0.86	0.58	0.75	0.6	0.44	0.75	0.5	0
13	0.0	0.72	0.68	0.75	0.42	0.50	0.4	0.56	0.75	1.0	1
14	0.0	0.60	0.37	0.96	0.75	0.50	0.2	0.36	0.50	0.5	1
15	0.5	0.96	0.39	0.98	0.78	1.00	0.8	0.32	1.00	1.0	0
16	1.0	0.93	0.06	0.99	1.00	1.00	1.0	0.53	1.00	0.5	0
17	1.0	1.00	0.26	0.98	0.76	1.00	1.0	0.20	0.75	1.0	0
18	0.5	0.78	0.48	0.50	0.58	0.75	0.6	0.26	0.50	0.0	1
19	0.5	0.75	0.14	0.97	0.75	1.00	1.0	0.09	1.00	0.5	0

图 10-12　预测数据部分预测结果

```
for l in predict_y:
    for _ in range(len(cluster_centers_index)):
        if l == cluster_centers_index[_]:
            df_predict_labels.append(cluster_names[_])
            break
if df_names is not None:
    df_predict.insert(0, df_name_label, df_names)
df_predict['预测结果'] = df_predict_labels
pd.set_option('display.max_columns', None)
pd.set_option('display.max_rows', None)
pd.set_option('display.max_colwidth', 200)
print('[0;32m预测结果如下:[0m')
df_predict
```

基于 K-means 聚类算法的供应商智能评级模型可以减轻蛮先进公司采购管理部门的工作量,并且提供一个科学、高效的供应商评级特征体系,帮助企业快速、准确地实现供应商等级预测，完成供应商分类管理，从而提高蛮先进公司的供应商管理效率，降低供应商风险。

- -

❓ 课程思政

大数据杀熟，是指同样的商品或服务，老客户看到的价格反而比新客户要贵出许多的现象。2018年12月20日，"大数据杀熟"入选2018年度社会生活类十大流行语。

2019年10月9日，文化和旅游部公示了《在线旅游经营服务管理暂行规定（征求意见稿）》（简称《暂行规定》）。针对最受关注的"大数据杀熟"问题，《暂行规定》明确规定，在线旅游经营者不得利用大数据等技术手段，针对不同消费特征的旅游者，对同一产品或服务在相同条件下设置差异化的价格。2020年11月10日，市场监管总局发布《关于平台经济领域的反垄断指南（征求意见稿）》，意见征询期为2020年11月10日—11月30日。

2020年12月22日，市场监管总局联合商务部召开规范社区团购秩序行政指导会，阿里、腾讯、京东、美团、拼多多、滴滴6家互联网平台企业参加。为严格规范社区团购经营行为，会议要求互联网平台企业严格遵守"九不得"。

2021年4月8日，广州市市场监管局联合市商务局召开平台"大数据杀熟"专项调研和规范公平竞争市场秩序行政指导会。唯品会、京东、美团等10家互联网平台企业代表签署《平台企业维护公平竞争市场秩序承诺书》，承诺不利用大数据"杀熟"。

2021年4月13日，市场监管总局会同中央网信办、税务总局召开互联网平台企业行政指导会。该会议指出，实施"大数据杀熟"问题必须严肃整治。

2021年8月20日，十三届全国人大常委会第三十次会议表决通过《中华人民共和国个人信息保护法》，其中明确：不得进行"大数据杀熟"。

2022年1月，四部门联合发布《互联网信息服务算法推荐管理规定》，自2022年3月1日起施行。该规定针对算法歧视、"大数据杀熟"、诱导沉迷等进行了规范管理，要求保障算法选择权，告知用户其提供算法推荐服务的情况；应当向用户提供不针对其个人特征的选项，或者便捷的关闭算法推荐服务的选项。

要求：和同学们交流一下你在生活中碰到的"大数据杀熟"事件，说一说国家为何对"大数据杀熟"如此关注？

资料来源：朱昌俊. 大数据杀熟无关技术关乎伦理 [N]. 光明日报，2018-03-28.

本章习题自测

第11章　销售业务智能风控

思维导图+
课前预习

1.熟悉人工智能在销售业务各个环节的具体应用；
2.理解销量预测的智能化设计思路与方法；
3.熟练掌握随机森林算法在智能销量预测中的具体应用。

■【思维导图】■

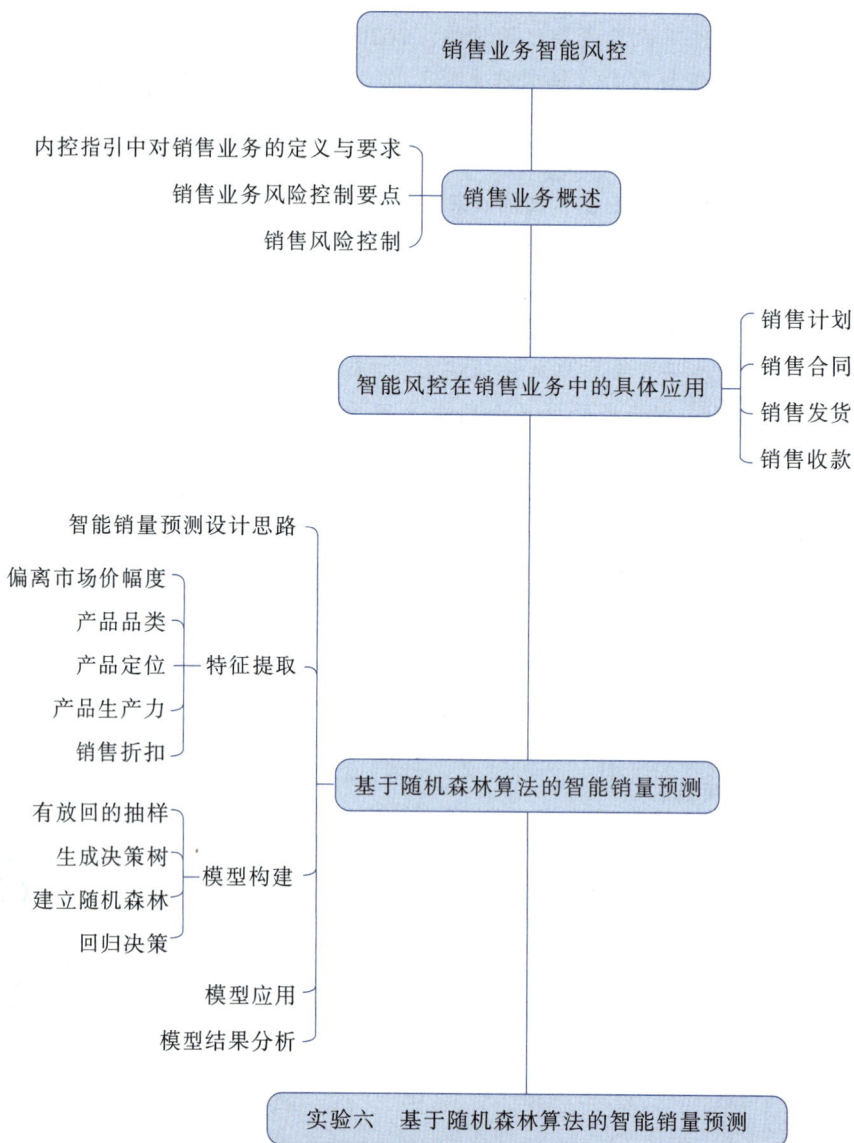

11.1 销售业务概述

根据《企业内部控制应用指引第9号——销售业务》，**销售业务**被定义为从出售商品（或提供劳务）到收取款项的所有相关业务活动。公司应结合自身实际运营情况，制定销售业务流程，健全销售业务管理制度，选取合适的销售政策与策略，清晰界定销售业务各环节的职责与审批权限，并在合理的权限范围内按规定程序开展销售业务，定期检查和分析销售与收款环节中的薄弱点，实施有效的控制手段，以达到企业制定的销售目标，完成企业的销售计划。一般而言，企业的销售业务风险控制主要涉及销售计划、销售合同、销售发货、销售开票及收款等方面。销售业务风险控制要点，如图11-1所示。

| 销售计划 | 强化市场调研 | 制订合理的销售计划 | 管理人员授权审批 |
| | 采取多样化销售策略 | 定期调整销售计划 | … |

| 销售合同 | 形成洽谈记录 | 完备客户档案 | 明确合同签订范围 |
| | 规范合同签订程序 | 健全审批管理制度 | … |

| 销售发货 | 审核销售通知单 | 复核发货单 | 明确商品运输制度 |
| | 健全销售登记制度 | 收集客户反馈意见 | … |

| 销售开票及收款 | 明确结算方式 | 加强赊销管理 | 加强代销业务管理 |
| | 健全票据管理制度 | 加强销售人员管理 | … |

图11-1 销售业务风险控制要点

销售计划是企业在结合自身的生产能力和行业情况进行预测的基础上，设定产品销售目标额、制定销售策略的过程。其主要从强化市场调研、采取多样化销售策略、定期调整销售计划入手。销售合同也就是买卖双方针对商品标的物达成一致意见后形成的书面文件，表明交易成立，企业可以通过完备客户档案、健全审批管理制度、规范合同签订程序等避免合同导致企业的合法权益受到侵害。销售发货是指企业按照合同约定给客户发送商品的过程，为了确保商品能够被完好且准时地送到客户手上，企业需要从销售通知单、发货单、商品运输制度等方面进行控制。销售开票及收款是销售业务的最后一个环节。但是，在企业日常运营过程中，企业往往在年末制订下一年度销售计划时缺乏相对弹性，没有根据当前的市场变动情况进行调整，导致销售计划不够合理，不具备时效性，从而导致产品库存积压或者供不应求等现象。在签订销售合同时，销售人员可能为了快速完成业绩而急于签订合同，导致合同内容漏洞百出，为企业执行合同带来风险。在销售发货环节，货款未到而货先发出的情况时有发生，尤其是在大批量发货时，由于时间紧、任务重，企业经常缺乏复核步骤，导致此环节的风险控制名存实亡。通常来说，向客户催款的工作由对应的销售人员完成，但销售人员往往更加关注签订销售合同带来的利益，而忽视对应收账款的回收控制。

在销售业务中，智能风控的着力点主要在预测、审核和预警上，企业通常可以采用数据挖掘、机器学习、图像识别自动化、自然语言处理等信息技术优化风险控制工作。例如，通过回归算法、随机森林算法等对销售价格和销售数量进行预测，目的在于能够精准地预测出贴合实际销售业务的价格和数量，能够合理地制订可实现的销售计划。针对合同审核、复核发货单等风险点，企业通常可以采取图像识别自动化技术，将纸质合同以及发货单扫描成电子文档，再通过 OCR 技术识别销售产品的规格型号、销售数量等一些关键字符，判断是否存在异常，进行日常销售业务中的审核和预警。

为使销售业务能够良好有序展开，在现有销售业务风险控制的基础上，企业应当引入信息技术展开销售业务智能风控，通过精准预测销售价格、销售数量等数据，可以有效降低商品管理成本、经营成本，进而为企业的采购计划提供可靠的数据支撑，规划采购品种及数量，降低库存。通过对应收账款进行智能风控，有利于企业加强对应收账款的管理，降低产生坏账、呆账的可能性。简而言之，企业开展销售业务智能风控可以帮助企业实现销售业务中各个环节的全方位风险控制。

11.2 智能风控在销售业务中的具体应用

通常来说，销售业务是企业获取利润的主要途径，因此企业对其管控得较为严格，大多会制定较为完善的销售业务风险控制制度，从理论上（或者逻辑角度）对销售业务中可能存在的风险进行把控，但在具体执行的过程中往往存在"表面执行"（即执行不力）的问题，这可能是由人员不充足、渠道不通畅或者跟踪不到位等原因造成的，所以企业需要利用大数据技术，实现销售业务智能风控，帮助风险控制部门完成风险管控任务。销售业务智能风控应用，如图 11-2 所示。

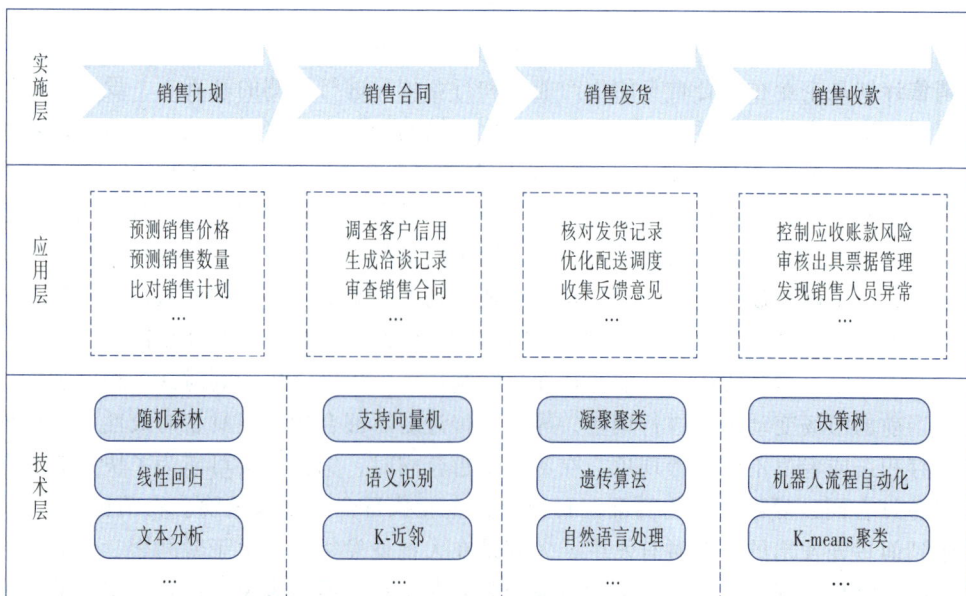

图 11-2 销售业务智能风控应用

11.2.1 销售计划

在销售计划阶段，大数据智能风控技术主要应用在销售价格预测、销售数量预测和销售计划比对三方面。销售价格预测主要分为两种：（1）根据以往该产品的售价和当前市场环境下的平均售价确定一个较为合理的商品价格。（2）以顾客评价为关注点，利用文本分析技术分析顾客消费情况，从而确定更合理的销售价格。企业可以通过回归算法实现销量预测，常见的回归算法包括线性回归、支持向量机和随机森林等。其中，随机森林可以高效处理高维度数据（即具备多个数据特征的数据），所以销量预测最为常用的算法为随机森林算法，企业可以从产品自身、市场因素、季节、地理位置等多方面寻找销售数据变化的诱因，从而预测销售数量。**销售计划比对**是指利用 RPA 或者机器学习算法将本年的销售计划与历年进行比对，审查销售数量、销售价格等内容是否合理。

11.2.2 销售合同

在销售合同签订阶段，企业可以利用数据挖掘技术迅速匹配每位客户的资料、授信情况、销售情况及收款情况，可以快速识别出异常客户，进而对客户施行宽松型或者严格型的信用政策，加强对客户群体的管理。在交易洽谈过程中，需要记录交易达成的重点内容及谈判的过程，利用语音语义识别技术可以将洽谈的内容实时转化为文字，快速且准确地记录整个访谈过程，降低交易可能导致企业利益流失的可能性。利用图像识别技术可以核对销售合同是否有审批人的签章，并且可以辨别签章的真假，有无修改痕迹等，从而降低虚假合同存在的可能性。利用 K-近邻算法（K-nearest neighbor，K-NN）对销售合同进行标记，识别描绘合同的共同点并进行归类，企业可以快速地识别出偏离标准格式的区域，找出偏离大类的合同，如日期有误、合同金额过大或过小等。

11.2.3 销售发货

在销售发货阶段，企业可以利用语音识别技术对相关工作人员发出的声音进行识别，将其转成文本资料与出货单中的商品名称、商品规格型号、发货数量等内容进行核对，降低发货出错的可能性。企业还可以利用聚类算法对销售订单进行聚类，再利用专家策略函数和机器策略函数构建搜索树，通过构造调度优化评价函数进行调度决策，综合考虑运输路线、库存结构、承运车辆、要求到货日期等因素，确定订单配送调度的最优路线。另外，企业可以利用 RPA 技术给各个客户发送待填写的意见反馈邮件，待客户填写完成并发送到指定邮箱后，从该邮箱下载反馈意见，并且按照类型对邮件进行归类，以便后续查阅。若未收到客户邮件，则系统可以再次给该客户发送邮件并反馈给工作人员。

11.2.4 销售收款

在销售收款阶段，企业可以通过决策树等机器学习算法对应收账款进行账龄分析，从而能够更好地开展催收账款的工作，并能够更加准确地计提坏账准备，实现应收账款预警，降低坏账的可能性。通过机器人流程自动化技术，企业可以自动出具票据，利用其数据输入输出一致性的特点保障票据开具的正确性。利用 K-means 聚类算法，企业可以构建销售人员销售行为的特征体系，提取其销售商品、客户增长率、订单增长率等特征，进行数据分析，将其分为不同类簇，再进行有针对性的管理，减少销售人员舞弊的可能性。

11.3　基于随机森林算法的智能销量预测

11.3.1　智能销量预测模型设计思路

商品销量对蛮先进公司而言是一项非常重要的指标，蛮先进公司主要根据商品的销量数据制订未来的销售计划并进行相关决策，以合理配置企业资源，增加企业的收益。目前，蛮先进公司预测销量的时候不够客观，导致其无法合理地确定销售目标。过低的销售目标会导致执行人员缺乏工作积极性；过高的销售目标会导致执行人员为了促成交易而报低售价，压缩企业的利润空间，或是忽略客户信用等级，盲目签订低质量销售合同，给企业带来不必要的风险。因此，只有找到一种科学的方法对销量进行预测，才能制订更加切实可行的销售计划。

近几年来，人工智能技术发展迅猛，被广泛应用于各个领域，机器学习是实现人工智能的一种技术，机器学习模型通过学习可以反映销售数据的规律特征，帮助企业更好地挖掘销售数据的价值，机器学习技术在商品销量预测场景中非常有意义，更加合理地预测销量有助于企业制定更加合理的销售目标。蛮先进公司利用随机森林算法构建模型实现了智能销量预测。随机森林算法属于Bagging集成学习算法[①]之一，通过该算法企业可以构建多个相互独立的决策树，对每个决策树输出的结果采用计算平均值或多数表决原则，得到最终结果，其在决策树的训练过程中引入了随机属性选择机制，具有较强的泛化能力，不容易产生过拟合。随机森林算法在处理不同数据量大小的数据时，都可以维持一定的预测精度，并且决策树可以同时对数据集进行学习，实现并行，提高训练速度。因此，使用随机森林算法处理销量预测问题，可以在保证预测效果精度的同时使相关处理工作更加简单、高效。

11.3.2　智能销量预测特征提取

产品的销量受到多种因素的影响，如产品价格、产品品类、销售折扣等。智能销量预测可以帮助蛮先进公司在分析业务的基础上，找到影响企业销量的特征。

市场营销与营销管理对蛮先进公司的销售情况具有明显的影响，其中市场营销包括：产品、价格、促销等因素。在将产品、价格转变为变量时，以产品品类、产品定位、偏离市场价幅度为分析因素，在考虑营业推广方面的因素时，应采用销售折扣来反映。影响蛮先进公司销售情况的因素包括：偏离市场价幅度、产品品类、产品定位、产品生产力、销售折扣，具体的特征选择见表11-1。

11.3.3　智能销量预测模型构建

智能销量预测模型分为销售数据采集与预处理、特征提取、搭建预测模型、输出预测结果这四步，如图11-3所示。

1.数据采集与预处理

将企业销售数据作为原始数据，对原始数据集进行探索性分析，通过分析结果对数据集进行预处理，包括空值填充、异常值处理等，为特征提取提供数据。

---

① Bagging算法（Bootstrap aggregating）又称引导聚集算法、装袋算法，是机器学习领域的一种团体学习算法。Bagging算法可与其他分类、回归算法结合，提高其准确率、稳定性的同时，通过降低结果的方差，避免过拟合的发生。

表 11-1   销量预测特征体系

序　号	特征符号	特征名称	特征说明	公式或文字描述
1	X_1	偏离市场价幅度	反映企业定价与市场价的差异	（产品单价-市场价）÷市场价
2	X_2	产品品类	反映产品的类别型号	产品品类量化后，以 0~9 的数字反映
3	X_3	产品定位	反映产品所处时期，通常衰退期的产品销量明显下降	产品定位包括导入期、成长期、成熟期、衰退期
4	X_4	产品生产力	反映企业每个月生产产品的数量	产品生产力=产能表中不同商品的生产数量
5	X_5	销售折扣	反映交易的优惠力度	最大折扣为 30%，最小折扣为 0

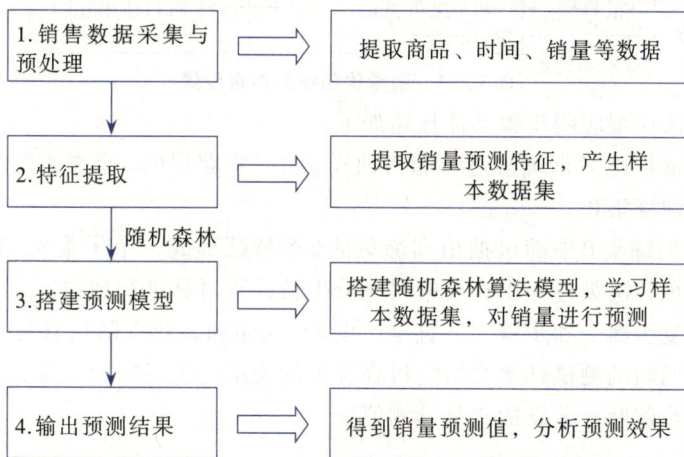

1. 销售数据采集与预处理 ⟹ 提取商品、时间、销量等数据

2. 特征提取 ⟹ 提取销量预测特征，产生样本数据集

随机森林

3. 搭建预测模型 ⟹ 搭建随机森林算法模型，学习样本数据集，对销量进行预测

4. 输出预测结果 ⟹ 得到销量预测值，分析预测效果

图 11-3　基于随机森林算法的智能销量预测流程

2. 特征提取

将销售数量作为因变量，提取偏离市场价幅度、产品品类、产品定位、产品生产力、销售折扣作为特征变量，销量预测特征数据结构见表 11-2。

表 11-2   销量预测特征数据结构表

序　号	特征名称	字段类型	空　否	数据来源
1	偏离市场价幅度	Decimal	Not Null	销售订单
2	产品品类	String	Not Null	销售订单
3	产品定位	String	Not Null	销售订单
4	产品生产力	Integer	Not Null	产能表
5	销售折扣	Decimal	Not Null	销售订单

3. 模型构建

随机森林算法的最大优势在于解决了单个决策树出现误差的情况，主要就是将多个决策树组合，用这样的方式减少实验的误差以及不确定性。在构建随机森林模型的过程中，树节点预选的变量个数以及随机森林中树的数量是两个重要参数，分别从随机森林的微观和宏观上决定了整片随机森林的构造，也决定了随机森林的分类和预测能力。构建基于随机森林算法的销量预测模型的步骤，如图11-4所示。

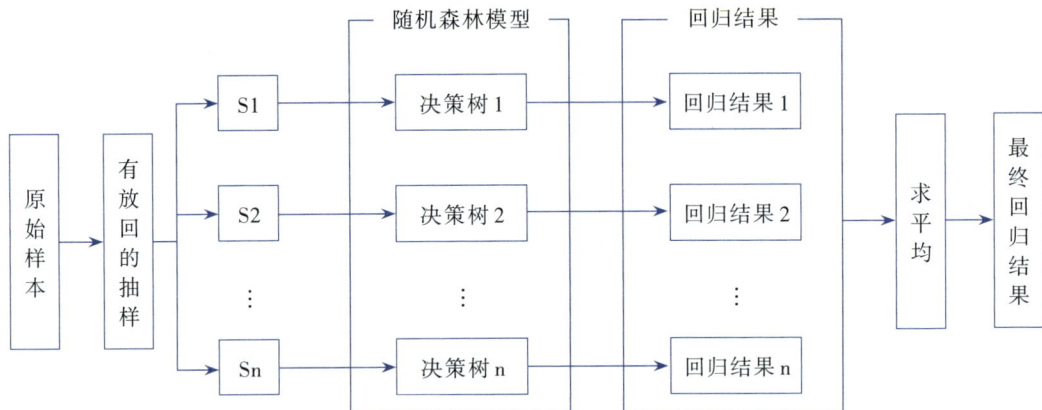

图11-4　销量预测模型构建步骤

随机森林算法模型应用步骤具体描述如下：

步骤一：有放回地对训练集进行随机抽样p次，将获得的p个样本组成训练集的一个子集并作为新的训练集P。

步骤二：在训练集P中随机抽出训练集的k个特征形成一个子集S，利用该子集对一颗决策树进行训练，决策过程中让决策树充分生长，不对其进行剪枝。

步骤三：重复步骤一和步骤二，直至产生n棵决策树，建立随机森林。

步骤四：把回归的测试样本交给随机森林里的决策树进行回归决策，将叶子节点中所有值的均值作为当前叶子节点的销量预测值。

4.输出结果

通过折线图，对预测效果进行可视化分析。

11.3.4　智能销量预测模型应用

蛮先进公司以销售自产产成品为主，主要产成品包括中级油油炸机、传输机、面包油炸机、圆筒式撒粉机、上料机以及漂洗机等食品机械。为了方便算法识别相关特征，企业可以先对销售数据进行预处理，预处理后的部分数据见表11-3。

得到训练样本数据集后，企业应利用金蝶大数据平台上的"python数据挖掘"搭建随机森林预测模型。max_depth参数是随机森林建模中，训练每一棵树的最大树深。max_depth的值设置得过小会造成模型欠拟合，出现预测误差增高的情况；max_depth的值设置得过大会造成模型过拟合，出现泛化能力降低的情况。n_estimators参数是构建随机森林回归模型时，生成决策树的个数，和max_depth参数类似，当n_estimators参数设置得过小时，随机森林中决策树的总数太少，模型会欠拟合，影响模型预测效果；当n_estimators参数设置得过大时，随机森林中决策树的数量太多，会占用过多计算资源从而造成浪费。随机森林模型参数见表11-4。

在金蝶大数据平台上的"python数据挖掘"中运行随机森林算法，对比不同参数下的模型运行效果，发现当max_depth的取值为6，max_features的取值为0.8，n_estimators的取值为30的时候，模型的运行效果最好。

表 11-3　　　　　　　　　　　　预处理后的销量预测数据（部分）

序 号	X_1	X_2	X_3	X_4	X_5
1	−0.13455	4	3	1000	0
2	−0.06736	2	2	900	0
3	0.101357	5	0	700	0
4	−0.13043	0	1	700	0
5	−0.07618	3	1	500	0.15
6	−0.13043	7	1	400	0.15
7	−0.07618	8	2	900	0.19
8	−0.13455	9	3	1000	0.04
9	⋮	⋮	⋮	⋮	⋮

表 11-4　　　　　　　　　　　　随机森林模型参数表

参　数	解　释	设定值
random_state	分割随机种子	1
test_size	测试集占比	0.2
max_depth	树的最大深度	2，4，6，8，10
n_estimators	树的数量	10，30，50，80，100
max_features	最大特征数	0.6，0.7，0.8，0.9，1

11.3.5　智能销量预测模型结果分析

对影响预测结果的各个特征按重要程度进行排序，可以看出销售折扣对销量的影响最大，因此企业可以重点关注销售折扣，以实现利润最大化。销量预测结果，如图 11-5 所示。

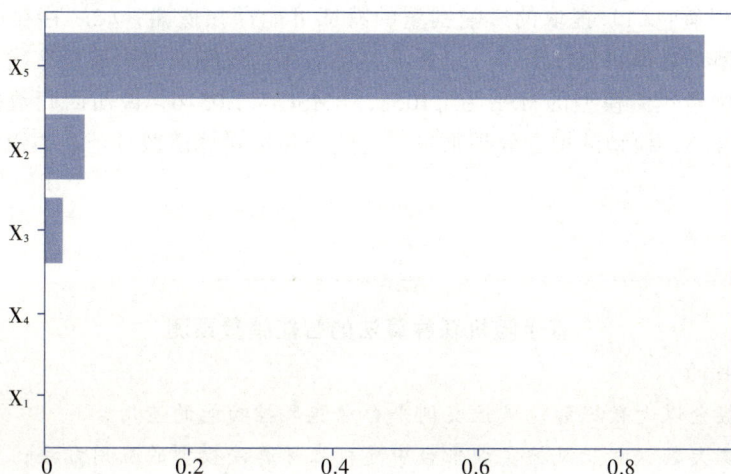

图 11-5　销量预测结果

企业可划分测试集为20%，其余为训练集，树的最大深度为6，树的数量为30，最大特征数为0.8，以此构建随机森林回归模型，从预测结果中选取100组数据查看预测效果，预测结果如图11-6所示，其中，实线是真实值，虚线是预测值。

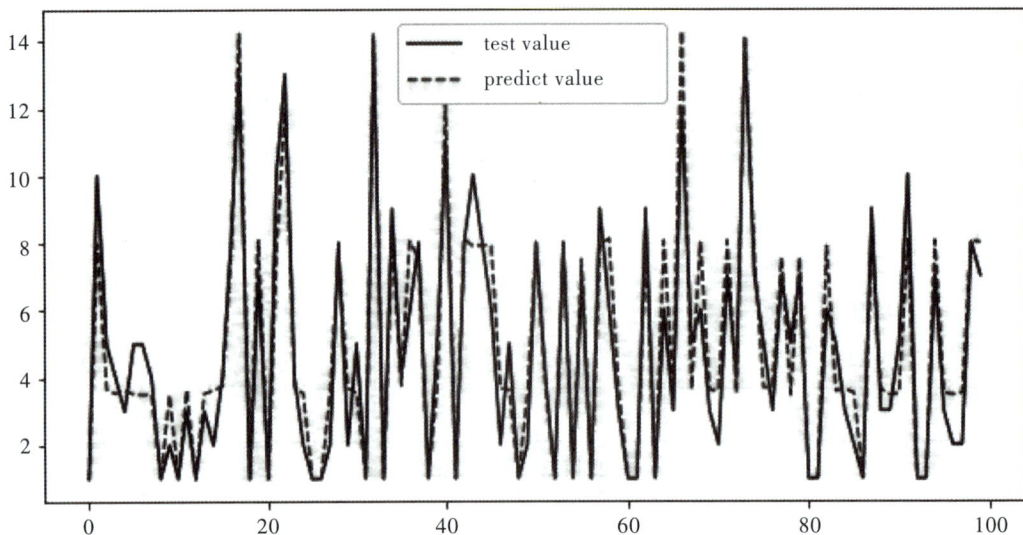

图 11-6　销量预测图

在检测模型的预测值和真实值之间的偏差时，一般选用均方误差（MSE）和均方根误差（RMSE）作为评价指标检测回归模型的预测效果。

MSE的计算公式如下：

$$MSE = \frac{1}{m}\sum_{i=1}^{m}(y_i - \widehat{y_1})^2$$

RMSE的计算公式如下：

$$RMSE = \sqrt{\frac{1}{m}\sum_{i=1}^{m}(y_i - \widehat{y_1})^2}$$

在基于随机森林算法的销量预测图中，部分预测值与实际值偏差比较明显，出现这种情况的主要原因有：（1）提取的影响销量的特征可能存在遗漏；（2）存在一些非必要特征，在运行模型时对预测值产生了一定影响，说明在提取特征方面还存在优化的空间。但是通过计算，销量预测模型的MSE为1.1058，RMSE为1.0516，说明回归数据与真实数据的总体误差非常小，模型的拟合效果很好，构建的随机森林模型对企业的销量具有比较准确的预测效果。

实验六

基于随机森林算法的智能销量预测

一、实验目的

1.熟练掌握金蝶大数据智能风控实训平台智能风控功能的使用；

2.掌握金蝶大数据智能风控实训平台中随机森林算法模型的应用方法；

3.掌握基于随机森林算法的智能销量预测流程和步骤；

4.掌握智能销量预测从采集、预处理、模型构建到结果分析的技术实现。

二、实验环境

1.软件平台：金蝶大数据智能风控实训平台；

2.硬件教具：大数据智能风控物理模拟教学沙盘；

3.浏览器：建议使用 Google Chrome（谷歌浏览器）。

三、实验要求

1.使用大数据智能风控物理模拟教学沙盘完成智能销量预测的流程推演；

2.完成销量预测样本数据的导入；

3.完成基于随机森林算法的智能销量预测模型的构建；

4.完成基于随机森林算法的智能销量预测模型构建的结果分析；

5.完成智能销量预测模型的销量预测。

四、实验内容和步骤

导入蛮先进公司的销售数据验证模型可行性，基于随机森林的销量预测步骤如下：

1.进入金蝶大数据智能风控实训平台。在浏览器中输入金蝶大数据智能风控实训平台网址（http：//116.63.167.113：11050/KtpDataming/index），然后按回车键。

2.进入金蝶大数据平台后，在登录界面输入登录账号和登录密码。

3.单击金蝶大数据平台下的"python数据挖掘"，如图11-7所示。

图11-7 单击python数据挖掘

4.单击"导入数据"，选择Excel表"预处理后的数据集.xlsx"，如图11-8所示。

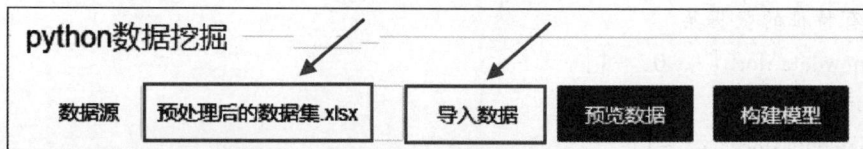

图11-8 导入数据

5.将代码复制到"代码区"，单击"构建模型"，用数据集训练随机森林算法模型，如

图 11-9 所示。

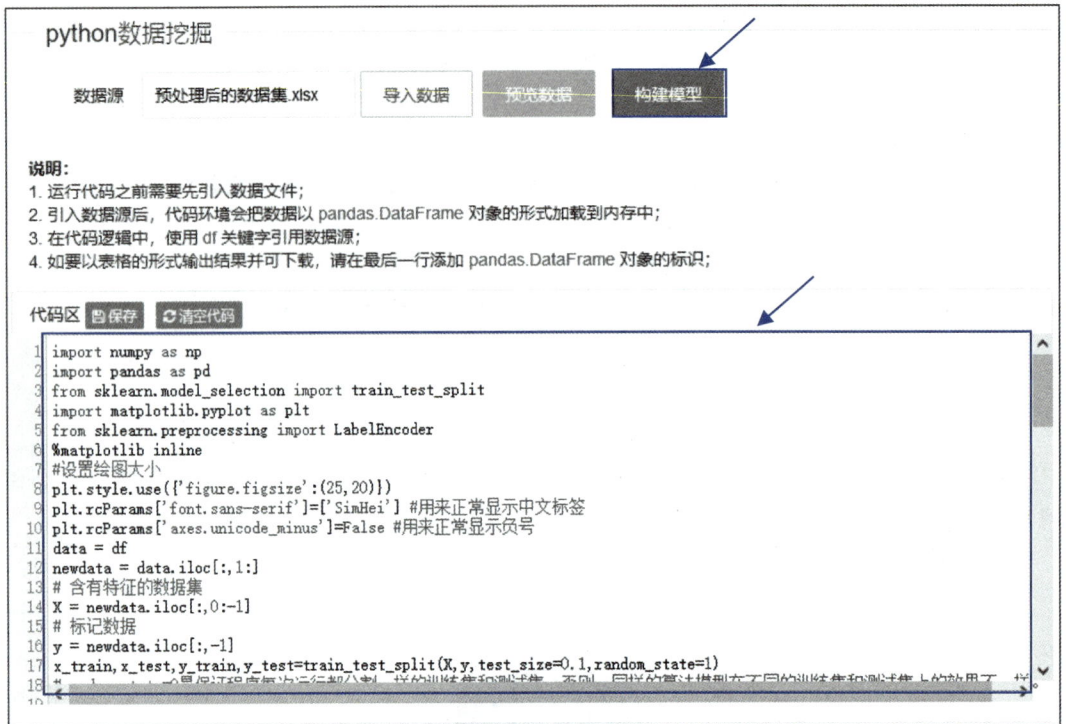

图 11-9　代码区

基于随机森林算法的智能销量预测模型构建的源代码如下：

```
import numpy as np

import pandas as pd

from sklearn.model_selection import train_test_split

import matplotlib.pyplot as plt

from sklearn.preprocessing import LabelEncoder

%matplotlib inline

#设置绘图大小

plt.style.use（{'figure.figsize'：（25，20）}）

plt.rcParams［'font.sans-serif'］=［'SimHei'］ #用来正常显示中文标签

plt.rcParams［'axes.unicode_minus'］=False #用来正常显示负号

data = df

newdata = data.iloc［:，1:］

# 含有特征的数据集

X = newdata.iloc［:，0：-1］

# 标记数据

y = newdata.iloc［:，-1］

x_train，x_test，y_train，y_test=train_test_split（X，y，test_size=0.1，random_state=1）

#random_state=0用来保证程序每次运行都分割一样的训练集和测试集。否则同样的算
```

法模型在不同的训练集和测试集上的效果不一样

```
#导入随机森林模块
from sklearn.ensemble import RandomForestRegressor
#导入网格搜索交叉验证，网格搜索可以让模型参数按照我们给定的列表遍历，找到效果最好的模型
#交叉验证可以告诉我们模型的准确性
from sklearn.model_selection import GridSearchCV
#构造参数字典，让这三个参数按照列表给定的顺序排列组合遍历一遍
param_grid={
    'n_estimators':[10, 30, 50, 80, 100], #决策树的个数
    'max_depth':[2, 4, 6, 8, 10], #最大树深，树太深会造成过拟合
    'max_features':[0.6, 0.7, 0.8, 0.9, 1] #决策树划分时考虑的最大特征数
}
#实例化随机森林回归器
rf=RandomForestRegressor()
#以随机森林回归器为基础构造网格搜索回归器，调参
grid=GridSearchCV(rf, param_grid=param_grid, cv=3)
grid.fit(x_train, y_train)
#制定效果最好参数对应的模型
rf_reg=grid.best_estimator_
rf_reg
#特征重要度分析
rf_reg.feature_importances_
print('特征排序：')
feature_names=X.columns
feature_importances=rf_reg.feature_importances_
# argsort()函数是将x中的元素从小到大排列，提取其对应的index（索引），然后输出到y
indices=np.argsort(feature_importances) #升序
for index in indices:
    print('feature % s（% f）' % (feature_names[index], feature_importances[index]))
plt.figure(figsize=(8, 5))
# plt.title('随机森林模型中不同特征的重要程度')
plt.barh(range(len(feature_importances)), feature_importances[indices], color='b')
plt.yticks(range(len(feature_importances)), np.array(feature_names)[indices], color='b')
# plt.xticks(rotation=90)
```

plt.savefig（'输出随机森林模型中不同特征的重要程度.jpg'）

plt.show（）

#可视化测试集上回归预测的结果

result={"y_true": y_test, "y_pred": rf_reg.predict（x_test）}

result=pd.DataFrame（result）

result.head（6）#默认返回前5行

#计算均方误差和均方根误差

from sklearn import metrics

MSE=metrics.mean_squared_error（y, rf_reg.predict（X））

RMSE=np.sqrt（MSE）

print（'（MSE, RMSE）=', （MSE, RMSE））

6.单击"导入数据"，选择Excel文件"销量预测结果.xlsx"，将代码复制到"代码区"，单击"构建模型"，生成销量预测结果，如图11-10所示。

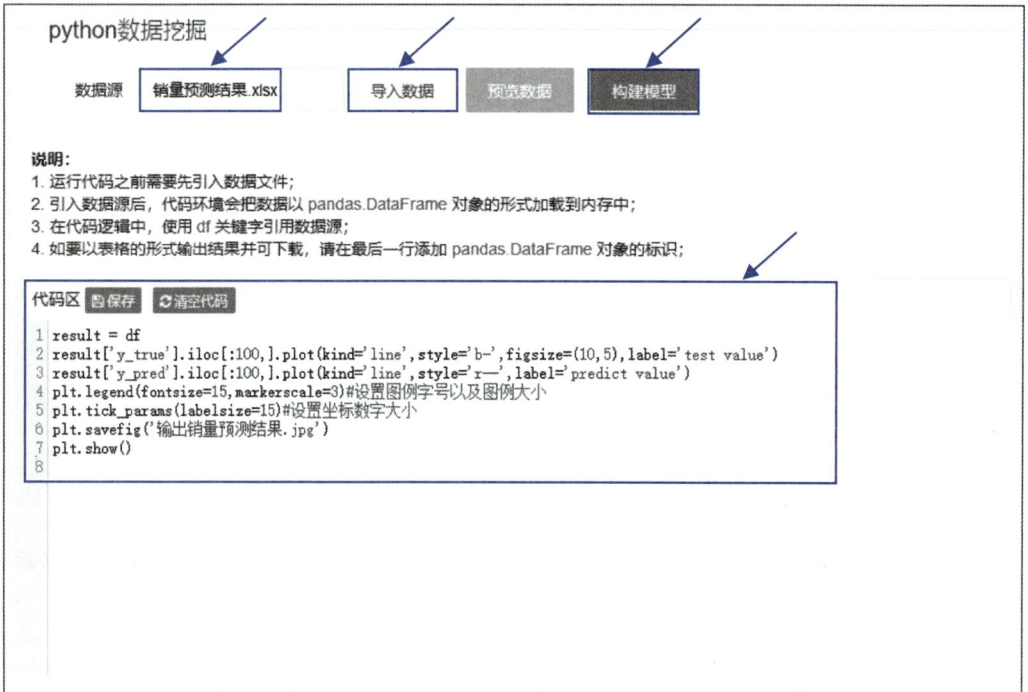

图11-10 python数据挖掘界面

基于随机森林算法的智能销量预测模型，其预测结果可视化源代码如下：

result = df

result ['y_true']. iloc [: 100,]. plot（kind='line', style='b-', figsize=（10, 5), label='test value'）

result ['y_pred']. iloc [: 100,]. plot（kind='line', style='r--', label='predict value'）

plt.legend（fontsize=15, markerscale=3）#设置图例字号以及图例大小

plt.tick_params（labelsize=15）#设置坐标数字大小

plt.savefig（'输出销量预测结果.jpg'）

plt.show（）

通过提取销量预测特征，利用随机森林算法，企业可以设计智能销量预测模型，对销量进行更加科学、合理的预测，使得销量预测结果更加客观，可以从设置销售目标、安排营销活动、配置销售资源等方面为企业提供数据参考。

课程思政

某大型药厂运用 AI 算法预测流感药销量，从数百个影响因素中挑出 70 个构建深度学习模型，准确率达到了 80%；某大型车企运用 AI 算法预测汽车销量，准确率甚至达到 90%。某大型零售商利用 AI 算法对会员制零售商公众号中的会员和新客做模型分级，并通过其公众号将不同的优惠券分发到不同客户手上，实现了可观的商品销量，达到了以往的 3 倍。

要求：试着从节能减排的角度分析一下人工智能给企业、社会带来的好处。

本章习题自测

第12章　固定资产管理智能风控

1.熟悉人工智能在固定资产管理各个环节的应用；
2.理解固定资产报废评估的智能化设计思路与方法；
3.熟练掌握支持向量机算法在固定资产报废评估中的具体应用。

思维导图+
课前预习

■【思维导图】■

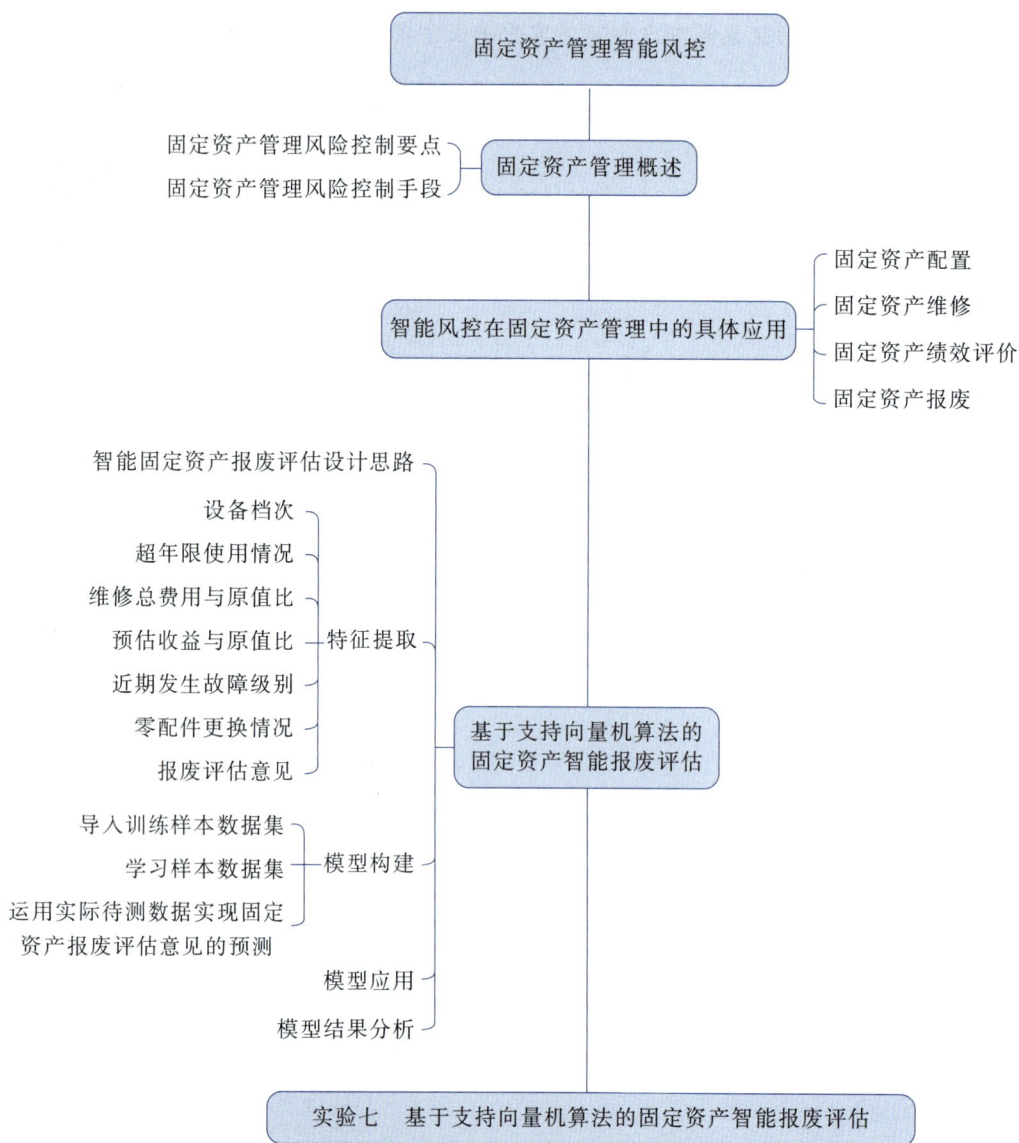

12.1 固定资产管理概述

固定资产是企业资产的重要组成部分，更是保障其正常运行的物质基础，在日常生产和经营的过程中，固定资产管理在各个环节都存在着风险，企业必须提高对固定资产管理风险的控制水平，确保固定资产的安全和完整，才能让其发挥出应有的作用，保证企业职能的有效发挥。然而，大部分企业目前的固定资产管理水平无法满足更高的内部风险控制要求，企业开始意识到重视固定资产管理风险控制工作已成为维持企业稳定发展的关键。固定资产管理一般分为四个阶段，分别是规划配置阶段、日常使用阶段、考核清查阶段和处置退出阶段，其中涉及资产管理部门、财务部门以及各个资产使用部门，在各个阶段针对固定资产的管理业务对其进行协同风险控制。固定资产管理风险控制要点，如图 12-1 所示。

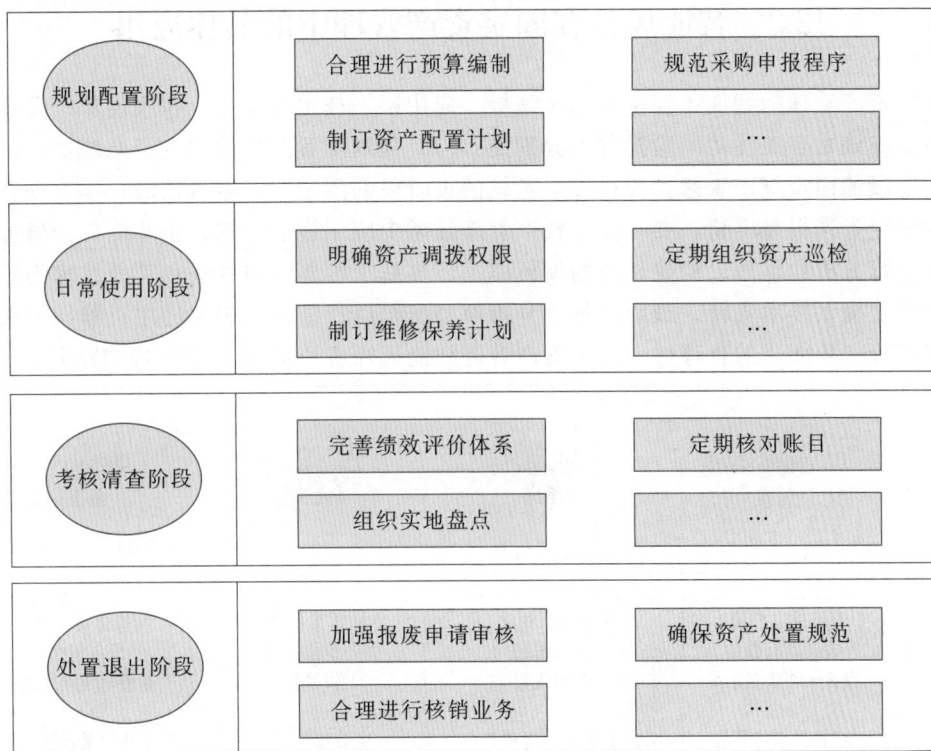

图 12-1 固定资产管理风险控制要点

在规划配置阶段，由资产使用部门制订资产配置计划，审批通过后由财务部门进行预算编制，由采购部门提出采购申报程序并组织采购，验收入库后固定资产供相关部门使用。企业可以利用 BP 神经网络算法对固定资产进行科学的配置，根据需求部门的申请，实现对资源的整体规划。

在日常使用阶段，企业会在各个部门之间调拨资产，资产管理部门会组织对资产使用状况的巡查，并且负责对各项资产进行维修保养等。通过采用 OCR 技术、朴素贝叶斯算法等，企业可以实现对现有资产价值的充分挖掘，可以有效整合资源，实现资源的合理调配。

在考核清查阶段，企业主要是以预算管理为工具，以绩效评价为落脚点，采用定性和定量相结合的指标体系，利用决策树算法定期分析资产的效益情况并将其纳入绩效考核体系。同时，企业还会针对一些地点分散、管理难度大的固定资产，通过盘点进行全面查漏补缺。

在处置退出阶段，企业应当以谨慎性原则为导向，由资产使用部门申报报废资产，运用支持向量机算法对报废申请进行评估后再移交处置固定资产。

大数据、人工智能等新一代信息技术的快速发展给固定资产管理风险控制指明了新的方向，企业可以将固定资产风险控制与智能化结合起来，作为加强固定资产管理的有效手段。企业只有从固定资产管理的关键业务环节找到风险控制切入点，对风险进行有效的识别以及评估，制定相应的策略，才能结合智能化理念和技术形成更科学、更合理的风险控制方案，以实现对固定资产管理风险的智能防范与控制。

12.2　智能风控在固定资产管理中的具体应用

固定资产管理的智能风控主要由实施层、应用层、技术层组成，在固定资产管理的四个阶段中应该重点关注的风险控制点分别是：（1）规划配置阶段的固定资产配置；（2）日常使用阶段的固定资产维修保养；（3）考核清查阶段的固定资产账目核对；（4）处置退出阶段的固定资产报废申请。要在固定资产管理活动中应用智能风控，企业应首先通过对历史数据进行分析和整理，构建相应的指标体系，再基于机器学习算法和其他技术为搭建智能风控模型提供技术支持，最后评价、分析模型模拟运行结果，确定运用机器学习来实现固定资产管理智能化的合理性。固定资产管理智能风控应用流程，如图12-2所示。

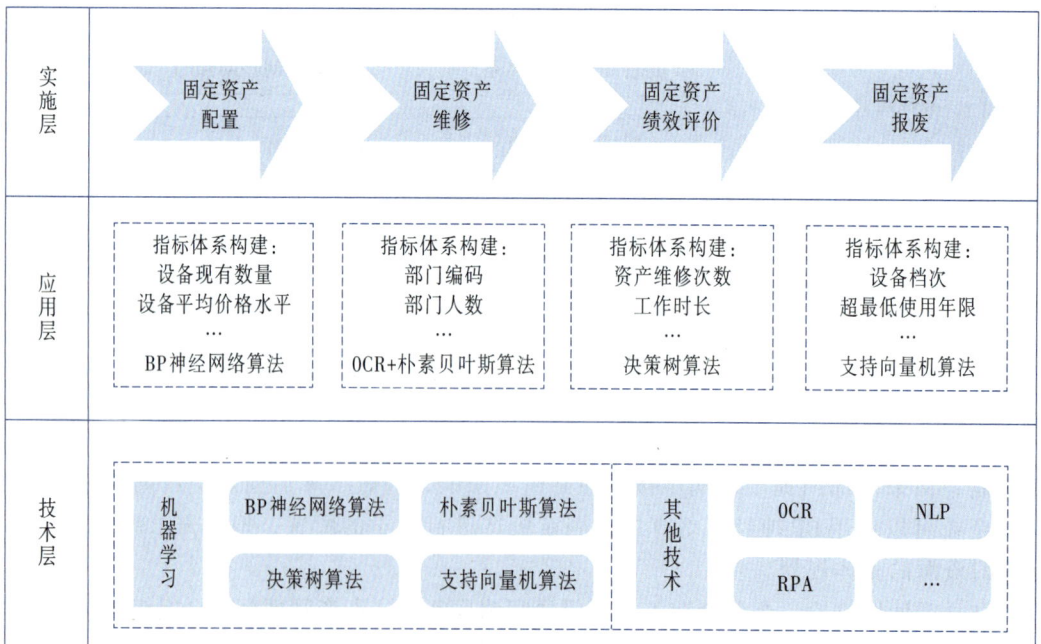

图12-2　固定资产管理智能风控应用流程

12.2.1　固定资产配置

一般来说，企业的固定资产管理工作在规划配置阶段往往会在进行固定资产配置时缺乏有效的风险控制。常见的固定资产配置方式包括购置、调入、接受捐赠等，大部分资产的新增方式均为资产购置，在进行账务处理的时候，需要录入固定资产卡片信息，该过程中需要录入的资产信息量大，需要进行流程规则清洗，重复操作的步骤多，因此适合采用流程自动化机器人代替人工，以实现资产信息自动录入来控制错录、漏录、多录的风险并提高工作效率。在开展固定资产卡片信息录入工作时，企业可以启动资产信息自动录入机器人自动登录企业财务云平台，然后进入新增资产模块，为每项新增资产建立资产卡片，并自动保存，直至完成所有新增资产的信息录入。同时，企业可以借助 BP 神经网络机器学习算法对固定资产配置提供辅助决策：首先进行辅助决策指标的设计，根据所设计的指标对相关数据进行采集与整理，然后通过算法的训练为资产管理部门进行科学、合理的资产配置提供决策的意见。

12.2.2　固定资产维修

在日常使用阶段，固定资产管理工作主要集中在对固定资产进行日常维修保养以及大修方面。固定资产使用部门会制订维修保养计划或者提交维修保养申请，由资产管理部门进行审批，以往这种工作都是将相关资料打印成纸质文档进行资料完整性、合规性的审核，这使审核人员的工作量大大增加，容易出现错误。企业可以利用 OCR 技术，根据预设的信息提取模板识别出由固定资产使用部门提交的申请单据的所有指定内容，随后基于 Excel 表格设置能自动判断各条数据的完整性与正确性的公式。机器人通过判断列是否为空、涉及的表单名与列是否相同等来判定单据的完整性，对于单据的合规性则通过列之间的勾稽关系进行判断。其间判断出的异常数据则自动生成问题单据表单，提醒审核人员对存在问题的申报资料进行复查、整改。随后，基于朴素贝叶斯算法构建固定资产维修审批决策模型，建立相应的指标体系以评估固定资产是否达到小修、大修的标准，为控制固定资产维修费用的合理支出提供智能化方法。

12.2.3　固定资产绩效评价

在考核清查阶段，**固定资产清查是指在固定资产管理活动中核定现有固定资产是否保障账实、账卡、账账一致的基础性工作**，还要对固定资产进行绩效评价以衡量资产使用的合理性。在固定资产使用过程中，发生因资产使用人变动、资产调拨或者资产清查盘点后出现盘盈盘亏等导致资产信息变动的情况时，企业需要在相关系统中调整资产信息。要保证资产信息变动时各系统之间能够及时同步，企业才能保证对固定资产实现动态管理和全面控制。当财务人员在财务云平台进行资产信息变动后，企业可以利用 RPA 技术财务云平台提取已变动的资产信息到 Excel 文件中，然后将文件转换为提前预设好的格式，再由机器人自动登录到想要同步信息的系统中，通过输入资产编码，找到需要进行信息变动的资产，通过变动数据项的匹配，实现数据的智能同步。在对固定资产进行绩效评价时，企业应当先构建定性与定量相结合的指标体系，定性指标主要有资产使用情况、维修占比等，定量指标主要有设备工作时长、开机时长等，然后基于决策树算法构建固定资产绩效评价模型来定期分析固定资产设备的效益情况，通过智能化技术完善绩效考核体系来合理控制固定资产的使用成本。

12.2.4　固定资产报废

在处置退出阶段评估固定资产是否报废的环节中，资产管理部门以往参考的是资产静态信息，依靠相关人员主观得出资产报废意见，这种方式存在着导致资产报废评估错误的风险。在考虑现有申报资料的基础上，企业可以引入资产使用过程中产生的动态数据，构建基于数据分析的资产报废评估模型，提升固定资产报废评估结果的客观性。支持向量机算法是一种有坚实理论基础的小样本学习方法，其最终决策函数只由少数的支持向量所确定，泛化性能比较好，不容易过拟合，适用于企业生成报废决策分类结果。企业首先要构建反映申请报废资产状态的特征指标，其次通过对特征指标涉及的数据进行采集、预处理后，运用支持向量机算法进行模型的构建，最终得出评估规则与评估结果。

12.3　基于支持向量机算法的固定资产智能报废评估

12.3.1　智能固定资产报废评估模型设计思路

固定资产报废属于蛮先进公司资产处置环节最常见的一种处置方式，其业务流程如下：首先，由固定资产使用部门提交报废固定资产申请表和相关的证明资料。其次，资产管理部门组织财务部和生产部等部门对申请报废的固定资产进行评估，得出报废评估意见。再次，执行固定资产报废程序。最后，由财务人员进行相关的账务处理。但是，固定资产管理部门的工作人员对固定资产报废进行评估的依据是查看申请部门提交的报废申请资料，该资料主要是资产的原值、使用年限、预估收益以及反映报废资产的现有情况的图片等内容。对此，该公司没有一套有效的固定资产报废评估特征体系，并且完全依靠人为判定，很容易出现纰漏。加上固定资产报废工作采取季度上报处理，每到固定资产申请报废的时间，相关的固定资产报废工作量就骤升，短期内加大了固定资产管理部门相关工作人员的任务量，导致其给出的部分固定资产的报废意见没有经过充分、合理的考虑，错误的主观判定会使一些不应该报废的资产被提前报废处理。

蛮先进公司固定资产报废评估意见的得出是由资产管理部门参考使用部门提交的固定资产报废相关资料通过人工审核的方式得出的，这种评估方式缺乏合理性。企业固定资产的报废是每季度上报一次，这加大了固定资产管理部门相关工作人员的任务量。因此，针对固定资产报废评估工作存在的不合理、不及时问题，企业需要建立一套固定资产报废评估特征体系，结合机器学习算法，构建高效、科学的固定资产报废评估模型。**支持向量机是一种使用分类与回归分析来分析数据的监督学习算法，能够同时最小化经验误差与最大化几何边缘区，将向量映射到一个更高维的空间里，在这个空间里建立一个最大间隔超平面**。支持向量机支持多维空间，在非线性可分问题上表现优秀。因此，选用支持向量机算法来构建基于支持向量机算法的固定资产报废评估模型是一个不错的选择。构建该模型的思路如下：首先，根据建立的特征体系在固定资产管理系统中采集相关的数据，根据固定资产报废评估相关特征对采集到的数据进行预处理。其次，将预处理后的固定资产报废训练样本数据带入基于支持向量机算法的固定资产报废评估模型中，通过训练让模型的规则逐步清晰、正确率逐渐提高。然后，将固定资产报废评估的预测数据带入训练好的模型中。最后，得出预测数据的固定资产报废评估意见。该模型可以提高固定资产管理人员的工作效率，让固定资产的报废评估结果更加科学、合理，还能加强企业对固定资产报废的风险控制。

12.3.2　固定资产报废评估特征提取

蛮先进公司固定资产管理系统中拥有固定资产从增加到日常使用再到最终处置的整个过程所产生的业务、财务数据。该企业现有的固定资产管理系统中，存在能够反映报废固定资产的相关数据，如报废固定资产的现有价值、已经使用时间、维修费用、故障情况、更换零配件情况等。在查看了固定资产管理系统后台数据库中存在的固定资产数据项以及关于固定资产报废申请的历史资料，参考有关第三方机构的固定资产评估报告，考虑所提取特征的可量化和可获得性后，本书选取了设备档次、超年限使用情况、维修总费用与原值比、预估收益与原值比、近期故障级别、零配件更换情况、报废评估意见7个特征作为基于支持向量机的固定资产报废评估特征。固定资产报废评估特征体系见表12-1。

表12-1　　　　　　　　　固定资产报废评估特征体系

序号	特征名称	特征说明	公式或文字描述
1	设备档次	反映同种固定资产中该固定资产的档次	在同种固定资产中价值在前35%的为高档；价值处于前65%~前35%的为中档；价值低于前65%的为低档
2	超年限使用情况	反映资产超年限的使用时间	固定资产已经使用年限-固定资产规定使用年限
3	维修总费用与原值比	反映固定资产的维修总费用与原值相比的情况	固定资产维修总费用÷固定资产原值
4	预估收益与原值比	反映固定资产预估收益与原值相比的情况	固定资产预估收益÷固定资产原值
5	近期故障级别	反映固定资产近期发生故障的级别	报废申请前固定资产发生故障的级别，分为一级、二级、三级
6	零配件更换情况	反映固定资产近期零配件的更换情况	报废申请前是否更换过零配件
7	报废评估意见	反映申请报废的固定资产评估意见（历史）	评估意见包括同意报废、下期报废、不予报废

12.3.3　固定资产智能报废评估模型构建

固定资产报废评估需要有一套科学、客观的固定资产报废评估特征体系，需要应用智能化的分类方法对报废固定资产的数据进行科学、合理的分类，以得出客观、公正的固定资产报废评估意见。支持向量机是一种使用分类与回归分析来分析数据的监督学习算法，支持多维空间，在非线性可分问题上表现优秀。企业可以依据以往的固定资产报废评估意见，给定样本数据进行训练和学习，从而实现样本数据的合理分类。

支持向量机算法的思想大致为：输入样本数据，如果存在非线性映射，则将输入空间的固定资产报废评估样本数据映射到高维特征空间，确定7个特征值维度，并选择适当函数作为误差函数，将求解回归函数问题进行转化后，针对固定资产报废评估的7个特征值的高维特征空间选择输入内积核函数，最终得到固定资产报废评估的数学模型。基于支持向量机算法的步骤，结合企业固定资产报废评估业务的特点，本书构建了基于SVM的固定资产智能报废评估模型，具体构建流程如图12-3所示。

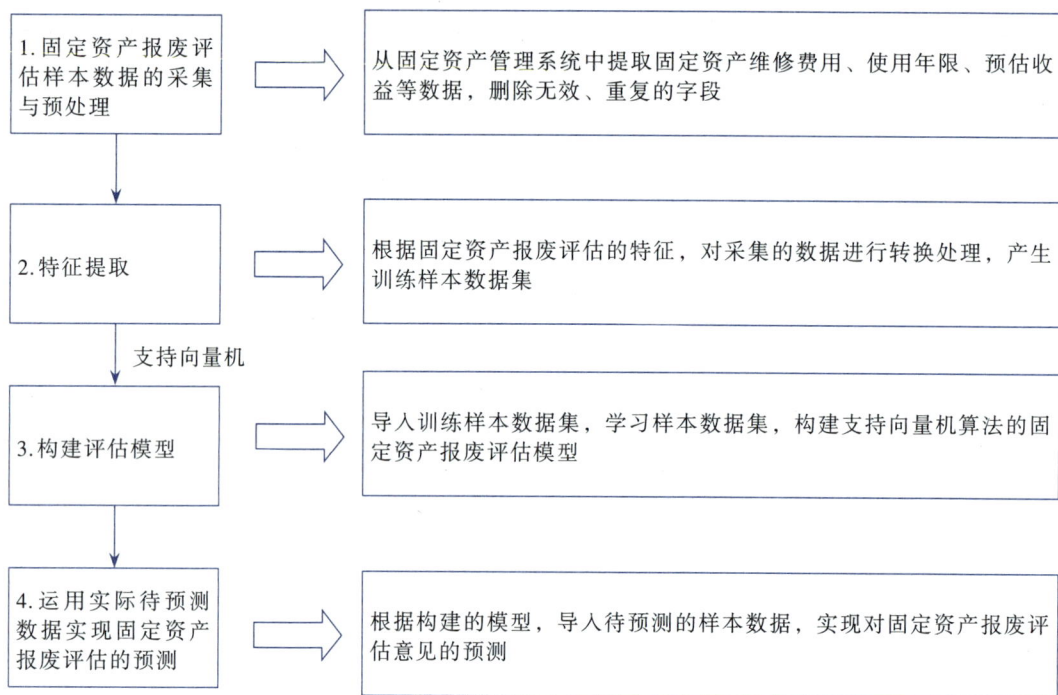

1.固定资产报废评估样本数据的采集与预处理	⇒	从固定资产管理系统中提取固定资产维修费用、使用年限、预估收益等数据，删除无效、重复的字段
2.特征提取	⇒	根据固定资产报废评估的特征，对采集的数据进行转换处理，产生训练样本数据集
支持向量机		
3.构建评估模型	⇒	导入训练样本数据集，学习样本数据集，构建支持向量机算法的固定资产报废评估模型
4.运用实际待预测数据实现固定资产报废评估的预测	⇒	根据构建的模型，导入待预测的样本数据，实现对固定资产报废评估意见的预测

图 12-3　构建基于 SVM 的固定资产智能报废评估模型流程图

1.数据采集

蛮先进公司需要先登录固定资产系统后台数据库，采集 GDZC_KP（固定资产卡片）、GDZC_WX（固定资产维修明细表）、GDZC_BFSQ（固定资产报废申请表）、GDZC_BF（固定资产报废明细表），以及 GDZC_WXBX（固定资产维修报销明细表）的相关数据。

2.数据预处理

由于采集到的数据中每张表的结构不同，因此企业需要对各张表中的数据进行预处理，比如将每张表中的空值、无效数据值删除，利用SQL语句进行增、删、改、查。

3.特征提取

根据指标计算公式，对相应的数据进行加减乘除运算，最后将得到的特征结果储存到固定资产报废评估特征数据结构表中，具体见表12-2。

4.构建评估模型

首先，输入1组固定资产报废评估的训练样本集：(x_1, y_1)，(x_2, y_2)，…，(x_i, y_i)。其中，x是第i个数据样本输入的列向量，即固定资产报废评估的7个指标特征值，y是目标输出值。然后组建回归函数 $f(x)$，其公式为：$f(x) = (w \cdot x) + b$。式中，w为权重向量，b为阈值。

其次，假设存在非线性映射，将输入空间的报废评估样本数据映射到高维特征空间，确定n维特征向量 $\varphi(x)$，即指标中的7个特征值维度，并选择适当函数作为误差函数，意在将求解回归函数问题进行转化，其公式为：$w \cdot \varphi(x) + b - y_i \leq \varepsilon$，$y_i - w \cdot \varphi(x) - b \leq \varepsilon$。式中，i=1，2，3…

表12-2　　　　　　　　　　　固定资产报废评估特征数据结构表

序号	指标名称	字段类型	空否	数据来源
1	设备档次	Integer	Not Null	固定资产卡片
2	超年限使用情况	Integer	Null	固定资产报废申请表
3	维修总费用与原值比	Decimal	Null	固定资产维修报销明细表、固定资产卡片
4	预估收益与原值比	Decimal	Null	固定资产报废申请表、固定资产卡片
5	近期故障级别	Integer	Null	固定资产维修明细表
6	零配件更换情况	Integer	Null	固定资产维修报销明细表
7	报废评估意见	Integer	Null	固定资产报废明细表

然后，通过对 w 和 b 的方程求解，最终得到基于SVM的固定资产报废评估数学模型：

$$f(x) = \sum_{i=1}^{n} (\beta^* - \beta) K(x_i + x_j) + bn。 式中， i=1。$$

最后，确定固定资产报废评估的7个特征值的高维特征空间所需要输入的内积核函数，即 $k(x_i, x_j) = \exp\left(-\alpha \|x_i - x_j\|^2\right)$。式中，$\alpha = \dfrac{1}{2\gamma^2}$，$\gamma$ 为函数的宽度参数。

5.运用实际待预测数据实现固定资产报废评估意见的预测

将实际待预测固定资产报废评估样本数据导入构建好的模型中进行训练，得到固定资产报废评估意见的预测值。

12.3.4　固定资产报废评估模型应用

以蛮先进公司的固定资产报废业务进行实例应用，通过采集该公司的固定资产报废评估数据，并根据选取的特征对数据进行处理和转换，然后通过对样本数据的训练，构建基于SVM的固定资产报废评估模型。最后，通过导入待预测数据，可实现对固定资产报废的评估。

基于SVM的固定资产报废评估模型适合于同一类别的固定资产报废评估，采集蛮先进公司20×0年—20×2年固定资产报废的历史相关数据，最终有104条固定资产报废样本数据可以被用来构建基于SVM的固定资产报废评估模型。此时，为了提升支持向量机的训练效果，将高档、中档、低档设备分别用"1""2""3"来表示；关于零部件更换情况，用"0"表示没有发生，用"1"表示已经发生；用"1""2""3"分别表示故障的级别（一级、二级、三级故障）；用"A"表示当期报废，用"B"表示下期报废，用"C"表示不予报废。蛮先进公司的固定资产报废评估部分训练数据见表12-3。

金蝶大数据智能风控实训平台中内嵌了支持向量机算法，企业得到训练样本数据集后可直接使用金蝶大数据智能风控实训平台上的"大数据挖掘"功能构建SVM固定资产报废评估预测模型，在导入数据后，选择相应参数（如内积（Kernel）选择径向基函数（RBF））进行模型构建，可以通过混淆矩阵对数据的准确性进行评价。该平台模型构建后输出的混淆矩阵，如图12-4所示。

表 12-3　　　　　　　　　　固定资产报废评估训练样本数据（部分）

设备档次	超年限使用情况	维修总费用与原值比	预估收益与原值比	近期故障级别	零配件更换情况	报废评估意见
3	4	0.62	0.14	1	0	A
1	2	0.34	0.16	2	1	C
1	2	0.31	0.14	2	1	C
1	3	0.48	0.32	2	0	B
3	3	0.41	0.25	1	1	B
2	3	0.42	0.25	1	1	B
1	3	0.56	0.12	2	0	A
2	3	0.56	0.12	3	0	A
2	3	0.57	0.14	2	0	A
2	3	0.59	0.14	3	0	A
1	3	0.55	0.16	1	0	A
2	3	0.55	0.15	2	0	A
2	3	0.21	0.23	2	0	C
⋮	⋮	⋮	⋮	⋮	⋮	⋮
2	3	0.38	0.12	1	1	C
1	3	0.26	0.16	1	1	C
1	4	0.41	0.23	2	0	B
1	4	0.47	0.32	1	0	B
2	4	0.55	0.19	1	1	A
3	4	0.51	0.19	1	0	A
2	4	0.53	0.12	1	0	A

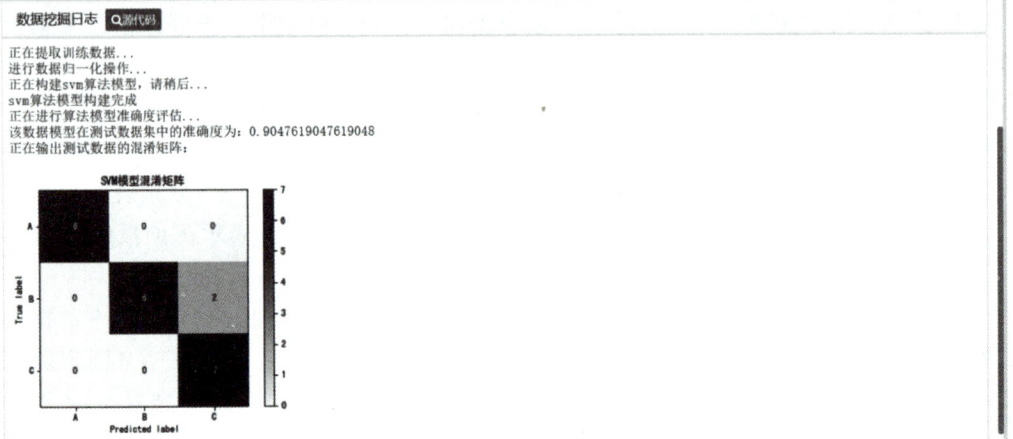

图 12-4　混淆矩阵的输出

利用训练好的固定资产智能报废评估模型，对固定资产进行报废评估，其部分样本数据见表12-4。

表 12-4　　　　　　　　　　　　固定资产报废评估样本数据（部分）

设备档次	超年限使用情况	维修总费用与原值比	预估收益与原值比	近期故障级别	零配件更换情况	报废评估意见
1	1	0.43	0.23	1	0	B
1	2	0.43	0.21	1	0	B
3	1	0.42	0.21	1	0	B
2	1	0.41	0.24	2	0	B
3	1	0.48	0.24	1	0	B
2	6	0.43	0.25	1	1	B
1	1	0.49	0.26	2	0	B
2	2	0.46	0.32	1	1	B
1	2	0.48	0.23	1	0	B
2	4	0.55	0.19	1	1	A
1	6	0.57	0.18	3	0	A
2	6	0.58	0.13	1	1	A
1	7	0.62	0.15	1	0	A
2	6	0.56	0.16	2	0	A
⋮	⋮	⋮	⋮	⋮	⋮	⋮
1	4	0.58	0.18	1	1	A
2	3	0.59	0.14	3	0	A
1	1	0.23	0.32	1	0	C
2	3	0.21	0.23	2	0	C

12.3.5　智能固定资产报废评估模型结果分析

带入蛮先进公司20×0—20×2年的104条样本数据进行训练后，模型构建完成，系统自动评估该算法模型的准确度，该数据模型在测试数据集中的准确度为：0.9048。基于SVM的固定资产报废评估模型输出的测试数据混淆矩阵，如图12-5所示。

混淆矩阵是可视化工具，主要用于监督学习，在图像精度评价中，混淆矩阵主要用于比较分类结果和实际测得值（可以把分类结果的精度显示在一个混淆矩阵中）。混淆矩阵的每一列代表了预测类别，每一列的数据总数表示预测为该类别的数据的数目；每一行代表了数据的真实归属类别，每一行的数据总数表示该类别的数据实例的数目；每一列中的

SVM模型混淆矩阵

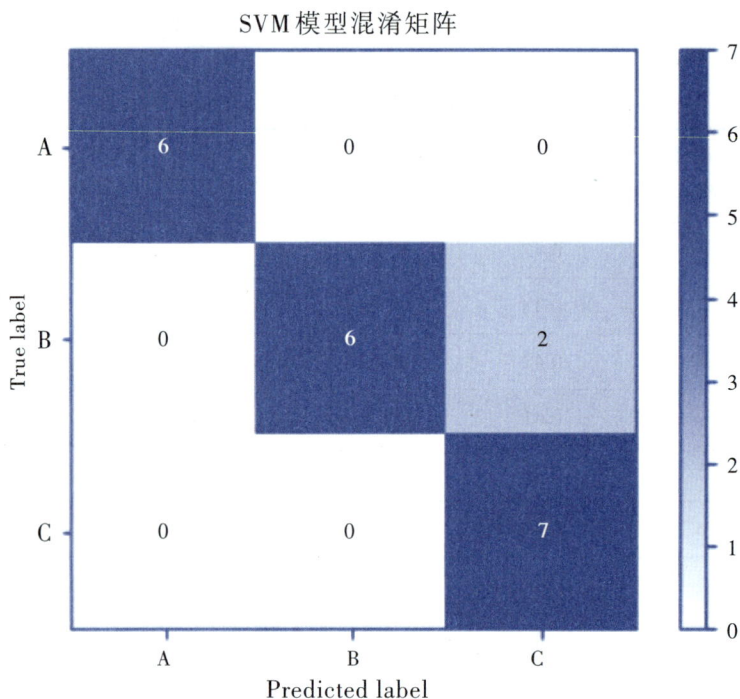

图12-5　SVM模型的混淆矩阵

数值表示真实数据被预测为该类别的数目。因此，该模型的混淆矩阵中，A列的数据总数为6，B列的数据总数为6，C列的数据总数为9，分别表示真实数据被预测为A类的有6条，被预测为B类的有6条，被预测为C类的有9条。而第一行的总数为6，第二行的总数为8，第三行的总数为7，分别表示应真实归属于A类的有6条，归属于B类的有8条，归属于C类的有7条。该模型的准确度较高，利用此模型，企业可以通过导入待预测的固定资产报废评估数据进行报废评估意见的预测。

实验七

基于支持向量机算法的固定资产智能报废评估

一、实验目的

1.熟练掌握金蝶大数据智能风控实训平台智能风控功能的使用；

2.掌握金蝶大数据智能风控实训平台中支持向量机算法模型的应用方法；

3.掌握基于支持向量机算法的固定资产智能报废评估流程和步骤；

4.掌握智能固定资产报废评估从采集、预处理、模型构建到结果分析的技术实现。

二、实验环境

1.软件平台：金蝶大数据智能风控实训平台；

2.硬件教具：大数据智能风控物理模拟教学沙盘；

3.浏览器：建议使用Google Chrome（谷歌浏览器）。

三、实验要求

1.使用大数据智能风控物理模拟教学沙盘完成固定资产智能报废评估的流程推演；

2.完成固定资产报废评估样本数据的导入；

3.完成基于 SVM 算法的固定资产报废评估模型的构建；

4.完成基于 SVM 算法的固定资产报废评估模型构建的结果分析；

5.完成固定资产报废评估意见的预测。

四、实验内容和步骤

通过导入蛮先进公司的固定资产报废评估样本数据来验证基于支持向量机算法的固定资产报废评估模型的可行性，其具体步骤如下：

1.进入金蝶大数据智能风控实训平台。在浏览器中输入金蝶大数据智能风控实训平台网址（http：//116.63.167.113：11050/KtpDataming/index），然后按回车键。

2.进入金蝶大数据智能风控实训平台后，在登录界面输入登录账号和登录密码。

3.单击金蝶大数据智能风控实训平台下的"大数据挖掘"—"分类"—"SVM"，如图 12-6 所示。

图 12-6　模型选择

4.单击"导入数据"，选择 Excel 表"固定资产报废评估训练样本 .xlsx"，选择正则系数为 1，选择 Kernel 为 rbf。固定资产报废评估的训练样本导入，如图 12-7 所示。

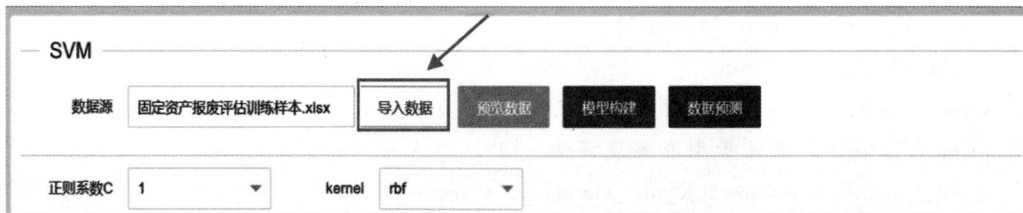

图 12-7　固定资产报废评估的训练样本导入

5.导入样本数据后，单击"模型构建"，平台开始构建模型，模型构建完成后，生成数据挖掘日志，SVM 算法模型生成结果如图 12-8 所示。

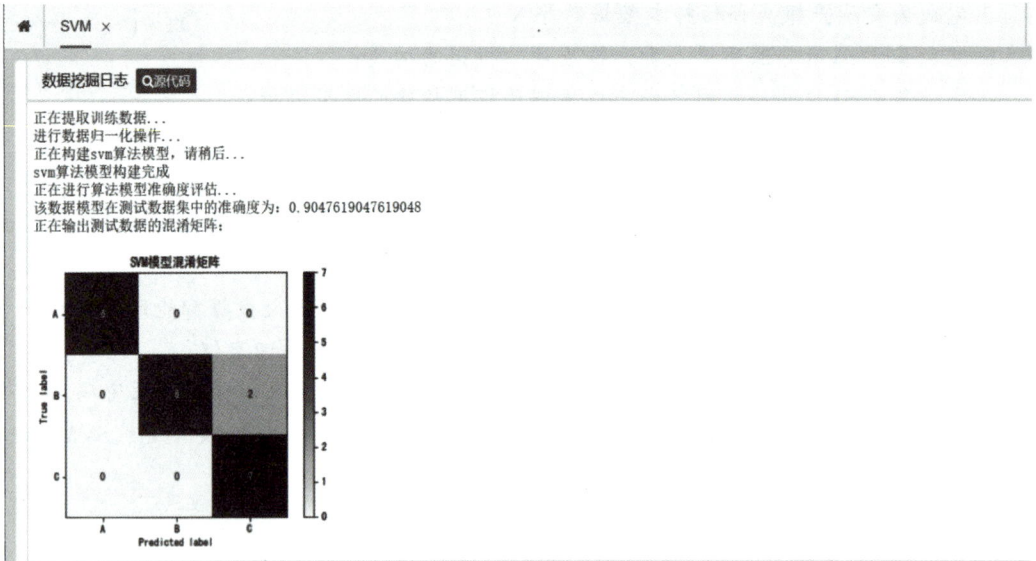

图12-8   SVM算法模型生成结果

基于SVM的固定资产报废评估模型构建的源代码如下：

```
from sklearn.model_selection import train_test_split

from sklearn.preprocessing import StandardScaler

from sklearn.svm import SVC

from sklearn.metrics import plot_confusion_matrix

import numpy as np

print（'正在提取训练数据…'）

X_train，X_test，y_train，y_test =train_test_split（df.loc［:，df.columns［: 1］］，df.loc［:，df.columns［-1:］］，random_state=666，test_size=0.2）

print（'进行数据归一化操作…'）

standardScaler = StandardScaler（）

standardScaler.fit（X_train）

X_train = standardScaler.transform（X_train）

X_test_standard = standardScaler.transform（X_test）

print（'正在构建svm算法模型，请稍后…'）

svc = SVC（C=C，kernel=kernel）

svc.fit（X_train，y_train）

print（'［0；32msvm算法模型构建完成［0m'）

print（'正在进行算法模型准确度评估…'）

predict_score = svc.score（X_test_standard，y_test）

print（'该数据模型在测试数据集中的准确度为：'+str（predict_score））

print（'正在输出测试数据的混淆矩阵：'）

disp = plot_confusion_matrix（svc，X_test_standard，y_test，

display_labels=np.unique（df.loc［:，df.columns［-1:］］），
```

cmap=plt.cm.Blues）

disp.ax_.set_title（'SVM模型混淆矩阵'）

plt.show（）

6.通过模型训练后，可得到基于SVM的固定资产报废评估模型，企业可通过导入相应指标的数据，将其带入已经构建好的模型中，即可得到固定资产报废评估意见的预测结果。预测数据导入前，删除固定资产报废评估意见，单击"数据预测"。导入固定资产报废预测样本数据，如图12-9所示。

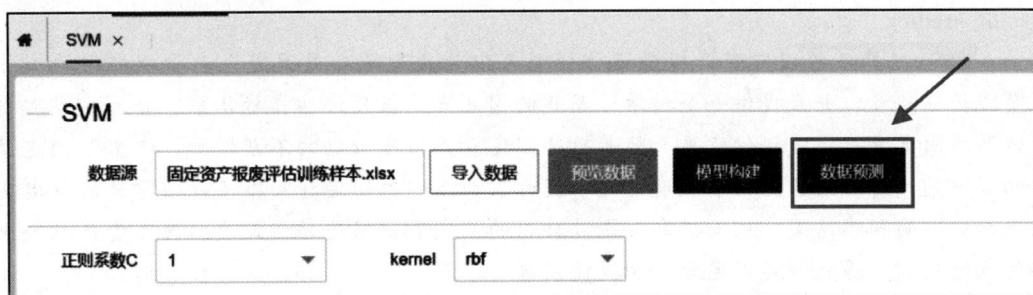

图12-9　导入固定资产报废预测样本数据

系统自动生成固定资产报废评估结果，其部分报废评估意见预测结果，如图12-10所示。

预测结果如下：

下载表格	设备档次	超年限使用情况	维修总费用与原值比	预估收益与原值比	近期故障级别	零配件更换情况	报废评估意见
0	1	1	0.43	0.23	1	0	B
1	1	2	0.43	0.21	1	0	B
2	3	1	0.42	0.21	1	0	B
3	2	1	0.41	0.24	2	0	B
4	3	1	0.48	0.24	1	0	B
5	2	6	0.43	0.25	1	1	B
6	1	1	0.49	0.26	2	0	B
7	2	2	0.46	0.32	1	1	B
8	1	2	0.48	0.23	1	0	B
9	2	4	0.55	0.19	1	1	A
10	1	6	0.57	0.18	3	0	A
11	2	6	0.58	0.13	1	1	A

图12-10　报废评估意见预测结果（部分）

基于SVM的固定资产报废评估的新样本数据预测的源代码如下：

```
import numpy as np
print（'正在进行数据预测...'）
predict_X =standardScaler.transform（df_predict.loc［:, df_predict.columns［:-1］］）
```

```
predict_y = svc.predict（predict_X）
df_predict.loc［:，df_predict.columns［-1:］］=np.array（predict_y）.reshape（-
1，1）
pd.set_option（'display.max_columns'，None）
pd.set_option（'display.max_rows'，None）
pd.set_option（'display.max_colwidth'，200）
print（'［0；32m预测结果如下：［0m'）
df_predict
```

基于 SVM 算法的固定资产报废评估模型可以为蛮先进公司固定资产管理部门的工作人员减轻任务量，并且提供一个科学、高效的固定资产报废评估指标体系，并能生成准确度较高的固定资产报废评估意见。随着后续固定资产报废数据的不断增加，丰富了构建模型的训练集，其算法模型的准确度会逐步提升，为下一次固定资产报废评估意见的得出提供更加精准的预测结果，从而提高蛮先进公司的固定资产报废评估效率和固定资产报废业务的风险控制，避免一些固定资产的提前报废。

课程思政

2017 年，国务院印发了《新一代人工智能发展规划》（以下简称《规划》），提出了面向 2030 年我国新一代人工智能发展的指导思想、战略目标、重点任务和保障措施，部署构筑我国人工智能发展的先发优势，加快建设创新型国家和世界科技强国。

《规划》明确了我国新一代人工智能发展的战略目标：到 2020 年，人工智能总体技术和应用与世界先进水平同步，人工智能产业成为新的重要经济增长点，人工智能技术应用成为改善民生的新途径；到 2025 年，人工智能基础理论实现重大突破，部分技术与应用达到世界领先水平，人工智能成为我国产业升级和经济转型的主要动力，智能社会建设取得积极进展；到 2030 年，人工智能理论、技术与应用总体达到世界领先水平，成为世界主要人工智能创新中心。

《规划》提出六个方面的重点任务：一是构建开放协同的人工智能科技创新体系，从前沿基础理论、关键共性技术、创新平台、高端人才队伍等方面强化部署。二是培育高端高效的智能经济，发展人工智能新兴产业，推进产业智能化升级，打造人工智能创新高地。三是建设安全便捷的智能社会，发展高效智能服务，提高社会治理智能化水平，利用人工智能提升公共安全保障能力，促进社会交往的共享互信。四是加强人工智能领域军民融合，促进人工智能技术军民双向转化、军民创新资源共建共享。五是构建泛在安全高效的智能化基础设施体系，加强网络、大数据、高效能计算等基础设施的建设升级。六是前瞻布局重大科技项目，针对新一代人工智能特有的重大基础理论和共性关键技术瓶颈，加强整体统筹，形成以新一代人工智能重大科技项目为核心、统筹当前和未来研发任务布局的人工智能项目群。

《规划》强调，要充分利用已有资金、基地等存量资源，发挥财政引导和市场主导作用，形成财政、金融和社会资本多方支持新一代人工智能发展的格局，并从法律法规、伦理规范、重点政策、知识产权与标准、安全监管与评估、劳动力培训、科学普及等方面提出相关保障措施。

要求：阅读相关文件，想一想作为一名财务人员，步入工作岗位后，我们应该掌握怎样的人工智能技术？

资料来源：改编自：国务院．国务院关于印发新一代人工智能发展规划的通知（国发〔2017〕35号）．[EB/OL]．(2017-07-20)．http://www.gov.cn/zhengce/content/2017-07/20/content_5211996.htm.

本章习题自测

第13章 财务管理智能风控

1.熟悉人工智能在财务管理各个环节的应用;
2.理解成本预测和财务风险预警的智能化设计思路与方法;
3.熟练掌握岭回归算法在智能成本预测中的具体应用;
4.熟练掌握逻辑回归在财务风险预警中的具体应用。

思维导图+
课前预习

━━━━━━━━■【思维导图】■━━━━━━━━

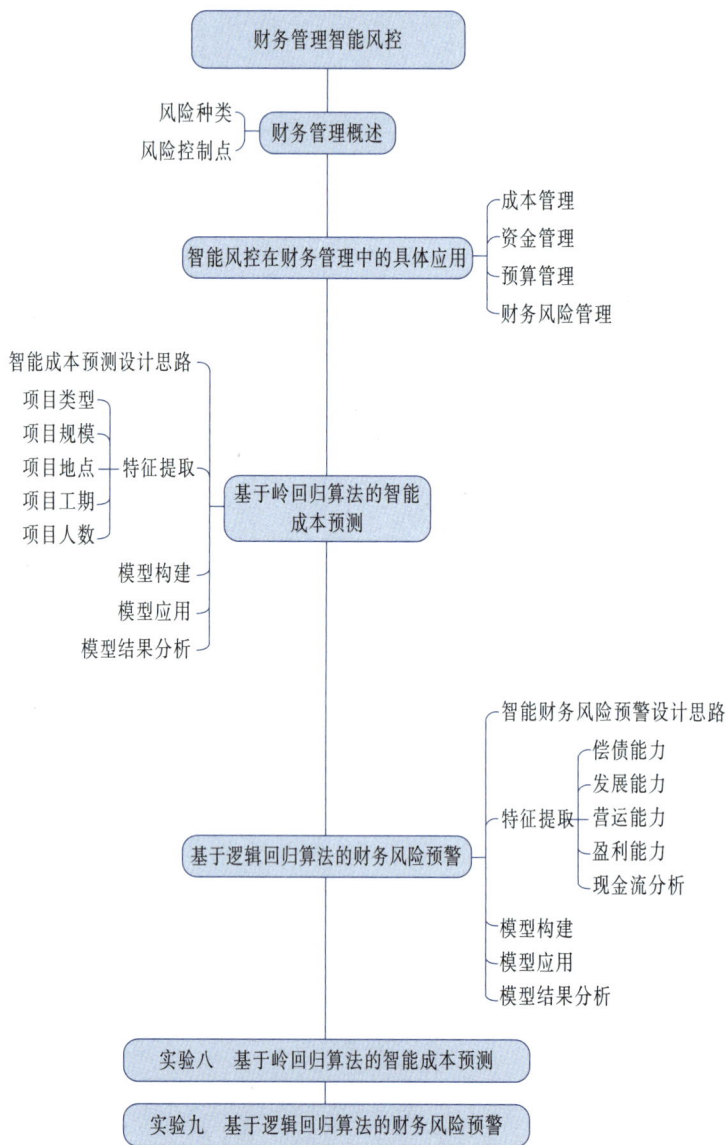

13.1　财务管理智能风控概述

伴随着云计算、大数据、人工智能等新兴技术的蓬勃发展，中共十九届四中全会首次将"数据"列为生产要素参与分配，这意味着以数据为关键要素的数字化经济已经开始进入了新时代。财务管理作为企业的核心要务，其工作的处理方式和方法早就发生了翻天覆地的变化，在企业发展的进程中起着战略导向作用。由于数字化的发展，财务管理已经逐渐向智能财务管理转型。智能财务管理是建立在新技术的基础上结合企业数字化财务管理诞生而来的，可以帮助企业打造高效且规范的财务管理模式，能够提高员工效率、降低运营成本、预测风险等。

财务管理所面临的风险来源于财务管理各个具体业务和全流程，其风险通常分为成本管理风险、资金管理风险、预算管理风险和财务风险。在成本管理方面，其风险来源于成本预测、成本计划、成本控制、成本核算和成本分析与评价。在资金管理方面，其风险来源于资金计划、资金收付、资金调拨和资金分析与考核。在预算管理方面，其风险来源于预算编制与批复、预算执行与控制、预算调整、预算分析与考核。在财务风险管理方面，其风险往往从营运能力、盈利能力、成长能力、偿债能力和现金流量方面进行考量。财务管理风险控制点如图13-1所示。

成本管理	成本预测	成本计划	成本控制
	成本核算	成本分析与评价	
资金管理	资金计划	资金收付	资金调拨
	资金分析与考核		
预算管理	预算编制与批复	预算执行与控制	预算调整
	预算分析与考核		
财务风险管理	营运能力	盈利能力	成长能力
	偿债能力	现金流量	

图 13-1　财务管理风险控制点

大数据时代下，企业进行财务管理风险控制时可以利用决策树、支持向量机、随机森林、岭回归、BP神经网络等机器学习算法和图像识别、自然语言处理等信息技术，结合成本管理、资金管理、预算管理和财务风险管理方面的具体业务实现财务管理智能风控。机器学习算法的应用能够降低成本预测、成本计划、资金计划、预算编制方面因人为判断主观性大、准确性低、效率低带来的风险，同时在成本控制、成本核算、资金调拨、预算调整、预算执行与控制方面为企业提供更加合理的方案，以降低管理过程中因缺乏有效机制所带来的风险。运用机器学习算法，企业在财务风险管理方面能够通过分析海量数据，发现背后隐藏的价值规律，实现更加全面的风险控制。

13.2 智能风控在财务管理中的具体应用

一般而言，智能风控在财务管理中的具体应用可以分为四个方面：成本管理、资金管理、预算管理和财务风险管理。财务管理智能风控应用如图 13-2 所示。

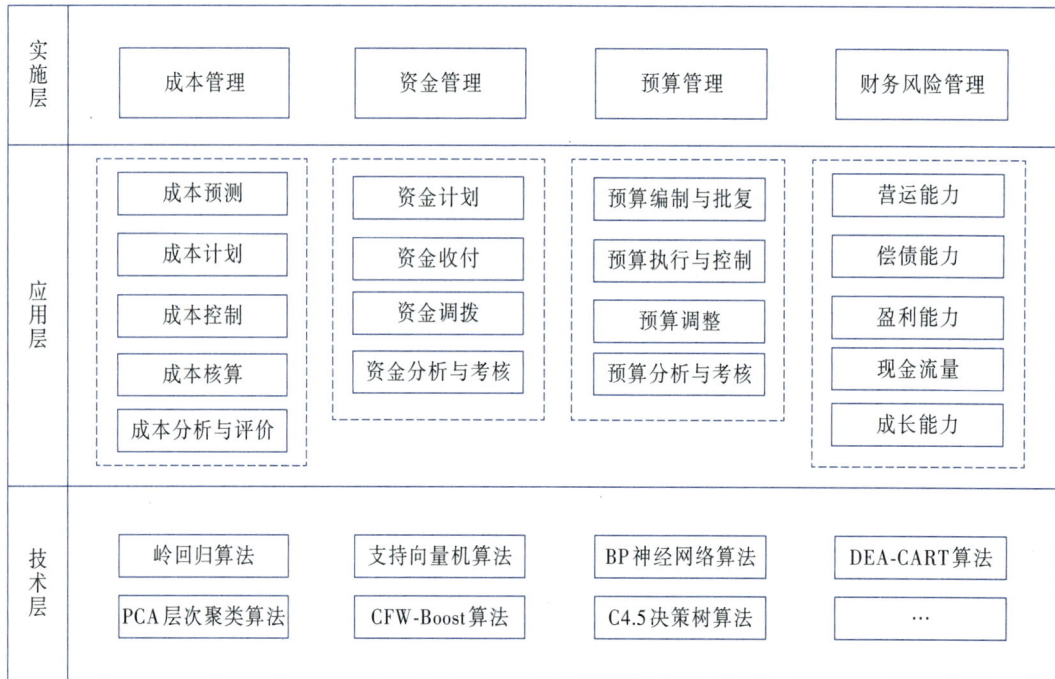

实施层	成本管理	资金管理	预算管理	财务风险管理
应用层	成本预测 成本计划 成本控制 成本核算 成本分析与评价	资金计划 资金收付 资金调拨 资金分析与考核	预算编制与批复 预算执行与控制 预算调整 预算分析与考核	营运能力 偿债能力 盈利能力 现金流量 成长能力
技术层	岭回归算法 PCA层次聚类算法	支持向量机算法 CFW-Boost算法	BP神经网络算法 C4.5决策树算法	DEA-CART算法 …

图 13-2 财务管理智能风控应用

13.2.1 成本管理

随着云计算、大数据、人工智能技术的发展与应用，以及激烈市场竞争导致的风险因素增多，成本控制压力加大，企业的成本管理模式开始向数字化、智能化和科学化方向发展。针对成本管理的智能风控贯穿成本管理的各个阶段，包括成本预测、成本计划、成本控制、成本核算、成本分析与评价。

1. 成本预测：基于岭回归算法的成本预测

岭回归算法是一种专用于共线性数据分析的有偏估计回归方法，比最小二乘估计具有更小的均方误差。采用岭回归算法对成本进行预测的过程可以分为两个阶段：第一阶段是根据成本构成构建成本预测指标体系。第二阶段是基于岭回归算法的成本预测，具体包括四个步骤：（1）采集成本的历史数据并对其进行预处理；（2）基于成本预测的指标，对历史数据进行特征提取，建立成本数据样本，分为训练集和测试集两部分；（3）基于岭回归算法建立成本预测模型并训练模型；（4）检验成本预测模型，将成本的预测结果进行拟合，对比训练样本和预测检验样本的拟合程度，通过成本预测的拟合效果来检验和调整模型的可靠性，最终得到基于岭回归算法的成本预测模型。

2. 成本计划：基于支持向量机算法的目标成本测算

支持向量机是一种二分类模型，是一种按监督学习的方式对数据集进行分类的机器学习算法。基本原理就是找出一个最优超平面，使得这个最优超平面既能将两类样本点正确划分开，又能使得离超平面距离最近的样本点到该平面的几何间隔最大化。基于支持向量机的目标成本测算过程分为四个步骤：（1）采集历史成本数据，根据规划设计类成本的构成特点划分为人工成本、设计成本和管理成本，将成本影响因素作为目标成本测算的指标，将合理降低成本作为目标构建实例库；（2）基于粗糙集的属性约简，将定性的目标成本指标量化，将实例库中的数据进行离散化处理得到适用于粗糙集的决策表，形成人工成本、设计成本、管理成本的约简属性集；（3）构建基于支持向量机的目标成本测算模型，结合约简属性集和待测算内容，从成本实例库中选择与待测算内容相似的样本数据，对样本数据进行预处理，构造学习样本集作为支持向量机的输入内容，确定支持向量机的核函数和各项参数，进行支持向量机学习，建立回归模型，得到回归函数；（4）利用回归函数，求取各成本的目标成本，将其向上级层层汇总得到整个目标成本。

3. 成本控制：基于BP神经网络算法的成本控制

BP神经网络是一种按误差反向传播训练的多层前馈网络，具有任意复杂的模式分类能力和优良的多维函数映射能力，使用者无须事先确定输入输出之间映射关系的数学方程，BP神经网络仅通过自身的训练，学习某种规则，在给定输入值时即可得到最接近期望输出值的结果。构建基于BP神经网络的成本控制模型，企业首先要对成本构成要素进行分解，识别成本影响因素，形成成本控制点及成本控制体系，再获取成本数据并进行预处理，根据成本控制点量化标准对数据进行评价赋值，得到成本控制评价数据样本表，再进行归一化处理。最后，建立由输入层、隐含层、输出层组成的三层BP神经网络成本控制评价模型并测试模型，验证BP神经网络对于成本控制的有效性后，最终得到基于BP神经网络的成本控制模型。

4. 成本核算：基于PCA与层次聚类算法的成本动因合并

成本动因的确定是采用作业成本法对成本核算过程中的核心内容，合理选择成本动因并有效合并成本动因可以使企业在保证成本精确度的基础上，避免耗费大量的核算成本。PCA是一种建立在统计最优原则基础上的特征选择分析方法，其理念是在尽可能多地保留数据集中方差的同时，减少数据集的维度。**层级聚类算法**是一种常见的聚类方法，是由一系列的划分，经多步完成分类，产生一个嵌套的簇集，根据层次分解的顺序分为凝聚层次聚类和分裂层次聚类。基于PCA与层次聚类算法的成本动因合并的过程分为四个步骤：（1）确定成本动因的个数。选取多个有差异的规划设计类，收集各个作业的耗费数据形成消耗成本动因的相对数量表，根据主成分分析对数据进行标准化处理，得到成本动因的相关系数矩阵，再根据主成分与贡献率的边际效应，确定成本动因的个数。（2）进行成本动因的层次聚类分析。将每个对象看作一类，计算两个数据点之间的距离，选取距离最小的两个类合并成一个新类，再计算新类与其他类的距离，直到所有类合并成一类。（3）进行成本动因合并。通过计算成本动因的因子载荷矩阵，明确动因在对应因子中的重要性大小，结合层次聚类分析结果，合并成本动因。（4）计算成本动因合并前后的误差，验证该方法的可行性。

5. 成本分析与评价：基于DEA-CART算法的绩效评价

数据包络分析法（Data Envelopment Analysis，简称"DEA分析法"）是考虑多项投入与多项产出的线性规划模型，对具有可比性的同类型单位进行相对有效性评价的一种数量分析方法。CART算法属于决策树算法，采用的是一种二分递归分割的技术，把当前样本划分为两个子样本，使得生成的每个非叶子结点都有两个分支。基于DEA-CART算法的绩效评价的实施主要分为两个阶段：第一阶段是基于DEA分析法下的双模型绩效的评价，首先是筛选样本、处理数据，采用DEA分析法对绩效评价指标进行测算，得到绩效评价结果；第二阶段是基于CART算法的绩效预测分析，首先是建立特征子集作为输入变量，对绩效水平进行预测，输出绩效水平值，再计算各个特征的基尼系数，基尼系数最大的特征变量作为决策树当前的分支运算指标，重复此步骤，直至达到最大树深度即停止分支，再使用集成学习算法Boosting构建多个CART树模型，提高分类的准确性。

13.2.2　资金管理

针对资金管理的智能风控应该贯穿企业资金管理的各个阶段，企业资金管理通常包括资金收付和资金调拨。企业应当在下属单位真正存在营运资金风险且企业内部资金充足的情形下，才执行内部调拨操作。企业应当采用科学的方法对资金管理活动进行评判（而非仅仅依靠管理者的经验进行评判），然后进行资金管理决策。企业应当建立营运资金数据分析模型，明确在不同情境下对营运资金风险产生较大影响的指标，当出现可能对企业财务状况产生不良影响的关键因素时，用大数据算法进行预测，预先发出警告，提醒经营者早做准备或采取对策，以避免潜在的风险变成现实的损失。

在资金结算过程中，支付失败将影响企业的信誉，经济环境的恶化会使企业收回各种款项的难度加大，企业对资金风险控制的需求将不断加大。在信息化手段的支撑下，企业能够实现资金信息的实时呈现，结合对资金计划的控制和指标预警，企业能够进一步实现对资金管理中存在的风险进行严格监督和控制，对风险进行分类并在风险发生时及时采取应对策略，从而保障管理者决策的准确性。

13.2.3　预算管理

利用机器学习算法，企业可以在预算执行流程的关键节点，以预算预测值和实际值的差异分析为基础，充分利用预算编制资料和预算执行中相关支出凭证等数据的实时更新，建立预算监督预警模型，对预算全过程进行监控，强化内部控制，提高预算执行的有用性。另外，由于人力、财力、物力成本的限制，传统预算管理只能在年中进行一次预算调整，反馈时间较长，存在一定的滞后性。很多部门编报的预算本身客观性较差，信息内容不详细、开支不分类，实际执行情况与预算方案有较大出入，不能及时反馈到预算管理部门，错失了发现、纠正和解决问题的最佳时期。机器学习算法显著降低了信息的处理成本，企业可以利用预算执行过程中的反馈信息及时进行预算调整，缩小预算编制和执行的差距。

1. 预算编制

运用数据挖掘技术基于时间序列分析模型，企业可以分析处理各单位以往年度的预算数据，形成对新预算年度的同科目、同类型项目预算以及总体预算数的大致预测。结合新预算年度确定预算规模，以业务决策需求为牵引，通过综合分析可利用的数据资源、财务供应与管理标准，预测经费需求，运用启发式算法（如人工神经网络预测模型）生成精确、详细、多样化的预算编制预案并提供经费预算模拟演练，为预算编制人员提供多种备选预算建议。

2. 预算执行

（1）辅助预算分析。预算分析是预算执行状况的数据化、可视化反映，是考察预算执行流程的基础和中心环节，关系着预算控制和预算调整的效果。由于未来的不可预见性以及市场价格的波动等，预算执行情况与最初编制的预算方案总是存在或多或少的出入，判断预算执行情况的好坏时不应简单地将预算指标和实际支出对比，还需要结合实时的市场价格数据和预算执行中文档、图片、视频、音频等数据对资金的流向、用途以及使用额度是否合理进行判断。这就需要企业对预算执行过程中产生的信息流进行数据挖掘，实时响应财务数据的分析需求，打通财务数据与非财务数据的壁垒，并生成图表和分析报告，使财务人员通过预算分析直观地掌握预算执行情况，为进行预算控制和调整反馈提供基础。

（2）人机协作进行预算控制。在对预算执行过程的全部数据进行实时预测分析的基础上，企业应采用人机协作的形式对预算执行的事前、事中、事后的全过程进行监控。一是设置预算管理中各项指标的合理范围和预警界限，多维钻取和分析预算执行数据，对比设置指标，直观监测预算执行情况，自动查找超标准、无标准开支，提供初步预警结果。一旦发现预算执行情况异常（如开支超过正常范围），应及时预警并提供图表、报告等可视化资料，方便财务人员对异常情况展开调查。二是在项目预算控制方面，企业应参照年初审批的单位预算项目信息，利用数据挖掘技术自动检索反映预算执行效果的结构化数据和非结构化数据，如支出数额、支出凭证、工程项目委托书等，判断预算执行进度是否符合预期，发现预期和实际差距严重等问题第一时间预警，财务人员及时展开调查进行纠正。

（3）提供预算调整建议。在数据库实时更新的基础上，利用数据挖掘中的聚类、关联规则、决策树等方法将预算执行情况数据流与预算计划指标进行分析和比较，如果两者大体一致则不需要调整，如果两者的差异超出正常范围，且经调查具有合理的原因，则需要根据比较结果修正期初预算编制时不合理的指标。企业可利用数据挖掘智能算法，如人工神经网络、遗传算法等，基于新情形做出对以后期间经费消耗的预测，同时测算需要调整的数值，做出准确的信息反馈，提出预算调整建议，保证预算执行流程中的快速精准纠偏。

3. 预算考核

预算考核即预算绩效评价，企业可以以预算大数据为基础，建立评价指标体系，指标选取既包括企业财务信息系统内部反映的资金流信息，又包括与预算项目有关的其他信息，如预算专家评审意见等。企业可以运用数据挖掘技术的关联规则选取绩效评价指标，通过交互挖掘的手段厘清各指标之间的作用关系，使得选取的评价指标更具科学性和代表性。

13.2.4　财务风险管理

正确预测企业财务风险，对于保护投资者和债权人的利益、防范财务危机，以及政府管理部门监管上市公司质量和证券市场风险，都具有十分重要的现实意义。企业陷入财务困境是一个渐进的过程，其生产经营状况逐步恶化通常会快速地反映在企业的财务报表上（具体表现为一些财务指标数据出现异常）。影响企业财务状况的因素有很多，企业通常可以从盈利能力、偿债能力、成长能力、营运能力和现金流量等方面选取指标对财务风险进行预警。大数据时代，企业利用机器学习等智能技术进行财务风险管理的行为已经十分普遍，下面选取一些具体应用进行介绍。

1. 基于本福特定律的 Logistic 模型的财务风险识别

本福特定律（Benford's Law）也被称为本福特法则或 Benford 律，是舞弊识别的常用方法之一，指大量自然数据集中首位数字的分布规律，本福特定律能有效评估财务数据质量。Logistic 模型是一种回归分析模型，在识别风险上准确率较高。基于本福特定律和 Logistic 模型的财务风险识别的大致步骤如下：首先，利用本福特定律评估解释变量的数据质量。然后，选择没有通过本福特定律检验的财务指标，计算首位数字的观测频率，确定与理论频率差异最大的首位数字。根据样本数据首位数字与该首位数字是否相等，构造 Benford 因子作为新的解释变量。最后，将 Benford 因子加入 Logistic 模型，进行财务风险识别，提高了财务风险识别的正确率。

2. 面向特征因果分析的 CFW-Boost 企业财务风险预警

当前多数模型一般以单类特征进行财务预警，缺乏以多类特征为背景的预警分析，模型的预警准确率及鲁棒性[①]也有待进一步提高。通过财务指标及非财务指标构建多类财务特征，结合特征因果关系集成多棵 CART 树构建得到 CFW-Boost 模型，通过模型训练发现：与其他模型相比，CFW-Boost 模型准确率更高，预警表现更稳定；CFW-Boost 模型通过特征因果分析降低特征维度，能够很好地避免特征冗余造成对模型的影响；CFW-Boost 最优维度的数值最大，这表示相比于其他模型，CFW-Boost 在高维特征中优异性更强。

3. 基于文本挖掘的公司财务风险预警

上市公司年报中的描述性文本信息是上市公司信息披露的重要组成部分，通过对上市公司信息披露文本的挖掘与分析可以提高对其财务风险的预测能力。相关研究人员结合文本挖掘模型与自编码器提出了 BERT-AE 融合文本特征提取模型，用以提取上市公司年报中"经营情况讨论与分析"和"审计报告"的文本特征，构建反映财务困境公司与正常公司的文本特征指标，从而提高上市公司财务风险预警模型的预测能力。

13.3　基于岭回归算法的智能成本预测

13.3.1　智能成本预测模型设计思路

随着大数据、云会计等先进技术在业内得到广泛应用，成本控制与成本管理越来越受到业内经营者和管理者的关注，项目成本预测是成本管理的重要环节。随着企业信息化基础设施的完善和业务与财务信息化系统应用的逐步深入，在企业财务管理工作实施、项目进展的过程中，产生了大量的、未清晰划分的项目成本数据，为项目成本预测工作创造了有利条件。如何将海量数据利用起来，运用数据分析手段更好地服务于企业的成本预测工作，是企业亟待解决的问题。

---

① 鲁棒性是指在不确定性的扰动下，具有保持某种性能不变的能力。

在大数据时代，项目成本预测可以借助大数据技术手段，通过归集项目成本以及项目相关数据进行数据处理，依据项目成本影响因素建立成本预测指标，将预测指标作为机器学习算法的特征提取，然后采用机器学习算法进行模型建立以及模型训练，通过模拟预测拟合的结果来评价成本预测的结果。通过建立基于机器学习算法的成本预测模型，企业能够掌握准确的项目成本信息，随时调整战略方向，为管理者提供决策依据，同时能够为考核企业的整体业绩以及人员的业绩考评提供有价值的参考。

13.3.2　智能成本预测特征提取

通过对影响项目成本的因素进行分析，本书提取了5个项目成本预测特征，分别是项目类型、项目规模、项目地点、项目工期和项目人数。不同项目类型的设计要求和设计难度不一样，较高、较难的设计要求将增加项目设计成本。项目规模决定了设计内容的多少，很大程度上影响了设计成本。项目地点通过影响差旅费来影响项目成本。较长的项目工期往往会导致各种成本增加从而影响项目总成本。项目成本的主要组成部分是人工成本，参与项目的人数越多，人工成本越高。

对于项目成本特征，需要将各字段的计量单位统一，并将一些字符串变量转化为连续变量或分类变量，使得同一字段数据之间具有可比性：将不同的项目类型转换为数字1~9，将项目规模转化为以平方千米计算的数值并乘以10，将不同的项目地点（以重庆市为圆心）转化为1~6的数值，将项目工期转化为天数后再除以固定周期数的数值，项目人数则按照实际人数数值计算。项目成本预测特征见表13-1。

表13-1 项目成本预测特征表

序 号	特 征	特征说明	特征转换
1	项目类型	内容：风景区规划、道路景观设计、公园设计、公园规划、公共建筑外环境设计	风景规划：1；公园规划：2；绿地系统规划：3；道路景观设计：4；公园设计：5；公共建筑外环境设计：6；广场设计：7；滨水空间设计：8；展园设计：9
2	项目规模	面积单位：平方千米	数值乘以10
3	项目地点	数据格式：省份+区县	重庆市内：1；四川、湖北、贵州等邻近省份：2；甘肃、河南等省份：3；江西、河北等省份：4；北京、江苏等省市：5；西藏、新疆、青海等省份：6
4	项目工期	时间单位：天数	转化为天数后再除以固定周期数（数值）
5	项目人数	单位：人数	实际人数

13.3.3　智能成本预测模型构建

利用岭回归算法的智能成本预测模型能够实现对项目成本的科学、合理预测。在进行成本预警特征提取后，企业需要构建智能成本预测模型，明确基于岭回归的智能成本预测流程。该流程可以分为四个阶段：成本预测数据采集与预处理、特征提取、创建回归模型和输出回归结果并进行成本预测。基于岭回归的智能成本预测流程如图13-3所示。

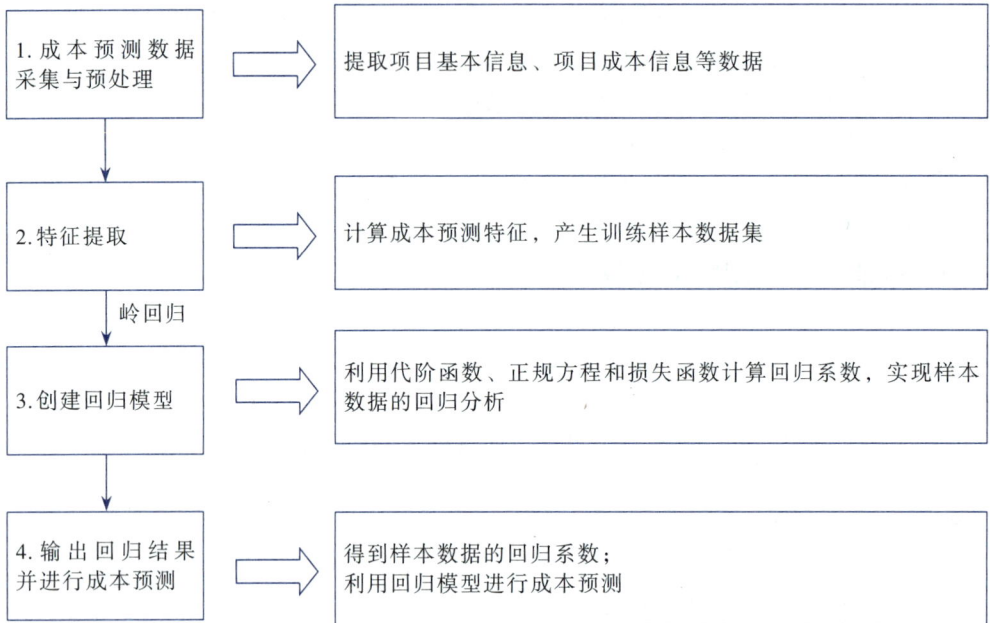

图13-3　基于岭回归的智能成本预测流程

1.数据采集

构建智能成本预测模型，首先需要进行数据采集，即对现有的数据进行整理和归集，得到每个特征所对应的基础数据。企业在经营管理过程中采用了ERP、项目管理、合同管理等多个信息化系统，项目成本预测所需数据主要来源于企业金碟K3系统导出的基础财务数据和项目基本信息。

2.数据预处理

数据采集完成后需要对现有数据进行预处理，即以项目编号为匹配项目，将项目管理表中的项目基本信息和余额表中的项目成本信息进行关联，再基于科目余额表当中涉及的项目成本金额，按照项目以及成本类型进行汇总。形成汇总后的项目成本信息后，将各表数据相互关联得到项目成本预测所需的数据，去除无用字段，最终筛选出用于项目成本预测的数据，见表13-2。

3.特征提取

根据项目成本预测特征即特征转换规则，将各特征进行转化，得到各个特征数值并存储到定义好的数据表中，最终产生训练样本集。

4.模型构建

常用的解决多元线性回归中多重共线问题的回归模型主要有岭回归、主成分回归以及偏最小二乘回归。岭回归的代价函数如下：

$$J(x_i) = \frac{1}{m} \sum_{k=1}^{n} \left(y^i - \left(wx^i + b \right) \right)^2 + \lambda \| w \|_2^2 = MSE(0) + \lambda \sum_{i=1}^{n} \theta_i^2$$

其中，w是长度为n的向量，不包括截距项的系数θ；θ是长度为n+1的向量，包括截距项的系数θ；m为样本数；n为特征数。岭回归的代价函数是一个凸函数，因此可以利用梯度等于0的方式求得全局最优解（正规方程）：

$$\theta = (x^T x + \lambda I)^{-1} (x^T y)$$

表 13-2　　　　　　　　　　　　　　　**项目成本预测数据表**

序　号	列　名	字段类型	空　否	数据类型
1	项目编号	Char（20）	Not null	项目基本信息
2	项目规模	Decimal（8，3）	Null	
3	项目任务内容	Char（20）	Null	
4	项目类型	Char（20）	Null	
5	项目级别	Int（32）	Null	
6	项目地点	Int（32）	Null	
7	项目工期	Int（32）	Null	
8	项目人数	Int（32）	Null	
9	项目产值	Decimal（8，3）	Null	
10	项目总成本	Decimal（8，3）	Null	项目总成本信息
11	成本发生周期	Int（32）	Null	
12	差旅费	Decimal（8，3）	Null	项目成本明细信息
13	印刷费	Decimal（8，3）	Null	
14	租用费	Decimal（8，3）	Null	
⋮	⋮	⋮	⋮	
n	邮电费	Decimal（8，3）	Null	

上述正规方程与一般线性回归的正规方程相比，多了一项 λI，其中 I 表示单位矩阵。假如 $x^T x$ 是一个奇异矩阵（不满秩），那么添加这一项后可以保证该项可逆。由于单位矩阵的形状是对角线上为 1，其他地方都为 0，形似一条山岭，因此而得名**岭回归**。岭回归在多元线性回归的损失函数中加上了正则项，表达为系数的 L2 范式（即系数的平方项）乘以正则化系数。在机器学习算法中为了将岭回归和 Lasso 算法[①]区别开来，正则项系数都使用 α 来代表。岭回归的损失函数如下：

$$\min_{w} \|Xw - y\|_2^2 + \alpha \|w\|_2^2$$

5. 输出结果

选取项目成本预测的 5 个特征作为模型输入层，包括项目类型、项目规模、项目地点、项目工期和项目人数。利用实际项目成本的数据，经过训练确定模型的各参数，从而利用模型进行项目成本预测。

13.3.4　智能成本预测模型应用

下面以蛮先进公司 2×15—2×22 年设计项目成本数据为原始数据进行智能成本预测模型的应用，预处理后的项目成本预测数据见表 13-3。

---

① 全称 Least absolute shrinkage and selection operator，该方法是一种压缩估计，它通过构造一个惩罚函数得到一个较为精炼的模型，使得其压缩一些系数，同时设定一些系数为零。

表 13-3 预处理后的项目成本预测数据表

序 号	项目地点	项目人数	项目类型	项目规模	项目工期	项目总成本
1	1	7	2	15.200	1	24.02
2	1	5	2	38.173	7	60.63
3	1	4	1	11.300	3	17.1
4	1	2	4	7.900	4	12.7
⋮	⋮	⋮	⋮	⋮	⋮	⋮
97	2	2	6	15.200	5	24.44
98	2	4	9	0.432	2	8.71
99	5	5	2	3.760	3	11.79
100	6	5	2	3.910	3	11.03

　　得到训练样本数据集后，企业可以利用金蝶大数据智能风控实训平台中的"大数据挖掘"功能搭建岭回归预测模型。在导入数据后，进行模型构建，可以对各维度数据进行可视化探索，如图13-4所示。

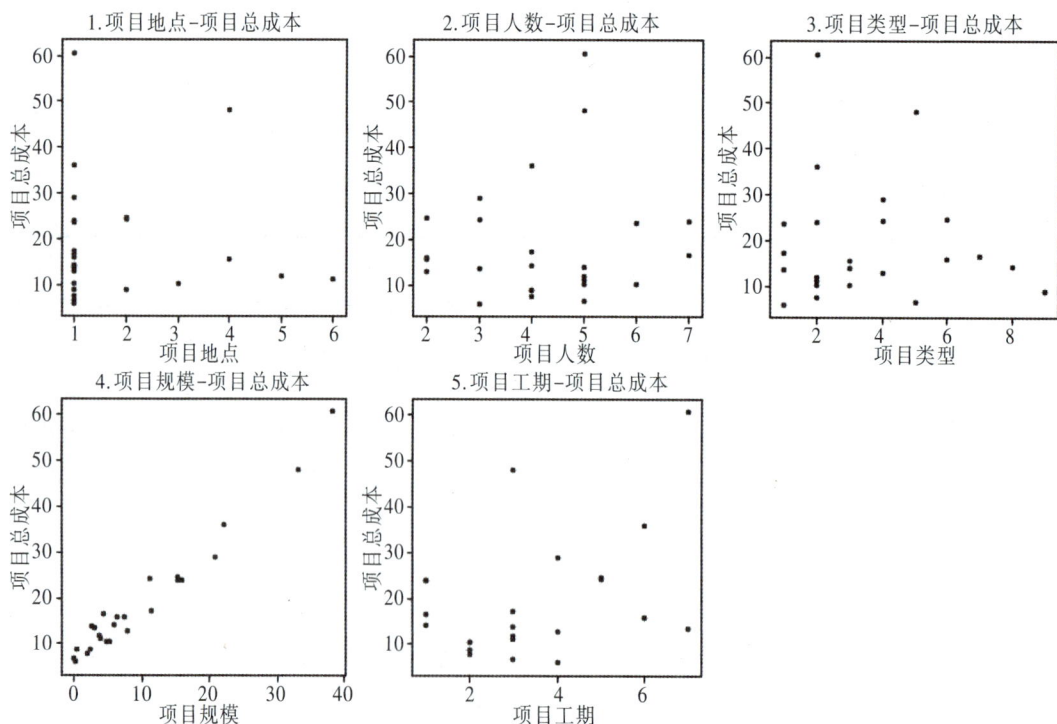

图 13-4 多维数据探索

13.3.5 智能成本预测模型结果分析

　　在载入蛮先进公司 2×15—2×22 年 100 条项目成本数据对模型进行训练后，首先应该关注总体成本的预测精确程度，我们通过模型预测准确度和均方误差来衡量预测精确程度。我们发现，该模型在测试数据集中的预测准确度为0.981，均方误差（MSE）为0.813，说明该模型预测精确程度较好。

项目成本预测除了需要关注总体成本的预测精确程度，还应该关注各项目成本影响因素对于成本预测结果的影响程度，各数据维度的线性系数见表13-4。岭回归函数的线性系数的值越大，表明对应的该变量对于预测结果有着越强的正效应，能够反映各自变量与预测值之间的关系。

表13-4　　　　　　　　　　　　　数据维度线性系数表

指　标	项目地点	项目人数	项目类型	项目规模	项目工期
线性系数	0.068752	1.744853	0.544548	1.191733	1.68248

由表13-4可知，项目规模、项目人数和项目工期是对项目成本影响最大的三个因素，相比之下项目地点是影响最小的因素。项目参与人数越多，导致人工成本越高，项目成本也会相应增多；项目工期越久，项目成本也会随之不断上升；项目规模（占地面积）越大，项目耗费的成本越高。

实验八

基于岭回归算法的智能成本预测

一、实验目的

1.熟练掌握金蝶大数据智能风控实训平台智能风控功能的使用；

2.掌握金蝶大数据智能风控实训平台中岭回归算法的应用方法；

3.掌握基于岭回归算法的智能成本预测流程和步骤；

4.掌握智能成本预测从数据采集、预处理、模型构建到结果分析的技术实现。

二、实验环境

1.软件平台：金蝶大数据智能风控实训平台；

2.硬件教具：大数据智能风控物理模拟教学沙盘；

3.浏览器：建议使用Google Chrome（谷歌浏览器）。

三、实验要求

1.使用大数据智能风控物理模拟教学沙盘完成智能成本预测的流程推演；

2.完成成本预测样本数据的导入；

3.完成基于岭回归算法的成本预测模型的构建；

4.完成基于岭回归算法的成本预测模型构建的结果分析。

四、实验内容和步骤

导入蛮先进公司的成本数据验证模型可行性，基于岭回归的成本预测步骤如下：

1.进入金蝶大数据智能风控实训平台。在浏览器中输入金蝶大数据智能风控实训平台网址（http：//116.63.167.113：11050/KtpDataming/index），然后按回车键。

2.进入金蝶大数据智能风控实训平台后，在登录界面输入登录账号和登录密码。

3.单击金蝶大数据智能风控实训平台下的"大数据挖掘"—"回归"—"岭回归"，如图13-5所示。

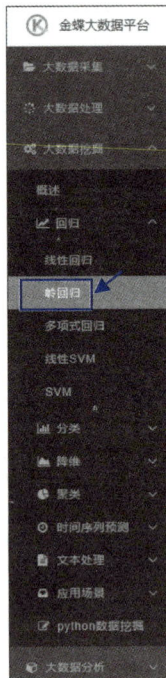

图13-5 单击岭回归

4.单击"导入数据",选择Excel表"成本预测数据集.xlsx",如图13-6所示。

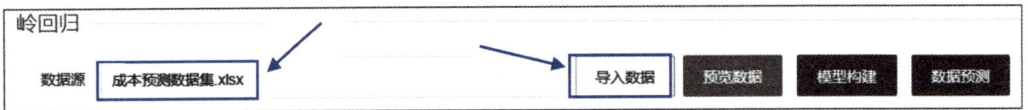

图13-6 单击"导入数据"

5.单击"模型构建",生成成本预测数据维度可视化图,并完成模型训练,如图13-7所示。

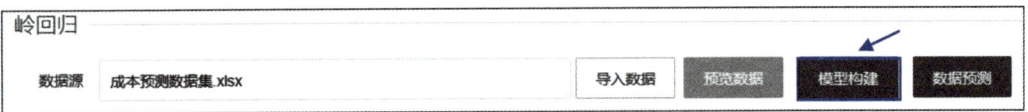

图13-7 单击"模型构建"

基于岭回归算法的成本预测模型构建的源代码如下:

```
from sklearn.model_selection import train_test_split
from sklearn.metrics import mean_squared_error
from sklearn.linear_model import Ridge
from matplotlib import pyplot as plt
import matplotlib
import math
matplotlib.rcParams['font.family'] = 'SimHei'
print('正在提取数据维度,并进行可视化数据操作')
title_list = df.columns[:-1]
```

```
subplot_sqrt_size = math.ceil（math.sqrt（len（title_list）））
plt.figure（figsize=（10，10））
# 各个维度展示数据
for i in range（len（title_list））:
    plt.subplot（subplot_sqrt_size，subplot_sqrt_size，i+1）
    plt.scatter（df.loc［:，df.columns［i］］，df.loc［:，df.columns［-1］］，s=5）
    plt.xlabel（title_list［i］）
    plt.ylabel（df.columns［-1］）
    plt.title（str（i+1）+'.'+title_list［i］+' - '+df.columns［-1］）
plt.tight_layout（rect=［0，0，1，0.95］）
plt.show（）
print（'正在提取训练数据...'）
X_train，X_test，y_train，y_test = train_test_split（df.loc［:，df.columns［:-1］］，
df.loc［:，df.columns［-1］］，random_state=666，test_size=0.2）
print（'正在构建岭回归模型，请稍后...'）
ridge_reg = Ridge（）
ridge_reg.fit（X_train，y_train）
print（'［0；32m岭回归模型构建完成［0m'）
print（'---------------------数据维度线性系数----------------------'）
for _ in range（len（ridge_reg.coef_））:
    print（df.columns［_］，'      '，ridge_reg.coef_［_］）
print（'截距（intercept）'，'          '，ridge_reg.intercept_）
print（'----------------------------------------------------------'）
print（'正在进行算法模型准确度评估...'）
predict_score = ridge_reg.score（X_test，y_test）
print（'该数据模型在测试数据集中的准确度为：'+str（predict_score））
print（'该数据模型在测试数据中的均方误差（MSE）为：'+str（mean_squared_error
（y_test，ridge_reg.predict（X_test））））
```

基于岭回归的智能成本预测能够减轻蛮先进公司项目成本部工作人员的工作量，通过建立合理的成本预测特征，利用岭回归算法模型，企业可以实现项目成本预测，提升成本预测效率，降低主观性，有效降低成本管理风险。

13.4 基于逻辑回归算法的财务风险预警

13.4.1 智能财务风险预警模型设计思路

企业财务风险是指在企业的实际经营过程中，由于各种难以预料或难以控制的因素影响，导致企业的财务状况具有不确定性，从而使企业有遭受损失的可能性。财务风险是由

多种因素共同作用而产生的, 如何降低财务风险发生的可能性对于企业来说尤为重要。智能财务风险预警模型通过技术手段, 结合企业现有的财务指标与相关的财务数据, 可以对企业未来的财务状况和经营情况进行预测, 帮助企业提前对可能发生的风险进行预防。

导致财务风险发生的因素众多, 并且不同的行业拥有不同的特点, 传统的分析方法很难做到对数据进行深入的挖掘和分析, 所以通过机器学习算法对财务风险进行预警会比传统的分析效果更好。当被解释变量是二分类变量时, 回归是研究解释变量与被解释变量的常用方法, 在智能财务风险预警中的被解释变量为"是否发生财务风险", 所以通过逻辑回归可以取得较好的结果。企业应当首先构建智能财务风险预警特征体系, 然后通过逻辑回归对已经发生过财务风险和未发生过的同行业财务数据进行深入分析, 通过对数据的分析找到可能导致财务风险发生的因素及内在联系, 从而实现对企业未来经营状况与财务状况的预测, 使企业在财务风险未发生前得到预警, 提前对经营策略或者管理策略做出调整。

13.4.2　智能财务风险预警特征提取

在企业的经营过程中, 财务指标可以直观地反映出企业的经营情况。例如, 偿债能力指标是反映企业财务状况的重要指标, 它反映了企业偿还短期债务与长期债务的能力, 偿债能力越强证明企业的经营状况越好, 资金流越健康。发展能力指标则能反映出企业的发展潜力与发展状况, 企业的发展能力指标越强则证明企业的发展状况越好。营运能力指标反映的是企业的经营运行能力, 即企业运用各项资产获取利润的能力, 营运能力指标揭示了企业资金运营周转的情况, 反映了企业对经济资源管理、运用的效率高低。盈利能力指标也是反映企业实际经营状况的重要指标, 它反映了企业获取利润的能力, 盈利能力指标越高就证明该企业的盈利能力越强。现金流分析指标是对现金流出和流入的全部资金活动的分析, 可以反映企业的现金流状况。

下面将从偿债能力、发展能力、营运能力、盈利能力、现金流分析五个方面构建智能财务风险预警特征体系。本书从上述五个方面筛选出了23个财务指标, 这些财务指标共同构成了财务预警特征体系, 具体选取的财务指标见表13-5。

13.4.3　智能财务风险预警模型构建

企业对财务风险进行预警时主要采用的是逻辑回归。逻辑回归是一种广义线性模型, 在统计分析中被广泛应用, 其核心思想是通过现有的数据对回归边界线建立回归公式, 找到最佳的拟合参数, 并根据此参数来进行分类。逻辑回归模型对预测变量的要求较低, 变量可以是连续变量也可以是离散变量, 在变量不满足正态分布的情况下也能够取得较高的准确率。智能财务风险预警模型分为财务数据采集与预处理、特征提取、构建评估模型、输出预测结果四步骤, 如图13-8所示。

1.财务数据的采集与预处理

企业应先从数据库中采集同行业的财务数据 (如收入、成本、费用、利润等), 将所有数据进行数据探查, 对数据做预处理, 包括填补缺失值, 去除异常值等, 然后将处理好的数据按照该公司当年是否发生财务风险分为两类, 将发生财务风险的公司标记为1, 未发生财务风险的公司标记为0, 以此作为数据集。

表 13-5 财务预警指标体系表

序 号	特征类型	特征名称	特征说明
1	偿债能力指标	流动比率	流动资产与流动负债的比率
2		速动比率	速动资产与流动负债的比率
3		利息保障倍数	息税前利润与利息费用的比率
4		经营活动产生的现金流量净额／流动负债	经营活动产生的现金流量净额与流动负债的比率
5		产权比率	负债总额与所有者权益总额的比率
6		经营活动产生的现金流量净额／负债合计	经营活动产生的现金流量净额与负债合计的比率
7	发展能力指标	固定资产增长率	固定资产相较于上年的增长比率
8		总资产增长率	总资产相较于上年的增长比率
9		可持续增长率	不增发新股并保持目前经营效率和财务政策条件下销售所能增长的最大比率
10	营运能力指标	存货周转率	主营业务成本与平均存货余额的比率
11		营运资金（资本）周转率	年销货净额与营运资金的比率
12		现金及现金等价物周转率	主营业务收入与现金平均余额的比率
13		股东权益周转率	销售收入与平均股东权益的比率
14	现金流分析指标	净利润现金净流量	生产经营中产生的现金净流量与净利润的比率
15		全部现金回收率	经营现金净流量与全部资产的比率
16		现金满足投资比率	近五年累计经营活动现金净流量与同期内的资本支出、存货增加、现金股利之和的比率
17	盈利能力指标	流动资产净利润率	净利润与平均流动资产总额的比率
18		固定资产净利润率	利润占固定资产价值的百分比
19		营业利润率	营业利润与营业收入的比率
20		营业净利率	净利润与营业收入的比率
21		成本费用利润率	利润总额与成本费用总额的比率
22		投资收益率	净收益总额与方案投资总额的比率

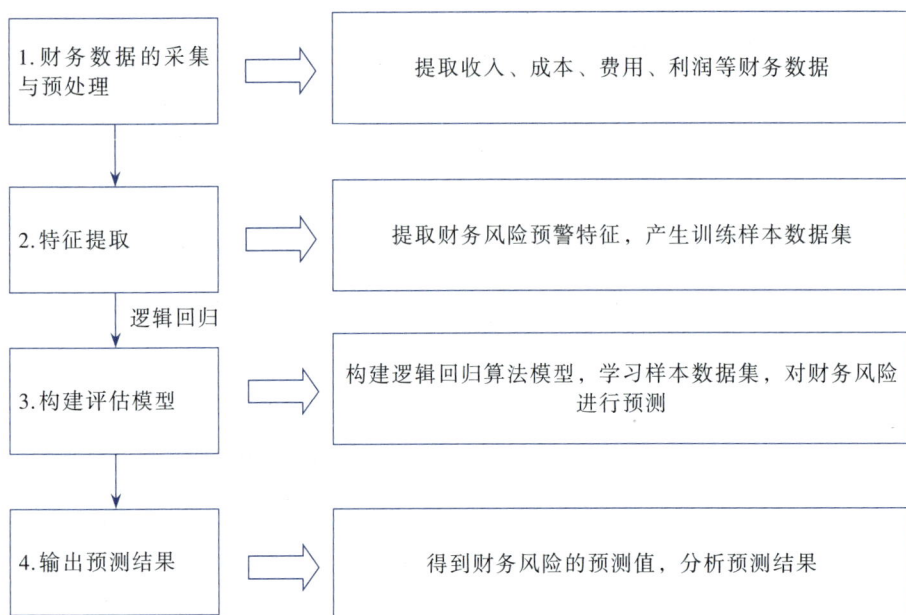

图13-8　智能财务风险预警模型

2.特征提取

将筛选出的23个财务指标作为训练的特征，将是否发生财务风险作为训练的标签，发生财务风险的标签为1，未发生财务风险的标签为0。

3.构建评估模型

逻辑回归模型由于预测准确率高、适用范围广、计算方法简单、变量解释能力强等特点被研究者广泛关注，逻辑回归模型可表述为：

$$P = \frac{1}{1 + e^{-z}}$$

$$S = C_0 + \sum_{i=k}^{m} C_k X_k$$

公式中的X_k（k=1，2，…，m）是指财务风险预警中的影响变量，C_j=（j=0，1，2，…，m）技术系数是通过回归或极大似然估计获得。逻辑回归值P∈（0，1）为财务风险预警的判别结果。逻辑回归模型的函数呈现s型分布，因为P是s的连续增函数，s∈（-∞，+∞），如公式：

$$\lim_{s \to \infty} P = \lim_{s \to \infty} \frac{1}{1 + e^{-s}} = 1$$

$$\lim_{s \to -\infty} P = \lim_{s \to -\infty} \frac{1}{1 + e^{-s}} = 0$$

对于被判定对象i（i=1，2，…，n）来说，如果逻辑回归值P越接近0，则被判定为发生财务风险的概率越低；若其逻辑回归值P越接近1，则被判定为发生财务风险的概率越高。

4.输出预测结果

输出预测结果，判断是否会发生财务风险，从而实现对企业的财务预警。

13.4.4　智能财务风险预警模型的应用

智能财务风险预警主要是采用同行业的财务数据作为训练集，首先从公开的数据库中采集同行业的财务数据，然后从中选择与其规模差距较小的公司作为样本，因为公司的规模差距过大会导致部分样本的数值偏高从而使预测效果不准确，也不具备参考性。因此，在样本的选择中需要保证样本企业的规模及经营状况与企业尽可能一致。样本企业选择完毕后需要对数据进行探查，去掉异常值与缺失值。最后根据智能财务风险预警指标体系，统计与计算偿债能力、发展能力、营运能力、盈利能力、现金流分析五个方面共 23 个指标的值，并记录到表格中。经过处理后的部分数据如图 13-9 所示。

流动比率	速动比率	利息保障倍数A	经营活动产生的现金流量净额／流动负债	产权比率	经营活动产生的现金流量净额／负债合计
3.518	2.709	10.766	0.026	-0.826	0.063
1.175	0.825	27.529	0.369	1.172	0.157
1.514	1.037	19.860	0.420	1.231	0.149
1.150	1.037	14.614	0.332	1.443	0.251
1.703	1.084	26.151	0.314	2.792	0.011
0.904	0.647	17.056	0.435	1.392	0.094
1.307	0.925	18.449	0.083	2.447	0.298
1.589	1.190	5.620	0.021	1.094	0.081
0.851	0.502	21.314	0.297	2.633	0.211
1.768	1.272	25.955	0.146	2.226	0.182
1.464	1.236	12.909	0.245	1.450	0.203
1.291	1.087	28.657	0.038	2.611	0.181
1.095	0.889	26.678	0.097	1.030	0.006
1.138	0.897	10.360	0.299	1.572	0.274
0.974	0.797	24.953	0.124	2.257	0.154
1.948	1.561	23.558	0.094	1.143	0.277
2.450	1.962	5.013	0.106	2.508	0.209

图 13-9 部分财务数据展示

得到训练样本数据集后，企业可以利用金蝶大数据平台中的"python数据挖掘"功能，通过逻辑回归python代码来构建财务风险预警模型。在导入数据后，首先将筛选出的样本特征绘制成密度图，然后利用训练样本数据集训练模型，最后通过逻辑回归模型预测是否会发生财务风险。

13.4.5 智能财务风险预警模型结果分析

通过密度图的对比可以发现，有些财务指标的差异程度较小，如流动比率、速动比率、存货周转率等，而有些财务指标的差异程度较大，如固定资产增长率、营运资金（资本）周转率等。这表明对于该行业来说，某些财务指标对发生财务风险的影响较为显著。财务指标对比如图 13-10 所示。

模型训练完毕后，使用逻辑回归模型对测试集进行预测，预测结果为 21 家公司不存在财务风险，5 家公司存在财务风险。将真实情况与预测情况相对比后发现，没有发生财务风险的公司预测准确率为 98%，发生财务风险的公司预测准确率为 91%，整体的预测准确率为 96% 以上。所以预测结果证明，使用逻辑回归对财务风险进行预警可以取得较高的准确率，财务风险预警预测结果如图 13-11 所示。

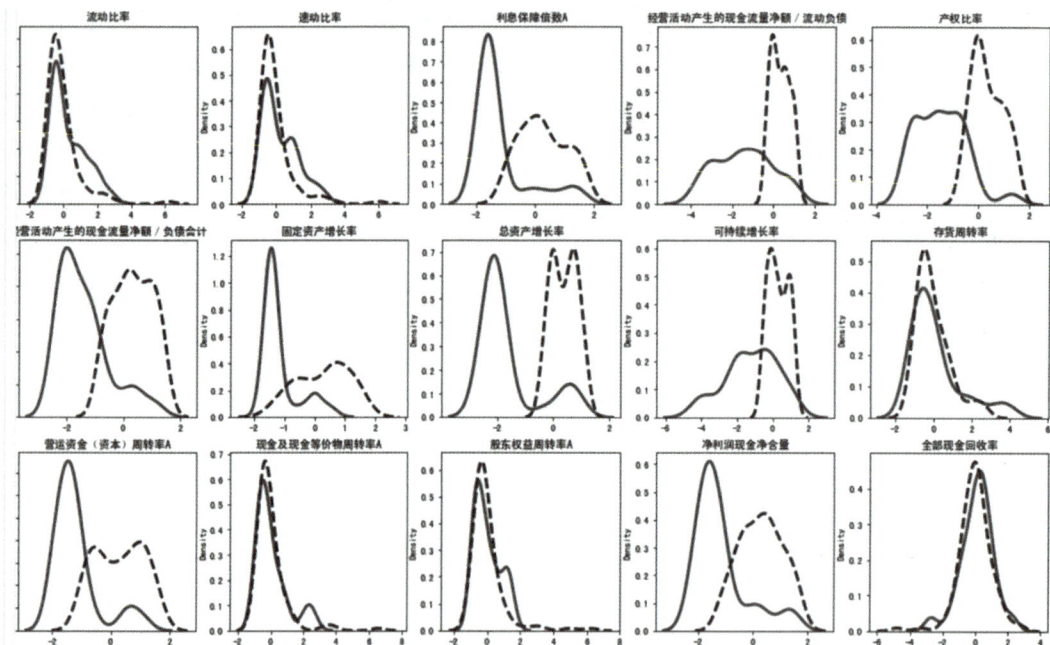

图13-10　财务指标对比

真实值：
[0. 0. 1. 1. 0. 0. 1. 0. 0. 0. 0. 1. 0. 1. 0. 0. 0. 0. 0. 0. 0. 1. 0. 0.
 0. 0. 0.]
预测值：
[0. 0. 1. 1. 0. 1. 0. 0. 0. 0. 1. 0. 1. 0. 0. 0. 0. 0. 0. 0. 0. 0. 0.
 0. 0. 0.]

	precision	recall	f1-score	support
0.0	0.95	1.00	0.98	21
1.0	1.00	0.83	0.91	6
accuracy			0.96	27
macro avg	0.98	0.92	0.94	27
weighted avg	0.96	0.96	0.96	27

该数据模型的准确度为：0.9629629629629629

图13-11　财务风险预警预测结果

实验九

基于逻辑回归算法的财务风险预警

一、实验目的

1.熟练掌握金蝶大数据智能风控实训平台智能风控功能的使用；

2.掌握金蝶大数据智能风控实训平台中逻辑回归的应用方法；

3.熟练掌握基于逻辑回归的财务风险预警流程和步骤；

4.掌握智能财务风险预警从采集、预处理、模型构建到结果分析的技术实现。

二、实验环境

1.软件平台：金蝶大数据智能风控实训平台；

2.硬件教具：大数据智能风控物理模拟教学沙盘；

3.浏览器：建议使用 Google Chrome（谷歌浏览器）。

三、实验要求

1.使用大数据智能风控物理模拟教学沙盘完成财务风险预警的流程推演；

2.完成财务风险预警特征体系的设计；

3.完成财务风险预警样本数据的导入；

4.完成基于逻辑回归的财务风险预警模型的构建；

5.完成基于逻辑回归的财务风险预警模型构建的结果分析；

6.完成对财务风险预警的预测。

四、实验内容和步骤

通过导入蛮先进公司的同行业财务样本数据来验证基于逻辑回归的财务风险预警模型的可行性，其具体步骤如下：

1.进入金蝶大数据智能风控实训平台。在浏览器中输入金蝶大数据智能风控实训平台网址（http: //116.63.167.113：11050/KtpDataming/index），然后按回车键。

2.进入金蝶大数据智能风控实训平台后，在登录界面输入登录账号和登录密码。

3.单击金蝶大数据平台下大数据挖掘板块中的"python数据挖掘"，如图 13-12 所示。

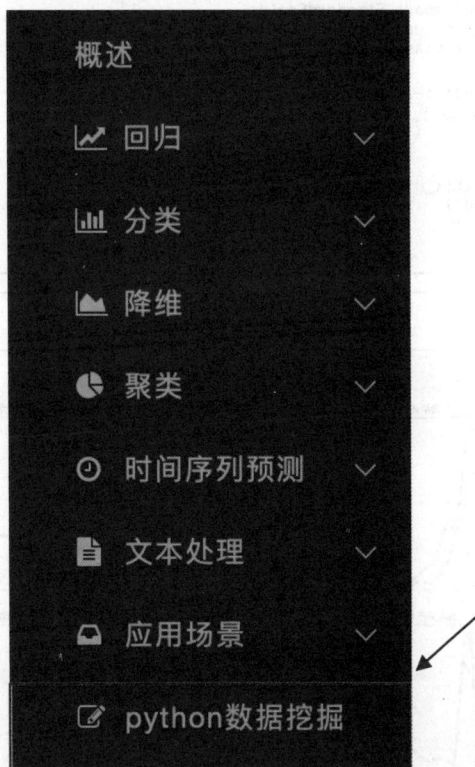

图 13-12　python数据挖掘

4.单击"导入数据"，选择Excel表"财务风险预警数据集.xlsx"，如图 13-13 所示。

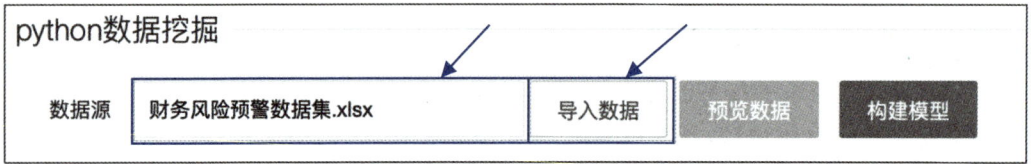

图13-13   导入数据

5.将代码复制到"代码区",单击"构建模型",系统会自动生成特征密度图,并构建逻辑回归模型,如图13-14和图13-15所示。

图13-14   代码区

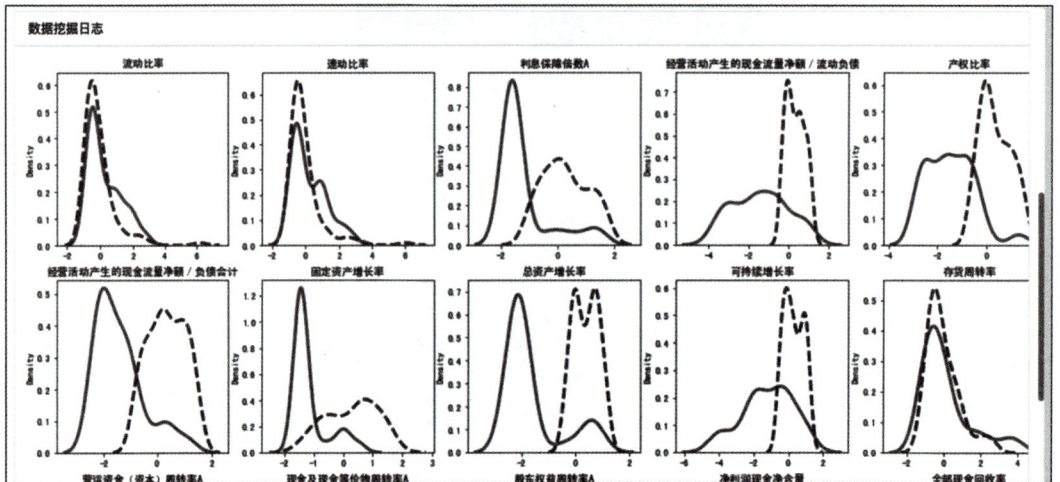

图13-15   特征密度图

基于逻辑回归的智能财务风险预警模型构建的源代码如下：

```python
import pandas as pd
import numpy as np
from sklearn.linear_model import LogisticRegression
import seaborn as sns
import matplotlib.pyplot as plt
from sklearn.preprocessing import StandardScaler
from sklearn.model_selection import train_test_split
from sklearn.metrics import classification_report
##数据可视化
varname = df.columns.values [1：-1]  #特征名称
x_df = df.drop（["标签","序号"]，axis=1）.values
y_df =df.标签.values
##标准化处理
stds = StandardScaler（）.fit（x_df）
xs_df = stds.transform（x_df）
plt.figure（figsize=（20，20））
#绘制特征密度图
for i，name in enumerate（varname）：
    plt.subplot（5，5，i+1）
    plotdata=xs_df [：，i]
    sns.distplot（plotdata [y_df==1]，hist=False，kde_kws={"color"："r"，"lw"：3，"bw"：0.4}）
    sns.distplot（plotdata [y_df==0]，hist=False，kde_kws={"color"："b"，"lw"：3，"bw"：0.4，"ls"："--"}）
    plt.title（name）
plt.tight_layout
plt.show（）
```

6.将数据集拆分为训练集和测试集，将一部分数据用于训练，将另一部分数据用于测试模型的准确性，最后输出预测结果及模型准确度，如图13-16所示。

```
真实值：
[0. 0. 1. 1. 0. 0. 1. 0. 0. 0. 0. 1. 0. 1. 0. 0. 0. 0. 0. 0. 0. 1. 0. 0.
 0. 0. 0.]
预测值：
[0. 0. 1. 1. 0. 0. 1. 0. 0. 0. 0. 1. 0. 1. 0. 0. 0. 0. 0. 0. 0. 0. 0. 0.
 0. 0. 0.]
              precision    recall  f1-score   support

         0.0       0.95      1.00      0.98        21
         1.0       1.00      0.83      0.91         6

    accuracy                           0.96        27
   macro avg       0.98      0.92      0.94        27
weighted avg       0.96      0.96      0.96        27

该数据模型的准确度为：0.9629629629629629
```

图13-16 预测结果

基于逻辑回归的智能财务风险预警的预测源代码如下：

#拆分训练集与测试集

x_train, x_test, y_train, y_test = train_test_split（xs_df, y_df, test_size=0.2, random_state=50）

#模型训练

log = LogisticRegression（）

log.fit（x_train, y_train）

#结果预测

y_pre = log.predict（x_test）

predict_score = log.score（x_test, y_test）

print（"真实值："）

print（y_test）

print（"预测值："）

print（y_pre）

print（classification_report（y_test, y_pre））

print（'该数据模型的准确度为：'+str（predict_score））

基于逻辑回归的财务风险预警模型可以为蛮先进公司财务部门的工作人员减轻任务量，提供一个科学、高效的财务风险预警指标体系，并且能生成准确度较高的财务风险预警结果，从而帮助企业制定相应的风险应对措施，避免财务风险的发生。

？课程思政

思政园地

要求：阅读二维码中资料。

本章习题自测

主要参考文献

[1] 王稳，王东. 企业风险管理理论的演进与展望 [J]. 审计研究，2010（4）：96-100.

[2] 何苗，樊子立，张如. 数字经济下企业风险的性质转变与管理策略 [J]. 财会月刊，2021（15）：117-123.

[3] 陶莹. 制造企业智能化转型期的财务风险管理——以海尔智家为例 [D]. 南昌：华东交通大学，2021.

[4] 程平，杜姗. 基于数据仓库的行政事业单位采购管理内部控制评价——以重庆海事局为例 [J]. 财会月刊，2019（17）：53-57.

[5] 程平，杜姗. 基于数据仓库的行政事业单位资产管理内部控制评价——以重庆海事局为例 [J]. 财会月刊，2019（16）：57-62.

[6] 程平，万章浩. 数据视角下基于财务云平台的采购管理内部控制审计——以重庆海事局为例 [J]. 财会月刊，2017（29）：98-103.

[7] 王慧. COSO 风险管理框架的新变化及启示 [J]. 审计月刊，2018（9）：42-44.

[8] 吴志华. 探究采购流程中的风险点分析及管控措施 [J]. 商讯，2022（2）：171-174.

[9] 姜亭杉. 财务共享服务模式下的 A 集团资金管理优化研究 [D]. 重庆：重庆理工大学，2019.

[10] 郭志强. CC 汽车公司财务风险分析及防范研究 [D]. 沈阳：沈阳化工大学，2019.

[11] 陶立权，杨坤. 基于 AHP-BP 神经网络的航空材料供应商选择 [J]. 中国民航大学学报，2016（2）：56-61.

[12] 曾瑜，周敏，曹建华，等. 基于 FCM 和 AHP 的供应商选择研究 [J]. 物流技术，2013（19）：83-85；98.

[13] 石平，刘鲁. 基于 AHP 和灰色关联度模型的多供应商选择 [J]. 辽宁工程技术大学学报（自然科学版），2013（3）：385-388.

[14] 王晓妹. 数据挖掘在供应商选择中的应用 [J]. 电脑编程技巧与维护，2013（2）：33-34.

[15] 张波，张蕊. 物资采购计划智能审查规则库的建立 [J]. 电力设备管理，2020（10）：160-161；175.

[16] 薛晓璇. 基于蚁群算法的物资采购数据智能采集系统设计 [J]. 自动化与仪器仪表，2021（9）：148-151.

[17] 雷绍雍，刘靖旭. 基于遗传算法的装备采购决策优化研究 [J]. 中国管理科学，2020（10）：194-200.

[18] 唐兴叶，陈亚盛. 基于文本分析与机器学习的顾客感知价值定价模型——以电子消费品行业为例 [J]. 管理会计研究，2022（1）：8-22；95.

[19] 安裕强，徐跃明，欧阳世波，等. 基于机器学习的成品卷烟销售订单配送调度优化算法研究与应用 [J]. 烟草科技，2021（8）：87-94.

[20] 邵伊莉. 基于机器学习的铁路客票销售预警研究 [D]. 北京：北京交通大学，2021.

[21] 付长凤. 基于回归算法的超市销售数据预测研究 [J]. 信息技术与信息化，2020（5）：39-41.

[22] 钱涂. 基于机器学习的销售业务智能管理研究 [D]. 重庆：重庆理工大学，2022.

[23] 王爽. 基于大数据智能化的C海事局固定资产管理内部控制优化 [D]. 重庆：重庆理工大学，2020.

[24] 代佳. 基于大数据智能化的M海事局预算业务内部控制优化 [D]. 重庆：重庆理工大学，2020.

[25] 赵新星. 基于机器学习的固定资产管理智能风险预警研究——以F机械企业为例 [D]. 重庆：重庆理工大学，2022.

[26] 王文怡. 财务共享模式下基于机器学习的A集团费用报销行为管理研究 [D]. 重庆：重庆理工大学，2020.

[27] 郭晓旭. Logistic财务风险预警模型准确率提升研究——引入非财务指标的实证分析 [D]. 北京：北京邮电大学，2021.

[28] 程平，彭兰雅，辜榕容. 大数据下基于机器学习的项目智能成本管理研究——以A风景园林规划研究院规划设计类项目为例 [J]. 财会通讯，2021（10）：112-115.

[29] 王诗瑶，张健光，于德鹏. 数据挖掘技术在军队预算管理中的应用探析 [J]. 财务与会计，2019（19）：58-61.

[30] 赵雪峰，吴伟伟，吴德林，等. 面向特征因果分析的CFW-Boost企业财务风险预警模型 [J]. 系统管理学报，2022（2）：317-328.

[31] 梁龙跃，刘波. 基于文本挖掘的上市公司财务风险预警研究 [J]. 计算机工程与应用，2022（4）：255-266.

[32] 杨贵军，周亚梦，孙玲莉，等. 基于Benford律的Logistic模型及其在财务舞弊识别中的应用 [J]. 统计与信息论坛，2019（8）：50-56.

[33] 程平，郭奕君，辜榕容. 基于岭回归机器学习算法的项目成本预测研究——以A风景园林规划研究院规划设计项目为例 [J]. 财会通讯，2021（12）：101-105.

[34] 曲明. 销售业务的主要风险及管控措施 [J]. 财会学习，2011（4）：19-21.

[35] 严月娥. 浅谈零售企业销售业务内部控制中存在的问题及对策 [J]. 商业研究，2020（4）：7-8.

[36] 陈丽. 基于SAP系统的公司销售业务内部控制研究——以丰林集团为例 [J]. 财会通讯，2020（4）：129-132.

［37］邹澍华，王品乾．机械工程企业应收账款管理问题探讨——以X公司为例［J］．财会学习，2020（32）：173-176．

［38］滕艳芬．W公司供应链风险管理研究［D］．北京：北京化工大学，2020．

［39］张洁莹．PW石化公司物资采购供应商管理研究［D］．重庆：重庆理工大学，2020．

［40］闫月．D公司供应商风险管理问题研究［D］．天津：天津大学，2018．

［41］黄思思．A公司供应商管理问题研究［D］．北京：中国地质大学，2019．

［42］张大伟．通讯设备制造企业供应商风险管理研究［D］．南昌：南昌大学，2020．

［43］王磊，刘宇骁，刘玲玲．企业物资采购中的供应商管理现状及其对策［J］．企业改革与管理，2020（2）：20-21．

［44］王健俊．财务共享模式下A建筑企业采购业务内部控制优化［D］．重庆：重庆理工大学，2020．